未来决定现在:
区块链·数字货币·数字经济

朱嘉明 著

山西出版传媒集团 山西人民出版社

此书献给
代表未来的年轻朋友们

序言：未来决定现在，为什么？[①]

简而言之，时间不是幻觉，时间的流逝却是。改变也是如此。在时空中，未来早已存在，而过去永不消逝。当我们将爱因斯坦的经典时空论与量子力学结合起来时，就得到了量子平行宇宙。这意味着，同时存在许多同样真实的过去和未来，但这丝毫不影响整个物理世界实在的数学本质。

——迈克斯·泰格马克（Max Tegmark）：《穿越平行宇宙》

撰写本书序言是一件富有挑战性的工作。因为，书名的主标题是"未来决定现在"。提出这样的标题，无疑就要陷入如何认知时间本质、如何诠释"过去""现在"和"未来"关系的陷阱；本书还有"区块链·数字货币·数字经济"的副标题，无疑需要将区块链、数字货币和数字经济置于更为科学和宏观的语境下加以解读。所以，与其说这是"序言"，不如说是一篇"导语"，所要回答的是本书正文没有机会提出和阐述的那些课题。

1.时间观念的"三次革命"

自人类社会产生，时间就作为一个原始的观念进入了人们的生活。时间是自然的组成部分。时间是与人有关的意识，是主观的，是感性的。之后，希腊几何学家将时间和空间加以精确测量。如何认识时间的本质成为早期哲学思想中的基础论题之一，也是学者们在几个世纪

[①] 本文使用了作者于2017年12月23日"阳明山未来学社2017年年会"发言的题目，内容做了根本性改动。

中争论的焦点话题,具有神秘性的时间甚至超出哲学范畴,进入了宗教和政治。

到了17—18世纪,首先是伽利略(Galileo Galilei),之后是牛顿(Isaac Newton),将时间纳入科学领域。时间被视为运动定律中的一个基本参照系,并被置于科学的核心位置。牛顿在1687年发表著名的《自然哲学的数学原理》(*Mathematical Principles of Nature Philosophy*)一书,书中给出了"绝对时间"概念:"绝对的、真实的数学时间,就其自身及其本质而言,是永远均匀流动的,它不依赖于任何外界事物。"按照"绝对时间"理念,时间只是作为一个"给定的"概念,传统的时间内涵遭到摒弃,完全被剥夺了它自身的特性,是一种独立存在的理想时间尺度,不再与任何特定事件过程存在关联性。

牛顿的"绝对时间"观念和他的"绝对空间"观念是不可分割的。牛顿的"绝对空间",是没有任何物理实体的无形空间,独立于事物之外的绝对存在,是"空的空间",永远处于均匀和静止状态,属于欧几里得空间。欧几里得坐标见下图:[①]

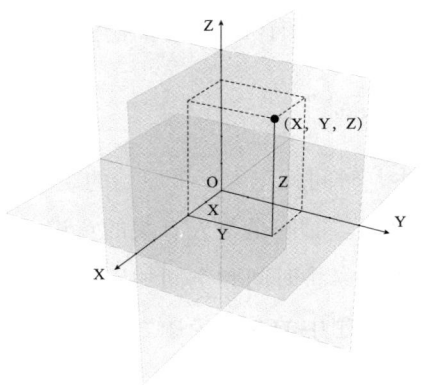

---

① 资料来源:元东 sntpxtmln9:《为什么牛顿认为时间和空间是绝对的?》(http://www.360doc.com/content/20/0119/14/53618832_886994178.shtml)

尽管牛顿的"绝对时间"理论遭到了与他同时代的数学家莱布尼茨（Gottfried Wilhelm Leibniz）的反对，[1]但是在两百多年内，牛顿的时间观念具有不可动摇的地位。1890年，世界标准时间的倡导者、加拿大测绘工程师桑福德·弗莱明（Sandford Fleming）仍然是绝对时间论的追随者，他在1891年撰写的文章《落伍的古代计时方法》中说："时间不受物质、空间或距离的影响。它是普遍而非地区性的，它是绝对的单一，整个宇宙都一致。"[2]一代又一代，人们自进入学校开始，就被灌输牛顿学说中的绝对时间是合理而又客观的真理，时间被定义为度量物理系统内在变化的唯一正确测杆。

进入20世纪不久，1905年，爱因斯坦提出狭义相对论（Special Theory of Relativity），提出区别于牛顿时空观的新的平直时空理论，不仅颠覆了牛顿的时间体系，而且颠覆了来自个人经验感知的时间概念，开启了时间概念的第二次革命。[3]1916年，广义相对论问世，不仅涵盖了时间和空间，而且描述了物质的多种形态。从此，时间不再是哲学体系的组成部分，而是物质的一部分。时间可以被运动和引力弯曲、延伸和压缩。时间成为处于物理学中心位置的组成部分，服从物理学的定律和方程，并需要通过实验进行研究。只要时间和空间的结合中没有任何东西能快于光速，那么，质量就等于能量。

爱因斯坦在25岁的时候，也就是他提出广义相对论（General Relativity）的前十年，已经发现了时间可以被速度延缓。之后，在很多物理实验中

---

[1] 莱布尼茨认为，同时间相比，事件要更为基本，那种认为没有事件，时间也会存在的观点是荒谬的。在他看来，时间是从事件引出来的，所有同时性事件构成了宇宙的一个阶段，而这些阶段就像昨天、今天和明天一样，一个紧接着一个。莱布尼茨的这种相对时间的理论，在今天看来似乎比牛顿理论更能为人所接受，因为它更符合现代物理学的发展。
[2] Fleming, Sandford, "Our Old-Fogy Methods of Reckoning Time", *Engineering Magazine* 1 (1891): 211.
[3] 爱因斯坦1905年发表的题为《论动体的电动力学》一文，系狭义相对论代表作。

都可以观测到时间延缓的现象。"时间长短只是与拥有既定轨道的物体的运动有关",不仅如此,只要以宇宙作为观测范围,"当下"不过是个"气泡"。至于这个"气泡"可以延伸多远,取决于时间的精确程度:"如果用纳秒,'现在'的定义仅有几米;如果用毫秒,那就有几千公里。"所以,"'现在的宇宙'是没有意义的""'现在'即是空无",需要接受"不含当下的时间结构"。那种认为宇宙以特定结构存在于现在,并且伴随时间流逝而改变的观念,已经被证明是站不住脚的。① 还需要注意的是,尽管爱因斯坦的时间视观测者而定,最终没能超越拉普拉斯(Pierre-Simon Laplace)的宿命论,遵循着一连串严格的因果关系,相信自从宇宙诞生那一刻起,宇宙的命运就已经铭刻在大自然的结构之中。②

量子科学和"时间量子"概念,引发了时间观念的第三次革命。以"普朗克时间"(Planck time)③作为最小时间单位,再以"普朗克尺度"作为最小尺度,人们关于时空的传统想象全部崩塌,"世界是精细分立的,非连续的"。"时间的'量子化'表明,几乎所有时间t的取值都不存在",所以,时间是非连续的。不仅如此,时间发生量子叠加,过去、现在和未来的界限进入不可确定状态,一个事件可以在另一个事件之前与之后。④

总之,基于量子物理学的时间,具有非统一性、非单一性、非线性、非连续性、非方向性,"时间之箭"只不过是一种想象,也不具备爱因斯坦研究的平滑弯曲的几何结构特征。

---

① 卡洛·罗韦利:《时间的秩序》,杨光译,湖南科学技术出版社,2019年,第25—39页。
② 参看 P-S. 拉普拉斯:《关于概率的哲学随笔》,龚光鲁、钱敏平译,高等教育出版社,2013年。
③ 普朗克时间指时间量子间的最小间隔,为1E-43秒(即10^{-43}s)。没有比这更短的时间存在。普朗克时间=普朗克长度/光速。
④ 卡洛·罗韦利:《时间的秩序》,杨光译,湖南科学技术出版社,2019年,第59—64页。

2. 人类社会经济形态的演变和时间观念革命的对称性

如果以人类社会经济形态的演变作为参照系，时间和经济形态之间存在着折射关系和显而易见的对称性。

人类处于原始社会时，经济活动主要是狩猎和早期农业。在这个漫长的历史阶段，很多民族信仰太阳，崇拜日月。正如古希腊史学家希罗多德（Herodotus）在他的著作《历史》中所说："游牧民族只向太阳和月亮奉献牺牲，这就是说，全体利比亚人都是这样做的。"[①] 日月星辰就是萨满教的重要崇拜对象。因为对宇宙天体的崇拜，逐渐形成"自然时间"观念。

"自然时间"观念源于自然界向人类所提供的经验：（1）循环时间的经验。直观的自然现象，日夜交替、四季轮回。（2）不可重复时间的经验。生老病死过程的切身体验。在"自然时间"环境下，人类没有关于时间的确切尺度。[②] 即使在当代的非洲原始部落，因为没有数字意识，所以不知道自己活了多久。作家安东尼·艾凡尼（Anthony Aveni）在其著作《时间帝国》（*Empire of Time*）里说：旧石器时代的祖先们至少在两万年以前就按顺序在骨头上刻凹痕，表示时间的隔离。这很可能是人类对时间的一种空间表述。[③]

中国历史上的殷人以时间的循环性为前提，提出"宗教时间"概念：

[①] 参看希罗多德：《历史》，王以铸译，商务印书馆，2005年。
[②] 在汤普森所述的"原始社会"中，人们所能够回答的"时间"，通常表达为"好像是早上""太阳出来的时间""把牛赶去吃草的时间""大概是傍晚前后"这样的范围。如果在东南亚的部落问路，会回答"走上煮一锅饭的时间"。
[③] 参看 Paul Davies：*About Time*：*Einstein's Unfinished Revolution*，Penguin，1996.（Writer Anthony Aveni points out in his fascinating book *Empires of Time* that our paleolithic ancestors were denoting intervals of time by sequential notches on bones at least twenty thousands years ago, and this is surely a spatial representation of time.）

（1）宗教时间并不是一成不变的，而是循环的。（2）宗教时间具有较强的不稳定性。时间不只是现在，过去从未停止，未来并非未来。过去时间中的存在，是以鬼神、祖先神为主；未来时间中的存在，也是以鬼神为主。殷人的宗教时间是对自然时间的一种超越，它具有循环性和不稳定性两个基本特征，所以，殷人既要祭祀鬼神，又要明德。这对商代政治理念和政治制度产生重大影响。①

比较玛雅的时间观，存在相当的类似性。因为玛雅的时间观具有强烈的"循环性本质"特征，祭典都是与许多不同周期的结束与重新开始有关，重大的历法周期祭典，通常会标记在石碑上以作纪念。玛雅人的"长历法"，即以线性关系记录不同事件的系统。这个系统可以显现任何所需的时间长度，只需增加代表更高位的数字即可。所以，玛雅人的时间认知中包含过去、现在和未来的线性思维。但是，也有玛雅文明研究专家提出：玛雅人"对时间的认识大多是针对过去的，而不是未来"。"长历法"所描述的大多是玛雅统治者和他们祖先的关系。统治者把自己的渊源说得越久远，越能说明其地位的合法性和正统性。"因此，长历法并不是为了预言未来，而是为了证明过去。"②

在农耕社会，人类的经济活动更加依赖于自然界、自然法则、春夏秋冬周期、气候，形成单纯"线性循环"。"自然时间"构建了农耕社会的基础。在古代中国，农业是古代农耕社会的立国之本，尤其与24个节气休戚相关。历朝历代都高度重视制定历法。将历法视为自然时间秩序的体现，古人称之为"时令"，成为政府颁布政令和组织农业生产的依据。《尚书·尧典》中记载："乃命羲和，钦若昊天，历象日月星辰，

---

① 吴保传、李志松：《时间观念对中国古代政治早期建构的影响及其现代意义》，《理论导刊》，2010年第11期。
② 安东尼·艾凡尼的观点。

敬授人时。"这里所说的"人时",就是根据自然规律而制定的历法,政府通过历法安排农业生产。①农耕社会的"自然时间"包含了"未来"意识。农民春天耕地播种,与其说关注的是春天,不如说着眼的是秋收,从来是秋天决定春天。人类生命的繁衍,十月怀胎,也是未来决定现在。

到了周代,在维系"自然时间"的同时,以殷人的"明德"为基础,又形成了以人为重心,将人文道德意识结合在一起的"道德时间"。

1687年,牛顿在《自然哲学的数学原理》一书中所建立的经典力学理论体系成为近代科学的标准尺度。几乎是同时,发源于英国手工业工场的工业革命悄然开始。之后,工业革命和牛顿的"绝对时间"观念形成了紧密互动的关系,彻底改造了人类文明的结构,工业社会替代了农耕社会。

按照牛顿的"绝对时间","自然时间"和包含人文精神的"道德时间"瓦解。时间成为与自然和人性分离之后的一种抽象的和独立的存在。基于牛顿的时间轴的有序排列,形成了包括加工工业的工业体系。与此同时,身处工业革命中心的英国人,开始废弃"自然时间"观念,开始了从"任务驱动"向"时间驱动"的转变,以事件标记的生活节奏逐渐被以数字标记的生活方式取代。新的产业工人必须习惯规律的工时安排、固定的出勤以及一定的工作节奏。正是在这样的背景下,形成现代钟表业,实现了机芯生产机械化和钟表零件标准化改革。与计时设备普及相关联的,是人们日常生活节奏的变化,用于休闲的时间普遍减少。其结果是,"一方面,时钟改善了监督劳力的效果;另一方面,时钟也便利了分工、协调与交易"。时间,亦关乎权力。"时间开始成为金钱,雇主的

---

① 吴保传、李志松:《时间观念对中国古代政治早期建构的影响及其现代意义》,《理论导刊》,2010年第11期。

金钱"。①

在工业社会，时间结构和机制日趋复杂。但是，依然存在周期循环。最有标志性的是"商业周期"。"商业周期"包括萧条、危机、复苏、繁荣四个阶段，是一种"正弦"模式。但是，萧条、危机、复苏、繁荣四个阶段已经不再像春、夏、秋、冬那么单纯，在其每个阶段都有着太多的"变量"，而且"变量"之间有着不同的组合。最终，每次的"商业周期"都有着重大的不同。1929—1932年的"大萧条"彻底影响了资本主义的传统轨迹。

1990年代后期，人类社会开始向信息社会全面转型。信息的特性决定了信息社会的本质。意大利学者朗高（G. Longo）强调的是，"信息"是反映事物的形成、关系和差别的东西，它包含于事物的差异之中，而不在事物本身。英国学者艾什比（William Ross Ashby）则认为："信息"的本性在于事物本身具有"变异度"。不仅如此，信息具有非自然化、非线性、非周期性、非确定性四个特点。所以，在信息社会，无常、无序、混沌、变量不断增加，世界是事件的网络，通过各种事件体现的信息组合、弥漫、分散、无序，不会停滞，呈现指数性爆炸增长。经验愈来愈没有价值，内生和外生没有界限。

所有这些现象都表明：信息社会里，信息和时间重叠越来越明显，更符合量子时间。"让世界感到疲倦的不间断的事件不是按照时间顺序排列的，无法被一个巨大的钟表所测量。"②

3.热力学"熵"与香农"熵"的碰撞

当代人类正处于工业社会尚未完结、信息社会正在急剧发展的历史

---

① 朱悦：《时间观念的历史变迁》，《经济观察报》，2019年2月18日。
② 参看卡洛·罗韦利：《时间的秩序》，杨光译，湖南科学技术出版社，2019年。

阶段。因为工业经济活动，科学家发现了热力学第二定律（second law of thermodynamics）的存在和作用。热力学第二定律可以描述为：除了能量守恒定律以外，还必须补充另外一条基本定理："没有某种动力的消耗或其他变化，不可能使热量从低温转移到高温。"[①]热力学第二定律还可以表述为"熵增定律"。任何物理系统在外界不向其输送能量的情况下，能量转换为热量，热量转换为熵。熵只能增加或者不变，不会主动减小，最终达到熵值最大。这个过程是不可逆的。最终，除非外界对系统提供新的能量，系统内部达到一种完全均匀的热动平衡状态，不再发生任何变化。对宇宙来说，是不存在"外界"的，因此宇宙一旦到达热动平衡状态，就完全死亡。这种情景称为"热寂"。

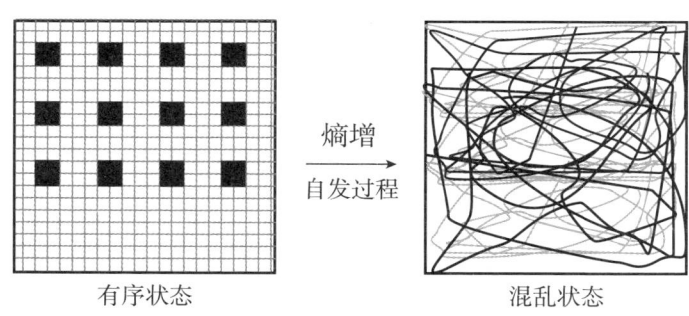

有序状态　　　熵增自发过程　　　混乱状态

熵增理论与概率学理论结合，产生形而上的哲学指导意义：事物的混乱程度越高，则其概率越大。

工业社会和基于工业社会的消费主义的现实，不断为熵增定律提供实证性证明，最有代表性的指标是CO_2排放增加导致地球温度上升。熵增定律不可逆特征与牛顿的"绝对时间"理论是相互匹配的。

现在的问题是，因为信息时代来临，人类正面临着信息爆炸的困扰

[①] 由德国科学家克劳修斯（Rudolph Clausius）在1850年的论文《论热的移动力及可能由此得出的热定律》中提出。

和压力。"信息爆炸"一词最早出现于1980年代。进入1990年代，特别是互联网的普及，信息量持续以几何级别增长。按照保守的和已经过时的统计，全球每年约产生100万份发明专利、450万篇科技文献、1.2亿册各类出版物，以及数以亿计的各种机构的文件和资料，并且每十年翻一番。

为了理解信息的加速度积聚和信息指数增长的过程和后果，需要引入"信息熵"的概念。所谓信息熵，由香农（Claude Elwood Shannon）于1948年提出，故又称为"香农熵"（Shannon entropy）。[①] 香农在研究随机变量不确定性度量时所得的公式，在数学模型层次上与热熵完全相同。根据香农的信息理论，信息熵是接收的每条消息中包含的信息的平均量。这里的熵属于不确定性的度量而不是确定性的度量，因为越随机的信源，其熵越大。或者说，熵值越大，事件的不确定性就越高，熵值为0，说明事件是完全确定的。所以，"熵"即信息的"不确定性"或"选择的自由度"的度量。[②]

无疑，信息熵的基本原理和量子力学原理，以及量子时间原理之间存在共通之处。在本文第一部分指出：量子时间具有非统一性、非单一性、非线性、非连续性、非方向性等特征，这些特征不正是信息的特征所在吗？所以，可以认为热力学的"熵"是"香农熵"的一个特例，它仅仅是分子在相对空间所处位置的不确定性的度量。只是，热力学的"熵"是有量纲[③]的，而"香农熵"是无量纲的，这是两者的重大差别。

进而可以这样想象：信息时空和量子时空是映射关系。根据量子时

[①] 人们通常将香农于1948年10月发表于《贝尔系统技术学报》上的论文《通信的数学理论》（*A Mathematical Theory of Communication*）作为现代信息论研究的开端。
[②] 对于任意一个随机变量X，熵定义如下：
$$H(X) = -\sum_{x \in N} p(x) \log p(x)$$
[③] 量纲（Dimension）是指物理量的基本属性。物理学的研究可定量地描述各种物理现象，描述中所采用的各类物理量之间有着密切的关系，即它们之间具有确定的函数关系。

间，这个世界基本单元的事件，既在某处，也在某时。"'物体'本身仅仅是暂时没有变化的事件。"①那么，什么是事件？事件不就是信息吗？所以，世界是事件的集合，即世界是信息的集合。或者说，"历史就是不重复出现的事物的科学"。②因为信息没有时间顺序，充满不确定性，所以，这个世界原本不存在时间顺序，始终处于不确定状态。

总之，最终来自工业社会的"热力学熵"与来自信息社会的"香农熵"之间，发生了碰撞。见下图：

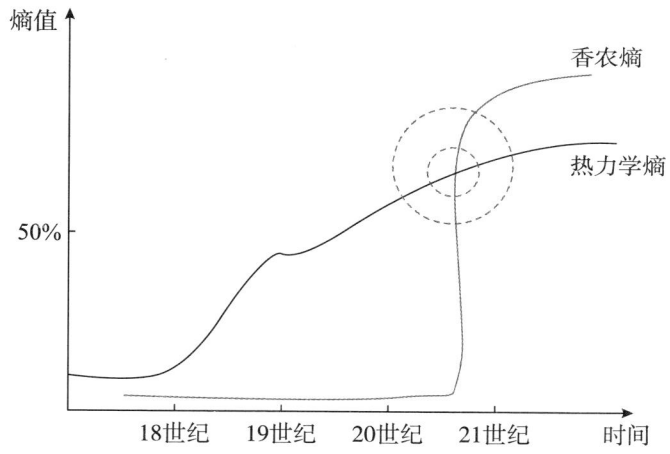

现在，因为发生"热力学熵"与"香农熵"之间的碰撞，人们不仅可以理解德国科学家和数学家克劳修斯生前的两句名言："宇宙的能量是恒定的""宇宙的熵趋向一个最大值"，也更能认同霍金的这个论断："热力学第二定律，在任何闭合系统中无序度或熵总是随时间而增加。换言之，是墨菲定律的一种形式：事情总是趋向于越变越糟。"③

---

① 卡洛·罗韦利：《时间的秩序》，杨光译，湖南科学技术出版社，2019年，第75页。
② 语出自法国诗人保罗·瓦莱里（P. Valéry）。
③ 参看史蒂芬·霍金：《时间简史》，吴忠超译，湖南科学技术出版社，2006年。

4. 数字宇宙、数字结构和时空结构

如果说，"宇宙的能量是恒定的""宇宙的熵趋向一个最大值"，那么，宇宙是可以通过数学方程式描述的。进而就是霍金的问题："是什么赋予这些方程以生命，并制造出一个被它们描述的宇宙？"① 于是，就有了"数学宇宙假说"（MUH）：外部物理世界其实是一个数学结构，这个数学结构拥有可计算的抽象性质，所以它的关系都是可计算的。② 因此可以这样回答霍金的问题：不需要赋予方程什么生命，因为并不是数学结构描述了宇宙，而是数学结构本身就是宇宙。

上述思想源远流长。毕达哥拉斯学派主张：万物皆数（All is number）。柏拉图主义认为：只有理念和形式才是绝对和永恒的存在。所有的数学结构都以物理形式存在。伽利略曾说过：数学是上帝用来书写自然的语言。还是伽利略在其著作《试金者》（*Il Saggiatore*）里所说：自然界是"一本用数学语言写就的书"。后来，拉普拉斯提出，基于宇宙存在因果关系，智者就可以通过一个简单的公式表达宇宙从最大的物体到最小的粒子的运动。必须承认，从毕达哥拉斯到伽利略，再到拉普拉斯，对宇宙加以一层层的剥离，观察到的终极结构只是数字、集合、信息、模式等一组组抽象的数学关系。但是，他们有着巨大的历史局限性，并不知道相对论，更不知道量子力学。

现在，讨论"数学宇宙假说"，需要置于相对论和量子力学的框架之下。于是，这样的问题是不能回避的：宇宙的数学结构和时空结构的关系是什么？答案是：不是宇宙的数学结构存在于时空结构之中，恰恰相反，是时空结构存在于数学结构之中。至少，数学结构和时空结构是同构的。只是，这里所说的时空结构是复杂的，至少是辫状的时空结构。

---

① 参看史蒂芬·霍金：《时间简史》，吴忠超译，湖南科学技术出版社，2006年。
② 迈克斯·泰格马克：《穿越平行宇宙》，汪婕舒译，浙江人民出版社，2017年，第333页。

总之，数学存在和物理存在是等价的，所有存在于数学中的结构，也都存在于物理之中。于是，"数学宇宙假说"本质上可以验证，也可以证伪。由此还可以推理出"数学民主主义"。①

如果是这样，打通数学结构、时空结构、信息结构、计算体系，以及人工智能之间的关系成为可能。见下图：

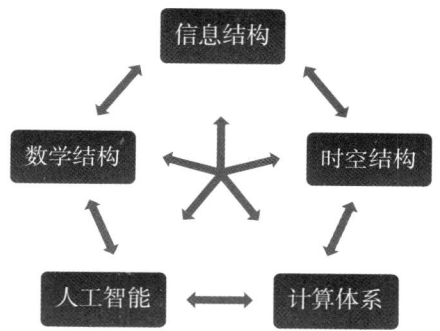

在上图中，最值得关注的是"计算"板块。只有通过"计算"板块，才可以处理体现为大数据的信息资源。为此，首先是计算机，之后是互联网构成了不可缺少的硬技术和基础结构前提。所以，最著名的计算机科学家、"乌托邦84"（Utopia 84）语言创始人高德纳（D. E. Knuth）说过："科学是把我们足够了解的东西解释给了计算机。"他还说过："计算机科学是既壮观又优美的，我尝试尽自己所能，以最恰当的方式来解释我所了解的某些片段……我相信，总有一些神秘的东西是超越人类的理解而存在的……"②这样，计算机程序语言和计算能力，以及作为计算机科学的一个分支的人工智能就成为必不可少的。

---

① 迈克斯·泰格马克：《穿越平行宇宙》，汪婕舒译，浙江人民出版社，2017年，第322页。
② Donald Knuth, *Things a Computer Scientist Rarely Talks About*（Center for the Study of Language and Information, 2003）.

5. "自旋网络"和区块链

在量子力学发展史中,罗杰·彭罗斯(Roger Penrose)于1971年所发明的"自旋网络"图形表示法占有一席之地。

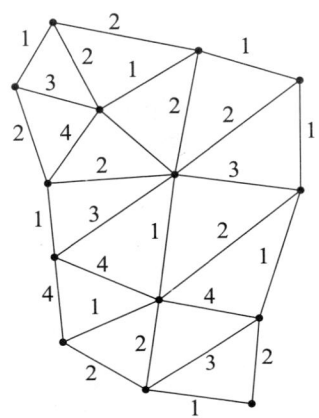

根据彭罗斯"自旋网络"思路:每条线段代表一个由基本粒子或粒子的复合系统构成的单元。三条线段汇聚在一个顶点。顶点可以诠释为一个事件;在此事件中,一个单元分裂成两个单元,或两个单元碰撞合而为一。当图表中所有的线段都在顶点会合,则此图为"封闭自旋网络"。时间以单一方向行进,比如从图的底部走到图的顶部。然而在封闭自旋网络的例子里,时间行进的方向对于计算不构成影响。

如果对"自旋网络"加以定义:通过图表显示的粒子和量子场之间的相互作用与状态。[①]进一步说,量子场是物质存在的一种形式,是描述微观运动规律的有效概念,既反映微观对象的波动性又反映它的粒子性。在量子场中,粒子就是场的量子激发,每一种粒子都有自己相应的场。

[①] 量子是指物理量最小的和不可分割的基本单位,粒子是指能够以自由状态存在的最小物质组成部分。光子、电子、质子、中子是组成物质的不可再分的粒子,所以又称之为"基本粒子"。

因为粒子的涨落、概率、位置和速度、时间流逝节奏不同，不断相互作用、相互关联的空间微粒子联结成网络，即"自旋网络"。从数学意义上说，量子场对应的是一种存在于时空中的点的分布，每个点都通过数字表现。现在的场论可以容纳更丰富的几何代数拓扑结构。

如果用"自旋网络"比较区块链，就会发现彼此之间存在着逻辑的共同之处：（1）区块链本身就是一个"网络"，而且属于自洽式网络。（2）"自旋网络"的节点，或者基本单位是基本粒子或粒子的复合系统，区块链的节点是信息，如果将信息单位比特化，彼此的节点就可以打通。（3）"自旋网络"显示粒子和量子场之间的相互作用与状态。区块链不是量子场，确实是信息场，这个场与每个节点之间存在积极的互动关系。（4）量子场可以通过数学表述，区块链的基础也是数学。

只是，区块链是一种直接表达制度本体的技术，即不经由任何代理，通过技术手段直接表达的制度形态。[①]在第二次世界大战前后，香农和冯·诺伊曼（John von Neumann）研究了复杂性和信息的关系，他们发现：信息含量是对复杂性拥有多少含义的度量。基于区块链技术的制度可以解决信息复杂化问题。在这个意义上，可以将区块链本质理解为：一个可以和特定计算设备分离的冯·诺伊曼架构，是可以向第三方证明的可信计算范式，目的是为了计算过程真实可信，支持上层应用实现业务逻辑的自证清白，为世界带来可以计算的信任。[②]

可以说，区块链的本质就是通过一种技术处理复杂化信息，减少交易成本。如果引入本文前面所讨论的"熵"的理论，通过区块链技术所支持的数字货币和数字经济，可以造就低熵积极模式，形成低熵的"凹地"。

---

① 参看孟岩：《区块链到底是什么？》
② 参看王嘉平：《区块链到底有什么了不起？》（https://www.chainnews.com/articles/474857307581.htm）

6.算法技术和信息时代

当代人类同时生活在传统工业化社会和信息社会。但是，因为数字技术的迅速进步，从传统社会、工业社会、后工业社会向信息社会和数字社会转型成为可能。

信息社会，或者数字社会，与工业时代和工业社会存在一系列根本的不同，其中比较突出的是这样几点：（1）工业时代是原子时代，是在一个特定的时间和地点，通过大机器和标准化生产，产出是实施加工后的物质产品。在信息时代，信息体现为数据，数据则是可以存储和计算的。（2）工业时代通过大机器和标准化生产，产出是实施加工后的物质产品，最终可以分解为原子和分子；信息时代所生产的信息产品，其本质是量子。（3）工业生产依赖硬件，以欧几里得作为基础的机器和机械；信息社会依赖的是软件，特别是移动互联网显现的非欧几里得模型。（4）工业生产需要特定的时间和地点；信息生产过程超越时空限制。（5）工业存在不同的部门和行业，其产品的数据化唯有通过货币和价格表现；信息产品体现为数据，基本单位是比特（Bit），即通过随机组合的成百上千的0和1的二进制数字符串。（6）工业增长需要消耗矿产资源、化石燃料和人力资源，没有可能持续几何级数增长，存在增长的极限；大数据时代则完全是天差地别的情况，现在，认知世界每天所产生的数据，需要以TB为单位，预见未来的数据存量需要以ZB为单位。①若干年前，互联网数据中心（IDC）预测的2020年的数据总量是35ZB。（7）工业生产必须控制产量，减少库存，对物质形态的工业产

---

① Bit 是表示信息的最小单位，叫作二进制位，一般用0和1表示。Byte 叫作字节，1个字节（Byte）由8个位（Bit）组成。Bit 与 Byte 之间换算关系为：1Byte=8Bit。TB 是太字节（Terabyte），计算机存储容量单位。1TB=1024GB=2^{40}字节。ZB 是泽字节（Zettabyte），代表十万亿亿字节。

品无法实施"压缩";大数据则可以持续存储,可以实施"压缩"。所谓的"云计算"的"云"就是数据的一种"容器"。(8)衡量工业社会经济规模的指标是GDP,代表财富的是贵金属,或者法币;信息社会可以摈弃GDP,可以通过基于技术的数字货币实现交换。

在上述工业社会和信息社会或者数字社会的若干比较中,最重要的是工业社会是基于原子和分子的物质社会,而支持信息社会的信息本质是数据,具有量子特质。比特构成一种真实的存在(Being)。所以,支撑工业社会向信息社会过渡,实现信息化和数字化一体化,所依托的是计算机技术和大数据量化工具,进一步说,是算法的底层技术。唯有通过算法底层技术,可以实现时间演进和计算的同步,呈现数学结构与真实世界的映射关系。"我们的外部物理实在是一个数学结构,该结构是由可计算函数来定义的。"[1]

现在的人类社会,几乎在不知不觉,或者少知少觉中,迅速过渡到所谓"算法社会"(Algorithm Society)。[2]在传统秩序继续存在的情况下,因为算法技术所支持的隐形秩序悄然形成,Code Is Law(代码即法律)。如果说在工业社会,工程师、建筑师是主要的社会中坚力量,那么,在算法社会,软件构成算法的核心,算法工程师、框架工程师开始成为社会的中坚力量。如今,人们很难设想一个没有C++、JAVA、VB、Delphi等编程语言,失去算法技术支持的世界将会怎样?

因为算法技术,可以高效地解决繁重的数字工作,为数字经济系统提供另一种"看不见的手",算法已经并正在改变所有经济范式。不论是比特币,还是法定数字货币,一切数字经济形式归根结底都是基于不同

---

[1] 迈克斯·泰格马克:《穿越平行宇宙》,汪婕舒译,浙江人民出版社,2017年,第333页。
[2] "算法"术语的发明者是波斯数学家、天文学家、地理学家阿尔·花拉子密(Al-Khwarizmi)。

的算法技术。至于区块链，也是一种算法模式，还是联结物质经济活动和信息经济活动的一种基础设施。

特别需要指出的是，人工智能和机器学习，即深度神经网络计算，正在成为流行算法，迅速取代传统的非人工智能类计算。人工智能计算框架是推动实时推理的重要驱动力，而实时推理则是典型的矩阵计算。几乎不存在任何悬念，历史再往前走，如果没有算法技术的支持，社会的一切部门将难以运行。

结论：未来可否预测？

当代人类所生活的星球和社会，因为日益的复杂性，绝非一般科学所能够解读，所以，不得不接受混沌理论（Chaos Theory）和量子力学。然而，只要引入这两个理论，等于承认所谓的复杂系统即混沌系统和量子系统。进一步的问题是，是否可以预测这样充满随机性的复杂系统，甚至无序系统？按照对混沌理论的一般解释：在现实中虽然始终存在着通常不可见的根本结构，但是，这样的结构不仅可以被发现，而且可以被改变。所以，可以通过对动态系统的量化分析，解释系统可能产生的随机现象，实现对复杂系统的预测。

但是，现在与提出"混沌理论"的1960年代相比，发生了根本性的改变。[①]这个世界复杂性已经不再是可以用非线性系统、多样性和多尺度性加以概括的。信息社会的到来、生态环境的系统性恶化、911事件，还有自2019年冬天至今长达半年之久的"新冠病毒"的世界性蔓延，都是证明。

现今世界所展现的复杂程度，需要的是"混沌理论"2.0版和"量子科学"的结合。只有在这样的思想境界下，终究有可能理解爱因斯坦那

---

① 1963年美国气象学家洛伦兹（Edward Norton Lorenz）提出混沌理论，非线性系统具有多样性和多尺度性。

段影响颇大,却有不同诠释的话:"像我们这样相信物理学的人都知道,过去、现在和未来之间的区别只不过是持久而顽固的幻觉。"①

1895年,英国作家威尔斯(Herbert George Wells)发表科幻小说《时间机器》(*The Time Machine*),讲述时间旅行者发明了一种机器,能够在时间纬度上任意驰骋于过去和未来。当他乘着机器来到公元802701年时,展现在他面前的是一幅奇异恐怖的景象。人类分化为两个种族:爱洛伊人和莫洛克人。爱洛伊人是原来的统治阶级,长得精致美丽,因为长期的物质极大丰富和不劳而获,其智力和身体机能退化,最后竟成为原本是工人阶级后代的莫洛克人的捕食对象。不要认为人类不存在整体"爱洛伊化"的可能性。人类正处于弗诺·文奇(Vernor Steffen Vinge)所说的时刻:"我们正站在变革的边缘,而这次变革将和人类的出现一般意义重大。"

如果说,"未来是可以想象和预见的",只有一个重要内涵,那就是未来的非确定性,超出想象和不可预测。因为,所谓的未来,不过是"量子时间"观念下的一个不断形成和改变的"量子结构"。人类生存在一个奇妙无比的宇宙中,"在这个极其广袤的宇宙中,我们人类所处的地位似乎微不足道"。②人类唯有突破数千年所固有的传统视角,超越被知识结构制约的想象力,使得即将到来的科学奇点造福人类,驾驭人工智能,洞察和跨越各种毁灭性陷阱,在多重宇宙中,在宏观世界和微观世界中,重新确认应有的位置,迎接后人类社会。仅仅在这样的意义下,未来是可想象和预见的,未来决定现在。

作于2020年6月30日
深圳南山区科技园

---

① Walter Isaacson, *Einstein*: *His Life and Universe*(Simon & Schuster, 2008), P540.
② 参看史蒂芬·霍金:《时间简史》,吴忠超译,湖南科学技术出版社,2006年。

目 录

第一编 区块链

1-1 关于区块链的若干常识问题 / 3
1-2 区块链技术的制度意义 / 9
1-3 区块链的现状与趋势 / 15
1-4 区块链是连接传统世界和数字世界的桥梁 / 24
1-5 区块链的宏观本质是集群 / 31
1-6 用怎样的历史观来看待区块链？/ 35
1-7 以传统思维方式理解区块链一定会陷入思维误区 / 40
1-8 数学未来将更多地嵌入区块链 / 44
1-9 区块链·熵·耗散结构 / 48
1-10 量子计算与区块链 / 54
1-11 区块链证明"范式革命"的存在与价值 / 58
1-12 全面认知区块链的科学特征 / 68
1-13 区块链引发了一场独特的社会运动 / 75
1-14 区块链与公平/效率及制度选择 / 78
1-15 区块链产业与互联网产业异同 / 85
1-16 产业区块链代表一种未来 / 91
1-17 区块链产业化和产业区块链化 / 95

1-18 区块链与法律的融合模式 / 102

1-19 区块链与数据安全 / 107

1-20 8K+5G+AI+区块链和智能手机 / 111

1-21 链接未来 / 114

1-22 区块链与矿业转型 / 118

1-23 区块链在抗疫防疫中的应用 / 121

1-24 如何理解"医疗新基建"？ / 123

1-25 区块链和"时空合作社" / 128

1-26 区块链是重建人类信任的基础结构 / 134

1-27 区块链·哲学·艺术 / 138

第二编 数字货币

2-1 数字货币：从边缘到中心 / 165

2-2 从货币史的重要节点认识数字货币与数字经济 / 182

2-3 数字货币对宏观经济的影响模式 / 211

2-4 2020年代：全球货币体系转型的关键十年 / 220

2-5 货币多元化的时代 / 224

2-6 数字货币与复杂科学 / 231

2-7 认知未来货币需要新的思想资源 / 236

2-8 数字货币的理想元素 / 242

2-9 数字货币与现代经济体系 / 248

2-10 全球加密数字货币、区块链和人工智能 / 256

2-11 比特币：预示未来货币形态的实验 / 271

2-12 Libra：数字货币的一种综合创新 / 286

2-13 未来世界货币体系与货币金融资源平等 / 292

2-14 人民币与法定数字货币 / 309

2-15 关于稳定币机制、央行数字货币和货币竞争 / 313

2-16 对ICO的反思和检讨 / 319

2-17 如何认识STO的前景？/ 327

2-18 区块链、数字金融与数字经济 / 340

2-19 数字货币与"实事求是" / 361

2-20 数字货币对古典货币理论和新货币理论的挑战 / 367

第三编 数字经济

3-1 认知数字经济时代 / 381

3-2 数字经济六十年：从"奇点"到"大爆炸" / 383

3-3 数学思维·数字技术·数字经济 / 398

3-4 构成平行世界的数字经济和实体经济 / 411

3-5 数字经济、区块链与法 / 421

3-6 判断与预测全球经济趋势 / 425

3-7 对现代化脆弱性的反思 / 431

3-8 互联网文明对中国制度转型的意义 / 439

3-9 金融—科技的一体化 / 454

3-10 科技：正在改变经济增长的周期与模式 / 465

3-11 科技VS人文 / 474

3-12 新技术革命：人文危机，抑或文明转型 / 477

3-13 金融危机十周年：回顾与思考 / 480

3-14 2008—2018年：数字货币诞生、IMF改革、茶党运动和占领华尔街的历史逻辑 / 493

3-15 走向衰落的华尔街、硅谷、WTO和IMF / 501

3-16 论"新中性利率"常态化 / 506

3-17 通货膨胀：是走向死亡？还是正在休眠？/ 512

3-18 财政政策和金融政策的一体化趋势 / 527

3-19 历史不会熔断：大萧条与罗斯福新政九十年后的启示 / 535

3-20 观念经济学原理及其现实意义 / 542

后　记 / 555

Contents

Part I Blockchain

1-1   The Common Sense of Blockchain / 3

1-2   The Institutional Significance of Blockchain Technology / 9

1-3   The Present and Trends of Blockchain / 15

1-4   Blockchain: The Bridge to Connect the Traditional World and the Digital World / 24

1-5   The Macro Essence of Blockchain Is a Cluster / 31

1-6   A Historical Perspective of Blockchain / 35

1-7   The Traditional Approach Will Lead to Misunderstandings on Blockchain / 40

1-8   Mathematics Will Be More Embedded into Blockchain in the Future / 44

1-9   Blockchain · Entropy · Dissipative Structure / 48

1-10 Quantum Computing and Blockchain / 54

1-11 Blockchain Proves the Existence and Value of a Paradigm Revolution / 58

1-12 Comprehensively Understanding the Scientific Characteristics of Blockchain / 68

1-13 A Unique Social Movement Triggered by Blockchain / 75

1-14 Blockchain, Fairness/Efficiency and Institutional Choice / 78

1-15 Similarities and Differences between Blockchain Industry and Internet

Industry / 85

1-16　Industrial Blockchain Represents the Future / 91

1-17　Blockchain Industrialization and Industrial Blockchainization / 95

1-18　The Integration Model of Blockchain and Law / 102

1-19　Blockchain and Data Security / 107

1-20　8K+5G+AI+Blockchain, and Smartphones / 111

1-21　Blockchain Connects to the Future / 114

1-22　Blockchain and Mining Industry Transformation / 118

1-23　The Application of Blockchain in Disease Control / 121

1-24　An Understanding of the New Medical Infrastructure / 123

1-25　Blockchain and Spatial-Time Cooperative / 128

1-26　Blockchain Is the Infrastructure to Rebuild Human Trust / 134

1-27　Blockchain · Philosophy · Art / 138

Part II Digital Currency

2-1　Digital Currency: From Periphery to Center / 165

2-2　Understanding Digital Currency and Digital Economy through Milestones in Monetary History / 182

2-3　Digital Currency's Bearing on Macro Economy / 211

2-4　The 2020s: A Critical Decade for the Transformation of the Global Monetary System / 220

2-5　The Age of Currency Plurality / 224

2-6　Digital Currency and Complex Science / 231

2-7　Recognizing the Future Currency Calls for New Thought Resources / 236

2-8　Ideal Elements of Digital Currency / 242

2-9　Digital Currency and Modern Economic System / 248

2-10　Global Cryptocurrency, Blockchain, and Artificial Intelligence / 256

2-11　The Bitcoin: An Experiment Predicting the Future Money / 271

2-12　Libra: A Comprehensive Innovation of Digital Currency / 286

2-13　The Future Global Monetary System and Equality in Monetary Resources / 292

2-14　Chinese Yuan and Digital Fiat Money / 309

2-15　Mechanisms of Stable Coin, Central Bank Digital Currency, and Currencies' Competition / 313

2-16　A Review and Criticism about ICO / 319

2-17　The Prospect of STO / 327

2-18　Blockchain, Digital Finance, and Digital Economy / 340

2-19　Digital Currency and Its Real World Foundation / 361

2-20　The Challenge of Digital Currency against Classical Monetary Theory and New Monetary Theory / 367

Part III Digital Economy

3-1　An Understanding of the Age of Digital Economy / 381

3-2　Six Decades of Digital Economy: From Singularity to Big Bang / 383

3-3　Mathematical Thinking · Digital Technology · Digital Economy / 398

3-4　Digital Economy and Real Economy to Form Parallel Worlds / 411

3-5　Digital Economy, Blockchain, and Law / 421

3-6　Deducing Global Economical Trends / 425

3-7　Reflections on the Fragility of Modernization / 431

3-8　Significance of Internet Civilization to China's Transformation / 439

3-9　Integration of Finance and Technology / 454

3-10　Technology: Changing Patterns and Cycles of Economic Growth / 465

3-11　Technology VS Humanities / 474

3-12　New Technology Revolution: Humanistic Crisis, or Civilizational Transformation / 477

3-13　The Tenth Anniversary of the 2008 Financial Crisis: A Review and Historical Lessons / 480

3-14　2008-2018: The Historical Logic of Digital Currency's Birth, IMF Reform, Tea Party Movement, and Occupy Wall Street / 493

3-15　Falling Trends of Wall Street, Silicon Valley, WTO, and IMF / 501

3-16　A Discussion on the Normalization of the "New Neutral Interest Rate" / 506

3-17　Inflation: Dead? Or Dormant? / 512

3-18　The Integration of Fiscal Policy and Financial Policy / 527

3-19　History Will Not Fuse: The Enlightenment of the Great Depression and FDR's New Deal after Ninety Years / 535

3-20　Principles of Idea Economics and Its Realistic Significance / 542

Epilogue / 555

第一编　区块链

1-1 关于区块链的若干常识问题[①]

2019年入冬以来的中国，天气变冷，与区块链概念相关的各类活动，从研讨会、培训到区块链项目的开发，却呈现持续升温的状态，即使用"热火朝天"描述也不为过。在这样的大背景下，更需要用科学和理性精神审视区块链底层技术构架、历史沿革，以及区块链在经济，特别是在货币金融领域的实践。非常值得庆幸，高承实博士基于自己对区块链技术和应用的参与、经验和观察，撰写了《回归常识》一书，以区块链技术基础原理、区块链对现代产业的影响模式，以及区块链与数字资产和数字货币的关系为主线，试图呈现和说明在过去十年人们关于区块链所关心和困惑的基本问题。按照高承实博士的书名，这些基本问题，应该属于理解区块链体系的"常识"。

那么，《回归常识》究竟提出了哪些"常识"问题呢？

1.区块链的本质。区块链首先是一个"系统"，区块链也是"分布式数据存储、点对点传输、共识机制、加密算法等计算机技术的新型应用模式"。区块链的本质可以概括为：通过数据的全网一致性分发和冗余存储，实现数据的公开透明和不可篡改，在系统层面降低了信息不对称，使业务流程可以基于新的信息获取能力实现重构；并且在信息系统去中心化的同时，通过构建业务系统的去中心化和业务流程的去中介化，实现总体效率的提升和利益的重新分配。

[①] 本文系作者于2019年11月21日为高承实专著《回归常识：高博士区块链观察》所作的序言。

2.区块链"去中心化"的内涵。"人类社会发展几千年,从来不存在完全的无中心状态,也从来不存在完全的中心化状态"。区块链的"去中心"仅仅包含两个层面:其一,基于数据占有层面,区块链系统要去掉原来系统中的数据中心或数据管理中心;其二,基于业务流程层面,在实现数据共享并重构了业务流程之后,那些不再被需要的原来中心化的业务环节和业务节点也要被去掉。所以,"区块链的去中心化,与基于业务发展需要的技术和管理上的引导、规范和治理并不矛盾,两者都是在新的技术架构和新的业务架构上,在更宏大的意义上进一步提高效率,让区块链更好地成为服务于人类社会的生产生活不可或缺的手段和工具"。

3.区块链与"链改"的关系。区块链技术的发展与应用,最终都要落实到所谓的"链改","从狭义的角度上讲,链改是指用区块链的理念和技术,对现有产业的业务流程和社会组织治理机制进行改造","对本已固化的业务结构和利益结构进行的重构",而不是"在现有的业务流程和治理机制上叠加一些新的技术手段"。具体地说,"链改"是在数据占有对等基础上,将原来基于信息不对称基础上建立起来的中心化的业务流程,改造为业务系统的去中心化和业务流程的去中介化的过程。通过"链改",原本经济或社会系统因为去中介化,不仅实现更高效率,而且将原来业务流程中的中心节点和中介环节占有的利润进行重新分配。至于"链改"的主体,就是接受以区块链技术改造经济组织和社会组织的个人和机构。到目前为止,虽然"链改"成功案例极为有限,但是,并不因此否定"链改"的方向。

4.公有链、联盟链和私有链的比较。作者高承实认为:公有链、联盟链和私有链,主要是从系统面向的用户对象类型来区分的。进而对公有链、联盟链和私有链做了比较。之后,高承实提出,"公有链也不可能是未来区块链应用的主流",其原因是"公有链的完全开放性,使得公有链系统中不同用户之间的信任关系也极弱，甚至没有信任关系，因此需要依靠更多的规则、协议和代码来建立最基本的信任关系，以维护系统的正常运行。因此，很多需要强信任关系的业务合作，在公有链上很难开展"。而"联盟链将成为未来区块链业务应用的主导"，因为"只有联盟链，通过审批以建立强信任关系，再通过线上数据共享，生成更多的凭证数据和对等信息，在此基础上精简业务流程，减少中间环节，真正改变经济流程和社会治理的业务逻辑和底层架构，以推动整个社会的经济效率提升和社会治理结构改变"。

5."通证"在区块链系统中的作用。"通证曾被认为是区块链系统的灵魂，是区块链系统中不同主体所拥有权益的承载"。"在区块链系统中，通证不仅仅是权益证明，通证还是区块链系统中每个个体责、权、利等核心价值的统一承载体"。这样的说法和认知是成立的，但是，却不能反映区块链和通证的全部关系。因为，即使在区块链系统形成的早期，已经存在无币区块链的运行，也就是没有通证的区块链系统，而"这类系统以联盟链为主"。对于私有链而言，"可以有通证，也可以没有通证"。可以肯定，通证相对于区块链系统，存在着不可逾越的局限性，也就是存在通证设计的边界。例如，"在价格理论不起作用的地方，通证往往无能为力"；"在知识经济时代作为主要生产资料的数据方面，由于具有广泛的可分享性，且其边际成本为零，数据分享在通证设计上如何体现和度量，至少在目前没有好的方案"。

6.区块链作为"产业"的特征。区块链是一种技术系统，区块链也可以被视为一种"产业"。"区块链自身的产业化是必然的发展方向"。但是，在现阶段很难形成对区块链行业定义的共识。这是因为，区块链正处于形成产业的早期阶段，不同的人站在不同的角度对区块链产业有不同的解读和预期，区块链的落地应用始终非常困难。但是，区块链应是后工业化时代的产物，涉及领域或潜在涉及领域众多，对世界经济和社会形态影响的前景正在逐渐清晰。一旦区块链构成新型的产业体系，对现行经济制度和产业结构从微观到宏观的影响都将是革命性的。

7.区块链和数字经济。"数字经济的前提是经济的数字化。从大的方面来讲，经济数字化一方面是经济内容的数字化；另一方面是数字基础设施的建设"。技术是实现经济数字化的手段，不论是大数据，按需提供数据存储功能的云计算、边缘计算和IPFS，以及AI，都可以在经济数字化过程中扮演不同的角色，唯有区块链具有综合上述技术的张力，成为"校正经济数字化进程的关键性底层技术架构"。进一步说，数字经济不仅仅是数字化的经济，还包括与数字化的经济相匹配的组织结构、业务流程、制度体制的重构，区块链技术和所支持的"链改"有助于实现这样的目标。

8.区块链对于算力行业的意义。《回归常识》以BOINC（Berkeley Open Infrastructure for Network Computing）的案例，探讨区块链对于算力行业的意义。BOINC是由加州大学伯克利分校计算机系于2002年开发上线的大型分布式计算系统，旨在将全球各地大量个人电脑及智能设备的闲置算力，提供给运行计算密集型应用的研究者，优化计算资源配置效率，已经应用于数学、医学、天文学、气象学等领域，是当前全球最大的网络计算平台。"截至2019年3月，BOINC在全世界有超过400万注册用户，每天约6万台活跃的计算机以及约30 PFLOPS（每秒所执行的浮点运算次数）的显卡实时运算能力，该算力相当于世界排名第五的超级计算机，BOINC同时也是分布式计算领域最为人熟知的开源项目之一"。2019年8月4日，BOINC发布《算力地球白皮书》，计划通过下一代分布式云计算的基础设施改造，优化计算资源分配。也就是说，通过区块链改造，或者区块链的"加持"，实现算力行业与区块链技术的进一步融合，突破人类生产生活中的计算资源瓶颈，甚至还有可能重新改写"算力"的内涵，拓展"算力"概念的外延，并将完全基于志愿行为的计算能力聚合平台,通过使社会上更多的闲置计算资源获得更加充分的利用,转变为基于商业逻辑的算力聚合平台。这除了使BOINC获得更大的发展外,"结合了区块链和通证经济的算力,将成为推动人类文明进程的革命力量"。只是,《算力地球白皮书》似乎"只是对原有基于志愿基础上的算力贡献进行了通证化处理,在技术层面针对BOINC的算力分配和调度进行了优化",至于BOINC最终的通证化改造是否可行,能否成功,有待进一步观察。

9.区块链和数字货币。比特币是基于区块链的数字货币试验。如何评价比特币?高承实的观点是:"目前的比特币由于其共识破裂导致价值下跌,已经完全改变了其发行初衷";"比特币固定上限的设计,人为地制造了稀缺"。稳定币,不仅是一种信用媒介即债权,也可能具有股权的性质。"稳定币可随时赎回变现是投资者关心的问题"。问题是,稳定币在发行方式、稳定机制、投资方面都存在显性和隐性的缺陷。当然,解决数字货币的安全问题,始终是最有挑战的课题。不仅如此,"基于区块链技术的数字货币和资产数字化",特别是数字资产和数字货币的交易,势必推动完善政府相关监管,也将推动相关法律体系的调整。

10.区块链技术的局限性。在短期内,区块链很难实现技术难点的根本突破;还需要汲取区块链的思维,与其他技术进行有机融合,寻找相应的落地场景。从纯技术角度,区块链在数据的获取与处理方面,如何实现与大数据、物联网的深度融合,特别是区块链如何在人工智能挖掘各种数据背后隐藏的相关关系的基础上,既能实现数据的透明和不可篡改,又能为数据服务人类生产生活增加新的维度,还需要从基础科学、应用技术等方面开展研究和试验。所以,那种以为区块链的"上半场"已经结束,现在开始进入"下半场"的说法,反映的是对区块链技术体系复杂性缺乏基本认识。

最近几年来,关于区块链的书籍很多,但是更多是在描述区块链的技术原理，内容的重复部分比重过大。加之以区块链技术为中心的相关领域拓展很快，导致大部分区块链的书籍难以维系稳定的读者群体。高承实博士的《回归常识》一书，没有以区块链的技术原理为重心，而是置区块链技术于区块链复杂系统之中，向读者展现区块链发展和应用过程中的各类问题，有理论、有分析、有实际案例，所以更像一本即时性的区块链认知手册。还要指出，作者对区块链的认识超越了技术和经济层面，多处提出区块链会引发深刻的社会变革，导致经济和社会组织的权力结构和利益结构的改变，甚至人类社会的进步。所以，区块链背后有着"革命"含义。作者所有这些探讨、尝试和努力都值得肯定。

当然，《回归常识》的章节结构的内在逻辑不够严谨，书中内容论述既有重复之处，也有根据不足之处。对于诸如"公有链"的暗淡前途的判断，以及对"比特币"的"共识破裂"和属于"通缩类型"设计的结论，似乎缺乏更有说服力的阐述。

在中国，需要更多像高承实博士这样既有理工科训练，又能够实践和著书立说的人。中国正在进入需要全方位科学教育普及的时代，区块链不仅在当下，在可以预见的未来还会继续是一个引人关注的课题。因为，在人类近现代科学技术历史上，还没有一种技术像区块链这样涉及如此多的学科，具有如此强烈的复杂性、系统性和集群性特征，显现如此之大的潜力和张力，为人们提供对制度转型的丰富想象空间。

1-2 区块链技术的制度意义[①]

研究院的两位同事已经对区块链的来龙去脉、基本概念、技术原理、政策和产业发展做了比较系统的介绍。我集中就区块链技术的功能和制度意义谈几点看法：

1.如何理解区块链是一种技术？

区块链是一种技术，但是，区块链既不属于典型的硬技术，也不属于通常意义的软技术。例如，一个机械发明是硬技术，无人驾驶飞机也是近年来的硬技术。对于这样的硬技术，大家看得见、摸得着。可被人们接触的软技术近年来也越来越多，像支付宝、余额宝就是进入到日常生活的软技术。而区块链既有硬技术含量，又有软技术含量。

在教室和讲堂向听众展现什么是区块链，是相当困难的事情。主要是两个方面的原因：其一，区块链的基础是数学和密码学。多少年来，密码学是数学的一个重要分支。很多谍战片都涉及发报和收报，其基础就是数字组成的密码。设计和破译密码，都需要密码学。著名的摩斯密码就是密码学的重要成就。但是，没有人想到在21世纪之后，密码学催生出了区块链。解释区块链如此困难，就因为区块链的核心基础是数学和密码学。如果能够轻而易举把密码学说清楚，那么就很容易理解区块链，而密码学是很难在短时间内说清楚的。其二，区块链涉及相当广泛

[①] 本文系作者于2020年4月10日在数字资产研究院与阳煤集团联合举办的"线上区块链培训课程"上的讲话。

的硬技术和软技术。介绍和解释区块链要涉及相当多的概念，概念套概念。如果一个概念不清楚，会阻碍对下一个概念和原理的理解。这是今天理解区块链的最大困难。为了解决这样的困境，数字资产研究院在主持编写一部区块链词典，所涉及的相关名词达到数千条。

2.区块链与传统经济和数字经济是怎样的关系？

区块链是一个连接传统经济和数字经济的桥梁。传统经济大家都非常清楚，第一、第二、第三产业，都是看得见、摸得着，或能体验到的产业。例如，第三产业中的影院、餐饮，都是身心可以直接感受的。第二产业的加工业，生产出物质产品，无论是鞋还是汽车，人们都可以体验其使用价值。至于第一产业，特别是农业，"民以食为天"，与人们生产生活更是息息相关。进入21世纪，通过传统产业，已经在世界范围内大体解决了民众的温饱和基本生存问题，完全饥寒交迫、衣不蔽体的时代在世界的整体范围内变成非常局部的现象。

与传统经济不同，数字经济是一种新型经济形态。两者最大的差别是：数字经济将所有的经济行为数字化和数据化，这个数字化和数据化是以计算机0和1语言为基础的。对于传统实体经济而言，也离不开数字，例如产值、成本、利润、工资、交税。但是，这种数字不是数字经济的数字，因为不是基于计算机的语言。

为了说明这个差别，以音乐产品为例。原本的音乐传播，主要通过歌唱家的真实演唱会。歌唱家提供艺术服务，听众付款享受音乐艺术，所以属于典型的第三产业。之后，通过录音设备制作了唱片、磁带，但是，其传播有限。再后来，CD引入了数码技术，只是到了移动互联网时代，才可以通过智能手机无障碍传播。为什么？因为音乐产业实现了通过0和1的代码改造的数字化。电影和电视产品也是如此。也就是说，音乐、电影和电视产品，同时具备传统经济和数字经济的特征。

在不知不觉的过程中，现在每一个人都处于既在传统经济中，同时也在数字经济中生活、生存、工作的状态。于是，就产生了一个问题，如何完成从传统经济到数字经济的转化？怎么能够使这个转化具有真实可信的基础？区块链应运而生。或者说，没有区块链也可以完成传统经济到数字经济的转化，但是不能保证从实体经济到数字经济转化的真实性和准确性。由此，区块链构成了新的经济基础。

人们常说，"眼见为实"。但是，现实生活运行不可能都通过每个人"眼见为实"。以煤炭为例：一吨煤就是一吨煤，如果把一吨煤从这个地方运到另一个地方，以证明一吨煤的存在，实在劳民伤财。现在，区块链是最可信的技术。区块链的溯源功能不仅可以证明一吨煤存在的真实性，而且可以证明这一吨煤的品种和质量。

现代经济是不断扩展的过程，从农村到城市、从城市到国家、从国家到全球，所有的物流和信息流都需要被证明。证明的方法不是把什么东西都运来运去，这是没有可能的。现在产生了一个技术，就是区块链。区块链是人类经济活动不断扩大、规模不断扩展之后，减少相互信任和相互证明成本的唯一道路。在未来日益复杂的世界，在难以对每个人都验明真身的情况下，区块链彻底解决了如何证明"我妈是我妈"的问题。没有区块链，当代世界的信任成本会无限增大。进一步说，区块链就是将平行的实体经济和数字经济连接在一起的桥梁。没有这个桥梁，两者是没有办法平行和对接的。而今天全世界必须向数字化转型，没有区块链不能完成这样的转型。

3.区块链具有哪些基本功能？

关于区块链的功能有不同的说法，我更倾向于这样三个方面：

（1）区块链是一种新基础结构。区块链就像电、水、公路、互联网一样，正在成为一个新的基础结构。在未来的设计中，没有区块链的基础结构是残缺的，甚至不能运行。这个未来不会很久远，大概需要几年的时间。正像十多年前，每个人都要用电子邮件，人们不能想象电子邮件是可以被超越的。微信、推特等社交工具的普及，大概不过十年左右的时间。现在我们正在向区块链大众化阶段过渡。区块链进入社会生产、产业体系、政府管理，甚至家庭生活，仅仅是时间问题。

（2）区块链是一种经济组织。当区块链能够普遍运行的时候，人们可以根据区块链来重新组织各种经济上的活动。例如，区块链与一个企业、一个班组、一个矿井加以结合，使得经济活动和经济行为得以重新组织。

（3）区块链推动信息价值化，实现数据转变为生产要素。现在世界正处于新冠疫情中，与疫情相关的数据是海量的、天文数字级别的，各国处理这些数据的工作是极为艰巨的，最主要的工作是甄别数据真假。区块链普及之后，基于区块链的数据和信息具有天然的可信度，类似的困难就相对容易解决。

4.区块链如何推动传统产业数字化转型？

传统产业完成数字化转型，区块链可以提供关键技术。从去年开始，人们聚焦于区块链应用的两条思路：

一是区块链和新型产业结合，形成新型产业化的区块链。这条思路进展相对容易。例如，"抖音"天然贴近数字化，这类产业是很容易被区块链化的，因为它本来就基于数字经济产生。新冠疫情导致"钉钉"和"zoom"的用户快速膨胀，它们本身就是数字技术公司，假如要区块链化，会相当简单。

二是区块链与传统产业结合，并为传统产业数字化转型赋能。现在的关键是要解决如何改造传统产业，怎样实现应用和赋能？这条思路的进展相对困难得多。例如，餐饮业是典型的传统行业，餐饮业要不要区块链化?又怎样区块链化？一般来说，餐饮业需要实现从上游到下游的"供应链"

和"价值链"的双重区块链化。在技术上，需要将链条分解成不同的环节，把不同的环节连接在一起。这个过程可以用联盟链来解决。不是说整个饮食业由一个联盟链组成，海底捞可以有它自己供应链上的联盟链，麦当劳也可以有它自己的，整个产业会被无数不同的联盟链重构。

　　从去年末到今年初，我反复思考区块链与煤炭产业的结合问题，煤炭产业引进和应用区块链具有巨大的发展空间，有以下三点与大家分享：

　　（1）加速煤炭资源数字化。煤炭首先是一个天然矿产资源，开采出来的煤炭仅仅是煤炭资源的一部分。整体的和动态的煤炭资源需要数字化和数据化。现在思路已经十分清楚，唯有通过区块链，煤炭资源，例如煤炭储量的数据最终实现可以追溯、不可更改、高度可信。不仅如此，唯有通过区块链才能够把煤炭储量这样的数字变成数字资产。这个意义很大，涉及煤炭资源可否像石油资源一样数字化、金融化，实现可持续开发。

　　（2）实现煤炭产业价值链重组。煤炭产业虽然历史悠久，但是也在不断现代化，煤炭产业链和价值链呈现不断拉长的趋势。区块链有助于以原煤开发为中心的煤炭产业的开采、发电、煤化工，以及支持煤炭产业的技术、金融板块的重组。

　　（3）推动煤炭产业管理创新。煤炭工业曾经是劳动密集型产业，现在正在向技术密集型产业转型。所以，煤炭产业需要通过区块链实现管理形态和管理方式的创新，空间极大，其中核心部分是建立新的员工激励体制。

5.区块链对深入改革的意义何在？

　　自1970年代末期实行的经济改革，并非简单地否定传统的计划经济体制和建立市场经济体制。改革的根本目的是为了建立一个富有效率的经济制度，为此需要构建每个社会成员的积极性得以充分调动的机制。经过四十余年的改革，同时也借鉴国际经验，共享经济是重要的选择。

区块链有助于共享经济的建立，至少可以向共享经济赋能。在未来区块链和实体经济融合的过程中，区块链有助于经济组织变革，推动每个企业不断增加共享经济的成分，实现对每一个生产者贡献记录的精准性、及时性和完整性，保障他们的利益。

总之，区块链有助于传统企业社会化，成为共享经济网络的节点，使得包括企业在内的经济组织都成为区块链的受益者。

结论

（1）区块链是一种独特的科技，既不可能像一般的硬科技那样展现在人们面前，也不是一般的软技术，立即让人们受益。区块链是一种技术体系和新的基础结构。（2）数据作为生产要素的功能，需要通过区块链实现。（3）区块链是传统经济和数字经济的桥梁。（4）更重要的是，区块链对于建立更有效率的经济体制和经济组织意义重大，也将为共享经济提供技术条件。

2019年10月，中国将区块链提升到国家战略的高度给予重视，是基于决策层对于区块链全面和深刻的理解。区块链对中国经济体制进一步改革和形成数字经济，以及实现经济可持续发展具有重大意义。

1-3 区块链的现状与趋势[①]

今年是2018年。十年前的全球金融危机，彻底暴露了传统金融体系的结构性危机。恰恰是在危机最为严重的年末，比特币诞生。从此之后，区块链和区块链支持的数字货币，以及原本与互联网结合的数字经济进入人们的视野，及至今天，已在全球范围内构成现实经济的组成部分，特别是数字经济呈现了快速增长的态势。现在，就区块链和数字货币的现状和未来趋势，谈四个问题：

1.区块链的认知与影响：从小众到大众

2008年末，中本聪（Satoshi Nakamoto）发表关于比特币的文章。2009年初，以区块链作为技术基础的比特币问世。那时，几乎没有人预见到，区块链、数字货币和数字经济的"星星之火"，仅仅经过十年光景，已经形成"燎原之势"。主要表现为以下的五大转变：

第一，完成从小众认知到大众参与的转变。比特币产生于极为小众的密码朋克圈；关于比特币的第一篇，也是唯一由比特币团队所写的文章，发表在一个专业性很强的密码学界的网站上。至于比特币最初的价值，不仅不为大众所认知，也不为金融界精英所认知。2010年比特币购买比萨的著名故事便反映了这样的背景。软件设计师拉斯洛·韩内奇

[①] 本文系作者根据2018年4月3日在数字资产研究院举办的"数字资产研究院成立大会"上的发言（原题目为《区块链和加密数字货币近期形势》），以及2018年5月18日在数字资产研究院第一次全体股东大会上的发言（原题目为《关于数字资产研究院工作的几点说明》）修订而成。

（Laszlo Hanyecz）因为使用了比CPU更加有效的GPU进行挖矿，极大提高了挖矿效率，仅在2010年5月17日这一天，他就获得了1400个比特币。5月18日，他希望能用比特币换取比萨。5月22日，经过四天等待，拉斯洛发出了一个交易成功的帖子：10000比特币购买到两块比萨。如果以2017年比特币高点计算，10000比特币价值约1.6亿美金。这两块比萨也因此被称为"史上最贵的比萨"。

如今，区块链、数字货币、数字资产的参与者，已经从少数人变成了多数人，不仅有专业人士、精英，也有草根民众。在世界范围内，几十万、上百万人总是有了。这样的人数相比较于全人类人口，比例甚小，但是，其增长率是强劲的。完全不知道比特币为何物的人群在持续缩小。

这是一个"英雄不问出处"的领域。在参与群体中，以年轻人为主体。只是中国与西方国家还是有所差别：在美国，卷入到币圈的孩子平均年龄也就是20岁左右，基本来自中产阶级和精英阶层。在中国，年龄层偏高一点，除了北京、上海和深圳这些大都市，还有相当部分年轻人来自二三线城市，呈现非常草根的状态。不论国外还是国内，都市年轻人有一些共同点：富有理想，学习能力强，敢于尝试新事物，甚至有冒险精神。

第二，完成从少量企业参与到越来越多的企业卷入，以及刺激基于区块链技术的新型企业涌现的转变。在过去十年，一方面，出现以区块链技术为核心的产业，或者区块链与诸如大数据行业结合形成的新产业；另一方面，区块链进入到传统产业，传统资本也不断提高在区块链和数字货币领域的投资，由此形成交叉产业。总之，在区块链、数字货币推动下，正在形成一个新的产业集群。

第三，完成大多数国家政府从采取"放任主义"到严格制度规则和实施监管的转变。在2010年前后，世界绝大多数国家政府并没有对区块链，特别是数字货币加以关注，基本是任其自由成长。但是，在比特币价格不断增长，甚至比特币交易平台发生一系列事故之后，一些国家开始关注，创立制度法规，实施监管。2017年"ICO"风潮席卷全球，发生所谓的"割韭菜"事件，损害了民众利益，引发政府认真对待。无论如何，从发达市场经济国家到新兴市场经济国家，越来越多的政府废弃对数字货币的"无为而治"，采取积极面对的态度。如今，世界各国政府在界定比特币、ICO和数字货币交易方面，主要分为合法、非法两类。可以说，自二战结束以来，没有发生过所有国家对相应的政策如此同步的讨论。

第四，完成对世界经济的影响从微乎其微到日益增强的转变。从2009年比特币挖矿开始，至2014年以太坊ICO成功，区块链和数字货币并没有构成对任何国家宏观经济和世界经济的实质性影响。但是，在过去三四年，情况变得不一样。随着区块链、数字货币、数字资产的急速发展和影响力增强，已经开始改变现存的经济运行模式、产业结构、分工格局和就业趋势，甚至商业周期机制。特别是，因为成百上千的数字货币加入交易，央行开发加密数字货币，对传统货币体系产生了挑战和冲击。现在，考虑宏观经济趋势，制定央行货币政策，已经不可忽视区块链、数字货币和数字经济的因素。

第五，完成从只有金融和技术专业人士关注到社会其他领域关注的转变。听说现在知道和关注区块链和比特币的人群，已经从金融和技术专业人士蔓延到几乎各个社会领域，成为一个社会热点。同时，凭借区块链媒体，相关基金和企业发布的大量白皮书和大量会议形成了信息冲击，尤其是比特币的"财富神话"加速了上述过程。最值得注意的是，区块链和数字货币颠覆了很多传统思维和理念，推动了一场新型的、静悄悄的社会运动。

归纳：区块链和数字货币已经从星星之火到燎原之势。以数字货币为例，几乎每天都有新的数字货币诞生。据统计，截至2017年底，全球数字货币的种类已经增至1334种，比2016年增加了980种。其中最主流的五种是比特币、比特币现金（BCH）、以太坊、瑞波币和莱特币。区块链与数字货币已经形成一个不可逆的格局。在这个格局中，形成历史上前所未有的科学技术、资本和权力的大面积和全方位的组合。在之前的人类历史上，不曾出现政府权力、各类资本资源和科学技术同时关注一个问题。在这个格局中，传统财富体系正在发生改变和转型。

2.围绕区块链的生态体系

在过去十年间，围绕着比特币和区块链技术，形成了一个由三个"圈"——"链圈""币圈"和"矿圈"——构成的生态体系。

第一，"链圈"。"链圈"指的是专注于区块链的研发、应用乃至区块链底层协议的群体。伴随数字货币、区块链概念逐渐进入大众视野，政府对区块链持肯定态度。根据工信部《2016中国区块链技术和应用发展白皮书》，区块链发展大体分为两个阶段：以非中心化数字货币为典型特征的区块链1.0；以智能合约为典型特征的区块链2.0。目前尚未产生关于区块链3.0形态的"共识"。总的来说，"链圈"相信区块链具有真实、可追溯、可信、公平的特征，可以通过共识机制的算法建立信用关系，保证合同、合约自动执行，减少社会交易成本。

第二，"币圈"。"币圈"的主体包括将比特币作为一种信仰的所谓"比特币原教旨主义者"，他们相信全球货币终将实现非国家化；早期通过"挖矿"获得比特币的群体；以传统资本进入数字货币的投资者；以及部分相关媒体。在"币圈"中，确实不乏在ICO或者数字货币交易中获得可观财富的个体和机构。"币圈"也包括一般民众，由于数字货币和区块链技术的学习成本和跨入门槛较高，普通人以"炒股""炒国库券"经验理解"炒币"。2017年9月之后，"币圈"中的不少玩家已套现离场。

第三，"矿圈"。"矿圈"包括矿机生产商，例如"比特大陆"和"嘉楠耘智";分布于电力成本很低的地方"矿池";以及矿工。挖矿属于资源高度消耗的活动,与挖矿关系最大的是存储。但是,比特币的挖矿不宜归结为一般经济活动的能源消耗,被认为是能源浪费。因为比特币是一种通过工作量证明的高价值财富形态。

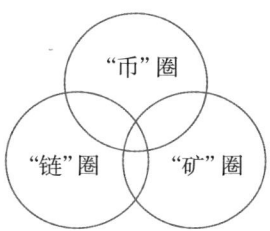

过去十年历史证明,以上三个"圈"所构成的生态具有这样的特征:(1)相互依存程度不断增加;(2)在全球范围内形成了区域性分工;(3)内部的创新动力强劲;(4)资本进入规模不断扩大;(5)推动数字经济的升级。支持这个生态的有利益因素,也有坚持实现去中心化和维持分散记账的理念。就各国政府而言,并没有对三个"圈"的分别政策;主要在认知"链"和"币"的关系方面,有的认为是不可分割的,有的认为是可以分割的,形成不同政策。

3. 大趋势

以比特币发轫、区块链技术支持的数字货币"群"的出现,以及数字经济的崛起,显示出了超越IT革命的冲击性、爆炸性和颠覆性。表现在:

第一,这次革命具有前所未有的科学和技术资源的支持。区块链是一种建立在数学、物理学基础上的综合性技术,与互联网+、大数据、云计算、人工智能都存在着深刻的联系和互动关系。在IT革命时代,大部分科技资源、人力资源和支持科技研发的金融资源都集中在美国硅谷。而这次革命是全球性的,科技、人力和金融资源地理分布广泛。特别是,与1990年代相比，中国成为此次革命的重要推手。

第二，这次革命触及人类经济互动的核心，即数字货币。比特币的最大意义并不在于创造了一种支付工具、造就了财富新载体，其根本意义是打开了货币制度改革的"潘多拉"盒子。从此，不仅非政府和民间数字货币出现"大跃进"式的发展，而且推动了法定数字货币或者央行数字货币的开发。于是，原本的货币体系出现解构。进一步说，如果数字货币形成气候，最终将影响世界各国的基础货币，影响M_0和M_2的结构和数量。

第三，这次革命导致"通证经济"应运而生。在网络技术中，Token原指"令牌"，代表一种权利或权益证明，中文翻译为"通证"。通证可以代表一切权益证明，或者说，人们的全部权益证明都可以用通证来代表。当然，这是一种理想状态。所谓通证经济，没有一个标准化的定义，是指以Token为基础的经济生态。包括三个要素：权益证明、加密性、可流通。至于通证经济模式，相当多元化，最具代表性的有：货币模式、积分模式、资产模式、数据模式。从长远看，通证经济和共享经济存在着相当大的共同性。

第四，这场革命正在改变传统企业的组织形态。区块链技术带来了新型经济组合及新的价值组合的可行性。在区块链基础上，"全体员工共治企业"或者"分布式自主运作企业"开始产生。例如在以太坊平台上运行ConsenSys。这样的新型企业的核心特征是非中心化，所有权、架构、运作、奖励和治理融合于分布式管理模式，形成鼓励创新、员工激励和集体行动的新机制，造就出更包容和可持续发展的经济体。这种基于区块链的新型经济组织，改变了传统层级化的架构——权力和财富高度集中，大部分的活动都是在公司内发生的公司模式。特别是，传统组织的决策是通过管理层完成的，而基于区块链的分布式组织里，决策制定任务最终通过编程、智能合约和代码实现。

第五,这场革命为政府提供了新的治理手段。政府治理的本质是对政务数据的系统性开发和管理。区块链技术所包含的共识机制、加密算法、智能合约、不可篡改、可溯源、安全可信等技术,有助于政务数据资源发掘、存储、分析和确权,有效避免了层级过多导致的数据失真,保障政府系统可以快速和高效收集真实且完整大数据,为政府决策提供了优质数据支撑,有利于实现构建"数字政府"的目标。现在,政府高度关心金融安全,区块链技术亟待纳入金融安全系统。

关于趋势:此次以区块链、数字货币和数字经济为代表的革命,是全球性的,融合科技、产业和金融业的革命,业已形成不可逆转的态势。这场革命还引发了世界地缘政治的变化。现在,美国、中国这样的大经济体,对数字货币大多是谨慎的,而一些中小国家更倾向开放态度。我的判断是:数字货币当下的波动和回落是周期性的。在现阶段,仅仅数字资产交易所在全球至少就有上千家,现在正值一个蛮荒的疯狂淘金时代的末期,很快会水落石出。不必久远,在明后两年,或者更长一点时间之后,区块链和加密数字货币会进入发展的历史新高点。

4. CIDA的地位、优势和目标

关于数字资产研究院(CIDA)的简介,已经修订了几个文本,准备7月份定稿。数字资产研究院的定位,如同研究院的名字,是研究和探讨数字资产理论与技术的非盈利机构。

那么,如何理解数字资产?以前讲资产,更多的是基于会计理论和逻辑:资产=负债+所有权的收益。因为IT革命,互联网、数字货币和区块链产生,出现了以"数字"为特征的资产。所谓"数字"为特征的资产,包括直接以数据为基础的产业,也包括经过"数字化"的传统资产。这两类"资产"是相互渗透和相互影响的。因为有数字资产,逻辑上就有数字资产投资、数字资本、数字财富。在这些概念之间存在着连接的机制，形成不同于传统资产的市场特征。例如，纳斯达克（NASDAQ）所要建立的数字资产交易所，就是一种关于教育数字资产的重要实验。特别要强调的是，数字资产是以区块链作为基础且技术含量极高的资产，所以不同于传统资产，例如不动产、矿产、机械。区块链涉及相当多的科学学科。所以，研究院已经开始和科学院数学所，以及一些大学探讨关于测度数字资产指数的合作。其中一个思路是选择五种以上的加密数字货币，建立一个复合指数体系。加密数字货币的波动是相当复杂的，包括内生因素和外生因素。就像地震海啸，地震原本决定于内在的地质结构变化，但是地震又导致了海啸，海啸又反过来影响地震。

在研究和实践数字资产方面，CIDA具备四种资源优势：（1）智力资源优势。研究院有既懂传统经济，又对数字经济有研究基础的智力资源。现在，只懂传统经济，不懂数字经济，或者只懂数字经济，对传统经济和传统经济运行没有认知的人，都不足以面对新的经济和科技混合时代。（2）战略合作伙伴资源。研究院的成立背景、定位和理念，特别是研究院发起成员的原本的国内外关系，有助于研究院形成全球性的战略合作伙伴网络。（3）跨学科研究资源。区块链是尚处于早期阶段的综合技术，其发展有待于基础科学和应用科学的引进和开发。例如需要数学家、计算机科学家的参与，而在经济和金融领域里的应用，需要经济学家和货币学家，甚至金融家、银行家。此外，区块链技术基础很可能因为量子计算和量子计算机的进展而改变。研究院具有组织跨学科研究的资源和能力，为此设计成立了"技术与学术委员会"。（4）区块链落地资源。区块链未来发展在很大程度上取决于其应用、产业化和商业化。在这方面，研究院具有在企业和政府方面的落地渠道。

从4月2日到现在，区块链、数字货币和数字经济的外部环境变化很快。CIDA加快筹备期，现在着重三个方面的工作：（1）大面积普查区块链和数字经济领域的实际情况，建立一个包括学术和技术前沿、人才、经济实体分布、地方政府规划在内的信息系统；（2）提出一年计划和三年规划；（3）内部组织架构设计。

主要以三个概念为基础。其一，Node。每个团队成员都是一个节点，都在节点上发挥其功能。其二，Matrix。区块链就是矩阵，所以团队产业需要适应多维工作方式。其三，Cluster。CIDA对外合作采用集合模式。

CIDA在今年计划主办两个比较大型的会议：（1）在9月15日前后，也就是选择雷曼兄弟垮台十周年，组织关于2008年世界金融危机十周年的研讨会。前天见了桥水基金（Bridgewater）在中国的朋友，谈到在2008年金融危机中，世界上只有少数对冲基金没垮台，其中就有桥水。现在过去十年，当年"幸存"的基金也所剩无几。所以，今天的世界货币金融体系正处于深层改变的历史阶段，二级市场处于相当颠覆性的转型阶段。（2）选择年底召开区块链和数学的会议，探讨应用数学怎样与区块链进一步结合。

在这样一个加速复杂化的大时代，因为共同的理念和价值观，我们走到一起成立CIDA。CIDA是家小小的研究机构，其实，"小是美好的"（Small Is Beautiful）。CIDA将以谦卑的心态、如履薄冰的风格，远离急功近利，不跟风，踏踏实实研究，证明即使在当下喧嚣和癫狂的市场环境下，CIDA依然可以凭借实力脱颖而出。

1–4　区块链是连接传统世界和数字世界的桥梁①

不久前，我参加了联合国一些机构在纽约组织的一场区块链论坛——"区块链技术支持联合国可持续发展目标"。也就是说，这个论坛的宗旨是讨论区块链技术与联合国可持续发展目标的关系。我在此次论坛发言的题目是《积极面对全球性信任危机和信任赤字的挑战》，副标题是"区块链是重建人类信任的基础结构"。今天与各位分享以下三个问题：

第一个问题：如何认知联合国的可持续发展目标？

2015年，联合国公布了可持续发展目标，共17条：（1）在全世界范围内消除一切形式的贫困；（2）消除饥饿，实现粮食安全，改善营养状况和促进可持续农业；（3）确保健康的生活方式，促进各年龄段人群的福祉；（4）确保包容和公平的优质教育，让全民终身享受学习的机会；（5）实现性别平等，增强所有妇女和女童的权能；（6）为所有人提供水和环境卫生，并对其进行可持续的管理；（7）确保人人获得负担得起、可靠和可持续的现代能源；（8）促进持久、包容、可持续的经济增长，促进充分的生产性就业，确保人人有体面工作；（9）建造具备抵御灾害能力的基础设施，促进具有包容性的可持续工业，并推动创新；（10）减少国家内部和国家之间的不平等；（11）建设包容、安全、有抵御灾害能力的和可持续的城市和人类居住区；（12）采用可持续的消费和生产模式；

---

① 本文系作者于2020年1月19日在重庆举行的"2020年数字经济与区块链研讨会暨数字资产（重庆）研究院成立大会"上所作的会议发言。

（13）采取紧急行动应对气候变化及其影响；（14）保护和可持续利用海洋和海洋资源，以促进持续发展；（15）保护、恢复和促进可持续利用陆地生态系统，可持续管理森林，防治沙漠化，制止和扭转土地退化，遏制生物多样性的消失；（16）创造和平包容的社会，以促进可持续发展，让所有的人都能诉诸司法，在各级建立有效、负责和包容的机构；（17）加强执行手段，促进可持续发展伙伴关系。

理解联合国可持续发展目标有几个"不易"：将人类所面临的各种严重问题罗列出来和加以分类，绝非易事；联合国所有的成员国，包括发达国家和发展中国家，形成这17条共识，绝非易事；在2015—2030年的15年时间里，在世界范围内落实这17条，绝非易事。

我于2000—2003年在联合国工业发展组织工作。2001年，联合国和当时的秘书长安南分享了诺贝尔和平奖。我在联合国工作期间深切感到，联合国需要针对新的、不断变化的国际形势修订《联合国宪章》，只是我的这种想法可行性很低。如今，联合国可持续发展的17条目标，其实就是在新时代下对《联合国宪章》的某种补充。《联合国宪章》是所有成员国赞同的，联合国可持续发展的17条目标，也是所有成员国赞同的。在联合国历史上，类似这样没有争议的共识是不多的。

第二个问题：人类为什么需要严肃解决"可持续发展"？

我本人对联合国可持续发展的17条目标的第一条、第三条、第四条非常在意。但是，联合国可持续发展的17条目标是不可分割的。

联合国之所以提出可持续发展目标体系，是因为人类处于是否可以实现可持续发展的"十字路口"。如果人类不能在未来15年有效解决"可持续"发展问题，人类社会将没有足够的资源和不断改善的社会制度支持"发展"，因而陷入全方位的"发展"危机之中。所以，联合国可持续发展的17条目标与每个联合国成员国都有关系，超越主权、意识形态、宗教信仰、政治制度，与地球上的每个人息息相关。

第三个问题：人类"可持续发展"所面临的挑战

人类"可持续发展"所面临的挑战是多方面的，以下五个问题尤其值得关注：

人口问题

作为经济学家，我关心的第一个问题就是人口问题。中国最近公布中国人口达到14亿。不知道大家有没有关注，从13亿到14亿用了多少年？从12亿到13亿用了多少年？从11亿到12亿用了多少年？从10亿到11亿用了多少年？中国人口在2005年达到13亿；1995年达到12亿；1989年达到11亿；1982年达到10亿。也就是说，从10亿人口到14亿人口，用了38年时间。

我们这代人经历了从1950年代到改革开放早期中国人口从5亿增至10亿的过程，后来再从10亿增至14亿。我上小学时的北京城，常住人口不足400万，星期一到星期六街上很少遇到外地人，很多公园里游人屈指可数。中国在1980年代有过关于最佳人口数量的讨论和争论。当时有两派意见，一派认为中国人口应在10亿之内，一派认为应在8亿左右。最后不了了之。1958年的世界人口不到30亿，2019年至少达到78亿。没有悬念，在未来一代人甚至更短的时间内，世界人口数量可能达到100亿。地球可否承受100亿人？不下结论。但很可能对地球和相关资源的压力逼近极限。南亚的印度，东南亚的印度尼西亚，还有中东，都是人口爆炸的区域。

无论如何，不要轻率和不加前提条件地夸大"人口红利"，也不要将所谓"老龄社会"的负面影响绝对化。因为为了维系"人口红利"，或者为了消除"老龄社会"，就要不断地增加人口基数。这是简单的算数题。而人口持续增长，扩大就业就成为最重要的社会课题，同时就会增加对地球资源的压力。在经济学思想史上，马尔萨斯（Thomas Robert Malthus）是了不起的人物，他首先揭示了人口和资源的关系。重要的不是他的结论，而是他的思想。中国的马寅初也是了不起的，他的《新人口论》的意义至今被低估。

气候变化问题

所谓全球气候问题，主要是指气候变暖及其导致的各种异常问题。现在，人们对于全球是否变暖是有争议的。在2012年，就有一些科学家质疑二氧化碳导致全球变暖的观点。甚至有人直接提出，气候变暖的提法是"伪命题"。我本人相信并认可气候变暖的观点。全球变暖的最直接后果是加快北极和南极、喜马拉雅山冰川的融化速度。现在已经不是冰川厚度减少，而是冰川在大面积融化、减少和消失。反作用于气候，会导致加速地球温度上升，造成水灾、旱灾、火灾及热浪冲击，冰封污染物被释放，海平面升高，后果不堪设想。

现在，北极和南极冰川、太平洋冰川、喜马拉雅山冰川的融化正在加速。我去年去了北极，今年去了阿拉斯加，亲眼看到冰川崩塌，也脚踏很多黑色沙地——那里在三四年前曾被厚厚的冰川覆盖，一年前还有冰川覆盖。现存的冰川究竟能持续多久？有乐观态度，有不乐观态度。我是相当不乐观的。不遏制全球气候继续变暖的问题，意味着热力学第二定律所说的"熵"将不可抑制地增加，地球的生态系统将走向失序，人类可持续发展的前提将不复存在。

科学技术"奇点"问题

如今，没有人可以否定科学技术的进步，甚至没有人可以否定科学技术进步的全面性和高速度。科学技术的影响力达到了前所未有的程度。但是，科学本身的生命力和自我发展逻辑也越来越强大。任何人群，包括科学家和工程师们，已经无法把握科学技术对生命、对人工智能、对太空、对海洋、对能源，以及对经济、政治和社会的影响和改变。

例如，因为数字革命导致了数字经济和数字货币的爆炸性发展，这是所有经济学家始料不及的。现在更为尖锐的问题是，是否库兹韦尔（Raymond Kurzweil）在《奇点临近》(*The Singularity Is Near*)里所描述的时刻正在到来？如果是这样，人类是否准备好了？我认为，对绝大多数人来说，不仅没有准备，甚至缺少基本的思考。所以，马斯克（Elon Musk）是值得关注的，因为他在与可能到来的"奇点"赛跑。

传统的"地缘政治"问题

今天这个世界，毕竟是由近200个国家构成，每个国家都有其主权、人口和地理空间，以及所选择的经济和政治制度。每个国家需要制定其经济、国防、外交的战略和政策。因此，所谓"地缘政治"的理论和实践得以丰富。但是，现在的国际关系和地缘政治，毕竟是在20世纪两次世界大战基础上形成的，其中也有冷战的影响。自20世纪后期，IT革命和信息社会的到来、恐怖主义的形成、民粹主义的重新兴起、世界经济格局的改变，特别是中国崛起，还有海洋和空间的深度开发，导致传统的地缘政治体系发生动摇。所以，即使仍旧使用"地缘政治"这个概念，也需要新的思维。

人类本身被改变的问题

人类的平均寿命在不断延长。但是，这种延长不是没有成本的。人类本身正在被改变，被所谓的各类"生命科学"和"基因工程"改变。从"基因编辑"到各种各样的药品和医疗技术，再到转基因食品，正在全面进入人的身体。

2018年，贺建奎修改一对双胞胎基因事件，不仅超越了伦理底线，而且敲响了人类本身可以被所谓"科学"改变的警钟。在某些科学家和精英追求所谓"完美人类"的背后，其实是人类正在失去对自身的控制能力。

如果考虑到机器人、大脑接口芯片技术，乃至影响人类心理的药物和硬科技的发展和应用，未来的人类很可能不再是今天的人类。所谓"人类3.0"已经不仅是理论，正在成为现实。电影《银翼杀手2049》展现的另类人类，似乎也正在走来。如果人类本身发生改变，人类文明的基础和模式自然会"异化"。这样的问题已经突破了前些年关于"后人类"的认知框架。

第四个问题：平行世界和区块链问题

因为信息社会推动着数字经济和数字社会的到来，人类进入到同时生活在两个世界之中的境地。

一个是传统的物理和物质世界。在这个世界里，传统农业生产、农民、农村并没有完全消失，继续存在于身边。同时，工业社会还在持续扩张，从机械、机器到汽车、家用电器，工业产品无所不在。中国民众经历了街上几乎没有汽车到汽车遍布的过程。还有，农村逐步消亡，城市爆炸性增长。即使在世界范围内，物质匮乏的贫穷时代也正在走向消失。所以，人们不得不讨论诸如生产是不是过剩、产能是不是过剩等问题。

另一个是信息社会，基于互联网、移动互联网等建立起来的新世界。在这个世界里，生产要素完全不同。传统世界的生产要素是劳动力、资本、土地等，而在信息世界，主要生产要素是数据、信息、知识，整个社会最终要向数字经济和数字货币转型，其最重要标志就是"数字化"。在数字货币或者数字化世界，需要认知数码科学、计算机科学，或者算法的基本原理。现在，以数字经济和数字货币作为经济基础的数字社会已经来临，而且开始渗透到人们的日常生活中，并改变人们的生活模式。

但是，对于绝大多数人来说，没有办法像理解和体验物质世界那样，理解已经开始主导我们的数字经济时代的本质。数字经济或者数字社会的来临，并不取决于我们是否理解和懂得数字经济和数字社会。这样的情况在历史上并非是第一次。当工业革命发生的时候，绝大多数人也并不理解和不懂得工业社会。

现在，两个平行世界的关系正在加快演变，传统经济在将来的宏观经济中所占的比例会越来越小，就像当年农业占比越来越小一样，而数字经济的比重正在急剧增长，就像工业革命之后的制造业一样。在中国，数字经济比例已经达到30%，假如超过50%，乃至达到60%、70%的时候，整个社会形态会发生很大的变化。这样的过程不会很长，很可能只需要十年到二十年的时间。

人们需要在这样广阔的历史场景下认识区块链。区块链不是一种传统技术，而是一种将两个世界联系在一起的方式、一种新的基础结构，或者说，是连接传统世界和数字世界的一座桥梁。现在距离实现联合国可持续发展的17个目标，还剩下十年的时间。在未来十年内，世界经济、政治、社会将发生重大转型，而区块链技术将扮演重要角色。因为实现17个目标，不仅要继续解决传统物质世界、传统经济政治体制下的挑战，而且要解决信息社会、知识社会和算法社会所产生的新挑战。

现在的80后、90后，甚至00后，从20岁到40岁这几代人，生存空间跨度很大，不仅同时生活在两个世界里面，而且更为熟悉非物质世界和虚拟世界，肩负着前所未有的历史使命，就更要拓宽视野，更要努力学习。

人类正在进入学习与工作、学习与生活完全融合的时代。

1-5　区块链的宏观本质是集群[①]

从 2017 年开始，区块链这个概念得到了很大普及，市面上对于区块链的定义有很多。现在我们需要重新理解区块链到底是什么，以及它在整个经济生态，特别是金融生态中起到什么样的作用。

为什么提出"区块链是集群"这个主张？

一方面，区块链概念高度国际化、普及化，甚至大众化。不同社会力量，从科技界、产业界到政府都希望和区块链发生联系。另一方面，目前存在着理解纷纭、难以定义、期望差异、利益导向等问题。

之所以这样，深层原因在于人们对区块链的理解存在局限性：（1）过度关注技术本身。重视区块链技术是正确的，否则谈不上对区块链的理解。但是，将区块链技术绝对化也会致使迷失。（2）过高估计区块链目前所达到的水平。区块链仍处于非常早期的阶段。（3）忽略或混淆了"微观"区块链和"宏观"区块链的差异。

今天特别需要强调的是第三点。物理空间存在微观世界和宏观世界，经济世界存在微观经济学和宏观经济学，区块链也是如此，存在着微观区块链和宏观区块链。

直到现在，人们所关注的仍是区块链本身的技术原理、结构、层次。所以，去年职场上最受欢迎的是区块链架构师。不论是公链还是私链，大家的讨论实际上都脱离不了微观区块链的范畴。而宏观区块链绝非一

[①] 本文系作者于 2019 年 3 月 23 日在北京大学光华管理学院和北京大学战略研究所联合主办的"2019 数字新金融领袖峰会"上的演讲。本文首次提出区块链是"基础结构"。

个个区块链算术上的简单相加，而是一种通过"集合论"和"拓扑论"，模糊数学描绘的关系。这是一个非常重要的思想方法。

现在"区块链"这个词语已经无法承受其内涵，为此需要突破和超越"链"的概念和思维，引入"群""集合"，特别是"集群"（Cluster）的概念和思维。卢克·福特尼（Luke Fortney）在刚刚发表的文章《什么是真正的区块链》（*What is Blockchain, Really*？）里写道：何为"区块链"？从最基本的角度出发，区块链顾名思义是由区块连成的一个链，干脆脱离传统的理解，这种情境下的"区块"和"链"，是存储在一个公共数据库（链）中的数字信息。这样的提法非常具有启发性，必须超越"区块链"这个概念，超越"区块"和"链"预先产生的一种中文暗示。

因此，思考区块链的本质，构建区块链完整图像，需要引入"集群"的概念和思维。什么叫集群？集群的经典解释是：由一组相同或者类似

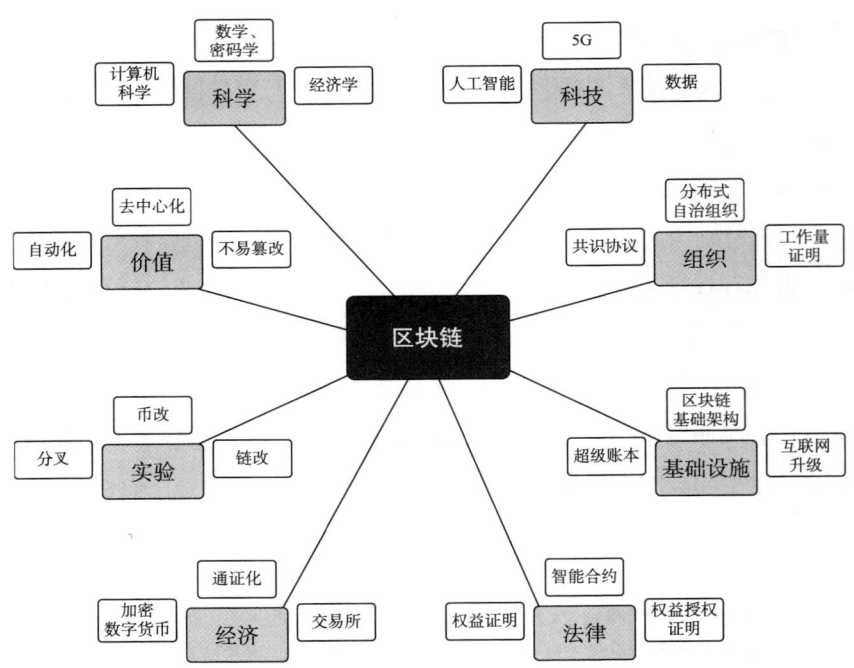

的元素紧密聚合于一处的状态。从这个意义上说，区块链实在具备集群的特征。区块链的集群性是如何体现的呢？区块链首先是科学，其次是技术，然后是基础设施，但不止如此，区块链还是法律、经济、价值、实验，等等。

依次说明如下：

第一，区块链是科学。毫无疑义，离开数学，不可能理解区块链的本源和本质。从密码学到数学，从哈希函数（Hash Function）到加密算法，都证明数学是区块链的基础。谁也不能否认数学是科学，从这个意义上说，区块链也是科学的一种表现。

第二，区块链是技术。互联网3.0、AI、大数据，这些东西正在和区块链融合。新的技术不断突破，从而改进现有的区块链。哪怕是处于衰落状态的比特币挖矿，也是典型的硬技术。

第三，区块链是组织方式。大家讨论最多的分布式自治组织形态，就是基于区块链的。

第四，区块链是基础设施。区块链是新型经济。就如同我们传统经济需要公路、铁路、航空、码头一样，这些都是基础设施，只是区块链基础设施没有以物理状态展现在人们眼前而已。

第五，区块链是经济形态。这很好理解。区块链本身迅速成长，派生出来一个新的经济形态，比如各类加密数字货币，目前和区块链连接的经济体在绝对量上是有限的，只有几千亿美金，但是发展潜力却是很大的。它是一种经济形态和经济体。

第六，区块链是实验。链改就是一种实验。区块链还会产生各种新兴经济模式，派生出难以估计的各种新型的科学、社会使用。

第七，区块链是价值观。包括人们对去中心化或者非中心化的期望和理解。

由此发现，用任何单一的简单定义都无法概括如此复杂的宏观区块链特性。以"集群"形态存在的区块链，具有复杂、开放、动态、张力、扩展等特征。我昨天突然有一个灵感，觉得区块链就像是魔方。区块链是对人类智力的最大挑战，只有魔方才能表现出其巨大的潜力和对人们的冲击。

支持区块链研究的因素是什么？首先是想象力。想象力非常重要，历史和想象力有巨大的关联性。其次是真实需求。需求最终推动区块链不断改进和完善。此外，还有外部力量，包括科技环境、市场和政府的影响力。

区块链从2008年比特币问世至今已经有整整十年历史，十年历史告诉我们什么？我看到区块链正在开启历史大转型之门，因此我提出两个超越和两个改变。

区块链在人类历史上具有独特性。作为一种从未有过的新事物，它超越了通常的科学技术形态，超越了经济生活中的任何传统产品或者服务。区块链未来将带来两点改变，一是改变经济和社会的运行规则，特别是竞争规则；二是改变市场、国家和企业的互动机制。因此，区块链将引发日益广泛的社会关注，特别是青年一代的关注，将过去、现在、未来连接在一起。

为什么我把区块链提到这么高的位置上？因为区块链会产生两个影响，一方面对已经存在的既定产业产生影响，它们或早或晚将接受区块链的挑战；另一方面会创造新型产业。而这两个产业的结合会使得"经济的数字化"和"数字的经济化"得以融合，就是我们所说的"数字经济"。因此，区块链的作用远远高于人们的想象。就像很多在历史上起作用的事物，它们并不取决于人们的理解，它们有自身的生命力。

总之，希望大家能够重视区块链本身的生命力，让人类的生命力和区块链的生命力融合在一起。这是我对所有年轻人的希望。

1–6　用怎样的历史观来看待区块链？[①]

人们现在对区块链的理解，因为囿于教育背景、职业背景、人生经历、训练和思维方式等的限制，存着相当的片面性，只看到局部，不免存在盲人摸象的现象。所以，需要了解区块链的演变历史，拉大区块链的应用场景，以期对区块链的认识比较客观。

1.区块链首先是科学

公认的区块链至少需要六个层次，如果区块链支持智能合约，就需要更多的层次。最底层是一些通用的基础模块，比如基础加密算法、网络通讯库、流处理、线程封装、消息封装与解码、系统时间等；中间是区块链的核心模块，一般包含了区块链的主要逻辑，如P2P网络协议、共识模块、交易处理模块、交易池模块、简单合约或者智能合约模块、嵌入式数据库处理模块、钱包模块等；最上面一层，往往是基于JSON-RPC[②]交互模块，还可以做出更好的UI界面，也可以是一个web-service。支持智能合约需要增加更多的层，比如增加BaaS层，让区块链上的智能合约提供自治的服务。

根据区块链的上述技术性描述，支撑区块链的是密码学。密码学真正的完善和成功是1970年代以后的事情。这还仅仅是数学和密码学，如

[①] 本文系作者基于2018年8月22日在重庆"密码货币、通证与无币区块链"学术研讨会的总结发言和2018年11月22日在阳泉接受"石榴财经"专访时的讲话修订而成。
[②] JSON-RPC是一个无状态且轻量级的远程过程调用（RPC）传送协议，其传递内容透过JSON为主。

果说到计算机科学和算法语言，追溯的则更是科学问题。而密码学又和素数定理联系在一起，素数定理是描述只能被1和自身整除的素数与全体自然数关系的定理。从高斯（Gauss）提出这个定理，到最终被证明，每一步都推动了密码学的发展。而没有这些发展，根本就没有区块链的可能性。

所以，说区块链的基础是数学绝不为过。因为密码学是支撑整个区块链非常重要的前提，而密码学的基础是数学。当然，仅仅从密码学和数学的关联性理解区块链的数学基础，还是不够的。

现在需要探讨理解区块链的数学基础，及其怎么跟其他学科发生内在关系。在这个方面，还需要花大功夫。这是区块链领域陷入瓶颈所在。区块链未来的突破口，也许正在其基础科学的大道上，在一次次与顶级科学家的灵感碰撞中。

2.区块链是一棵根深叶茂的大树

区块链的诞生不是横空出世，不是石头里蹦出来的"孙悟空"。2008年末，中本聪的比特币诞生，有三个历史和技术性前提：（1）IT革命，互联网、大数据不仅各自进入技术和应用的成熟阶段，而且结合成为一个新兴的基础结构。特别是，计算机编程语言获得了全方位的突破。（2）密码学达到了极其完备的程度，且不讲RSA加密算法，没有哈希函数，不可能形成比特币和区块链理论，也不可能有关于公钥和私钥的完美设计，并最终在技术上得以实现。（3）2008年的全球金融危机的冲击和刺激，以及由此产生的社会性需求。历史是无意识的，但是，回顾2008年中本聪的比特币的诞生，确实发生了上述三条历史轨迹的交集。

所以，区块链是一棵根深叶茂的大树，是一条源远流长的长河，它的基础大得超出想象。现在我们看到的区块链，显现出来的仅仅是刚刚开始发展的极小一部分。区块链本身就如同一个巨大的矿场，现在我们发现了一个矿苗，未必是整个矿场的中心。这是一个需要有丰富历史知识的人，才会在这个过程中产生的体悟。

3. 区块链和加密数字货币存在漫长的"史前时期"

加密数字货币和区块链的根源到底在哪里？现在普遍以为，中本聪关于比特币的那篇文章是加密数字货币和区块链的源头。这是没有错的。但是，不够，非常不够。

加密数字货币和区块链的诞生，需要太多的科学、技术和思想的准备。在我看来，至少可以追溯到1946年至1960年代初的梅西会议（Macy Conferences），那是在纽约持续召开的，包括维纳（Norbert Wiener）、香农（Claude Elwood Shannon）、诺伊曼（John von Neumann）等科学家参加，长达12年的一个科学和技术的研讨会。会议的主题包括控制论、信息论、计算机科学、人工智能、博弈论，不一而足。不夸张地说，这个会议涉及的技术问题和讨论的范围，今天都难以超越，深刻影响了20世纪后半叶科学技术发展的方向和轨迹。

如果没有这个会议，以及库恩后来称之为科学范式的革命，很难想象之后的IT革命和信息革命；再之后的加密数字货币和区块链，自然无从谈起。所以，我们在思考问题时，不要忘了前人在这方面奠定的基础。

4. 区块链的发展阶段

应该说，区块链尚处于技术和科学基础的早期。仅仅认识到这一点，还是不够的。区块链还处于最有生命力、潜力迸发的历史阶段，每天还都有新的"创新"，包括大量的专利涌入和大面积的试验。现在区块链所遇到的挫折，有两种可能的情况：一种是，挫折只是暂时的，最终会被克服；还有一种是，挫折本身证明这条路是有问题的。从宏观的历史角度来看，现在区块链所遇到的挫折属于正常的发展现象。在18世纪工业革命之后，工业革命的成果应用其实是一个漫长的过程。

如果以飞行器和汽车发展史作为区块链的参照系，区块链技术大概相当于莱特兄弟（Wright Brothers）在1903年制造飞机的早期阶段。飞机能够实现，是基于莱特兄弟理解了最初阶段的空气动力学和流体力学。空气动力学是科学，至今，风洞实验还在研究空气动力学的道路上不断深入。从莱特兄弟的飞机，一直到当代飞行器的发展，又是一百多年的历史。在这段长达一个世纪的历史中，关于飞行器的发展存在三种思路：（1）处于主流地位的莱特兄弟飞机思路，飞行器越做越大，需要更好更长的跑道、更大的机场；（2）不要跑道的思路，引导出直升机的发明；（3）飞艇。飞艇有若干优势，但是固有的缺陷是高昂的造价和过低的速度，以及使用氢气导致的巨大风险。尽管如此，飞艇一度领先，终于以1937年兴登堡号（LZ 129 Hindenburg）飞艇空难作为分水岭，人类放弃了飞艇。现在，飞艇使用场景非常有限。

再以汽车工业为参照系。汽车工业的基本理论来自科学，这个科学理论是18世纪末期提出的混合燃烧理论，通俗来说就是气体和空气是可以混合燃烧的。没有这个理论就没有汽车。一百年之后，卡尔·本茨（Karl Friedrich Benz）发明了汽车。本茨就是现在的奔驰汽车创始人，奔驰商标用了他的名字。1885年，他制造出第一辆所谓的三轮汽车。又过了30年，福特（Henry Ford）才把汽车工业化，生产了T型汽车。算起来，这个过程差不多走过了一百余年的历史。即使在卡尔·本茨的时代，也没有人相信汽车可以左右和影响人类的经济史和文明史。

因此，区块链所遇到的挫折是正常的。千万不要因为自己的愚昧和无知，而把处于早期阶段的区块链出现的问题简单地加以否定。如同不应该在莱特兄弟的飞机试验失败，或者在汽车工业早期发生汽车抛锚现象时，否定飞行器和汽车的前途一样。区块链现在的问题，不足以证明它是没有前途的。

5.加密数字货币和区块链的本质是"创造性破坏"

借用"阳光下无新事"的说法,以为加密数字货币和区块链并没有太多的新东西,这是值得讨论的。"阳光下无新事"是一种历史循环论,以为历史说来说去就是那么回事。事实是,历史的发展常常发生断裂、突变和异化。历史的本质是进化。

如果对加密数字货币和区块链进行理论和技术性分解,并非都是最新的创造,但是,将历史的科学技术加以"综合",也是创新。加密数字货币和区块链不仅是一种新的"综合",且已经构成了典型的熊彼特的"创造性破坏"。所以,阳光下还是有新事的。

区块链今天发生的所有事情,都不能证明它是一个没有希望的东西。它包含的所有原则,和它现在能够实现和证明的东西,足以证明它有非常广阔的前途。现在的挫折都是暂时的,而区块链的未来终将实现。

现在,区块链最让人担忧和遗憾的是:太多的资源、智慧、人力资本都聚在一种方式、一种模式、一条道路上来思考问题。我们的数字资产研究院就是希望提供更广阔的思路,同时考虑纵向的科学和横向的选择,从不同的方向扩展区块链的研究深度。

6.关于区块链的共识

在过去十年间,加密数字货币和区块链的演变和发展是全球性的,是跨代际的,是超越行业的,是多学科的。区块链的未来发展不会取决于一个学科、一个部门、一个国家,相反,需要人类智慧的全方位参与和贡献。所以,对区块链不要过分追求"共识"(consensus)。为了实现"共识",需要认知区块链的基本"常识"(common sense)。因为没有区块链的"常识",岂有"共识"?如果一定要找到区块链方面的"共识",那就是区块链背后的基本理念、区块链技术所造成的影响,以及区块链对于经济和社会进步的意义。

1-7　以传统思维方式理解区块链一定会陷入思维误区[①]

巴比特：您对货币有非常深入的研究，著有《从自由到垄断：中国货币经济两千年》。我们现在谈区块链对货币体系的影响，主要是从两个方面，一是形态上的改变，从纸质到电子；二是主体的改变，有可能从政府到民间。但表象之下，区块链究竟给我们的货币体系带来了什么真正的影响？对我们的经济生活有何改变？

朱嘉明：简单来讲就是信任问题。全球74亿人口就是74亿个节点，过去人类没有办法将众多的节点联系在一起。因此在经济活动中，通过市场创造了货币，货币就是用公平的方式将人类节点联系在一起的重要发明。

区块链对于货币体系的真正影响，不是基于区块链创造的比特币，而在于人类可以进入一个"有货币功能，而不需要货币"的社会。现在看，至少在技术层面上，这个可能性是存在的。因为，基于区块链的点对点的交易，可以不需要货币，这可能是区块链未来最大的前途。所以，区块链现在所创造的比特币和其他加密数字货币，很可能只是一个过渡方式和实验方式，最终的区块链很可能"扬弃"所谓的货币。如果货币这种历史久远的中介形态真的消失了，财富体系、财富标准、财富积累方式，以及人与人之间的财富关系，会变得更加直接，也更加公平。只是现在探讨这个问题，为时尚早。

巴比特：您之前说区块链进入了一个周期的拐点，能否具体描绘一下在这个拐点前后分别是怎样的？

---

① 本文系作者于2018年12月18日在"区块链数学科学会议"上接受巴比特采访的内容。

朱嘉明：对于经济学家来讲，经济周期原本就是一个非常普遍且被证实了的经济活动现象，存在繁荣、衰退、萧条和复苏四个清晰阶段。但是，这样的经济周期在过去二三十年间被完全打破了。周期的拐点实际上变得越来越不清晰。为什么会被打乱？一是因为科学技术的进步。这是打破经济周期的最主要力量。创新的介入，使得商业活动和经济周期都发生了很大变化。二是整个人类社会经济制度发生重大转型。这种转型包括政府与市场的关系、企业制度、货币制度，最终导致过去在稳定经济制度下的周期被突破。

在这样的背景下，区块链的地位就不可忽视了。区块链历史有限，却已经嵌入当下的经济生活，虽然其比重和影响微乎其微，但是可以肯定地说，区块链这个变量进入整个经济活动，影响了人类经济组织和行为，也会构成对经济周期的影响。总之，这个问题已经超越对区块链本身的理解。

巴比特：既讲现在是区块链的寒冬，又自我安慰经济自有发展周期；既讲区块链技术进入了攻坚克难的阶段，又自我鼓励技术发展有其成熟度曲线，但我们似乎忽略了一个前提：优质资产才能扛过周期，优质技术才能赢来爆发。站在今天，我们对区块链的信心来自何处？是不是太自信了点？

朱嘉明：这个问题本身有问题。区块链是一个客观存在，但它的形态和我们所理解的是不一样的。有些人对区块链有信心，有些人对区块链没信心，根本差别就在于理解不同。最大的误区在于，区块链曾经被认为是点石成金的东西，但它其实从来就没有这样的功能。首次币发行（ICO）这样一个历史阶段造成的最大害处，就在于误导了人们，以为区块链能够"点石成金"，刺激了人心中隐蔽的贪婪之心。

区块链是科学、技术、方法，是一个非物质和非物理形态的体系。它可以与具体产业相结合，创造财富，但是这中间还需要很多环节。在过去一年，人们发现这个环节的复杂性，以及从思想到技术方面的瓶颈的多样性，远远超过想象。但是，这不能说明区块链本身没有前途，只能说区块链的发展模式和前途绝非是误导人们的"点石成金"。

用20世纪初莱特兄弟发明飞机作为例子。当时莱特兄弟制造飞机，其动力绝非是飞机的具体用途。随后演变出军用飞机和商用客机，形成诸如波音和空中客车这样的飞机制造公司，获得巨额商业利润，这都是后来的事。

巴比特：很期待朱老师讲讲未来前景，区块链会以怎样的方式作用于我们的生活方式？未来会是什么样子？

朱嘉明：我一直在反复强调一件事情：按照寻常的思维模式，你对区块链的理解一定会陷入误区。区块链是什么呢？我比较赞成《区块链到底有什么了不起？》这篇文章的结论，作者王嘉平说，区块链将冯·诺伊曼的计算架构进一步拓展，使其从特定的物理计算设备分离，从根本上避免计算过程中被单方控制，让所有人可以信赖这个计算系统。所以说，按照寻常的概念、逻辑，包括互联网的思维来理解区块链，一定会陷入误区。简单来讲，Code是区块链的基础结构，区块链不存在简单的物质和物理形态。我们现在对区块链的理解就如同冰山理论，看到的只是表面很少的一部分，而更大一部分却藏在更深层次，不为人所见。

区块链的真正前途在哪里？它将走向两个途径，一是基于现有的区块链模式和架构继续寻找应用场景；二是让更多的科学思想、科学手段、科学方法介入，来解构和重建区块链。

本质上来讲，以太坊称不上区块链2.0，它的模式框架、设计思路只是在比特币基础上的有限突破和演进，并没有根本区别。但是，这绝不是说我们现在可以清楚知道和描述区块链将在什么状态下走向何方。现在仍处于一个极力探索和有限实践的时期，这个阶段应当至少还会持续两三年。

但是，有一点可以肯定：21世纪以来，还没有一种技术像区块链一样，包含着如此丰富的科学技术及思想的资源，并且有机地组合在一起，形成难以想象的张力。区块链的这个特点，决定了它独特的潜力，最终决定它的未来走向。

1-8 数学未来将更多地嵌入区块链[①]

1.关于应用数学

庞大的数学体系分成两类：纯粹数学（理论数学）和应用数学。其中，应用数学是一个非常庞杂的、每天都在扩张的一个动态体系。它又涉及工程、计算机、数据分析、化学、物理、生物学，总之大量学科都和数学建立了这样或那样的关系，因而形成了非常广泛的应用数学体系。

近年来，一些新的门类被纳入应用数学领域。包括神经网络、人工智能、机器学习，也包括加密货币、区块链和信息安全，现在都和数学紧密地结合在一起，形成了原本应用数学体系里没有包括的新的组成部分。

应用数学的发展至少需要四个条件：（1）应用数学所选择的新学科对象，应该是一个完整的学科。像物理学、生物学、经济学，已经是一个完整的学科。（2）在这个学科对象中已经具备数学的基因。（3）该学科对象或显性或隐性地已经有了数学的框架。（4）该学科对象具备应用场景的巨大张力。

在形成应用数学分支方面，主要有两种基本途径。其一，由原本有严格数学训练和基础的数学家，进入新的领域。例如，图灵（Alan Mathison Turing）、邱奇（Alonzo Church）都是数学家，同时他们也是逻辑学家，又是计算机科学的先驱者，于是创立和刺激出新的应用数学的分支。又例如，高斯是数学家，他进入了天文学领域，对天文学数学化

---

① 本文系作者于2018年12月17日在"区块链数学科学会议"上所作的主旨发言。

的模型做出了基本的贡献。基于他的数学贡献，导致包括海王星等行星的发现。这是一个典型的数学家进入到非数学领域的事例。其二，当物理学家、航空工程师、地质学家、生物学家、经济学家等等，遇到了现实的问题，将数学工具输入到所研究的领域，导致一些新的数学方法的出现。

事实上，以上两种途径是不可能完全分开的。生物学和数学的结合产生了数学生物学和生物数学，二生三，属于经典案例。至于数学生物学和生物数学的差别：数学生物学是以数学方法研究生物问题，生物数学则是以生物学中的数学问题形成新的数学方法。

2. 区块链是否具备延伸应用数学的基本条件？

现在探讨区块链是否具备延伸应用数学的基本条件？答案是肯定的。主要因为：（1）区块链具有跨学科基础。过去一二十年间没有任何新的概念、新的技术可以用来和区块链相比较，以证明它有足够的跨学科基础，但区块链显然是具备的。（2）区块链与数学存在直接与间接的血缘关系。（3）区块链展现了引入更多数学工具的可能性。

关于区块链和数学的关系，很值得多说几句。作为区块链基础的密码学背后是数学，大数据及其背后是数学。区块链还与计算机科学不可分割。构成计算机科学组成部分的数据逻辑、图像数据处理、线性代数概率分布、参数估计、群论、积分变换、微分方程拓扑等学科，还有网络通信和编程语言，最终都要追溯到数学。所以这些学科的集合，支撑了区块链。

3. 到底是数学嵌入了区块链，还是区块链嵌入了数学？

到底是数学嵌入了区块链，还是区块链嵌入了数学？如果借助莱布尼茨在数学中的一个分析方法，两个可能性都是存在的。

如果按照基本的历史过程来看，是区块链嵌入了数学。因为所有支撑区块链的数学工具，在区块链诞生之前大概已经有二三十年或者三四十年的历史，是它们的结合催生了区块链，所以应该是区块链嵌入到了数学之中。但是，当区块链有了长足的发展，数学又会嵌入到区块链中，刺激数学的进步。总之，区块链和数学的关系是互动关系。

4.如果形成区块链应用数学，会有哪些特征？

究竟哪些新的数学工具能够和区块链有效结合，至今还没有系统研究。但是，如果形成区块链应用数学分支，其范式一定是独特的。区块链背后的应用数学是一个群，而这些群是叠加的。因为区块链所派生的数学工具，会展现为一棵树枝交错的大树。在人类创造的其他应用数学中，从来没有像区块链这样给数学以如此的遐想。

邹均先生在其区块链技术专著中，提到区块链技术DAG，其数学基础已经超出了数论。这很值得肯定。因为，在诸多的数学学科中，与区块链有着最直接关系的是数论。把质数相乘，使得破解难度增大，由此推动了当代密码学的发展，而密码学为解决区块链安全提供了最重要的思路和手段。DAG数学基础很可能是图论，以空间维度的变化作为研究对象，可能导致现在被广泛接受的区块链构造的改变。

从长远看，区块链不仅有助于应用数学的进步，还可能为纯数学提供实验平台，刺激纯数学的发展。

5.区块链和数学思想

数学思想，包括数学哲学，对数学发展极为重要。20世纪，爱因斯坦、维特根斯坦（Ludwig Wittgenstein）、罗素（Bertrand Russell）是对数学思想做出卓越贡献的人。他们的数学思维推动了纯数学理论和应用数学的发展。

爱因斯坦说过：当数学论及现实的时候，具有不确定性；而当数学确定的时候，不涉及现实。在爱因斯坦看来，确实存在着两个世界，一个是数学世界，一个是现实世界。这两个世界不可能同时存在。

在21世纪的今天，人类正处于两个世界中：一个是观念世界、抽象世界、非物理世界；一个是物理的、现实的、具象的、物质的和真实形态的世界。数学原本存在于前一个世界。数学如何和另一个世界结合，重要的手段是把数学在物理世界加以应用，由此推动形成越来越广泛的应用数学体系。其中，与区块链结合的应用数学，将成为数学世界和现实世界、观念世界和非观念世界、非物理世界和物质世界之间的一个桥梁。

请各位关注席南华先生关于对世界基础数学历史的完整总结的文章。[1]席南华先生在此文最后指出：我国做出的贡献太少，缺乏好的传统和数学思想。这背后，哲学思想和思考可能是一个重大原因。

最后需要指出，大家通常说区块链是技术，这是对区块链的简单化。事实上，区块链除了是科学技术之外，还是科学。不仅如此，区块链与社会经济和金融有直接联系，比特币是最大的一个金融创新。

---

[1] 席南华：《基础数学的一些过去和现状》，《中国科学院院刊》，2012年第27卷第2期。

1–9　区块链·熵·耗散结构[①]

理解区块链的科学内涵是理解区块链技术的重要前提。而理解区块链的科学内涵，涉及当代物理科学和信息科学的一些重大概念。邹均在《区块链核心技术与应用》的前言中提出："在香农创立的信息论中，信息是一个确定性的量，而熵也是信息量的一个度量。熵越大，越无序，信息量越少。而从这个意义上来说，区块链系统是一个熵值减少的系统，因为共识所确定的状态，就是信息，而信息也就是有序和确定性。"

1.关于"熵"和"信息熵"

区块链作为科学与技术的一种结合，从支持比特币开始，其核心目标就是提供一种消除信息混乱和实现信息秩序的方法。人类的信息系统由无数的节点组成，在微观上，每时每刻生成海量的随机信息，并且无序传播出去。这个系统本质上来讲完全随机，拥有难以穷尽的微观状态数，因此具有很高的"混乱度"。相对应的，如果一个系统的状态数因为限定条件而相对有限，也就是系统的结构化程度较高，那么可以认为相对"有序"。为此，需要引进"熵"的概念。

1.1　统计热力学的"熵"概念。统计热力学第二定理的"熵"概念，

[①] 本文系作者于2018年7月为邹均著《区块链核心技术与应用》一书所写序言中的部分内容，以及为本部分所准备的相关文字。初稿作于台北阳明山，之后修订于深圳。收入本书时，作者加以修订。

被用以描述信息系统"混乱度":一个随系统状态数增加的函数。系统状态数越多,"混乱度"越高,同时"熵"越高。

"熵"也存在于微观和宏观状态。任何系统的微观状态都是随机过程,等概率分布。但是,许多微观状态形成了一致的宏观状态。也就是说,从宏观上而言,系统的宏观状态的出现概率是不一致的。统计结果上,"熵"越高的宏观状态,出现的概率越大。

所以,可以认为"熵"是系统在一个一定的宏观状态下所有微观状态的总和。随着时间流动,独立系统处于一个随机演进过程,会渐渐趋向于形成最高"熵"的宏观状态,也就是所谓的"熵增"过程。这就是为什么,一个系统在宏观上体现出有序态,总是相对罕见,无序态则更为常见。特别是,随着时间的演进,一个系统的宏观状态会渐渐从有序态走向无序态。"熵增"在微观上是一个大概率事件,在宏观上体现为必然的事件。但是在一个独立系统中,可以实现"熵增"与"熵减"。

1.2 "信息熵"是数学或者统计学上的抽象概念。其描述的是"信息"本身的一种性质,这种性质独立于"信息"的"形式内容"。讨论"信息熵",无可避免要讨论"信息""不确定性""信息量"。

所谓"信息",并没有标准定义。但是,按照香农的"信息论",可以理解为一串以逻辑论的0、1(即计算机的"二进制")编码的数列。

"不确定性"是随机变量的表象。在现实生活中,一个事件或一个系统都存在不确定性,难以预测。从这个意义上讲,信息是可以消除不确定性的事物,信息量就是描述信息消除不确定性的能力。当一个信息能够消除的不确定性越大(即"熵减"越大),那么其信息量就越大;能够消除的不确定性越小,其信息量就越小。

1.3 衡量"信息量"的本质。衡量"信息量"就是衡量信息消除的"不确定性"的度量,更准确地说,就是"随机变量不确定性的平均度量",信息论中将它称之为"信息熵"。[①]结论:信息熵是信息的不确定性的度量,不确定性越大,信息熵越大。

1.4 "信息熵"的几个基本属性是:(1)单调性。发生概率越高的事件,不确定性越低,其所携带的信息熵越低。反之,事件的可能选择越多,不确定性越大。(2)非负性,即信息熵不能为负。(3)信息熵应该是随概率连续变化的。(4)累加性,即多随机事件同时发生存在的总不确定性的度量,可以表示为各事件不确定性的度量的和。

1.5 "信息熵"的数学预期本质。一个事件的信息,可以理解成用一系列二元问题(例如"是否"问题)寻求这个事件的确定性,最终形成用0、1编码的一串数列(每问一个问题,增加一个位元)。运气好的话,第一个二元问题就问到了答案。运气不好的话,也许要问很多问题才能问到答案。但是每问一个问题,就增加了这串信息(数列)的一个位元。最终信息的码长可能长、可能短,取决于概率。那么信息熵的含义就是,从数学角度计算出的、随机概率下的种种可能性的平均码长。这本质上是一种数学预期。值得一提的是,码长的单位就是"bit"。

2.关于"耗散结构理论"

如果说解读"区块链"需要物理学,其中"耗散结构理论"和"协同学"最有价值,前者更为主流。遗憾的是,耗散结构理论目前基本上还处于客观描述阶段。[②]

---

① 1948年,香农在长达数十页的论文《通信的数学理论》中,虽然没有回答"信息是什么",却提出信息的度量问题,创造了计算"信息熵"H的著名数学表达公式:
$$H(X) = -\sum_{i=1}^{n} P(x_i) \log p(x_i)$$
"信息熵"实际是对随机变量的位量和顺次发生概率相乘再总和的数学期望。
② 耗散结构理论是比利时科学家伊里亚·普里戈金(I. Prigogine)于1970年代提出的。由于这一成就,普里戈金获1977年诺贝尔化学奖。

2.1 "耗散结构"的内涵。一个远离平衡（系统状态具备继续变化发展的可能性）的开放（本身独立且不封闭）系统，通过不断地与外界交换能量与物质，就可能从原来的无序状态转变为一种时间、空间或功能的有序状态。例如城市系统、动植物的生命系统，乃至于每天扫地，都属于耗散结构。

"耗散结构"更详细的说明："处于远离平衡状态下的开放系统，在与外界环境交换物质和能量的过程中，通过能量的耗散过程和系统内部的非线性动力学机制，能量达到一定的程度，熵流可能为负，系统总熵变可以小于零，则系统通过熵减就能形成'新的有序结构'。"

2.2 "麦克斯韦妖"。[①] 麦克斯韦做了一个思想实验：把一个封闭盒子里的本来热平衡的分子从一边"赶"到另一边，从而让一个热力学系统自动熵减，由此违反了"熵增"和"熵最大原理"。但是，这个思想实验已被证明无法违背"熵最大原理"。因为实验中发现，"小妖"为了发现并分辨分子运动的快慢，以及消除自己的信息记录，本身也需要消耗能量，造成熵增。这个思想实验的意义之一在于，智能可以是"耗散结构"的方案。

在某个意义上而言，区块链系统就是一种"麦克斯韦妖"，也就是说，区块链本身就是一种智能。应该承认，比特币及支持其演化的区块链就是典型的"耗散结构"，否则，区块链不足以维持十年之久。

3. 关于区块链和"信息秩序"的关系

3.1 信息系统具有天然"熵增"属性。不同于物质世界，信息拥有以下的基本特性：（1）可复制性，难以唯一；（2）无序扩散性；（3）易失真、演变、丢失；（4）不考虑信源在信息流动过程中扮演的"麦克斯

---

① "麦克斯韦妖"，又被称为麦克斯韦精灵（Maxwell's Demon），系 1871 年由英国物理学家麦克斯韦（James Clerk Maxwell）为了说明违反热力学第二定律的可能性而设想的实验。

韦妖"角色的话，信息系统因为信息的基本特性，更容易出现无序态，具有天然的"熵增"属性。

3.2 信息价值的形成。当系统观念和方法注入信息后，在时间有序、空间有序和逻辑有序等方面进行重新排列组合，导致其内部要素或外部行为受到一种附加的引导作用和制约作用，从而改善了各内部要素之间在功能方面的协调性和相关性，提高了有机系统整体的功能效应，使系统所输出的广义有序化能量大于它所输入的广义有序化能量，这个过程就是信息价值形成过程。

3.3 中心化信息系统与区块链系统的共同之处与区别。两个系统都是在信息系统中建立有序态的智能方案。前者在本质上只是一个被放大和降噪的信息管道，这个管道并没有任何坚实的基础，难以说是一种真正的有序，所以无法克服熵增的问题；而后者则以技术为基础，可以克服熵增的问题。此外，节点的增加挑战了前者的稳定性，但支持了后者的稳定性。

3.4 区块链的有序性原理。热力学中的"熵最大原理"提出，任何一个平衡的系统最后一定处于最混乱、温度最均衡的状态，此时也就是"熵最大"，"热寂"理论基于此。区块链的根本价值是提供了"共识"，以实现"熵"值减少的系统。或者说，区块链的信息系统天然具有克服"熵增"、实现"熵减"的结构。

一般的信息系统不同于物质世界，具有以下基本特性：（1）可复制性，难以唯一；（2）无序扩散性；（3）易失真、演变、丢失；（4）不考虑信源在信息流动过程中扮演的"麦克斯韦妖"角色的话，信息系统因为信息的基本特性，更容易出现无序态；（5）加之中心化信息系统，本质上只是一个没有任何坚实的基础、被放大和降噪的信息管道，难以实现系统的真正有序和确定性。所以，一般的信息系统很难克服"熵增"属性，难以实现系统的真正有序和确定性。而区块链信息系统，因为包含"共识机制",包含时间、主体、内容在内的全息记录,例如时间戳技术,以及包含非中心化系统和节点分布,导向"熵减"、有序和增加稳定性。

在现实的区块链系统中,区块链是典型的信息系统,其生命力取决于其内在的"信息熵"的大与小、高与低。区块链的"熵减"情况不是自然发生的。实现区块链架构中的任何一个层次的数据和信息的真实性和完整性,都绝非易事,特别是存在"共识层"结构性失衡的可能性。如果考虑到区块链天然需要"算力",需要通过不断挖出区块来实现记账,而挖出区块需要耗费日益增加的能源和人力资源,因此区块链及与其关联的加密数字货币甚至无法摆脱热力学的"熵"定理。所以,就区块链技术和日益广泛的应用而言,怎样实现持续性的"熵值减少"状态,具有相当的挑战性。

结论

如果区块链形成可持续"熵减"机制,意味着区块链就能满足继续变化发展的可能性并自行优化系统结构,同时实现平衡、有序和稳定的目标。

1-10　量子计算与区块链[①]

开幕词

我从来都认为会议的开幕词应该简短。讲三点：

1. 我们处在怎样的时代？我们告别20世纪已经近二十年。20世纪是工业家、企业家、银行家主导的工业革命时代。在20世纪，有太多的历史与政治事件，包括两次世界大战、共产主义革命和冷战。但是，真正对人类历史具有持续和深刻影响的是100余年工业化的扩张和发展，推动形成了一个复杂和系统的科学体系，并为科学技术的应用和创造提供了前所未有的场景。进入21世纪，科学技术本身正在变成场景。所有的传统产业，包括人类自己，都自觉或不自觉地纳入这个场景之中。可以说，我们正处于一个科学家主导的时代，一个科学集群替代单一科学的时代，一个科学和技术混合成长的时代。科学技术革命又引领改变了人文精神和观念；数学家、物理学家和生物学家群体创造出信息和数字经济。不仅如此，关于技术奇点的理论不再是猜想，历史正在逼近技术奇点。

2. 至今难以超越的20世纪的三个会议。20世纪的上半叶，有三个会议决定和深刻影响了自20世纪初到今天的人类历史发展。其一，1900年6月在巴黎召开的第二届国际数学家大会；其二，1927年在布鲁塞尔召开的第五届索尔维会议；其三，从1947年开始一直到1960年代在纽约举行的梅西会议。对于梅西会议，大家可能不那么熟悉，我却非常推崇。梅

[①] 本文系作者于2019年11月30日在华南理工大学举行的"量子信息与区块链技术广州论坛"上所作的开幕词及闭幕词。

西会议的主导者，包括冯·诺伊曼、香农、维纳等奠定了20世纪和21世纪科学发展基础的重要人物。

作为中国知识学人，很容易联想以上三次历史性会议所对应的中国场景：当1900年巴黎数学会议讨论数学23个难题的时候，中国正在发生义和团运动和八国联军入侵；当1927年布鲁塞尔会议讨论量子力学的时候，蒋介石成为《时代》（Time）杂志的封面人物，国民党和共产党的第一次内战开始；当1947年纽约举行梅西会议，讨论信息论和控制论的时候，国民党和共产党的战争正在全面展开。正是这样的反差，导致了中国与西方发达国家在科学技术领域的差距。

3. "量子时代"的序幕正在悄然拉开。在2019年，三个事件集中反映了这个时代的特征：其一，马斯克的SpaceX提出并实施星链计划，要把人类的空间加以扩大；其二，Facebook发布Libra1.0白皮书，挑战了人类现存的货币制度及其支撑的经济制度；其三，Google宣称量子霸权的实现。某期《时代》杂志讲，2009年有16个思想（idea）和100个发明。这三个事件比这16个思想和100个发明更重要，其中所谓的量子霸权最值得重视。因为，量子霸权的背后是量子科学、量子计算和量子计算机的全方位的竞争。

最后，与各位分享上述三次历史性会议的三个代表人物的名言：其一，希尔伯特（David Hilbert）说："我们必须知道，我们必将知道。"（We must know, we will know.）其二，玻尔（Niels Henrik David Bohr）说："如果谁不曾对量子论感到震惊，就根本没有理解它。"（Anyone who is not shocked by quantum theory has not understood it.）其三，冯·诺伊曼说："科学非难事。"（Science is not difficult.）这些名言集中反映了科学精神和科学意志。

闭幕词

今天会议对量子力学基本理论、量子科学技术发展的现状和前沿所在，都进行了相当深入的讨论。其中，我个人印象最深的是这样几个问题：

第一，如何定义"量子时代"？"量子时代"是指量子科学和量子技术影响和改变了其他科学技术学科。例如，量子化学和量子生物学，根源于量子科学与化学和生物学的结合。不仅如此，量子科学和量子技术还影响和改变了经济和社会的结构和模式，所以与会者提出了"量子经济"的概念。如果存在量子经济，就要面对量子时代的竞争模式。此外，量子经济与数字经济是怎样的关系？我的看法是：数字经济时代不过是量子经济时代最早的一个比较初级的形态。

第二，"量子霸权"是否成立？Google引发了关于量子霸权在技术层面和社会层面的争论。1927年，那些创造量子力学的科学家们都不会想到量子还有霸权。如果存在量子霸权，就需要"量子战略"，量子科学和技术将成为国家与国家竞争的新前沿。这意味着国家利益、地缘政治、企业利益，以及其他社会集团都会以这样或者那样的方式影响量子科学与技术的走向。

第三，量子技术是否与区块链存在关联性？这个问题今天没有足够时间探讨。但是，会议提出了"量子区块链"概念，值得在未来深入讨论。我提出这样的猜测：量子技术和量子科学的发展，不会动摇和摧毁区块链结构和体系，而是会通过量子技术改造区块链，实现量子技术和区块链的融合，让两者发生"基因"和"染色体"的联系。

第四，上帝到底掷不掷骰子？1927年召开第五次量子学讨论会之后，爱因斯坦和玻尔关于量子科学的争论被简单化。量子力学基于电子的"测不准"等特征，力图证明"非决定论"。而人们根据爱因斯坦的"上帝不掷骰子"的说法，证明爱因斯坦否定量子力学的随机性，反对"非决定论"。爱因斯坦和玻尔之后,"非决定论"的影响力不断扩大,对现代哲学最甚。在过去三十年间,一方面,诸如IT革命、大数据、云计算、人工智能、区块链、数字货币等纷纷呈现,没有既定的顺序;一方面,倒过来看,却非常有秩序。每一个科技创新似乎都像被一个神秘的力量所安排,它们之间的时差是那么精准,形成一个完美的联系。是否可以认为科技革命现象显现了"非决定论"和"决定论"的两重性?我有一种感觉,到今天为止,科技领域的关键性创新该出场的都出场了。但是,这些可能还是表象,仍旧可能存在人类没有意识到的一个更深的东西,就如同暗物质一样。总之,我不认为,对于上帝是否掷骰子的问题可以下结论。

相比1927年的世界,九十年后的今天,为量子科技提供了更为发达的经济生态、更大的科学技术发展场景、更宽阔的历史舞台。如果爱因斯坦、玻尔、普朗特(Ludwig Prandtl)来到今天,他们会讨论一个问题:哪些是在他们意料之中的,哪些是完全意料之外的?无论如何,对于我们来说,需要以非常庄严的精神和非常谦卑的态度认知正在展现的"未来"。

1-11　区块链证明"范式革命"的存在与价值[①]

我非常欣赏这个题目——"Meet·未来"。近年来，与科技革命相关的新概念，例如互联网、大数据、云计算、人工智能、区块链、数字货币，还有AR，扑面而来。其中频率最高的是区块链。这是因为区块链具有"范式革命"的张力。

1.百年变迁的启发

还有二十天就进入到2020年了。让我们先回到一个历史阶段，也就是一百年前的1920年代。我们可以从以下几个方面，想象一下一百年以前的场景。

第一个场景，是福特汽车在1920年代初推出了T型汽车，彻底消除了汽车身上留有的马车痕迹；第二个场景，是第一次世界大战结束前，最后投入到战场上的飞机；第三个场景，是法国发明超外差式收音机。在这三个场景背后，是一场工业家、银行家和科学家结合的，改变资本主义面貌的"消费主义"革命。

现在，汽车继续进化，人们开发和关注的是智能汽车、无人驾驶汽车；飞机的进化也没有结束，人们讨论的是外空航空器和卫星；收音机的进化也没有结束，如今是互联网的发展，关于资讯信息的重新接收和传送方式的发展，比如智能手机的不断加快的升级。

[①] 本文系作者于2019年12月11日在网络智酷举办的"Meet·未来"分享活动上所作的主题演讲。

一百年前，也是文学艺术的里程碑年代。爵士音乐的影响力从芝加哥到纽约，从纽约到全世界，席卷全球。作家海明威（Ernest Miller Hemingway）的一批代表作诞生于1920年代，包括中国读者也熟悉的《在我们的时代里》《太阳照常升起》，还有《没有女人的男人们》。迪士尼、好莱坞也崛起于1920年代，好莱坞的电影王国基本成形。

一百年前，对历史影响更为深远的事情发生在科学领域。其一是爱因斯坦提出相对论，于1921年获得诺贝尔物理学奖。相对论改变了20世纪。其二，就是1879年出生的爱因斯坦和1885年出生的玻尔之间的一场关于量子科学的争论。爱因斯坦对玻尔说"上帝不掷骰子"，玻尔对爱因斯坦说"你不能决定上帝做什么"。这是世纪之争，直到今天仍在影响我们，依然是我们会讨论的问题。如今，量子计算和量子计算机正在以超越人们想象力的速度发展。

当然还有政治上的情况。一百年前的此时此刻，世界上还存在着奥斯曼帝国，几年以后就不存在了；俄国的布尔什维克革命（1917年十月革命）成为世界上最大的政治事件之一。在1920年的中国，共产主义已经形成不可逆转的影响。一年之后，中国共产党建立。

比较一百年前和一百年后，有哪些事情对我们今天有启发呢？一百年前其实是重大的社会转型年代，或者说大转型年代。在这样的年代，所有影响未来历史走向的思想、理论、人物和事件，或者说所有重大历史元素，会发生前所未有的集合和聚集。这就会引发所谓的"范式革命"。

2.区块链具备"范式革命"元素

一百年后的2020年代，是否又是一次历史大转型的年代？这就需要观察现在是否发生重大历史性要素聚合的现象。回答是肯定的。区块链代表的一种"范式革命"就是历史要素聚合的象征。请以一个更为宽广的思想来思考，区块链为什么可能带来一种范式性的革命？

"范式革命"的提出者是美国科学史家、哲学家库恩，其代表作是《科学革命的结构》。基于库恩的"范式革命"所揭示的"科技革命"逻辑是：当传统的科学模式或者技术体系在某种机制下发生一个根本性的改变，会导致新的范式结构的产生和出现，于是发生"科技革命"。

也就是说，因为原来传统的模型发生了松动，导致原来的模式发生了危机，所以需要一场改变模型的革命。这样的模式革命孕育出一个新的科学体系。

在库恩的这本《科学革命的结构》里，他偏重于把范式和常规科学的概念区别开来。大家公认的所谓范式，包含了定律、理论、应用，且是科学群体。如果深入思考，在库恩"范式革命"的背后，还应包含着价值观。

区块链的根本特征是既不属于典型和单纯的自然科学，更不是传统的社会科学形态。区块链首先是科学。如果不了解区块链的科学原理和科学基础，就难以真正理解区块链的全貌。例如，区块链和数学有着非常深刻的关系，没有密码数学、椭圆计算、哈希函数等典型的数学工具，就没有区块链。如果没有计算机科学的基本训练，当然也不可能真正理解区块链技术逻辑。区块链面临着量子计算的挑战，这意味着量子科学和量子计算对区块链有直接的影响。区块链也难以被归纳为"应用科学"范畴。

科学技术最具有动态特征。区块链有其科学基础、软件和硬件，并具有独特的发育模式，是科学和技术的共同体。此外，区块链包含着一种价值取向、价值选择，构成其具有张力的道德和理念基础。确切地说，区块链是一种"综合科学"，是科学、技术与社会科学相互叠加的"范式"。区块链符合一个完全的、关于范式的定义。

3.区块链重新激活"范式"生命力

关于区块链的应用尚处于早期阶段。但是，区块链为人类社会进步提供了新的选择方案。在如何解决现代人之间的信任基础被严重解构的问题上，存在三种范式性选择。范式一：求助于道德，甚至求助于超级力量。比如说求助于宗教来解决人性问题，以求建立人与人之间的相互信任。范式二：相信制度。比如说相信共产主义制度；或者相信市场制度，通过市场机制来解决人与人之间的信任问题。范式三：基于技术。历史证明，前面的两条道路都有这样或那样的问题。区块链提供基于技术的解决方案。

显而易见，区块链的原理和实践，确实为现代人提供了重建信任的基础结构。进一步说，因为区块链的节点平等和非中心化原理，有助于推动社会自组织的全面发育。如果这样的历史性实验得以成功，人们过去对未来的很多想象就不再是"乌托邦"。

结论

一百年前，人类刚刚结束第一次世界大战，开始一个大转型时代，呈现了跨学科的交叉科技革命，即库恩说的"范式革命"。一百年后，很可能因为区块链，再次推动一场新的"范式革命"，实现新的全球性大转型。现在人们所认知的区块链，还处于其早期阶段。未来很可能出现基于拓扑学的区块链，或者量子区块链。我们应以过去一百年作为参照系，以更宽广的历史眼光去看区块链未来的演变及其应用场景，以及区块链可能对未来人类社会的改变。让我们想象一百年之后，2120年代的人们如何评价我们现在这个时刻。

附录："Meet·未来"思想圆桌对话

段永朝：我先给朱老师提一个问题。朱老师前面所讲的思想，显现了朱老师对区块链有着很多原创性的观念。遗憾的是，因为时间关系，今天并没有展开。我要讲12月5日，朱老师在2019中国公益年会特别提出了"时空合作社"的概念和框架。朱老师关心的这个时空不是物理学那个时空吧？

朱嘉明：是的。

段永朝：朱老师述说的这个时空至少与全球范围内，包括中国，普遍进入老龄化有关。这次中央政治局学习区块链+民生的九大场景，包括精准扶贫、养老、医疗、公益，似乎都和朱老师讲的这个"时空合作社"有关系。所以请朱老师花几分钟，把时间银行跟大家说一下。

朱嘉明：首先讲两个电影。12月5日我在对"时空合作社"做了系统介绍之后，我希望听众关注一下两个电影，不知道大家看过没看过？一个是韩国去年的电影《人间，空间，时间和人》。这个电影的主题是讲述人类面临资源极端短缺的情况下，人性到达什么程度。另一个是2011年出品的美国电影《时间规划局》(*In Time*)，主要故事是在一个假设的社会场景下，人类分成了两类人，一类是拥有和控制时间的富人，一类是没有时间，需要依靠富人获得生存时间的穷人。每天富人的时间银行的总裁要决定向穷人发多少时间，而穷人只能靠被分发的时间来活着。时间银行发给穷人的时间不足以支撑穷人从自己居住的地方到富人居住的地方。所以，富人是安全的。于是形成这个电影的阶级差别和时空构成了一种交互关系。

人类历史始终伴随着不平等。说到底，财富不平等是最大的不平等。公益事业是减少不平等的一种传统方式。富人为公益事业捐钱，可以对财富分配有所改善。从20世纪以来，人们探讨解决人类不平等的其他模式。例如"时间银行"。在"时间银行"的背后是这样的思想和事实：人类只有在两个问题上，是绝对平等和不可更改的——死亡和时间。死亡是存在的，没有人能避免死亡。第二个问题，就是每人每天只有24个小时，这也是不可更改的。

对于绝大多数民众而言，并没有足够的货币财富，也不需要通过公益捐款抵税。但是，他们有余暇，通过被记载下来的、未来可以得以补偿的时间服务，为减少社会不平等有所贡献。"时间银行"提供了这样的平台。

到目前为止，"时间银行"主要用于老年人服务、环境保护等领域。但是，"时间银行"存在一些技术困难，例如如何解决时间记录精准和不可更改；没有办法实现实践和空间的交换，例如发生在中国的时间贡献，怎样与发生在非洲的时间贡献实现交换？

因为区块链技术，区块链技术移植到"时间银行"，这些问题都是可以解决的。区块链技术有"时间戳"，可以实现时间的精准的和不可更改的记录，再通过"联盟链""时间通证"（Time Token），甚至数字货币等工具，完成跨越时空的交换。

至于我到处宣传的"时空合作社"，与"时间银行"的区别有两点：一个是前面已经讨论的"空间"维度，即将时间和空间的交换结合，超越地理和区域的空间限制；还有一个是提出"合作社"的组织模式。所以，可以将"时空合作社"定义为：基于区块链技术的、通过合作经济、实现人们的跨时间和跨空间的交换。也就是说，"时空合作社"是包括时间、空间和合作经济组织，三位一体的概念。

"时空合作社"是有理想主义成分的。在后工业社会、信息社会、后现代社会，人们的余暇在增多，时间被强烈地碎片化。而人们正在丧失对自己碎片化时间的"主权"，因为这样的时间正在被各种时间消费方式所占用，例如微信等社交平台和"抖音"。

在这样的历史环境下，对于民众来说，"时空合作社"提供另一种新的选择，另一种消费自己时间的方式，另一种超越传统财富模式的框架和组织形态。每个人提供属于自己的时间为社会和自己做出可以被记录、补充和交换的贡献。也就是，人们利用对与自己生命不可分割的时间权利，重新建立一个可以依存、可以互相帮助的时间组织方式。听起来是不是比较乌托邦？是的，但是这种乌托邦与19世纪的空想主义乌托邦相比，在理念、社会条件和技术等方面，已经更为成熟和具有可行性。

段永朝：讨论区块链，涉及很多与"链"字相关的概念，例如价值链、应用链、产业链，以及三链合一。我的问题是，朱老师可否介绍所参与的区块链应用场景？

朱嘉明：我卷入了区块链的很多不同应用场景。不过，我还是希望回到这个会议的主题，Meet in the Future。我在讨论区块链的很多场合，都希望大家更要关注区块链的思想，将对区块链理解的思路拉大。

在前面段永朝与谷燕西的问答中，冒出了"原教旨主义"概念，刺激我在这里提出关于区块链认知的四个主义，与各位讨论和分享。

第一个是区块链原教旨主义。所谓区块链原教旨主义，主要是指认为区块链的意义就在于比特币，坚持所谓的区块链"不可能三角"。

第二个是区块链修正主义。只要有原教旨主义，一定有修正主义。例如，央行数字货币到底是在多大程度上继承了区块链核心理念和技术？当年国际共产主义运动中的修正主义，被定义为不是赞成阶级斗争、无产阶级专政和继续革命。这里所说的区块链的修正主义，其主要特征就是寻求区块链如何为各种利益集团都接受的逻辑。例如，如何平衡"去中心化"和"中心化"。

第三个是区块链实用主义。区块链实用主义特征集中反映在企望尽快实现区块链产业化和商业化，"白猫黑猫，抓住耗子就是好猫"。利益区块链的概念，在区块链的旗帜下，通过对区块链的神话，以吸引更多的资本流入。还有，区块链的实用主义常常和区块链的形式主义结合在一起。

第四个是区块链未来主义。该主义主张区块链首先是科学，其技术尚处于早期阶段，但是区块链具有发展的潜力和张力。在未来主义看来，人们认知的区块链，仅仅是在今天历史条件和技术框架下的区块链。或者可以这样想象，现在的区块链技术发展水平，很可能是属于莱特飞机的阶段。经过了一个多世纪，航空器发展到今天，包括风洞实验还在继续。现在的区块链，是以今天互联网发展水平，以4G为基础的。但是，因为互联网进步，5G，或者卫星通信技术发展，都会改变区块链的技术前提。套用比较简单化的描述，现在的区块链是1.0版，以后会有2.0版、3.0版。至于区块链的2.0版怎样，现在很难说。因为区块链是一个集群性技术。至于人们通常将区块链分成公链、私链和联盟链，这样的划分，并非是定论。未来的经济怎样变化，发展模式如何演变，千万不要刻舟求剑，千万不要受现在流行的重复率极高的区块链书籍的影响。可以肯定，五年之后，十年之后，因为区块链的科学基础的演变，都会改变区块链体系和结构。区块链类型也不局限于今天的类型。

现在各位可以问自己，你更倾向于哪个主义，或者是你更倾向于哪两个主义。我属于未来主义。

今天特别强调量子力学很可能从外部改变区块链。数字资产研究院在11月底组织了一个"量子技术和区块链"研讨会。会议讨论了量子科学、量子计算、量子计算机和区块链结合在一起的可能性和后果，提出了"量子区块链"的概念。

简而言之，区块链是一个发展的、变化的科学基础的技术体系，并包含社会组织变革的因素，确实可能引发"范式革命"。因为区块链推动了数字货币、数字经济、非实体经济的形成与演进。现在，有一点看得比较清晰：人类未来的经济体系，区块链将是重要的基础结构。

值得注意的是，在这个过程中，区块链与产业结合，涉及经济存量和流量的结构关系，最终会影响既得利益体系。所以，区块链对社会与经济的影响，最终是超越技术层面的。

段永朝： 谢谢朱老师在倒时差的状态下，讲了如此之深刻的思想。在区块链领域，朱老师不是撸着袖子干，而是卷着裤腿干的。朱老师本身就是财产。现在还有问题：当区块链与量子技术相遇，您预计今天关于区块链的概念，哪些概念是废掉的？今天的区块链是否就没有优势了？没戏了？我们总是让朱老师"算卦"，这个也不太好。

朱嘉明： 现在的区块链有着技术基础。例如，前面所说的互联网、5G、云计算、AI的组合。没有这样的技术前提，无从讨论现阶段区块链。但是，所有这些技术都是建立在经典计算机科学的基础上，或者说是建立在0、1这种编码语言的基础上。包括音乐、舞蹈、影视最终通过0、1语言的改造得以在互联网上传播。乔布斯（Steve Jobs）的革命就是把音乐变成可以数字化，这是最伟大的事情。更进一步，人们现在所说的数字经济，也是以0、1为基础的。至于区块链，更是与现在计算机科学的成就结合在一起。

问题是，当量子科学、量子计算和量子计算机发展全面应用的时候，0、1体系所支撑的经典计算机体系就不存在了。当然会对现在的区块链产生致命的冲击。例如，量子科学证明存在"量子纠缠"，即量子可以同时出现在不同的时空中。20世纪量子力学的发展历史证明爱因斯坦法定量子科学"非决定"理论是错误的。因为"量子纠缠"，导致不可确定性，引入概率。而区块链本质就是需要所有分布节点清清楚楚，在确定性的架构下，实现可追溯。所以，量子技术的本质与当下区块链技术是矛盾和冲突的。

于是在逻辑上就产生了这样的问题：现在的区块链，是不是在若干年之后因为量子技术的发展而根本动摇。答案应该是肯定的。所以，可以考虑另外一个思路，那就是如何让量子技术和区块链实现结合。

还希望大家关注一个更深的问题：区块链技术的背后存在价值取向，加密数字货币的原始推动者是密码学的嬉皮士们。至于量子技术，不仅仅超级计算能力问题，因为一秒钟能够把银河系的数据算出来，还有其背后的价值取向，以及对现存世界秩序的挑战能力和改变潜力。多年来，推动量子技术革命的则是量子科学的嬉皮士。

总的来讲，今天我说的事情不是离我们很遥远的，是非常现实的事情。我们永远面对两种未来，一个是设想的未来，一个是已经决定我们现在的未来。那么我讲的这个量子计算，已经影响我们现在的未来。想象一下，如果我们跨入量子技术主宰的世界，一切会变成怎样。

段永朝： 朱老师刚才讲的对我来讲也很震撼，太精彩了。我马上就得出这么一个判断，就是区块链这件事，对朱老师已经翻篇了。所以在座的各位有耳福了。我们应该掌声感谢。

朱嘉明： 我再补充一点。我这次去洛杉矶，其实是为了见两个人，其中一个人就是写《从0到1》的作者彼得·蒂尔（Peter Thiel）。我一共准备了七个问题让他回答。其中一个问题是，他是否至今仍然坚持《从0到1》这本书的基本观点。他说他还坚持。

我对《从0到1》这本书的真正的赞赏之处，在于作者反对被庸俗化的所谓市场竞争模式。因为真正的竞争不是从1到N，而是发生在从0到1之间。一旦陷入1至N的期间，例如，选择到芝加哥去开餐馆，很可能掉入一个万劫不复的竞争泥潭、竞争大坑。所以，最好的竞争，发生在从0到1区间，建立创新式的垄断。

段永朝： 最后我就请三位嘉宾总结一下，用一句话来总结他心目中的区块链。

朱嘉明： 我就把今天的题目念一念就可以了：区块链，一个正在孕育的世界级共识。

1–12　全面认知区块链的科学特征[①]

科学是永无止境的，它是一个永恒之谜。(Science is endless, it is an eternal mystery.)——爱因斯坦

区块链不仅是技术，而且是科学。所以，区块链自然具备科学的两个特征：其一，区块链是有生命力的，其演变是没有止境的；其二，区块链的演变不断刺激和引发人们的想象力，让人们面对不断产生的不解之谜。

1.区块链是一种"综合科学"

区块链是一种涉及众多学科，并且属于跨学科交叉的"综合科学"。现在，人们至少已经知道，区块链与数学、密码学、计算机科学、量子科学等科学学科密切相关。人们不应该，也不能够盲目地认为，已经完全知道了支撑区块链的所有科学学科。此外，每一个学科存在延伸的可能性，比如区块链和拓扑学可能就存在着先天联系。下图中包括了若干方格，其中有些填入了相应学科，有些还处于空白。空白代表着可能尚未被发现的学科，表明与区块链相关的学科并没有穷尽。

[①] 本文为作者于2019年12月6日在海口举行的"海南自贸港数字经济和区块链国际合作论坛"上所作的专题演讲。

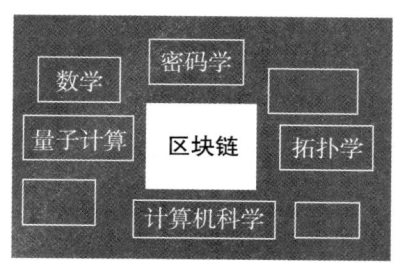

2.区块链科学基因的变异方式

区块链的科学基因变异方式明显存在三种可能性：（1）区块链科学自身的演变导致的区块链基因变异。（2）来自区块链体系之外的其他科学对区块链体系的"侵入"，例如量子计算。11月30日，数字资产研究院在广州华南理工大学组织了一场研讨会，题目是"量子计算与区块链"。研讨会形成了一个共同看法：量子力学、量子计算和区块链之间存在联系，以及量子科学和区块链有结合的可能性。甚至量子科学会对区块链产生冲击。会议提出了量子科学冲击导致"量子区块链"产生的猜想。（3）来自新技术的反作用造成的区块链的变异。例如5G、6G、8K、空间技术等，都可能会对我们所理解的区块链体系造成相当大的冲击和改变。

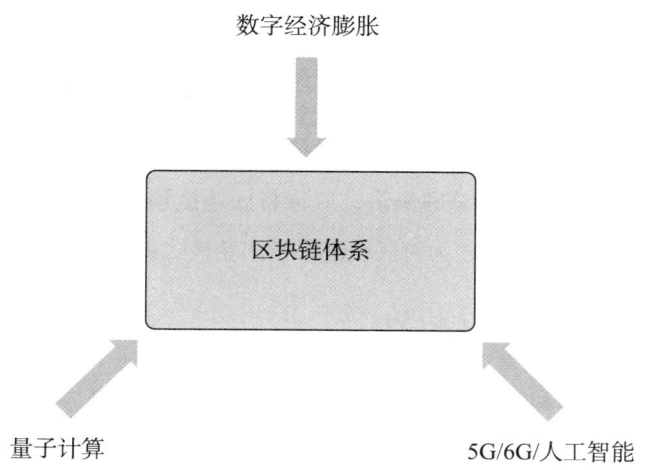

3.区块链科学演变模式的"猜想"

没有猜想就没有科学。关于区块链科学的演变模式,我提出四个猜想:(1)同心圆外延模式。这个猜想由我们数字资产研究院长三角分院院长张洪为先生提出,把目前已知的区块链理解成一个相当成熟的体系,这个体系在发展过程中不断向外延展。(2)迭代升级模式。迭代升级模式是一种主流论述,比如大家通用的区块链1.0和2.0的论述。(3)区块链分裂模式。(4)区块链离散体模式。相比较前三种,第四种模式更具备发展和演变空间。

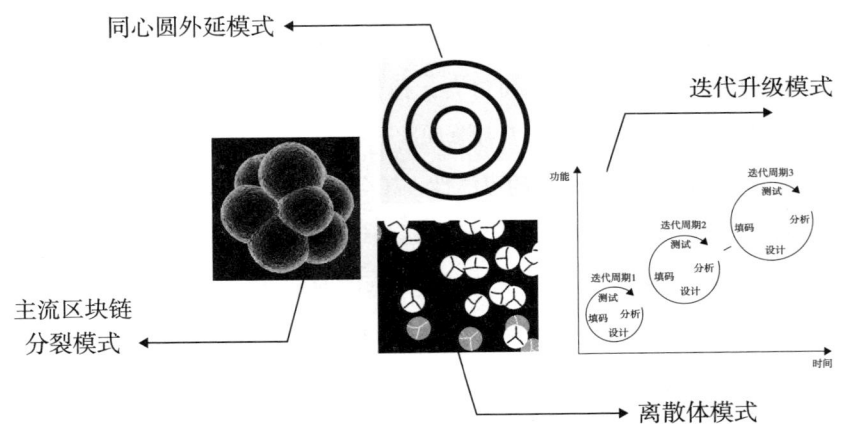

至于以上四种模式之间,是否存在直接关系,现在还不得而知。今天,人们所理解的区块链和支撑区块链的科学基础,很可能只是未来区块链体系中的一部分。总的来讲,应该将区块链理解为一个开放的、不断迭代的体系。可以称之为对区块链科学演变模式的猜想。

4.区块链科学与人文科学的互动

区块链科学和人文科学之间存在频繁而密切的互动。这是因为,区块链不仅对经济学、金融货币学和会计学产生了影响,而且正在颠覆和改变原有的经济学和货币学架构体系；区块链对法学的影响剧烈，对法学实践的影响也不可低估；区块链对社会学和政治学，包括社会治理理论和社会组织理论也都产生了深远影响；区块链还与后人类社会，尤其是与赛博格（Cyborg）化的人类社会存在相当深厚的联系。

最值得关注的是区块链对传统哲学观念所产生的影响。比如"什么是存在"？区块链科学改变了人们对于存在的认识。因为有了区块链，曾经极有影响的"存在主义"都要被重新定义。区块链为哲学注入了新的生命力。

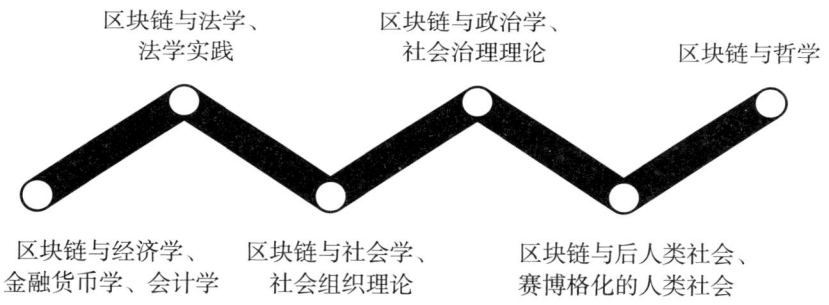

5.区块链科学与区块链技术的关系

区块链科学和区块链技术是什么关系？是一种映射关系。区块链科学是一种综合科学体系，区块链技术是一种技术集群。区块链科学基础的拓展可以支撑区块链技术集群的扩展，而区块链技术集群的扩展反过来会倒逼其科学技术的深化。如果我们把区块链科学和区块链技术简单理解成A和B的关系，会发现相互之间确实存在着一一对应的逻辑和联系。

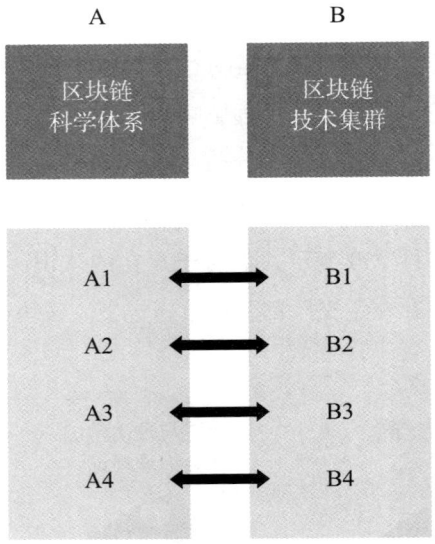

6.区块链很可能带来科学领域的"范式革命"

"范式"(Paradigm)是20世纪最有创造性和争议性的科学哲学命题。托马斯·塞缪尔·库恩(Thomas Samuel Kuhn)提出了"科学范式革命",但是他并没有清楚地理解和解释什么叫"范式革命"。他提出了21种诠释。但"范式"在后库恩时代逐渐消失,人们对范式的着迷程度进入了低潮期。

迄今为止,区块链的演变和未来发展很有可能激活了"范式"的生命力。因为,区块链作为一种结构和体系,确实具备"范式"的基本要素:信仰、方法、理论、模式、应用、软件和硬件,以及科学共同体。

这是库恩生前所来不及完成的,如果他活到今天,一定为此而兴奋。

7.开源、开放、独立、全球化的"区块链科学院"①

因为区块链不仅是技术,更是科学,所以,为了更好地研究区块链的基础科学特征,推动区块链技术应用,我在这里倡议组建区块链科学院。区块链科学院应该具有开源、开放、独立、全球化的特征,有关学科的科学家、工程师和其他专业人员以区块链科学院作为平台,增进全球对区块链技术认知的广度和深度。

附录:关于筹备区块链科学院的十点倡议②

区块链不仅是技术,而且是科学。为此,我们提出关于筹备区块链科学院的十点倡议。

1.区块链科学院倡导研究人员登记制,秉持开放原则,任何人不分国籍、种族、学派,符合学术规范程序和学术道德准则,即可登记成为科学院的研究人员。同时,接受符合区块链科学院宗旨的集体会员。

2.区块链科学院秉持科学家的探索精神、创新精神,侧重选取影响区块链未知领域的研究。

3.区块链科学院主张发扬区块链与生俱来的开源精神,区块链科学院的研究成果将公之于众,使之成为全人类的成果,变成共享经济的重要资源。

4.区块链科学院实行非营利模式,这一点必须成为区块链科学院的基因。

5.区块链科学院坚持教育是区块链科学院的重要功能和实现社会价

---

① 全称为"21世纪区块链科学院",是由作者与火币集团董事长李林等倡议发起的以区块链技术研究和教育为主要功能的非营利组织。该院倡导研究人员登记制,还将创办《区块链科学》杂志,推进全球对区块链技术更深层次的理解和认知。
② 本文系作者于2019年12月6日为在海口举办的"海南自贸港数字经济和区块链国际合作论坛"上的区块链科学院筹备小组所撰写的会议文件。

值的主要手段之一。

6.区块链科学院倡议区块链与社会治理的结合，让社会治理变得更公开、更公正、更透明。

7.区块链科学院认为经济学是科学体系的一部分，鼓励研究人员积极探索区块链经济学，优先选取和国计民生密切相关的领域。

8.区块链科学院积极鼓励和支持其他团队在科学院研究成果上继续开发，用之于商业应用，乐见这些成果在全世界开花结果。我们倡议企业界，特别是传统企业积极加入区块链实践，实践新的企业治理。

9.区块链科学院致力于区块链研究的专业化，组织三至五年的区块链科学与技术发展规划，并倡议创办《区块链科学》杂志，以此作为未来区块链科学领域专属的研究成果发表、讨论、传播的平台。

10.区块链科学院坚持区块链的共识原则，坚持科学院的民主治理，尽快提出区块链科学院章程草案。区块链科学院将设置理事会和学术委员会，实行公开选聘，主席采用定期轮换制。

推动和成立区块链科学院，不仅需要相关的科学家、工程师、企业家的理解和共识，还需要其他外部条件的成熟。所以，区块链科学院的启动与筹备，并没有严格的时间表。但是区块链科学院目前提出的十点倡议，依然可以以这样或那样的方法实践和实施。

1-13 区块链引发了一场独特的社会运动[①]

在这十年中，伴随着区块链概念的传播和普及，在全球范围内形成了一场相当独特的"区块链社会运动"，其特征如下：

1."区块链社会运动"具有理想主义成分。区块链和原生态数字货币与具有理想主义和社会改造意识的"密码朋克"[②]有着某种基因的遗传关系。区块链和原生态数字货币的核心理念是通过建立"人类共同体"，推动人（至少在经济领域）的解放。再过几个月将是2008年世界金融危机爆发十周年，十年前的此时此刻，因"次贷危机"触发的金融危机全面爆发，至9月达到高潮。此次危机导致财富的再分配，严重伤害了世界范围内从中产阶级到普通民众的生活，区块链和原生态数字货币正是在这样的背景下产生，希望打破货币金融的高度垄断，让民众获得创造财富的机会。在过去十年中，区块链和原生态数字货币在帮助穷人和穷国方面，在公益事业方面，效果卓著。举一个例子，最近国外一个区块链公司nChain[③]组织团队去了卢旺达。他们发现卢旺达这个经过大屠杀创伤、人均国民生产总值为七八百美元、传统金融体系极为落后的贫穷国家，需要区块链技术。这个团队也去了肯尼亚，得出的是相同的结论。"区块

---

① 本文系作者于2018年5月24日在中国台北"链接未来高峰论坛——走向2020年代的新经济形态"上的主旨演讲和晚宴总结的发言要点。本文作了修订并加了标题。
② 密码朋克（cypherpunk），是1993年由埃里克·休斯（Eric Hughes）在《密码朋克宣言》（A Cypherpunk's Manifesto）中提出的一个术语，它结合了电脑朋克的思想，使用强加密（密文）保护个人隐私。
③ nChain曾名为EITC控股，主要办公地在英国伦敦和加拿大温哥华。nChain公司拥有超过60名世界一流的科学研究、工程和其他方面的专家，还拥有较多的区块链专利。

链社会运动"主张渐进的社会改革，反对激进主义，反对保守主义。如果认为区块链和原生态数字货币不过是一种财富新形态、一种新的商业模式，显然是低估了其社会意义。

2. "区块链社会运动"有助于重构社会结构。因为区块链技术，民众可以实现新形态的非中心化的"自组织"。在这样的自组织结构中，不仅提供人与人之间的信任机制，实现彼此之间的平等关系，还有助于每一个人发现自我。或者说，因为区块链技术，"smart经济"得以运行，最终帮助人类进入实现"共享经济"和"普惠金融"的社会，每个人都是经济的主人。历史证明，不论是纯粹的市场经济，还是原教旨主义的统制经济，都没有办法实现全人类的经济共享。

3. "区块链社会运动"是科学和技术实现高度融合的运动。因为区块链，创造了科学技术进步的新模式；因为区块链，大数据、云计算、信息技术、人工智能实现了有机结合，形成"集群"。在数字货币领域，每一创新都有着越来越多的技术含量，都需要新的实验。区块链的产业化，产业的区块链化，其本质就是建立科技主导的产业体系。如果说，过去的人类经济活动主导了科技活动，现在则是科技行为主导经济行为，实现这样的转型，区块链属于充分必要条件。在人类历史上，除了区块链技术，还没有其他技术产生过如此广泛的影响，形成以技术为旗帜的社会运动。从技术角度而言，这个运动还有着巨大的发展空间。

4. "区块链社会运动"集结了广泛的社会阶层和机构。支撑区块链的不同凡响的思想和技术吸纳了科技精英、知识精英、商业精英、媒体精英，以及政治精英，还有相当多普通民众，并且逐渐吸引从企业到政府的关注和参与。特别是，区块链是以青年人为主体的"跨代际"运动。因为区块链的"跨界"结构，不仅改变货币、金融、投资、产权、财富的传统内涵和形式，还会改变传统的企业、政治组织和非政府组织的模式，并很快进入政府"治理"领域。

5. "区块链社会运动"是典型的全球化运动。区块链技术与原理，以及作为区块链基础结构的互联网，不受制于主权、意识形态、文化和语言。所以，很容易形成全球性的区块链"共识"。这是一种源于全新思想的"共识"，是基于理性、科学、技术的"共识"，远远超过历史上的所谓"华盛顿共识"，或者其他类型的"共识"。凯恩斯说过："我相信，与思想的蚕食能力相比，既得利益的力量被严重高估了。"区块链在世界范围不断扩大的影响力和应用场景，证明凯恩斯的这个说法是对的。此外，因为区块链与全球化的关联性，或早或晚会导致国际分工体系和生态的调整和改变，为全球可持续发展提供坚实基础。

6. "区块链社会运动"面临多方面的挑战。对区块链和区块链所支撑的加密数字货币的挑战是全方位的。（1）来自内部的挑战：区块链和数字货币存在着像生物一样类似于基因和染色体的原发性缺陷；区块链和数字货币在克服现有技术瓶颈的过程中，还会不断产生新的技术难题；开发能力和应用场景需求之间的差距（Gap）巨大；人力资源严重短缺。（2）来自外部的挑战：旧体制、旧思维惯性的阻力；人性的局限，特别是贪婪本性的影响；法律法规的缺失和滞后；各国政府利益的差异性，居高不下的协调成本。

如果相信未来应该更美好，需要实现三种力量的结合：（1）想象力（imagination power）；（2）创造力（creation power）；（3）奇迹力量（magic power）。"区块链社会运动"集合了人文思想、科学技术、产业创新和社会改造目标的运动，将创造以上三种力量结合的历史机会，为未来社会提供全新的基础结构。历史将因为区块链而不再一样。

1–14 区块链与公平/效率及制度选择[①]

今天的"数字资产研究院第一期论坛"是成功的,这是数字资产研究院成立以来第一次正规学术与技术结合的研讨会。现在,我在今天与会者发言和讨论的基础上,加上我自己的学习和思考,做一个总结性发言,一共讲六个问题。

1.区块链与公平/效率及制度选择

关于区块链,来自不同专业背景和训练的人会有不同的解读,都存在着不可避免的局限性。这正如宋代的苏轼在《题西林壁》里所描述的:"横看成岭侧成峰,远近高低各不同。不识庐山真面目,只缘身在此山中。"从经济学视野出发,更为关注的是区块链与公平/效率及制度选择的关系。

第一,区块链和公平/效率。自从工业革命推动资本主义制度的形成与发展,直到21世纪的今天,如何处理公平/效率的课题始终挥之不去。在实际经济活动中,存在两种路线:以追求效率为主的路线;以实现公平为主的路线。但是,占主流的是前者,极端情况就是为了效率牺牲公平。这也是形成贫富差距的重要原因。人类所选择的"共产主义制度",以及一度存在的"计划经济",实现了公平,甚至发展到极端的平均主义,却牺牲了效率,导致这些国家或者废弃共产主义体制,或者实行经济改革。

[①] 本文系作者根据2018年4月8日在"数字资产研究院第一期论坛"上的发言修订而成。

不久前有过一次大数据时代浪潮。一本题目是《大数据》的书，火了很长一阵子。但是，事实证明，大数据技术不意味着可以实现公平/效率的最佳组合，因为没有制度和技术约束的大数据很可能导致中心化和垄断。大数据需要区块链，因为区块链思想和技术特征，为人们提供了从技术层面上实现公平/效率最佳组合的可能性。

第二，区块链和制度选择。现在到处讲转型，最根本的转型是制度转型。否则，人类很可能加剧冲突，走向同归于尽。制度转型需要制度选择和安排。以下制度改革和安排与区块链关系显著：

技术性制度。技术有着自身的生命力，其重要特征是在排斥中心化和开放性系统中，实现可持续创新。现在的新技术多，创新速度快，最为挑战的是：实现不同技术的连接和集合，让不同的技术成为相互作用的节点，形成大数据、算法和AI构成的技术网络空间，并且需要加入科技发展的鼓励机制。区块链技术几乎是唯一的最佳选择。在有区块链之前，建立宏观的纳入工作量证明和算力的科技网络大场景，是不可想象的。

货币制度。任何经济制度都需要货币制度的支持。可以说，货币制度是经济制度的"核心"所在。古今中外，货币制度不断演变，却"万变不离其宗"，或者基于具有天然价值的金属，或者基于某种权威个人、机构或政权。现代的信用货币，就是以国家主权为基础的货币。但是，2008年比特币"横空出世"，颠覆了传统的货币理念。比特币是什么？比特币是基于区块链的技术而已。或者说，因为比特币开始的数字货币的"此货币"不再是传统的"彼货币"。再过十年，甚至更长时间，人们会不断提高对中本聪2008年所发布的比特币短文的评价。比特币是否可以维持到2140年，最终发掘出2100万枚比特币，现在已经不那么重要。重要的是比特币开创了一个数字货币的不可逆的时代。从现在开始，货币制度已经没有可能不包括数字货币。从长远看，数字货币在货币制度中的地位会不断提高。

资本和资产制度。区块链支持的比特币的诞生，造就了初始形态的数字资产。之后，雨后春笋般的其他数字货币，增加了以数字货币为载体的数字资产规模。现在，大数据和区块链的结合，全面加速了数据的价值化和资产化。此外，伴随区块链技术的普及和应用，区块链和各种产业的结合也正在形成其他形式的数字资产。还有数字化"通证"也属于数字资产范畴。数字资产相对于传统资产的最重要优势是可流动性。数字资产之所以可以成为资产，重要前提是"确权"。首先从数据确权开始。而区块链技术对数据确权至关紧要。邹均提出，数据确权，进而数字资产确权是颠覆传统产权观念和模式的"革命"。现在的数据、数字货币交易之所以发展缓慢，包括与思想生产最为紧密的知识产权徘徊，其根本原因是数据和其他数字资产的确权还处于初始阶段。

共享经济制。区块链思维和技术最大的制度潜力是支持"共享经济"。共享经济不是"共产经济"，更接近"合作经济"的理念和模式。19世纪的空想社会主义，甚至无政府主义，都存在相对的合理性。现在看，从法国的圣西门（Saint-Simon）、傅立叶（Charles Fourier）到英国的欧文（Robert Owen），从蒲鲁东主义到克鲁泡特金主义，他们实验的失败有历史性原因，也有技术原因。现在，区块链技术足以支持任何形式的自组织，包括早期共产主义期望的"自由人联合体"。

2.区块链面临的技术和机制的混合难题

区块链是包括数学和物理学等科学及多方面技术的"集合"。因为区块链有效推动了数字货币和数字经济的形成和发展，得以形成数字革命浪潮。现阶段区块链的发展普遍存在"雷声大，雨点小"的情况。究其原因，区块链始终面临一系列的技术和机制的混合难题。数字资产研究院所要做的第一件事，是对区块链的科学基础和技术体系进行梳理和分类。

今天会议所涉及的区块链技术难题集中在这样六个方面：（1）云计

算技术。现在的云计算技术越来越中心化，出现日益急剧的垄断趋势，小公司很难生存。一方面，使用端对于云计算大公司的霸王条款缺乏谈判实力，没有讨价还价机制；另一方面，也不存在对云计算大公司履行合约的约束能力。（2）权益证明技术。如何有效实现降低去中心化的需求？如何在一定数量的节点下提高效率，增强可扩展性？（3）安全技术。怎样的安全技术可以与全分布式技术达到均衡？（4）共识算法技术。Pow代表工作量证明机制是否存在改进空间？能耗会不会把区块链带入死胡同？可以肯定的是，对挖币、能耗以及挖矿设备成本之间的关系，即投入—产出关系，需要进行全面的定性和定量的评估。（5）算力技术。如何将指纹数据、哈希数据等相关的云端数据连接区块链，形成具有特定功能的数据库，实现逻辑数据可验证？如果数据存储没有实际的解决方案，过于乌托邦，商业价值在什么地方？（6）智能合约技术。在设计和运行不需要人干预的智能合约方面，现在的技术还比较初级。在一般应用场景下，合约方是开放性的，存在外部因素的影响，如何解决合理的违约或更改？此外，还有治理结构技术和区块链跨链技术上的难题。

今天的会议中，区块链的"不可能三角"被多次提及。区块链的"不可能三角"类似于"蒙代尔不可能三角"，只是三角的内涵是：去中心化、安全性、扩展性。按照"不可能三角"原理，不可同时满足三个变量，只能满足其中两个变量。我本人对"蒙代尔不可能三角"存在保留，对区块链的"不可能三角"也是如此。在现实世界中，存在太多的不可能变量组合。不论是"不可能三角"，还是"不可能菱形"，其实都没有什么科学价值和现实意义。

3.区块链和利益集团

因为区块链技术和区块链技术所支持的数字货币的产生和发展，形成了一系列利益集团。这个群体中可以分为：（1）原生态利益集团，也就是常说的"币圈""链圈"和"矿圈";(2)传统资本通过投资区块链和数字货币所形成的利益集团;(3)区块链技术产业化过程中所形成的利益集团;(4)个体性投机形成的利益集团。

上述利益集团,在机构上体现为与区块链技术开发、数字货币挖矿、数字货币交易有关的各类公司。这些公司有的是在区块链浪潮中建立的,也有从母公司派生出来的。特别是,与区块链相关的"基金"也是一种机构形态。区块链和资本市场结合的方式也在多元化,有被广泛诟病的ICO,还有尚没有成气候的STO,然而会有更多区块链基金实体选择传统的IPO。这意味着传统资本可以影响和改造区块链原生态,其潜力是不可低估的。

值得注意的是,在区块链和数字货币领域,每一次技术争议和创新都会引起相关利益集团的利益调整。比特币的分叉事件具有典型意义。

在区块链所逐渐形成的产业链和价值链中,形成了新的财富形态。在造就一批新富人的同时,也出现了这个产业中的底层劳动者,他们的代名词就是"码农"和"矿工"。

4.区块链应用或落地场景

认识比特币应用或落地场景,需要考虑这样几个关系:(1)近期和长期的关系。区块链在近期存在着应用或落地场景的难题,仍处于初级阶段。因为区块链技术不够成熟,相关知识普及程度不够。但是,从中长期看,机会是不断增长的。(2)传统产业和非传统产业的关系。区块链需要数字化作为前提。具有数字化天生基因的产业,主要是成长和发育于互联网的产业,更容易区块链化;而传统的第一和第二产业,区块链化的难度较大。(3)刚性需求和弹性需求的关系。区块链目前的应用或落地场景需要有刚性需求为前提。而在现阶段,对区块链存在刚性需求的行业和产业是有限的。(4)宏观效应和微观效应。区块链技术的宏观效应相比微观效应更容易证明和显现,但是,宏观需要微观的组合。

所以，区块链应用或落地场景最好具有宏观和微观效益的重合性。

总的来说，区块链需要发展，就需要有更大的应用或落地场景。但是，必须承认，因为区块链底层的复杂性，区块链设计和实施过程是非物理化的，对于使用者没有直观效应。而视野和经济效益的形成过程较慢，所以当务之急是加强区块链知识的普及教育，尽快培养更多的区块链专业人才。既要破除区块链的神秘化，也要避免区块链概念庸俗化，避免区块链泛场景化，避免区块链"大跃进"。

5.以怎样的心态和观念面对区块链引发的社会变革？

区块链集合了新的理念、新的科学技术、新型专业人才，开始造就一个新的社会生态。现在说区块链对经济和社会的影响方兴未艾都早了，其实是刚刚拉开序幕。

区块链引发的观念变革，涉及这几个方面：（1）相信和追求以区块链技术为基础的公平和效率的均衡。（2）通过区块链，维护人与生俱来的数据权，包括各种隐私权。反对对民众大数据的无偿剥夺。（3）支持和参与基于区块链的社区、社会企业和其他自组织，建立区块链基础上的跨越时空的组合。（4）坚持区块链的价值观，分配新财富的新规则需要符合新时代的道德标准。（5）以区块链为基础结构，重建人类之间的信任体系，并通过区块链，建立未来人与AI机器人的和谐关系。

结论

归纳这样几点：（1）区块链历史刚刚开始，现在对区块链的历史性张力估计过低。区块链不是一代人所能够完成的。需要有长期学习和实践意识。（2）区块链卷入了全球性的科学技术、产业和金融业的精英。区块链势必是国际化的。需要有国际意识。（3）区块链连接物质世界和非物质世界，连接传统实体经济和非实体的观念经济。区块链存在极大的发展空间,需要想象力。(4)区块链背后,是人类对美好的向往,需要理想主义和激情。

在历史上,任何新生事物都伴随着反对,也伴随着喧嚣。现在的区块链也是如此。但是,不论反对还是喧嚣,都会过去。数字资产研究所恪守的是脚踏实地的科学精神。所以,数字资产研究院关注基础性建设,成立伊始就开始组织编写一部关于区块链的词典,采用开源方式。希望今天的与会者参与到这个词典的工作中来。

1–15 区块链产业与互联网产业异同[①]

人们一般认为,"区块链产业"概念的提出,是受到"互联网产业"概念的启发,希望在区块链领域能够重复互联网与产业深度结合的历史,最终形成基于区块链技术的产业形态。这样的初衷是成立的。

但是,在现实经济活动中,区块链产业虽有进展,却比预期要缓慢得多,不仅难以重复和移植产业互联网的历史经验,而且看不到在短期内得以突破的前景。所以,现在需要认真思考这个现象。

1.产业区块链的难:产业互联网模式不可复制

从技术、产业化顺序、演变机制、应用模式、扩展范式等几个维度进行比较,区块链与互联网存在差异。

1.1 区块链技术和互联网技术不同。互联网技术是计算机技术、信息技术和通信技术的组合,或者说,互联网技术可以分类为硬件部分、软件部分和应用部分。互联网技术具有强烈和明显的物理特征,其硬件部分包括了数据存储、处理和传输的主机,网络通信设备。其中,网络线缆(Network Cable)作为网络基本构件的意义尤其明显,没有网络线缆就没有互联网。移动互联网则需要通过智能手机实现。

与互联网技术相比较,区块链技术是建立在发达和不断进化的互联网技术基础上,其物理性基础设施、硬件,甚至硬技术,皆处于区块链的底层。或者说,区块链技术更多体现为非硬件、非物质和非物理的形

[①] 本文系作者于 2020 年 1 月 29 日为媒体"锌链接"撰写的文章。

态。人们很难直接看到所谓的区块链技术，它更是一种看不见、摸不着的技术，导致解说区块链技术相对困难。

1.2 区块链与互联网产业化顺序不同。互联网发展的历史，就是互联网产业形成的历史。随着IT基础技术开发，IT技术产品化，元器件、部件和组件制造，IT产品集成化和系统化，造就了众多互联网硬件企业。硅谷应运而生。

正是在这样的背景下，"摩尔定律"得以提出。例如，物联网的5G替代4G的过程，就是产生新技术、新市场和新企业的过程。然而，因为区块链技术不仅不能独立于，甚至还需要依附在互联网技术之上，在短期内，难以形成基于区块链技术的硬件和软件技术开发企业群体。至于实现规模性生产和产业化，显然还需要很长的时间。

1.3 区块链与互联网的演变机制不同。互联网历史表明，国家与政府在互联网发展早期发挥了关键作用。之后，因为一系列国际协议，包括TCP/IP协议，以及应用层的HTTP协议，解决了"跨网"问题，互联网得以在全球范围内迅速成功。

区块链则处于不同的境地。区块链因为比特币形成世界性的影响，以太坊诞生的整个过程并没有政府因素存在。再后来，不论是私有链、公有链、还是联盟链的应用和扩张，也都不存在和不需要任何国际协议的介质。这是因为，区块链本身就是协议，或者说自带协议特征。它就是用互联网技术，通过一系列协议，实现了现在总结出来的"区块链"的功能和特征。但是，区块链的协议毕竟是以社区作为约束边界的，天然存在难以"跨链"的问题。

1.4 区块链和互联网的应用模式不同。互联网天生具有平台特征，以低成本实现趋于无限大的人与人、人与信息的互动交流，包括文字、语音和图像。不仅如此，互联网可以实现越来越个性化的信息交换，还可以实现信息资源的整合与放大。

所以，互联网造就了Google这样的搜索引擎企业，Facebook、推特这样的社交平台企业，以及亚马逊和阿里巴巴这样的互联网网购企业，进而形成了新型互联网产业。

在区块链应用领域，类似过程在短期之内很难复制。最要害的是，区块链难以创造出趋于无限大的个体需求，使得他们同时成为区块链的使用者和创造者。

1.5　区块链与互联网的扩展和蔓延范式不同。互联网产业形成过程中，一旦形成"领导"型企业，会立即产生示范效应，这种示范效应是国际化的。例如，因为有了亚马逊，就有了阿里巴巴；因为有了Facebook、推特，就有了微信。互联网企业还具有相互渗透的特征，因为A，就有了B，而有了A、B，C就是不可避免的。此外，互联网产业的优势是偏重C端，区块链则是B端推动的范式。互联网应用的场景范式，或者说互联网产业的蔓延和扩张场景，难以在区块链领域复制。

2.产业区块链发展取决于数字化进程

2.1　产业区块链的基本模式对其发展有极大限制。当前，区块链与产业的结合表现为三种模式：（1）与区块链有天然的基因关系的产业。例如，以比特币为代表的加密数字货币产业，以及延伸的金融业。（2）通过区块链对整个业态改造的产业。例如，IP产业，法律、会计服务业。（3）移植区块链技术而维系原本产业特征的产业。例如农业、食品业、制造业、原材料业、能源业和运输业。

在现实经济中，产业区块链在第一种模式中，技术相对成熟，应用潜力很大，却受到政府监管和大众接受程度的限制。至于产业区块链的第二种模式，发展空间大，但是对经济的整体性影响有限。

其实，第三种模式，即传统产业最为需要区块链技术，但应用难度也最大。而没有区块链技术与实体经济的结合，产业区块链就始终在初始阶段徘徊。（本段主要描述区块链产业及其构成。而产业区块链在目前媒体中，主要是指用区块链服务B端企业，或者实体产业采用区块链技术。）

2.2 实现产业区块链的前提是实体经济数字化。区块链技术和传统实体经济的结合需要一个重要的前提，就是实体经济首先要完成数字化转型。在实体经济中，作为第二产业的工业的数字化，或者加工业数字化，首当其冲。

事实是，在全球范围内，只有少数经济体参与先进数字化技术，其内涵是实现电力及可再生能源、软件平台、物联网、大数据分析、人工智能、工业机器人等。按照这样的标准，绝大多数国家尚处在传统工业革命不同阶段技术并存的状态。

如果传统实体经济没有数字化的基本建设，没有引入大数据采集和分析，直接引入区块链技术几乎是不可能的。或者说，如果传统加工工业实现数字化和智能制造，那么，区块链技术的引进不仅顺理成章，而且会显著增加效益。

2.3 区块链技术需要解决数字化差距。未来区块链产业的目标，需要注意实体经济的数字化在不同国家、地区和行业之间的非均衡分布，最好做好数字基础设施建设，将新的数字化技术整合进现有的生产企业。

数字化制造技术需要特定数字分析等技能。唯有消除数字化差距，推动实体经济积累数字化转型的投资能力、技术能力和生产能力，区块链技术的应用和移植才最终具有坚实的基础。传统实体经济只有在完成数字化转型之后，才会形成对区块链技术的需求；反之，则是揠苗助长，欲速则不达。其实，这是目前区块链技术向产业转移的瓶颈所在。

区块链产业与传统产业的结合，不是在传统产业中植入区块链技术，而是在链上重新打造这些行业。对照互联网产业，比如电商，传统的商场开个网站并不是电商。电商是指在互联网上重新做贸易，是新的商业模式。

区块链与产业的结合也是如此，不是传统产业去开发一个区块链应用，而是要在区块链上重构这些产业；是链上的产业，不是"链+产业"或"产业+链"。

3. 产业区块链的前途在于全新产业

产业结构正在发生改变，区块链技术需要开辟与全新产业的结合。

1930年代，英国经济学家阿·费希尔（Allan G.B. Fisher）在其所著《安全与进步的冲突》（*The Clash of Progress and Security*）一书中，系统地提出了"三次产业"分类的理论和方法，并对工业革命之后的产业结构演变做了实证分析。

此后人们普遍接受，在工业革命前人类经济产业以诸如农业、牧业、林业等第一产业为主要生产部分；工业革命后，因为机器制造业形成了第二产业，通过工业化取代第一产业而成为国民经济的主导；进入20世纪中期，第三产业率先在发达国家崛起，吸纳大量资金及劳力，第三产业取代了第二产业的主导地位。

问题是，自1930年代费希尔开创的产业分类法，已经过去了七八十年。今天世界的产业结构与费希尔年代里的大为不同，其"三次产业"分类法，特别是第三次产业体系的局限和缺陷日益明显。

针对第三产业过于庞杂的情况，将科技知识的行业从第三产业独立出来，构成"第四产业"，将文化产业和创意产业归纳为"第五产业"，将非牟利公共产业归纳为"第六产业"。

区块链需要融合的所谓全新产业包括知识、科技、文化和观念产业。这些全新产业存在着先天数字化的优势，对区块链技术存在强烈需求，应用之后可以展现明显效益。全新产业与传统实体经济相比较，不再受制于资本、劳动力和土地等生产要素的限制，其产品不再受制于物质结构，没有磨损、折旧，甚至废弃的过程。全新产业更多依赖于信息、数据、知识和观念。其中数据尤其重要，成为全新产业最为重要的生产要素。

所以，全新产业，尤其具有虚拟特征的未来产业，更需要区块链技术。例如，美术、音乐和舞蹈等艺术创作过程就是数字化过程，其凝结为产品之后的知识产权保护，以及人们对艺术产品的关注和体验、艺术产品的交易，将因为区块链技术大相径庭。

区块链技术对未来金融产业依然重要。传统金融业以及与之相联系的资本市场和货币市场，需要终结货币和金融资源高度垄断和分配严重不合理，逐渐向普惠金融过渡。区块链技术有助于重建未来的金融产业。以"稳定币"为例，无论是有抵押的"稳定币"，还是基于算法的"稳定币"，最终都需要区块链技术的支持。至于各类"通证"，也唯有以区块链技术为前提。

结论：寻求"产业关联"机制

在产业经济学中，有"产业关联"理论。该理论主要强调两点：（1）产业之间存在投入和产出之间的关系。里昂惕夫（Wassily Leontief）的"投入产出"法提供了如何解决各产业的中间投入和中间需求的方法和模型。（2）各相关产业逐渐存在前、后方向的关联，以及产业波及效果。后来提出的"产业链"概念，其实描述的就是一种产业关联的状态。

现在讨论区块链产业，需要加入"产业关联"的思想。互联网产业的成功，很大程度上受益于"产业关联"的机制，通过产业内在的关联性得以扩张和深化。

区块链产业同样需要寻求"产业关联"的机制，建立关联节点系统，建立产业与区块链相互影响、感应和依赖关系，最终刺激相关的技术融合、资本需求和就业，提升采用区块链企业的利润和资本利用率，最终形成基于区块链的产业链，避免区块链应用的"孤岛化"现象。

此外，区块链技术的整体性开发和升级，区块链技术的科学基础拓展，对区块链产业的形成发展至关重要。

1-16　产业区块链代表一种未来[①]

在过去两三年间,关于区块链技术的专著颇为丰富,关于区块链与产业方面的著作也逐渐多了起来。尽管如此,文华、蒋晓军和李波主编的《产业区块链:赋能实体经济创新发展》一书,还是值得认真阅读。这本书有这样几方面特色:

1.在区块链与国民经济的关系方面,阐述了对国民经济发展,特别是产业改造的战略意义。"区块链是一种由多方共同维护,使用密码学技术保障传输和访问安全,能够实现数据一致存储、难以篡改、防止抵赖的分布式记账技术。"因为区块链有这样的技术特征,在过去数年时间里,它正在成为全球范围内的新的技术前沿,并且迅速"覆盖到数字金融、物联网、智能制造、供应链管理、数字资产交易、电商等多个领域,全球主要国家都在加快布局区块链产业发展"。本书以中国作为背景,提出区块链对国民经济发展,特别是产业模式升级意义重大。世界级跨国公司也高度重视区块链,本书以J.P.摩根为例,认为区块链具有降低成本、增强流动性、增强安全性、提高效率、增强透明性等优势,所以需要实施从"实践论证"阶段向"产业化"阶段的演化,促进形成区块链生态系统。

2.在区块链理论方面,明确了"区块链是基础设施"。"从狭义来说,区块链是所有交易的公共总账,由按照时间顺序记录了交易的数据区块

[①] 本文系作者于2020年3月8日为文华、蒋晓军和李波主编的《产业区块链:赋能实体经济创新发展》一书所作序言。

的链条所组成。从广义来说，区块链是基于计算机算法的交易市场，是协调所有交易、实现共赢的中枢神经系统。未来，包括商品交易、服务交易和金融交易在内的所有交易都将在区块链上进行，而不仅仅是'数字货币'的发行和支付。"人们企望的平台经济、共享经济、生态经济和社群经济，以及数字经济推动的新经济体系，都需要有区块链参与构成的新型基础结构。

3.在区块链技术方面，揭示了区块链与"数字经济""数字化"和"人工智能"的内在关联性。本书提出："新的数字技术层出不穷，已形成体系。现有数字技术主要由五大新技术组成，包括大数据技术、云计算技术、物联网技术（特别是结合5G）、区块链及人工智能。""区块链1.0被称为数字资产，其核心为'数字货币'；区块链2.0的代表是智能合约，目前主要体现为在以太坊等技术基础上实现的合约系统；而区块链3.0的目标应是智能社会。可以预见，未来人类社会将存在大量的智能体，人与智能体、智能体与智能体之间的关系将变得非常复杂。通过区块链技术特别是智能合约技术所建立的社会关系，将是一种新型的智能社会关系。"

4.在区块链生态体系方面，论证了"司法存证"是支撑该生态的重要维度。本书提出"产业区块链生态矩阵"的概念，讨论了区块链在"构建普遍社会信任"和"司法存证"方面的地位，"产业区块链提供了低成本、高效率地在现代社会构建信任和信任传递网络的解决方案，并实现了社会信任的互联网级别的快速传递""司法存证是最直接的区块链应用场景，区块链存证的法律有效性早就得到了全面的认可""依托产业区块链的司法应用，是构建普遍社会信任的重要切入点"。所以，2018年中国最高人民法院印发《关于互联网法院审理案件若干问题的规定》，承认了区块链存证在互联网案件举证中的法律效力。值得注意的是，本书还深入讨论了与"司法联盟链的公信性"相关的超级节点、协作管理、司法鉴定或司法公证、司法裁决与执行等相关问题。

5.在区块链应用场景方面,探讨了技术性前提和提供了产业案例。本书认为,在如何实现区块链应用与传统产业之间,存在技术壁垒,而目前"区块链即服务"(Blockchain as a Service,BaaS)平台,就是"帮助客户从业务的角度理解区块链,专注于帮助企业快速搭建基于区块链技术的上层区块链应用场景的安全和可靠平台"。BaaS提供基于区块链的一系列基本操作服务,包括区块链查询、交易提交、智能合约等,因此提供了一种新型的结合了区块链技术的云服务,利用云服务基础设施的部署和管理优势,帮助用户快速建立所需的区块链开发和应用环境,并实现运行。本书提出了区块链应用的五大重点领域:(1)区块链底层平台;(2)供应链金融;(3)医疗健康;(4)商品溯源;(5)社会管理。在此基础上,提供了包括电子政务、供应链金融、计量溯源、内容版权、智慧监理等十余个产业领域的区块链应用案例。这些案例证明区块链的"解决方案"和"赋能"不可分割,如同一个硬币的两面。

6.在区块链与企业家的关系方面,强调了区块链关系未来企业的转型与发展。本书明确提出如下逻辑:因为数字经济时代的到来,数字化大势所趋,企业需要"数字化转型",需要解决用户主导、技术融合、组织创新三个基本问题,否则"不仅得不到相应的内、外部投资,而且将逐步失去其市场份额,同时还将为竞争对手推动的产业区块链化而付出成本"。为此,企业不得不引进和应用区块链,或者说,区块链是前提性技术。企业通过区块链技术,充分和有效地将数据转换为生产要素,"将市场资源整合成一个全面开放的网络结构,构建充分的信用。同时,在市场引力的驱动下,新的产业生态将促使产生协作和交易的大爆炸,实现价值的海量交易和迅速流转"。

总之,产业区块链代表未来的一种技术和产业范式,通过分布式账本管理系统，实现产业互联网升级，形成生产要素的价值转移完美协议，推动共享经济进程。

最后，希望读者注意到，《产业区块链：赋能实体经济创新发展》的出版是及时的，本书对资料的梳理是用心的。还有，这本书在思想、理论以及技术方面提供的线索，有助于读者进一步学习和探讨。

1-17 区块链产业化和产业区块链化[①]

2020年将是区块链与产业结合的重要年份。汤道生、徐思彦、孟岩和曹建峰合著的《产业区块链》一书由中信出版社出版，实在是恰逢其时。这本书不仅提供了产业区块链全方位的图像，而且深入探讨了产业区块链的深层机制。

1.区块链与产业结合的格局

2008年，因为比特币的诞生，区块链进入人们视野。2015年前后，区块链成为专业研究对象，并因此有众多的区块链专著、学术论文和科普文献问世，区块链概念由鲜为人知到空前普及。更为震撼的是，在过去三年左右时间里，区块链技术应用从加密货币进入实体经济，且与数字经济兴起和发展交相呼应，而"2019年是区块链行业发展里程碑式的一年"。

本书认为，"全球进入区块链时代"，其重要标志是"全球加大投资区块链产业"，"2019年全球区块链解决方案支出预计将近29亿美元，较2018年的15亿美元增长88.7%。在2018—2022年预测期内，区块链支出将以强劲的速度增长，预计2022年将达到124亿美元，其中进入服务和实体经济将是最大的占比"。其中，"欧洲是全球区块链支出增速最高的地区，在2019年，欧洲的区块链支出超过8亿美元，预计到2022年，这

[①] 本文系作者于2020年1月31日为汤道生、徐思彦、孟岩等合著的《产业区块链：中国核心技术自主创新的重要突破口》一书所撰写的序言。

一数字将达到36亿美元"。只是,"作为新兴前沿技术,区块链还没有形成强大技术壁垒,对于世界各国来说,实际上基本处于同一起跑线"。但是,全球性区块链的"军备竞赛"业已开始。

因为大量资本涌入区块链产业,导致"区块链产业发展进程加快"。产业区块链领域形成了四大类参与主体:(1)大型科技公司;(2)金融机构;(3)咨询公司/系统集成商;(4)初创公司或组织。其中,最有影响力的是诸如微软、Google、IBM、Facebook等海外科技巨头,以及诸如JP Morgan这样的金融机构,影响了从区块链技术开发、产业生态、产业布局到市场竞争模式,甚至场景落地等各方面。在2019年,Facebook发布了加密货币Libra白皮书,对世界金融界、政府监管部门和经济学界产生的冲击至今没有平复。

区块链技术是否可以对世界现实经济体系发生颠覆性影响?现在做出结论为时过早。但是,区块链"作为一种新的技术经济形态正在将不同主体、不同城市、不同国家、不同行业卷入其中。从少数极客到初创企业、大型客机企业再到政府主导的公共服务,最后发展到以城市为单位的区块链可信城市。区块链几乎适用所有应用场景"。

无论如何,如果认为区块链技术已经并正在开始主导新的产业诞生和改造传统产业,加速数字经济进程,这是实事求是的。

2.区块链与产业结合的深层原因

区块链与产业的加速结合,有着来自需求和供给的深刻原因:(1)传统经济,或者传统实体经济数字化遇到瓶颈。数据与传统资产有着巨大的性质差异,具有易删、易改、易复制等特性,而区块链从根本上确保数字对象唯一性,无法复制,不可篡改,帮助传统产业接受"克隆挑战""确权挑战""产权挑战""隐私挑战""安全性挑战",通过数据上链,实现可信数字化、确权数据和IP等无形资产的数字化交易。(2)传统经济先天具有"中心化系统的弊端"和"多方信任协作的难度"。区块链通过"多中心方式结合智能合约等技术解决多方信任协作问题,在数据增信的基础上,结合智能合约和其他技术,重塑信任关系和合作关系"。(3)互联网有不可逾越的局限性。互联网虽然可以快速生成信息,并将其复制到任何一个地方,实现高效传播,但是,"因为现有的网络安全技术难以保障互联网上高价值数据的流转,现有的互联网技术无法实现价值传输"。基于区块链技术,可以建立一种价值技术的通用平台,支持越来越多的资产数字化转化为数字资产化。

从根本上说,区块链技术是基于多方面研究成果基础之上的"综合性技术系统",主要体现为非实体和非物质的状态,而不是一个人们所熟知的单项的、物质化和硬件技术。区块链有三项必不可缺的核心技术:共识机制、密码学原理和分布式数据存储。区块链在技术上实现了以下突破:(1)区块链技术是一种分布式账本技术,属于一个共享数据库,存储于其中的数据或信息具有"不可伪造""全程留痕""可以追溯""公开透明""集体维护""多方共享"等特征。(2)区块链技术实现提供可信数据的核心方法,创造了一种关于信任协议(Trust Protocol)的新范式。(3)区块链技术所包括的可信计算系统和交叉验证"合作机制",可以有效维护"价值互联网"[①]的运行和边界。

未来十至二十年,伴随数字时代来临,数据将会成为资产。数据资产将有力地影响未来的财富创造方式和分配格局,成为数字经济的新动能,数据将成为新的经济增长发动机。区块链技术将有力地支持数据成为新的生产要素,并支撑起数据生产要素化和数据资产化的平台,或者

---

① 传统互联网核心功能是实现信息储存和传递。2009年之后,基于区块链技术的比特币和其他数字货币,以及各类通证的出现,导致支持价值交换的区块链实现与互联网的结合,甚至形成区块链、互联网和数字财富的一体化趋势,互联网呈现价值化功能。这种能够提供数字价值交易的互联网被称为价值互联网。

支撑起数字经济时代价值流动体系的新基础结构。所以，区块链作为一个技术集群，为正在形成的数字经济从技术、应用模式、监管和制度设计等方面，提供了包括思维模式、行动协议和应用模式在内的整体性解决方案。

3.区块链与产业结合的领域

但是，区块链绝非"万能的"。本书提出了不宜应用区块链的三个场景：多个相互没有隶属或指令关系的实体之间相互协作；各方均不愿让渡数据主权或数据治权，亦不愿意无条件共享数据；由信息不透明导致的过度博弈严重降低协作效率。

区块链技术在任何领域的应用都存在一些必要条件，最为重要的是提升相关产业部门或者企业的数字化程度，实施区块链的同标准和治理的共识，以及实现区块链运行的人力资源，形成懂行业、懂区块链、有业务流程设计能力的人才团队。那么，究竟在怎样的领域可以应用区块链技术？这几年的事实是："区块链技术应用已延伸到数字金融、物联网、智能制造、供应链管理、数字资产交易等多个领域"，所涉及的产业有金融、社会治理、文娱、教育、医疗、公益扶贫，以及智慧城市。

本书提供了一个基于2019年全球区块链投资及相关产业影响的图表，说明金融、公共治理和文娱产业处于绝对领先地位，至于医疗、教育，特别是农业和制造业还处于起步阶段。在此基础上，本书对区块链的应用产业做了较大篇幅的描述：

（1）区块链和金融。支持供应链金融，缓解中小企业融资难题。

（2）区块链和版权保护。有效降低从确权到维权所需的时间成本，打通版权保护全流程；区块链和内容产业结合，为内容评估提供新的技术基础，有助于实现内容价值流通，最终保障内容创作者的所有权收益。

（3）区块链与文化娱乐。促进全新的文化产业价值网络的形成。以游戏行业为代表，改变目前行业不透明、消费者话语权弱势和价值流通不畅的现状。

（4）区块链和教育。产学结合，鼓励"学有所长"，保护"学有所得"，做好学术版权，改善学习社区。

（5）区块链和医疗健康。建立基于区块链的数字就医和智慧医疗体制，重构医疗保险系统，保证药品溯源。

（6）区块链和政务。使政务流程公开透明，简化税务，化解电子发票难题，形成具有稳定信任基础的经商环境。

（7）区块链和司法。建立身份认证，保护个人信息安全，监督执法从事后追责变为实时预防，助力社会信用体系建立。

（8）区块链和公益扶贫。提供智能合约，实现扶贫资源的透明和效率。

（9）区块链和智慧城市，即"可信城市"。以区块链作为基础结构，形成政府规划、企业响应和居民支持的互动，重塑人与城市的发展关系，改善社区生态环境，给予城市居民更深的安全感，进而建立城市间区块链联盟。

总的来说，"区块链作为永久的、不可篡改的、可验证的、可信任的、可编程的分布式账本技术（DLT），有望对任何形式的资产的登记、库存、交易实现在世界范围内的去中心化记录"。区块链技术的应用，应该和必然产生至少以下三个效益：经济成本下降，收益提升，积极和正面的社会影响。从根本上说，将有利于实现联合国2015年所提出的可持续发展的目标。

4. 中国的区块链战略

与世界主要发达国家比较，中国的区块链产业链规模仍然非常小。根据相关统计，2019年上半年区块链产业规模约4.95亿元，仅占中国2019年上半年45万亿元GDP的0.001%。在中国，早在2015年，主要科技企业的区块链布局就已开始。但是在随后的两年中，比特币波动较大，加之ICO代表的市场过度炒作产生巨量泡沫，政府不得不严加监管。这样，科技企业和民间企业对于国内的区块链投资态度转向保守，布局也显得"低调谨慎"。

但是，这种情况在2019年10月下旬之后开始改变。2019年10月24日，中共中央政治局就区块链技术发展现状和趋势进行第十八次集体学习，确定将区块链作为国家核心技术自主创新的重要突破口，意味着以大数据、人工智能和区块链为主要支撑技术的中国数字经济新战略的基本确立。

本书认为：中国推出区块链新战略有"三个导向"：科技导向、产业导向和民生治理导向。或者说，以民生、经济和政务三大领域作为产业融合的突破口。本书进而有这样的预见：区块链有望成为继云计算、5G之后，中国对科技投资的又一重点领域，形成符合中国国情的区块链产业政策和区块链产业格局。在中国，"国家队"和创新企业将共同构成推动区块链全面发展的力量。以腾讯、阿里、京东、百度、华为为代表的新型中国科技企业，全面回归区块链基础技术和应用的规划与布局，很可能酝酿区块链技术创新和区块链产业的高潮。

结论

本书最后提出了产业区块链的七大未来趋势：（1）产业区块链成为区块链行业发展的主战场，联盟链、私有链成为主流方向。（2）区块链推动经济社会治理变革。（3）不断增加的大型传统企业引入区块链。（4）区块链与云计算结合越来越紧密，"云链用量"成为衡量数字经济发展新指标。（5）跨国区块链行业联盟的组建推动垂直领域的区块链应用。（6）区块链与多方计算、安全计算、联邦学习结合，解决数据的隐私保护与共享问题。（7）分布式商业将继续实验，探索可扩展的商业模式。

区块链技术的升级、产业区块链的形成以及产业链技术迭代，是相辅相成的关系。产业区块链最终的扩展取决于微观企业。企业应从自身需求出发，主动寻求区块链应用的路径，坚持"试错"思维方式，进行反复的市场验证，建立最佳应用场景，创造基于区块链技术的产品开发和运营模式。有了更多的企业区块链，进而会有行业区块链和产业区块链。

区块链产业领域并非是法外之地。各国政府之所以没有对区块链技术及其应用进行监管，主要原因是区块链处于发展早期，尚不具规模和造成社会风险，过度监管会阻碍技术创新。但是，这样的历史阶段正在迅速完结，对加密货币和资产交易的严格监管时代已经开始。

本书提出："未来三年将是传统行业与区块链紧密融合的关键时期，会涌现新型的商业模式和监管服务模式。这为实体产业'换道超车'提供机遇，数字资产会成为企业重要资产。对于实体经济而言，这无疑既是机遇，也是挑战""从短期来看，区块链的应用范围较为分散，在这一阶段里，降本增效是区块链技术初步运用后带来的最直接的影响；从长期来看，随着区块链技术的成熟，将塑造更为和谐健康的社会"。这样的判断是理性的，是值得读者认真思考的。产业区块链化和区块链产业化的未来正在悄然来临。

最后，读者应该注意到，本书存在某些不足之处。区块链是有着深刻科学渊源的技术集群，而且可能因为其他学科和技术的突破而发生结构性和系统性改变，例如量子计算进展与未来区块链有着不可低估的关联性。在这方面，本书需要给予足够重视。

1–18 区块链与法律的融合模式①

数年来，人们对"区块链"这三个字的关注程度和认知水平，"潮起潮落"。进入2019年的初冬，区块链概念的影响力达到了前所未有的高点，不论是政府官员、企业家、学者，甚至一般民众都要谈及区块链，否则似乎就是落伍。于是，一方面，人们对区块链的内涵和应用知识的了解和实践十分有限；另一方面，区块链的功能被严重误导、夸张和绝对化。正是在这样的背景下，樊晓娟律师撰写的《企业"链"金术：区块链应用法律指南》一书，总结和展望区块链与法律的融合模式，并得以出版，这对于区块链界和法律界都具有相当的意义。

樊晓娟律师的《企业"链"金术：区块链应用法律指南》一书，分为五章，第一章是关于区块链原理、结构和演进等入门知识，后四章则将与区块链相关的主要问题分解为企业运营、资本运作、产业应用和监管四个板块。

这样的划分是否符合"区块链逻辑"，还需要探讨。但是，樊晓娟无疑从专业律师的角度，触及了由区块链引发的一系列法学和法律体系的重要问题：（1）"智能合约"②与传统合同的区别，预见外情况处理，代码漏洞、争议解决和管辖，传统法律框架与智能合约的适应性；（2）"链

---

① 本文系作者于2019年11月15日为樊晓娟专著《企业"链"金术：区块链应用法律指南》所作的序言。
② 智能合约（Smart Contract）是以区块链和算法为基础的，可以追踪、验证、不可更改，且可以自动监督执行的计算机协议。智能合约的概念于1995年由尼克·萨博（Nick Szabo）首次提出。

改"导致的通证持有人的保护,与目前中心化机制的衔接,技术局限和法律救济;(3)数字货币的法律性质,诸如与"虚拟商品"、证券属性的关系,是否可以界定为"支付结算工具"?(4)基于区块链的"社区模式"与传统"商事组织"(独资企业、合伙制企业和公司)的差异,社区组织形式的"法律支持"和"立法期待";(5)区块链成为激励工具,包括与股权登记制度衔接的法律依据;(6)区块链与知识产权的关联性;(7)区块链数据保护中的法律问题,例如,数据跨境、数据主体的删除权和修改权、数据使用权等;(8)与区块链概念与技术相关的融资刑事风险防范;(9)区块链信息服务备案;(10)区块链企业(区块链概念企业、矿场和矿池、数字交易所、区块链硬件制造企业)登陆传统资本市场的法律特征;(11)以区块链为基础的"链上资本市场"的法规适用范围;(12)STO[①]和ICO[②]作为融资形式相对于现存法律体系的合规性;(13)区块链与金融产业结合产生的诸如金融牌照问题;(14)区块链游戏涉及的道具所有权、虚拟币、IP和数据保护等法律问题;(15)"区块链+AI"与机器人的法律主体地位、侵权责任认定,以及数字财产权等问题。

当然,樊晓娟律师在《企业"链"金术:区块链应用法律指南》所提出和描述的与区块链有关的法律问题不止上面这些,而在现实经济和社会生活中,与区块链有关的法律问题还会不断增长。怎样面对和解决?最直接的手段无疑是实施监管。本书首先探讨了区块链的中国监管,之后是区块链的国际监管,以及区块链的特别监管制度。中国对区块链相关行业和经济行为的监管可以概括为"链币分离"原则,即"对'链'这一技术的发展给予充分的鼓励和支持;而对'币',特别是发行通证这

---

① STO(Security Token Offering),特指证券型通证发行,即项目方通过部署智能合约,把证券通证化,上链发行以供交易。
② ICO(Initial Coin Offering),指首次币发行,源自股票市场的首次公开发行(IPO)概念,是区块链项目首次发行通证,募集比特币、以太坊等通用数字货币的行为。

种可能会影响金融安全的行为保持严格监管的态度,对发行通证进行融资的行为更是明令禁止"。之所以如此,"主要是因为链与币在性质上有所不同。'链'的本质是技术。我们对新技术,特别是能够应用于传统行业,提高行业效率,促进实体经济发展的新兴技术,一贯保持着开放、欢迎和鼓励的态度"。

如何评价区块链的国际监管原则?本书强调了"坚守现行法律框架底线""制度创新与现行法律衔接""证券型通证纳入严格监管范畴""建立行业参与者与监管的沟通机制"等四个方面。至于区块链的特别监管制度,作者主要解析的是"沙盒制度":"运用于金融科技监管的沙盒,其含义概括来说,通常指为了支持金融科技领域的创新,对于在法律适用上原有的监管制度存在空白或不明确的情况下,允许部分采用新科技的业务在监管机构的监督下,于相对可控的环境内进行试验性的运营。"与"沙盒制度"相匹配的则是"经济特区":"基于区块链的业务,尤其是金融业务往往涉及牌照。然而,由于区块链属于新兴技术,相关立法还不健全,针对某一类特定业务,是否受到现行法律框架的规制尚不明确。鉴于这种情况,部分法域通过设立经济特区,并建立一定的制度,向符合特区内监管制度所设条件的主体发放某些受监管业务的牌照。"

概括起来,樊晓娟律师的《企业"链"金术:区块链应用法律指南》在总结区块链对现行法律体系的挑战和现行法律体系的回应上做了相当的努力。但是,以更为宽广的历史视野来看,区块链与法律的互动关系才刚刚开始,最多不过是拉开序幕。这是因为,区块链作为一种不断发展的科学与技术集群,会持续推动传统的社会结构、经济组织、产业体系,甚至政治体制的改变,现行法律框架底线不可避免地被不断突破,区块链推动的制度创新与基于农业社会和工业社会所形成的法学和法律体系的衔接会日益困难。于是,四种情况几乎成为不可避免的:(1)法律空白,即根本没有任何法律依据;(2)法律滞后,无论如何跟不上区块链的进展;(3)对区块链导致的改变过度反应;(4)对区块链导致的改变和创新错误应对。

如何解决这样的局面?(1)现存法律体系需要吸纳区块链技术及有价值的理念,逆转数字经济和区块链技术发展和现存法律体系失衡的状态;(2)要有意识地改变因为区块链技术的发展,支持传统法律制度的知识体系、信息构成、专业训练的转型,完成新的经济和社会关系的形成所需要的法律观念更新,同时改造现存法的体系组成部分,例如商法、经济法、国际法,以及某些部门法;(3)突破最有现实意义的法学理论和事件,例如确立与传统经济产权本质差异极大的数字经济的"数权"。

本书第一章开始就提出:"链与币是构成区块链世界的两个基本元素。"所以,基于区块链的数字货币是未来社会最重要的经济现象。数字货币,不论是"原生态数字货币",例如比特币,还是所谓的各类稳定币,例如USDT,因为它们的跨国界和超主权特质,对各国的相关货币金融法规的影响极为剧烈。即使央行发行的"法定数字货币",也会导致本国货币金融法规的大规模和深层结构的调整。可以预见,数字经济及数字货币将引发新法规,以及相关政府监管措施的法律依据将全方位改变。

因此,未来的场景不仅是现行法律体系对基于区块链的经济和社会活动的监管,而且存在区块链对现存法学和法律制度的影响和改造,形成对人类社会演变有重大作用的双向历史运动。这些年,有句英语在区块链圈内十分流行:Code Is Law(代码即法律)。至于如何解读,众说纷纭。但是,有一点可以肯定,未来的法学和法律实践,已经与算法,与区块链,与大数据,甚至与AI不可分割,而且会呈现紧密结合的趋势,科学技术将以前所未有的强度渗透和改变法律的思想、制度、机构和从业者。

所以,希望樊晓娟律师在今后对于区块链与法律制度的互动模式,特别是数字货币与法的关系,以及科学技术对法律体系的渗透、影响和改变的不可逆转趋势，能够持续关注和研究。

还值得肯定的是，樊晓娟律师的《企业"链"金术：区块链应用法律指南》中，包括了三个附录，其中的第三个附录是"中国有关区块链的法律法规及政策导向汇总"。这为业界人士和对区块链与法律主题有兴趣的读者提供了学习和研究的方便。

最后，我作为这本书的最早读者之一，还是要感谢樊晓娟在这本书中所投入的心血和创造性的工作。

1-19　区块链与数据安全[①]

自 2019 年下半年，国家开始对区块链技术实施倡导和鼓励政策。区块链技术从专业化极强的小众领域课题，迅速走向大众视野。伴随区块链技术日益广泛的应用，人们愈来愈关注区块链如何在海量大数据的数据安全问题上，发挥重大的实际作用。所以，我们需要全面地，而不是片面地理解区块链与数据安全的关系，包括重新认知区块链技术相关的法律法规和公共治理模式等问题。本文主要从技术角度讨论区块链与数据安全的内在关系。

1.区块链数据安全属于复杂科学

数据安全问题早于区块链，甚至早于互联网，是一个专业性很强、涉及交叉学科的宽泛领域。在互联网诞生之前，数据安全问题相对单纯，主要指数据存储的安全。因为互联网的诞生，数据安全问题开始复杂化，涉及数据的生产、存储、计算、分发、流转、消费等环节。互联网与数据安全问题不可分割。互联网体系的良好运作，需要通过各种技术管理措施确保网络数据的可用性、完整性和保密性作为前提。一旦依存于网络的数据安全发生问题，网络系统也就无法正常运行。所以，在互联网时代，数据安全的目标是确保经过网络传输和交换的数据不会发生增加、修改、丢失和泄露。

[①] 本文系作者于 2020 年 3 月 25 日为《人民日报》社旗下"人民数字 Fintech"微信公众号撰稿文章。本文写作得到了数字资产研究院陆斌泉和袁洪哲的帮助。

2.区块链技术在数据安全方面的优势

（1）区块链技术的核心内容强调分布式，不仅是账本存储采用分布式，共识信息的传递和计算、信息的分发和消费均采用分布式和加密技术。当然，在区块链技术产生之前，数据存储安全已经采用了分布式的方式，保证数据存储不会由单一节点失效或出错而丢失。应该认为，分布式存储数据技术推动了区块链技术的诞生与发展。

（2）在数据的采集环节，数据来源与数据清洗可记录在链，区块链技术同时确保记录的信息不可更改。

（3）区块链使用多节点存储，同步信息依靠全网多节点广播。因此，攻击者很难确定攻击目标，传统单点攻击必然失效，对于针对数据源头的DDoS攻击提供了解决方案。

3.区块链对数据安全的组织与管理的技术方案

（1）如何保证区块链记录的账本可靠性？一方面，区块链的链上数据容量有限，更多的是记录资产，无法覆盖到大数据；另一方面，区块链和数据安全都是面向数据本身的，而数据安全涉及的全周期流程包含：数据采集、数据存储、数据流转、数据服务、数据治理。区块链技术在数据安全的上述流程中可以起到数据确权和治理平权的作用，并不能涵盖全部周期。

（2）区块链技术如何确认身份信息，监管数据的流转与分发？数据采集可能与人和物相关，使用区块链身份体系DID（Digital Identity Document，数字身份），可以将数据采集者的个人身份在数字世界一一对应。在数据流转过程中，可通过将数据加水印，在每一个流转步骤中加入操作者的DID信息，从而实现个人信息记录上链。当数据泄露时，可以追查。但是，这些方法在身份认证和数据流转的环节上，依然都有着局限性。

（3）区块链技术如何保护用户隐私？区块链结合隐私加密和隐私计算技术，可以实现在不泄露数据的前提下对数据进行计算和使用，并且帮助数据提供者、算法提供者、算力提供者根据贡献自动分配利益。这使得数据确权成为可能。

（4）区块链如何结合数据治理技术？目前已经有了很多尝试。例如，区块链的多重签名技术，改变了以往数据库管理员把持生杀大权的数据治理模式，为多方共同管理和运营维护提供了技术手段，实现了数据的去中心化，运维和管理的去中心化或弱中心化。

4.区块链技术与数据安全需要立法支持

区块链技术与数据安全仅仅依靠技术手段，远远不足以支撑数据安全的治理结构，还需要立法层面的支持。面对层出不穷的新型信息安全事件，特别是在物联网日益发达、可信计算与医疗和家居数据不断上链的今天，不断升级的黑客攻击手段给传统数据安全体系带来了巨大压力。《网络安全法》《密码法》等顶层立法已相继出台，《数据安全法》《个人信息保护法》等重点项目列入全国人大常委会立法规划并有序推进。相关部门积极研究制定数据安全管理、跨境流动、云计算以及关键信息基础设施安全保护等配套法律法规，构建完善包含设施层、网络层、数据层的综合安全治理体系。我国在构建自身数据安全治理体系上的不断努力逐渐取得成效。与此同时，全球对于数据安全的关注持续升温，我国的数据安全治理体系也必须顾及国际协作。

总之，数据安全是一个很大的范畴，涉及管理安全、平台安全、信息安全、运维安全、业务安全五个维度，每一个维度都可与区块链技术紧密结合，形成模块化的数据安全中台，便于用户开发和使用。以保证数据安全为主要目标的数据服务技术处于日新月异的发展阶段，当下正在普及的多重签名、隐私保护、隐私计算等技术，特别是隐私计算技术，都可在保证数据安全前提下发挥数据价值。从数据的生产到数据的消费进行全流程的上链数据监管，并且自动生成监管报告，区块链正在助力数据安全管理的无人化和自动化。相信在不久的未来，伴随国际社会的"数据主权"意识不断加强，相关法律法规和公共治理模式的持续完善，区块链技术会与数据安全深度融合，为数据安全的发展提供全新的工具。

1-20　8K+5G+AI+区块链和智能手机[①]

1.基于8K+5G+AI支持的智能手机呼之欲出：（1）没有8K技术，5G技术的高带宽发挥不出作用。没有5G技术，8K技术实施不了，也实施不起。（2）8K+5G生态提供了AI技术生长所需要的土壤，AI技术的分析能力决定了数据价值。（3）8K+5G+AI生态体系的核心枢纽是智能手机，智能手机成为人体的延伸：身份鉴权器、控制枢纽、数据管理中心、财务管理中心和分析判断器。

2. 8K+5G+AI生态下，区块链与智能手机结合的必要性和紧迫性：（1）8K+5G+AI所构成的新生态体系，拥有独特的运作逻辑，对数据来源的完整性、合规性提出了新的要求，需要全新的数据统合方式，身份验证和授权成为一个广泛的挑战，依靠个别认证机构支撑不了庞大的经济体系的良性运作；（2）该生态体系中，智能手机需要满足完成身份的鉴权、数据的管理和确权、衍生数据经济收益的分配和边缘计算处理等功能的新要求，特别是隐私性、安全性、集体协作和自动化的需求；（3）基于分布式账本、分布式合同和代码自动执行的区块链技术，与智能手机结合，是实现上述要求的兼顾最低运行成本和最高系统效率的唯一解决方案；（4）与智能手机结合，改变区块链技术"看不见摸不着"的状态，完成应用层面的突破。

3.区块链"嵌入"（embedded）智能手机的模式和发展阶段：（1）"嵌

[①] 本文系作者于2019年4月1日指导数字资产研究院上海分院与FTG公司合作项目所撰写的合作方案。执笔人为陆斌泉。

入"模式（一）：直接运用区块链技术模式，将区块链与操作系统（OS）结合。包括注册表机制、驱动程序机制与内核微服务化机制三种机制方案。（2）"嵌入"模式（二）：集体构成区块链模式，智能手机作为区块链的"节点"。包括"轻节点""不完全节点"与"完全节点"三种机制方案。（3）区块链"嵌入"智能手机的三个发展阶段。阶段一：现有操作系统+DApp+公链钱包；阶段二：现有操作系统+区块链DID跨链接入层+DApp+公链钱包；阶段三：融合操作系统和公链+DApp。

4.区块链"嵌入"智能手机的功能：（1）安全功能和隐私保护功能：从硬件、操作系统、API、浏览器及APP等层面全方位建立信息安全；满足智能手机的隐私保护需求，进而拓展出更多的隐私应用场景；帮助智能手机和人脑建立充分的信任，创造无阻碍相通；（2）数字资产管理功能：5G+8K+AI的发展必然产生海量的数字资产，结合区块链技术的智能手机，满足了数字资产保管、授权和交易的安全性和隐私性；（3）数字身份功能：基于区块链的数字身份，在智能手机端跟人、在物联网端跟设备相结合，构成万物互联的标准协议组件；（4）从App走向DApp：区块链"嵌入"手机，可以提供全新的App开发基础设施，引发海量的区块链应用部署，形成DApp生态体系。

5.区块链"嵌入"智能手机的实现方案：（1）公链or私链。公链：现阶段智能手机作为区块链节点，不大可能运行公链全节点模式，而是"全局公链下的多个子链或者子账户模式"。私链：依据部分大企业或者行业联盟的特定要求，也可以在智能终端上采用私链进行部署。（2）共识算法。手机参与公链全局共识过程，可以采用投票模型或者密码抽签模型，不但可以解决算力资源的限制问题，也拥有更好的扩展性。（3）硬件问题。初期：主要是软件层面的结合。也可从智能手机的硬件层面分出加密区域和非加密区域增强区块链应用性能。长期：可以考虑在硬件层面上将区块链"嵌入"智能手机。（4）技术挑战和解决方案。容量问题可以通过本地采用账本核销和默克尔树结合，云端采用IPFS的分布式存储结合的解决方案。

6.展望：区块链"嵌入"智能手机对5G+8K+AI生态的影响：（1）对于整体生态：有助于市场的极大扩展，创造所有人共赢的局面，避免了零和博弈；（2）对于硬件制造商：5G+8K+AI生态体系中，硬件制造商不再只是传统的基础设施提供者角色，而是可以通过硬件切入生态中的数据资产环节。硬件即管道，管道即服务，服务也可以数字资产化。

1–21　链接未来[①]

2018年5月22日—5月23日，阳明山未来学社主办了"链接未来高峰论坛"，约300名机构代表和个人出席。经过两日的大会，形成了十点共识。

1. 区块链引发了"全球性社会运动"。十年前，2008年，爆发了21世纪最严重的世界性货币金融危机。这场危机暴露了现行世界经济制度、货币制度、金融制度的深层结构的失衡。世界各国人民为这场危机已经付出且继续付出着重大代价。同年11月，基于区块链基础上的比特币诞生，开创了区块链全面进入人类经济生活和社会生活的一个新的时代。在过去十年间，区块链的理念和应用已经从星星之火变成燎原之势，形成了一个包括知识精英、技术精英、商业精英、政治精英，以及大众参与和互动的"全球性社会运动"。

2. 在这场运动中，区块链正在改变现代经济形态。区块链思维、技术和应用日益深刻地影响了自工业革命以来形成的经济结构和经济秩序，改变了传统宏观经济和微观经济的逻辑，丰富了实体经济和非实体经济的内涵。资产的数字化和数字的资产化，已经成为不可逆转的趋势。加密数字货币市场也已经成为当代货币市场不可忽视的组成部分。特别是，因为区块链技术和比特币的经验，刺激和催生了为数众多国家的中央银行开展法定数字货币的研究、试验和应用，这将全面改变自战后基于布

[①] 本文系作者于2018年5月23日为阳明山未来学社主办的"链接未来高峰论坛"所撰写的会议文件。

雷顿森林会议，以及因为美国关闭美元与黄金窗口之后的世界货币金融体系。

3.区块链思想和技术改变着人们关于传统经济资源和生产要素的理念。因为区块链技术，人们需要重新理解价值、资本、投资、利润、利息、汇率、产权和交易等基本经济概念，重新思考市场经济和政府治理良性互动逻辑。基于传统经济的会计制度体系，以及与之相联系的债务和税收体系，正面临着日趋紧迫的改革压力。此外，由于区块链的发展与应用，人力资源和就业结构势必发生全面调整，一支适应区块链技术开发、应用和管理的新型产业队伍，正在迅速形成和扩大。所以，传统经济学面临着从概念、逻辑、框架到体系的全面革新。

4.区块链影响全球化进程。与此同时，超越意识形态、超越国家主权、超越商业利益的区块链应用，也日益深刻地影响着自冷战结束后的全球化进程。比特币的产生和发育过程，就是重要的历史性证明。不仅如此，区块链显而易见地开始改变全球性的价值链、产业链和分工格局，进而动摇长久主导世界经济的跨国公司联盟及其垄断，为遍布世界的中小型企业创造生存与发展的新机会，并且在财富和权力日趋垄断的后工业社会中提供个人自由的平行空间。

5.区块链推动科学领域、教育领域、文化领域全面变革。因为区块链，思想的价值、知识的价值、文化的价值、艺术的价值，都会得到前所未有的提高，知识产权会受到前所未有的保障。因为新型社群的发育、参与和分享，会推动新知识和新思想获得前所未有的传播和推广。

6.支撑区块链的技术具有巨大的开发潜力。现在对于区块链1.0、2.0的说法，是囿于目前区块链技术状态下的分类。随着更多数学工具开发，密码学成果更新，计算机语言拓展，计算机算力提高，互联网基础完善，以及信息科学、人工智能、大数据技术发展，会为区块链提供日益坚实和可持续发展的基础结构。所以，对于全球性基于区块链的投资浪潮，应该持有积极的立场和态度。

7.区块链倡导科学与理性。面对着区块链语境混乱、淘金者良莠不齐、不少民众被裹挟的情况,需要反对愚昧,回归全方位的理性。2017年夏季开始的发币浪潮,在创业者的资本运作中具有创新意义,但是,其中为数可观的"空气币"、安全技术含量低下的大量数字货币交易所,还有粗制滥造的白皮书,不仅暴露了人类贪婪本性的一面,也造成了对区块链及其支持的"通证经济"的侵蚀与危害,是与早期开拓者和参与者的初心、理念和梦想背道而驰的。所以,公权力的介入、调查、治理和遏制是必要的。同时,监管机构需要有新思维并提高监管能力。

8.区块链要持续创新。自工业革命以来的历史经验一再证明,任何一种对经济制度、经济组织产生积极影响的技术创新,必然要经过自我不断更新、应用范围不断扩大的过程。这样的过程,至少包含不同阶段的数十年时间。以互联网历史为例,前后至少超过了半个世纪、两代人以上的努力。所以,区块链的开拓者和推动者需要具备严谨的科学精神、踏实耕耘的态度,以及创新创业的耐心和信心。

9.这场运动包含着值得肯定的核心价值:人类社会需要进入一个让广大民众具有财富创造权利、财富分配权利和财富共享权利的时代。在这样的时代里,民众将从与生俱来的经济环境和经济体系的约束中得以解放,摆脱数百年来日益严重的通货膨胀的压力和恐惧,控制和缩小穷人和富人以及穷国和富国的差距。无疑,区块链展现了这种前景的可能性。不仅如此,区块链将提供一个民众最终可以按照自己意志生活的聪明经济、共享经济、循环经济的可能性和技术基础。人类期待已久并做过各种尝试的"制度转型"和各种"新经济"理想,将与区块链的开发与应用形成日益密切的互动关系。

10.区块链将为全社会提供新的公共设施与公共品。区块链运动之所以得以生机勃勃地发展,与具有理想主义、想象能力、创新精神、献身勇气的年轻人的参与和贡献不可分割。可以预见,继80后、90后之后,00后的区块链一代正在成长,这是希望所在。未来决定现在。一个基于不断完善的法律体系,不断发育和成长的有序区块链生态,为民众和中小企业提供日益丰富的新公共设施和新公共品。

1-22　区块链与矿业转型[①]

我不是矿业领域的专家。但是，因为研究生读的是工业经济，1980年代在当时的"国务院技术中心"工作，对矿产业有所接触。在聆听各位专家发言的基础上，我讲六点：

1.关于矿产业的定位。根据传统经济结构理论，矿产业属于第一产业。但是，随着工业化的深化，矿产业与第二产业的关联性越来越大。矿产业的产业链处于不断延长的状态。

定位数字经济时代的矿产业，至少包括三个维度：（1）物理维度。矿业首先是具有物理特征和物质形态的资源产业。只是伴随科学技术的发展，矿产业资源的内涵呈现不断扩展的趋势。例如，因为勘探技术发展，可以发现更多的资源；或者因为科技的发展，原本枯竭和废弃的矿区可能得到重新开放的机会。（2）大数据维度。一切矿产资源都具备大数据属性，能够实现全方位数据化，且纳入国民经济的大数据体系。（3）高科技，特别是硬科技维度。现在的高科技，特别是硬科技，最终都离不开原材料，而原材料的基础就是矿业。矿业是未来原材料高科技的基础。在新的历史条件下，矿产业与高科技的关系，直接决定矿产业的地位。例如，芯片、纳米技术的原材料，量子计算的原材料，除了设计、加工，说到底还是矿产资源。所以，将矿产业高科技和原材料工业分割开，是过时的认识。

[①] 本文系作者于2019年12月23日在北京召开的"2019年中国矿产资源与材料全产业链大会"闭幕会议上的发言。

2.如何理解新时代的矿产资源的范围。长期以来，人们对于矿产业资源范围的理解，局限于主权国家的地理，主要指陆地边界之内的矿产资源。现在需要突破这样的局限性，扩大矿产资源的范围。在今天的地缘政治环境下，两块资源是非常重要的：（1）海洋；（2）太空。就海洋而言，有主权范围内的海域，也有公海。南极、北极更是特殊的区域。开发公海，以及南极、北极的海底资源，属于国际合作的范围。但是，需要纳入"广义"国家矿产资源范畴。至于空间开发，特别是对外星球资源及其开发规划的意义的认识，应该属于未来矿产业的重要内容。

西方发达国家对于海洋和太空开发的意识和行动领先于中国。包括科学家在内的精英阶层，在探测太空其他星球资源和人类移民可行性、利用和开发公海资源方面，已经积累起客观的经验。

3.矿产资源对国民经济的贡献。矿产资源对国民经济影响的链条远远超出人们的想象，这也影响到人们对它的认识。在中国，矿产业占GDP的6.9%。如果重新定义矿产业，矿产业的实际贡献很可能高于这个数字。例如，中国进口贸易中，如果剔除石油和天然气，矿产业在进口中依然处于非常重要的地位。

4.矿产资源对世界金融市场和资本市场的重大影响。矿产业是期货市场的重要组成部分，在世界的中长期期货交易中占的比重不会低于四分之一。所以，矿产业产品具有金融性质，对资本市场具有长期和稳定的影响力。伴随矿产业的数字化转型，更有利于矿产业产品显现金融属性。因此，需要提出"矿业金融"概念。中国作为矿产业产品的进出口大国，可以通过矿产品的数字化和金融化，影响全球矿产业产品的期货市场和金融市场。

5.关于修订相关法律问题。针对矿产业的数字化、金融化和全球化进程，现有的中华人民共和国《矿产资源法》《土地管理法》《环境保护法》，应该进行必要的修订。这样的修订工作，需要法学家，也需要矿产业专家和经济学家,甚至金融界专家。为此,需要有国家层次的协调机构。

6.矿产业需要区块链改造。区块链技术有助于矿产业的数字化转型,重组矿产业的产业链和金融链。矿产业通过区块链改造,获得赋能和拓展发展空间。在区块链如何实现与矿产业的结合方面,莫干山研究院已经做了初步工作,提出了基本思路,希望近期有进一步的沟通和交流。

概括以上六点,是希望开启从国家层面上重新理解和认识矿产业的战略地位,完成适应数字经济时代的全面转型。

1-23　区块链在抗疫防疫中的应用[①]

在当下，不论你是谁，都会时时关注新型冠状病毒（2019-nCoV）的疫情动态和相关消息，而基于4G/5G的移动互联网和大数据基础设施提供了这样的可能性。在2003年的非典（SARS）时期，或者2014年对抗埃博拉（EBOV）的主要国家和当地大多数民众，并不具备这样的条件。我们现在看到，新型冠状病毒疫情动态的核心，其实就是相关数据的采集和整理。没有数据就没有方向、政策和措施。

所以，此次与新型冠状病毒的"战争"背后，不仅是对医学科学、医学教育、医疗结构、防疫体制等公共卫生体系的全方位考验和挑战，也是对发展多年的大数据、云计算、人工智能的硬件和软件，甚至工程师和程序员的考验和挑战。

在这样的背景下，区块链技术究竟能够发挥怎样的作用？如何落地？功能何在？零壹财经·零壹智库和数字资产研究院调研、撰写了《抗击新冠，区块链迟到了：区块链抗疫防疫应用报告》。此报告在充满"歉意"的前提下，从十个方面提出和说明，区块链在对抗新型冠状病毒上是可以有所作为的，不仅是现在，而且有助将来。

如今，整个地球正面临人口高速增长、都市化高速发展，而生态持续恶化的双重压力。新的病毒变异对生命和社会的威胁将不再是间断的、隔绝的和偶然的，其对生命、经济和社会的影响会越来越大。所以，及

[①] 本文系作者于2020年2月9日为零壹财经·零壹智库和数字资产研究院联合发布的《抗击新冠，区块链迟到了：区块链抗疫防疫应用报告》所作的序言。

时收集、整理和分析相关数据,应该成为政府主导的、有民众和专业人员参与的重要日常工作。在这样的工作中,区块链技术不仅不应该缺席,而且可以发挥不可替代的重要作用。

1-24 如何理解"医疗新基建"？[①]

我不是学医出身，更没有任何直接参与医疗产业的经验，仔细听了各位的发言，学习甚多。在疫情期间，我从经济学家的角度思考了一些问题，其中有些想法和今天的主题相关，就作为总结吧。

1. 全面理解和定义医疗新基建

今天各位发言，从自己业务经验出发，探讨了医疗新基建的内涵：扩大和改善医院体系，包括增加病床在内的医院设施改善；医疗器械开发，例如呼吸机；形成医疗大数据体系；扩展人工智能赋能治疗，远程治疗；新医药开发，等等。在我看来，这些可以理解为"狭义"医疗新基建。

现在还需要从更大的视野理解医疗新基建的内涵：（1）全社会公共卫生系统，特别是针对突发性疫情的反应系统建设；（2）全社会医学科学研究和教育体系建设；（3）针对现存威胁人类生命的病毒和未来病毒疫苗的开发、研制和临床试验体系建设；（4）同步即时对大规模流行病数据的采集分析系统；（5）世界应对全球性疾病和突发疫情的合作体系；（6）治疗心理疾病（例如抑郁症）的硬件和软件系统。所有这些涵盖民众身体健康和生命质量的物理性硬件和软件系统，相关的科研、教育制度，都属于医疗新基建范畴。

[①] 本文系作者于2020年4月23日在数字资产研究院、零壹财经·零壹智库和广州融资租赁产业联盟联合举办的"医疗新基建：产业、金融、科技的深度重构"线上研讨会上的发言。

所以，当我们思考和讨论医疗新基建的时候，要同时关注"狭义"和"广义"范畴。此次疫情暴露的问题有狭义范畴的，也有广义范畴的。未来需要兼顾"狭义"和"广义"的医疗新基建，两者是相辅相成的。

2.要以动态的和长期的，而不是静态的和短期的思维规划医疗新基建

医疗新基建不是一朝一夕就可完成的，需要规划和计划。所以，需要基于动态的和长期的，而不是静态的和短期的思维方式。至少以下五个变量需要认真对待：

2.1 人口数量、人口结构和平均寿命。2000年的时候，世界人口总数61亿，到了2020年，保守估计已经达到78亿，2030年会达到85亿。2003年SARS病毒暴发的时候，全世界人口不过63亿，此次疫情发生的人口背景增加了15亿之多。毫无疑义，人口基数发生较大变化，直接影响到关于医疗基础设施的承受力。如果再考虑人口年龄结构、平均寿命增加和全球性老龄化等因素，不论对"狭义"还是"广义"的医疗新基建配套建设，都需要有一个"增长率"的意识，即新基建的增长率至少不滞后于人口增长率和人口结构演变速度。

2.2 城市化人口密度。远的不说，2000年的时候，全世界城市化比重是46.7%，中国城市化比重是36.33%。到了2020年，全世界城市化比重平均在55%，中国则超过50%。到2025年，世界城市化比重会发展到至少58%。不仅如此，以1000万人口为基数的超大型城市的数量会急剧增加，中国可能有40多个城市达到这样的人口基数。有一种说法，十年之后的2030年，地球上大约三分之二的人口生活在城市。伴随城市的扩张，在新兴市场国家的都市形成了近10亿人口的贫民窟。几乎不需要争论，这样加速度的城市化，这样不可阻挡的高人口密度区域的扩张，对公共卫生提出前所未有的挑战，导致类似SARS和新冠病毒的疫情具有更大的传染强度。当代医疗体系的设计和演绎都是在城市化水平很低的历

史背景下形成的，而未来医疗新基建必须考虑人类城市化、大都市城市圈的分布，否则，不足以应付任何新的疫情，或者当下疫情的"常态化"将产生更加严重的后果。

2.3 全球性人口流动。21世纪以来，人口流动是值得重视的社会现象。所谓人口流动有两层含义，其一是在主权国家内部的流动；其二是国际范围的流动。在国际范围的流动中，又包括合法的流动，例如旅游，还有非法性流动，例如非法移民。仅以国际旅游为例：2018年全世界国际旅行规模达到14亿人次，中国输出的旅行人口为1.4亿；2019年前三个季度，国际旅行规模已达11亿人次。如果今年没有暴发疫情，估计世界旅行人口的规模应该在16亿左右，而全世界人口是78亿，相当于占比超过五分之一。如果再考虑到各国国内旅游、工作签证、非法移民，人类无疑处于一个人口高度流动的时代。此次疫情在武汉暴发的时候，正是春节前后，也就是人口大流动的时节。根据官方数据，2019年春运，全中国旅客发送量为29.8亿人次。从近中期趋势看，人口流动的规模和地理范围扩大是不可逆转的。在这个背景下，发展新基建需要充分考量流动性这个变量，考虑移动性的基础设施，改变人们认为基础设施不可移动的传统思维。

2.4 生态环境的恶化。人们已经呼吁和努力多年，但是生态环境的恶化并没有被遏制，仍处于逐步恶化的态势中。其中，气候变暖是最严重的。从北极到南极，再到北美和喜马拉雅山的冰川加速融化，这样的生态环境变化势必导致新疾病的产生和传播。最近出版的《外交事务》（*Foreign Affairs*）杂志有一个"全球环境危机专辑"，认为目前因为疫情的隔离只是不久的将来全球环境危机下生活方式的预演。这样的看法，至少值得引起思考。提出这样一个问题：如果这次疫情不是发生在冬天的武汉，而是发生在夏天的武汉（武汉是中国"四大火炉"之一），那将是怎样的场景？所以，环境和气候的变化，也应该是医疗新基建着重考虑的变量。

2.5 病毒。相当多的科学家提出，人们虽然已经付出巨大代价，但是对造成此次疫情的病毒的认知仍然是有限的。然而可以预见的是，病毒将成为改变人类经济活动和生活方式的重要变量。病毒的变异和演化不以人的意志为转移，现在对病毒世界做出全息认知和预测是相当困难的，没有人可以肯定地说，未来不会再出现新的病毒，也没有有效手段判断新病毒的产生。对于病毒的认知、思想准备和对人类威胁的想象力，要有进一步的改进。所以，从广义上说，病毒是未来医疗新基建需要高度重视的新变量。

3. 医疗新基建需要有医疗体制和制度创新相配合

医疗新基建的根本目的是造福民众，特别是使更多的民众、更多低收入的人、更多被忽视的社会底层人群参与到医疗新基建的发展当中，享受到医疗新基建的发展红利，成为新基建的受益者。为此，医疗新基建需要有医疗体制和制度创新相配合。最近，我在多种场合都提及要在新的历史条件下，创新认识和发展"合作经济""分享经济"和"福利经济"，用制度创新解决资源整合，要突破过去依靠政府或者资本，以及传统融资模式。所以，当下的启动医疗新基建，需要思考如何形成更好的机制、体制或制度。

此次疫情的世界性蔓延再次证明，在人类健康问题上，未来任何国家都难以独善其身。任何一个国家、任何一个角落的疾病，都可能蔓延并影响全球。除了全球正在经历的新冠病毒，还有各种世界性传播的病毒。仅以WHO一份基于2016年数据的报告为例，在15—49岁的男女中，分别有约1.27亿人和8700万人感染沙眼衣原体及淋病；梅毒感染者亦有约630万人。所以，WHO指出，性传染病为"持续及流行的健康威胁"，对成人及儿童的健康构成重大影响。至于诸如"非洲猪瘟"，也是对人类影响至今没有结束的重大事件。全世界大约有十多亿人生活在贫民窟，很可能是各种病毒蔓延和失控的地带。所以，中国医疗新基建需要与国际接轨。

最后，我认为今天的研讨会意义很大。希望将来医疗领域的科学家、医生，以及实业家和企业家，还有其他学科的朋友们有更多的交流机会，用更开阔的思维思考未来的医疗事业和未来医疗新基建。

1–25 区块链和"时空合作社"[①]

长期以来，人们之所以提倡和参与公益事业，是基于现实世界中存在着各种各样的差距和不平等，特别是贫富差距，以及因为财富差距造成的各种各样的不平等。公益事业的传统手段是推动财富的转移，通过对现有财富资源进行这样或那样的再分配，促进社会的公正和进步。

我今天想和大家分享另外一种思路，另外一种可能性，就是通过对每个人的时间和空间的组织和管理，实现公益的全民化。为此，我向各位介绍数字资产研究院近两年来所开发的"时空合作社"课题或项目。

首先，引用罗素数十年前的一句话："能够聪明地利用闲暇时间是文明最后的产物。"今天看，这句话很有预见性。我还想引用凯恩斯的一句话："困难不在于提出新的思想，而在于摈弃旧的思想。"现在是重新思考未来公益事业的趋势的时候了。下面，我讲六个问题：

1. 人类的全新挑战：如何面对日益增多的余暇时间

人类的挑战很多，其中全新的挑战是如何面对日益增多的余暇时间。在传统社会时间理论中，强调三个维度，即所谓的余暇时间、弹性时间和工作时间。这样的时间结构边界清晰，不存在交织和叠加。但是，现在的情况发生了变化。人们的时间结构和时间演进阶段都被根本改变。导致这种情况的因素是：

[①] 本文系作者于 2019 年 12 月 5 日在北京《公益时报》主办的"2019 中国公益年会"上所作的主题演讲。

（1）平均寿命延长；

（2）劳动生产率导致工作时间和强度的减少；

（3）科技革命引发生活时间成本的降低。

上述三个因素，最终导致人们余暇时间的增加，甚至是大幅度的增加。

正是在这样的背景下，美国一位教授埃德加·卡恩（Edgar S. Cahn）在1990年代提出了完整的"时间银行"概念，并付诸实践。如今，时间银行在全世界影响很大，在中国也有落地的试验。但是，应该认为，时间银行并没有获得真正的成功。原因很多，其中最重要的原因是从卡恩提出时间银行直到不久之前，并不存在能够支撑时间银行的技术基础和技术体系。现在，我们都知道，区块链无疑是可以支撑时间银行理念的一种重要技术。

2. 正在形成的时间和空间的新模式

我们在看到现代人类的时间结构和体系全面改变的同时，还需要注意到现代人类在空间形态上的革命性变化，至少包括这样几点：（1）人类活动的空间半径正在急剧扩大，马斯克太空计划具有典型意义；（2）人类活动空间的维度增加，互联网创造了人类前所未有的一种空间状态；（3）由VR和AI技术推动和创造的虚拟空间。

总之，人类的活动空间不再是原来的地理空间和三维空间。

仅仅认识到当代人类生存与活动的时间和空间发生了变化，是不够的，还要注意和承认人类正进入新的时间和空间的组合时代。我这里主要讲时空组合的如下崭新改变：（1）时空一体化：交通革命、通讯革命使得时间和空间对于任何个体而言，可以同时创造和发生；（2）时空折叠：每一个人的时空都可以进行分解组合，形成不同的结构；（3）时空"量子态"：时空可以在不同状态中并存，产生"叠加"；（4）时空互易/

修补：在一个地方缺少时间，可以在另一个地方有时间富余。

在现在的新时空状态下，每个人都可以出现"量子状态"，都可以有分身之处。所谓的"量子纠缠"，已经在我们的生活与活动中得以体现。

因为时空在现代的急剧改变，时空的主体和客体发生了统一，时间的主体同时是客体，时空的消费同时是被消费。例如，抖音的参与者，既是创造者、生产者，同时也是被消费者。现在，民众的碎片时间可以被组合，甚至被绑架。要注意到，民众时间的被剥夺方式，正在从工业时代的福特模式转变为抖音模式：从剥夺时间强迫劳动，到剥夺时间强制消费。抖音确实创造了控制人类碎片时间的一种方式。

3.时空管理：实现公益事业全民化和科学化

其实，人类最大的浪费，说到底是时间的浪费。如果每一个人每天浪费一个小时，全世界每天就会浪费80亿个小时。生命的每个小时的消耗都会造成热力学的"熵增"。因此我们需要思考，是否能够在更大的场景下，将每一个人与生俱来的一种平等资源，也就是时间，有效地组织起来，成为一个可以互相交换和交易的全新资源。人类只在一点上是绝对平等的，这就是"生与死"和"每天的24小时"。不仅如此，还要思考对时间伴随的空间，以及时空的新组合加以开发和组织，以期望实现公益的全民化和科学化。

传统的公益事业中，货币、财富或者各类其他资源占有极大的比重。对于绝大多数人来说，他们的财富或者货币资源是有限的，甚至是拮据的。现在，如果诉诸每个人的时间资源，将人们每天被碎片化的时间纳入公益资源范畴，成为取之不尽、用之不竭的资源，那将可能是重大的改变。

现在，新的问题是如何实现人类新时空形态的管理，并与公益事业实现全面结合，让人们的时空资源纳入公益事业。这样，可以推动和实现让所有人有机会为社会做贡献,并且成为受益者,因为其前提是平等的。如何实现对民众的时空资源的有效管理,需要系统性、全面性的社会协调。在今天的历史条件下,需要科技因素的介入。所以,我们需要接受公益事业科技化、科技事业公益化的理念。

4.区块链提供时间和空间组合新模式的技术基础

简单介绍区块链为什么是实现人们时空新模式的技术基础?区块链包括三种工具:时间戳、智能合约、分布式记账。因此,区块链既是一种时间编码,同时也是一种空间编码。区块链天然会建立一种新的时空秩序。人类社会的数字化跃迁是从每一个人的数字化开始的,而个体的数字化以信息数字化为开始,信息数字化需要嵌入每一个人的时空行为。数字化应该是从每一个人每天的时空记录开始的,区块链能够提供人与人时空交换的基础,是目前认为唯一合适的载体。我们最近在广州组织了一个很大的会议,讨论区块链和量子科技、量子算法的关系。我们意识到,量子科学会和区块链结合,会对区块链产生更深远的影响,并且适应我们这样的目标。

5.重新赋予合作社以生命力

现在,加入"合作社"概念。合作社的历史演变经历了从19世纪的空想社会主义,一直到罗虚代尔(Rochdale)的公平先锋社,生命力极为顽强。到20世纪国际合作社联盟成立100周年时候,又提出了很多新的思想。到了1990年代,孟加拉国提出的穷人银行,本质上也是合作社。在中国,进行过关于合作社的大规模历史试验。但是,总结合作社演变的历史,会发现因为没有适当的和现代化的技术支持,限制了合作社的发展。也就是说,不是合作社概念不好,而是历史上的合作社不具备科学技术资源和社会组织资源的有效支持,不能实现彼此的对应和对称。

现在，我们所讨论的时空合作社，需要合作社元素，使得合作社与时空的变迁、时空新形态一起，构造出一个新的体系。

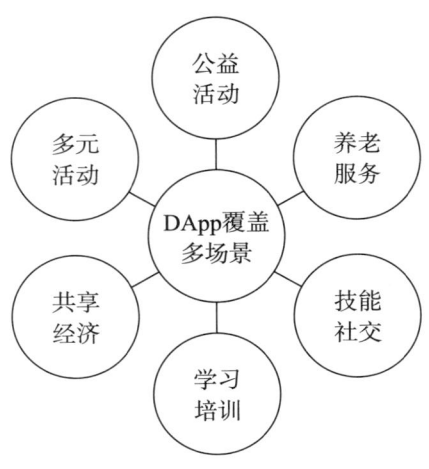

时空合作社 DApp 的生态

6.时空合作社：一种时空管理的尝试

在过去两年中，数字资产研究院在建立时空合作社架构和技术的基础上，做了很多努力，并且也做了一些落地工作。以下是我们提出的时空合作社的基本架构：

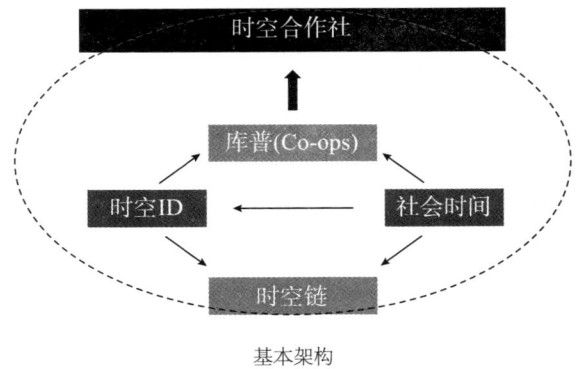

基本架构

根据这个架构：时空合作社的上层是库普（Co-ops）平台，技术基础是"时空链"，每个人都有一个时空 ID。我们的愿景是让每一个人成为余暇时间的主人，通过区块链实时跨越空间合作，实现人类超越传统媒介的时空交换社会，重新赋予合作社以新时代的生命力，促进人与人之间的新型合作模式与秩序。总之，时空合作社成为终结贫穷的一种选择，时空合作社不是乌托邦。

结论

2018年韩国出了一个电影，叫《人间，空间，时间和人》，影响很大。

在这部电影中，导演和编剧金基德抓到了人类文明的三个基本元素：人本身、时间与空间，以及这三个元素的不同组合。电影描述了人在空间、时间及资源处于极度有限的情况下，不仅不可能抑制无尽的欲望，改变人性丑陋，甚而导致"善"成为"恶"的祭品。结果，"公义"丧失，"公益"则无立足之地。我们今天聚集在这里，探讨和实践"公益"时，必须对《人间，空间，时间和人》的故事反其道而行之：我们实现善和科学的结合，实现人与时间、空间及资源的合理配置，让人的欲望和人性都处于一个合理的状态，恶得以彻底抑制，善得以极大发挥。这样，公益事业将成为人类文明的可持续的重要支撑点，人人成为公益事业的贡献者，也成为公益事业的受益者。

1–26　区块链是重建人类信任的基础结构①

"我们的世界正在遭受'信任赤字失调'。人们感到困惑与不安。"② 如何重建人类的信任基础，是当代最具有挑战性的历史课题。区块链可以提供重建人类信任的基础结构。

1.数字时代下的人类信任危机

21世纪的人类"信任危机"是在人类进入信息时代、互联网时代和数字时代之后发生的，具有全方位、日益深化和蔓延特征：（1）不信任政府；（2）不信任市场和商业；（3）不信任法律；（4）不信任知识；（5）不信任权力精英和专家；（6）不信任政治、政党、政客和媒体；（7）不信任非政府组织；（8）不信任传统道德框架。

2.数字时代的信任危机基本内容

在工业时代，信任的本质是"对于某人或某事的可靠性、真实性或能力的坚定信念"。③在数字经济时代，信任危机的本质发生了改变，信任危机与数字和数据紧密相连。"在商业和我们的日常生活中，对于数据

---

① 本文系作者于 2020 年 1 月 15 日在纽约联合国总部举办的"第 74 届联合国大会创新论坛——区块链技术支持联合国可持续发展目标"上的主题发言，原标题为《积极面对全球性信任危机和信任赤字的挑战——区块链是重建人类信任的基础结构》。
② 联合国秘书长安东尼奥·古特雷斯（António Guterres）在联合国大会上的发言，2018 年 9 月 25 日，纽约。
③《牛津英语词典》中对于"信任"的定义。

安全、信息可信化和社交媒体的担忧与日俱增。根据2019年《爱德曼全球信任度调查报告》显示，73%的全球受访者表示他们担心虚假信息正在被用作武器，而只有1/5的人们相信'系统是为他们所用的'。"①数字时代的信任危机集中体现在：（1）数字和数据的真伪性；（2）数字和数据的确权；（3）数字、数据和信息保护；（4）数字和数据的价值形式变化。

3.数字时代信任危机的严重后果

数字时代信任危机的严重后果包括：（1）"回音室"效应②（echo chamber situation）带来的认知危机；（2）难以逾越的认知分歧的交流困难；（3）政治困局以及公共空间的萎缩；（4）对于公共治理与机构的信任危机；（5）民主原则与法治的破坏；（6）经济不平等的增加；（7）全球化逆转，失序、仇恨、冲突、恐怖主义和民粹主义蔓延；（8）建立信任的成本激增，信任赤字扩大，甚至信任崩塌；（9）普世价值的磨灭，撕裂基于"人"之间信任的纽带。"我们再也没有了他人是可以信任的保证，也没有了我们的信任被背叛后的补偿办法。"③

总之："我们正面临着一个正在显现的不信任的政治文化，而这样的政治文化将会有损于我们对于社会现实的共有假设和通向合理知识的通路。"④

---

① 引自戴维·迈克尔（David Michael）:《商业中的信任危机》,《福布斯》（Forbes）杂志。
② 回音室效应由心理学家凯斯·桑斯坦（Cass R. Sustein）提出。指在一个相对封闭的环境中，一些意见相近的声音不断重复，并以夸张或其他扭曲形式重复，令该环境中的大多数人认为这些扭曲的故事就是全部事实。
③ 参看 Warren von Eschenbach, "Western Societies Can't Ignore the 'Crisis of Trust' We're Experiencing", *America*, Feb. 20th, 2019.(https://www.americamagazine.org/politics-society/2019/02/20/western-societies-cant-ignore-crisis-trust-were-experiencing).
④ 参看 Peter Dahlgren, "Media, Knowledge and Trust: The Deepening Epistemic Crisis of Democracy", *European Institute for Communication and Culture*, Volume 25, 2018-Issue 1-2.(https://doi.org/10.1080/13183222.2018.1418819).

4.应对信任危机的传统手段和机构失灵

现在是一个互联网、数字经济与复杂科学互相交织的新时代。在应对信任危机方面，以下的手段部分或全部失灵：（1）宗教；（2）道德教育；（3）意识形态；（4）传统文化；（5）经济与政治机构的改革；（6）理性共识，如华盛顿共识（Washington Consensus）[①]。

所有组织形态的影响机制的丧失：（1）政府；（2）大企业及其他私营经济形态；（3）国际组织，包括联合国和二十国集团（G20）；（4）非政府组织；（5）互联网社区。

5.区块链：支持世界级共识的基础结构

5.1 针对重建信任的区块链技术的优势：（1）分布式的节点网络；（2）大数据与算法；（3）智能合约："代码即法律"（Code Is Law）。

5.2 区块链具备以下特性：（1）区块链通过开发分布式平台解决超主权协作、信息误传，以及缺乏监管；（2）区块链基于来自多个中心的计算、存储和网络共享模型，可提供大数据共享和证据保存；（3）区块链通过零知识证明和隐私计算保护隐私，可以验证而不披露数据；（4）区块链提供构建数字经济和数字财富的基础手段；（5）区块链本身是一个新社区。

5.3 区块链将避免出现以下问题：（1）后真相时代虚假的科学与知识；（2）对于社交网络整体性的威胁：信任级联效应；（3）个别企业操纵信息资源；（4）经济下行期的潜在心理效应；（5）不信任导致的社会分裂。

5.4 区块链为以下方面提供了基础：（1）人类文明由基于字母的知识到基于数字的知识的历史性转换；（2）数字探索与数字身份；（3）信

[①] 华盛顿共识，指1989年出现的一整套针对拉美国家和东欧转轨国家的、新自由主义的政治经济理论。

任计算、传播、更新和筛选；（4）信任透明；（5）个体与组织遵守道德和诚信，不参与生产和发布假数据。

结论

区块链作为平台将有利于：（1）重建个体、社会与机构的信任；（2）通过合作竞争，实现共享经济和普惠金融；（3）依靠数字民主，用低社会成本的"正和博弈"替代高社会成本"零和博弈"的规则。

1-27 区块链·哲学·艺术[①]
——兼论人类对物质世界和非物质世界认知的演变

如何想象、认识和描述人类所存在的这个世界，已经并终将伴随人类文明的始终。而想象、认识和描述人类所存在的这个世界，就涉及所谓的世界观，于是就有了两个主义：Materialism 和 Idealism，对应的中文直译是"物质主义"和"观念主义"。但是，至少从上个世纪初开始，Materialism 和 Idealism 的中文翻译是"唯物主义"和"唯心主义"，并成为共产主义意识形态的哲学基础。如果比较中文语境下的"物质主义"和"唯物主义""观念主义"和"唯心主义"，可以看出两个问题：其一，具有排他性的"唯一"的"唯"字是不存在的；其二，"观念主义"的"观念"概念与中文"唯心主义"的"心"字的内涵有着很大差别。

在"物质主义"和"观念主义"的哲学概念的背后是两种基本理念，即人类的现实世界存在三种可能：（1）世界是物质的；（2）世界是观念的；（3）世界是物质的，也是观念的。如果世界是物质的，也是观念的，意味着平行世界的存在。自古以来，论证上述理念是哲学家的课题，但是，这样的理念也深刻影响了科学史、宗教史、文学与艺术史。

如果对这个历史加以梳理，会发现当下最被关注的"区块链"与哲学和艺术，甚至与宗教存在着一种"历史逻辑"关系。

[①] 本文系作者于 2018 年 3 月 28 日、2018 年 6 月 27 日在数字资产研究院召开的内部会议上的讲话修订而成。

1. 哲学：从古希腊哲学到存在主义

1.1 古希腊哲学。 如何认识人类生活存在于其中的世界，古希腊先哲的贡献是毋庸置疑的。主要有毕达哥拉斯、柏拉图和亚里士多德。

1.1.1 毕达哥拉斯。 毕达哥拉斯认为："数是万物的本质"，是"普遍的始原"，"存在由之构成的原则"，也就是"万物皆数"（All Things Are Numbers）。或者说，宇宙的本源是非物质的，是抽象的数字。世界由数的和谐所控，它们构成了现实的每一部分。毕达哥拉斯的追随者们相信数字几乎像神一样神圣，开启数学与神学的结合，建立了毕达哥拉斯学派，祈祷的对象是数字10[①]。见下图：

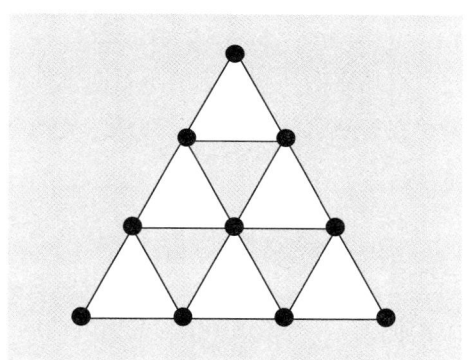

这个三角形图像，横跨四行十个点，象征着空间和宇宙的组织。仔细看这个图，颇有似曾相识的感觉，因为它基于10个节点，非常符合区块链思想和格式。

---

① 有一种考证：毕达哥拉斯学派"万物皆数"的命题，是从音乐研究中得出的结论。他们发现，决定不同谐音的是某种数量关系，与物质构成无关。相传这个发现来源于一家打铁铺，毕达哥拉斯听到打铁声音的变化，过去一看究竟，发现不同重量的铁发出的谐音不同，由此得出谐音跟"铁"本身没关系，但是跟"铁"的数量有关系。为了论证这一发现，毕达哥拉斯专门研究了琴弦，发现同一琴弦的不同发音与不同张力之间的数学关系。由此证明了"数"本位的哲学。

1.1.2 柏拉图。在中国，柏拉图被界定为客观唯心主义者。其实，没有那么简单。根据柏拉图的哲学思想，世界分为一个有形世界（ὁρατόν）和一个理念世界（νοητόν）。通过理性把握理念世界是第一性的、永恒普遍的；而感官接触的有形世界则是"理性"世界的摹本或幻影，是流动的，不具备永恒性和普遍性，所以是第二性的。柏拉图的《理想国》中的囚犯和洞穴故事[①]，反映出他的两个世界的思想。"形式"其实就是阳光照耀下的实物，人们感官世界所能感受到的不过是白墙上的影子而已。比较大自然世界与理念世界，前者黑暗而单调。不懂哲学的人只能看到那些影子，而哲学家则在真理的阳光下看到外部事物。柏拉图崇尚"灵感"，视其为创造的源泉，也是基于他的两个世界理念。

柏拉图有过一个对具体的马和理念的马不同之处的解释：任何一匹特定的、有形的、存在于感官世界的马，都是"流动"的，会死亡，会腐烂，而"马"理念独立于各种有形的马，超越时空，是永恒的。或者，在柏拉图思想中，"理念"的马要比"有形"的马更为真实。在柏拉图死后20余年，中国哲学家或者说逻辑学家公孙龙出世。公孙龙提出了著名的"白马非马"哲学命题，实与柏拉图的思想有异曲同工之处。

1.1.3 亚里士多德。亚里士多德认为，一切事物都是由"质料"和"形式"所构成，也就是由物质和形式构成。质料是仅仅具有可能性的原料，必须取得一定的形式，其可能性才成为现实。质料是消极的、被动的，形式是积极的、主动的；形式是事物的能动的本质。于是，与柏拉图理念相同的"形式的形式"就是宇宙变化的第一动力。

代表亚里士多德哲学思想的主要著作，是根据他的遗作所编纂的《物理学》和《后物理学》。后物理学（metaphysics）的前缀meta-，有

---

① 出自《理想国》第七卷。

"之后、超越、基础"的意思,所以也可以翻译为"超物理科学"。比较《物理学》和《后物理学》中的思想:《后物理学》所讨论的是关于事物的属性和本质等"第一原理",亚里士多德抽象的"第一原理"可以概括为:世界存在支配着自然界一切、世间万事万物的终极本体,一切现象都是这个永恒、终极的本体派生出来的产物;至于《物理学》所讨论的是"第二哲学"。

清代的严复在翻译"后物理学"这个名称时,借用《易经·系辞》中"形而上者谓之道,形而下者谓之器"的思想,将"metaphysics"译成"形而上学",相当之高明。值得注意的是,虽然亚里士多德的"形而上学"不等同于中国古代哲学的"形而上"概念,但是,亚里士多德所说的"质料"世界近似于"形而下"的具体器物世界,所谓的"形式的形式"世界,而理念世界,则近乎"形而上"的抽象大"道"的世界。

小结:在公元前6世纪到公元前3—4世纪这两百余年间,对应中国是春秋战国的时候,以毕达哥拉斯、柏拉图、亚里士多德为代表的先哲将这个世界分为了物质世界和非物质理念世界。他们进而提出了一个更为深刻的问题:到底精神世界更真实还是物质世界更真实?答复是:意识的世界不仅更真实,它还主导着所谓的物质世界。用柏拉图的话说:宇宙里"真正真实"的事务,乃是普遍的观念。可以说,古希腊先哲奠定了当代继续存在的平行世界的最初理论架构和话语体系。

1.2 叔本华

在如何认识世界方面,叔本华(Arthur Schopenhauer)关于世界结构的思想不仅与柏拉图有着渊源,而且影响了后来的尼采(Friedrich Wilhelm Nietzsche)的思想。叔本华说:"我们必须区分三种事物:(一)意志自身;(二)意志最完美的客体化即(柏拉图的)理念;(三)这些理念根据充足理由律的形式在现象中的显现,现实世界,康德的现象,印度人的摩耶。"① 比较叔本华和柏拉图的形而上学，"都具有两个世界和三重形式的结构。在柏拉图那里是：理念世界和现象世界，始因—理念—现象；在叔本华则是：意志世界和表象世界，意志—理念—表象。理念处于中间，起着将两个世界连接起来的桥梁作用。柏拉图认为始因或者说造物主以理念为模型制造了现象世界，理念是现象的模型，现象是对于理念的'分有'。叔本华则认为意志以理念为中介客体化为表象世界，理念是意志的完美的客体化，表象是意志不完美的客体化。"②"在叔本华和柏拉图的哲学中，现象都被认为是处于不断变化之中的，是不真实的，只有作为意志客体化的中介或者说作为现象的模型的理念才是不变的、真实的，只有认识了理念，才能真正地认识现象，把握现象的意义。对于柏拉图，认识理念，就是透过变化中的现象，获得关于现象的真正的知识；对于叔本华，认识理念，就是人作为纯粹认识主体暂时摆脱了现象中根据律的支配，达到了主客合一。"③

到了尼采那里，叔本华的"意志"演化为"权力意志"。"权力本身便是权力意志。权力意志便是追求意志的意志（the will to will）。"④真正解读尼采的《查拉图斯特拉如是说》，需要理解主人公在幻象中对"永恒回归"的追求，而决定"永恒回归"的则是人的思想和意志。

1.3 存在主义

认知人类与世界的关系，存在主义（Existentialism）是不可逾越的。在哲学史上，人们对于存在主义的误解严重于任何其他学派。存在主义

---

① 转引自杨玉昌《叔本华的形而上学与柏拉图的理念》，2009 年。原文出自 Arthur Schopenhauer, Manuscript Remains [M] (Perg Publishers Limited, Vol. 1, 1988).
② 同上。
③ 同上。
④ 威廉·白瑞德（William Barrett）:《非理性的人：存在主义研究经典》，台湾立绪文化有限公司，2016 年，第 233 页。

的本质是将世界分为一个"本质"的世界和一个"存在"的世界。"一件事物的本质是该事物所以为该事物的性质（what the thing is）；而存在指的不过是该事物确然为有的一项事实（that the thing is）。因此如果我说'我是个人'，这个'我是'表示我存在的这项事实，而叙词'人'表示我是哪一种存在，质言之，就是人。"[①] 存在主义是一个多元的哲学体系。本文主要涉及两位代表人物：海德格尔（Martin Heidegger）和萨特（Jean-Paul Sartre）。

1.3.1 海德格尔。莱布尼茨（Gottfried Wilhelm Leibniz）曾感叹道："意识到自己的存在，这是多么令人震惊啊！"海德格尔坚持以哲学家的精神对"存在"进行追问。海德格尔思想的核心是：个体就是世界的存在。在所有的哺乳动物中，只有人类具有意识到其存在的能力。世界是由于人类的存在而存在。而世界因为人类的存在而存在，是因为人具有意识存在的能力。如果人没有意识的能力，这个世界显然不复存在。所以，这个世界可以归纳为人的意识世界和被人的意识所意识的世界。

1.3.2 萨特。萨特在第二次世界大战后期的1943年出版《存在与虚无》，实现了向哲学家的转型。萨特对世界的解释是：存在分为两种："自在的存在"和"自为的存在"。"自在的存在"是一个物体同其本身等同的存在。而人则属于"自为的存在"，具有超越的特性，而且是在时间的流逝中不断变化。因此，人注定是自由的。萨特的经典论题是"存在先于本质"。人们一般的看法是，萨特所代表的存在主义的形而上学，相比西方传统的形而上学极为不同。传统的形而上学一般赋予"本质"以普遍的、抽象的以及形式的特征，在时间上来说，本质先于存在。萨特的人的存在，即"自为的存在"，因为时间维度，显示为人本身由"过

---

① 威廉·白瑞德（William Barrett）：《非理性的人：存在主义研究经典》，台湾立绪文化有限公司，2016年，第121页。

去""现在"和"将来"所构成的存在,而"现在"既联系也否定着"过去"和"将来"。所以,萨特的"存在先于本质"的存在,最终也是一种精神存在,一种虚无存在。

2.逻辑和数学

进入20世纪,罗素和维特根斯坦对如何使用数学与逻辑的方式,认知和描述平行世界的物质世界与非物质世界关系,都做了开创性的努力。

2.1 罗素。罗素哲学的核心思想是:人们所认识的世界基于假设,不能保证不被推翻。但是,在没有相关证据以前,既不能证明,也不能证否它们。如果将人们所体验到的世界看成是连续的时空组成,时空中所存在的就是事件,人们因为感觉到事件的存在,才"看到"这个世界并感知物质的"永存"。罗素哲学的结论是知识没有办法最终证明其确定性的。长期以来,罗素这样的结论被认为是"消极"的,其实是"积极"的,因为知识是动态的。

罗素的哲学集中反映在他代表的"逻辑主义"。罗素和他的老师怀特海(Alfred North Whitehead)在1900年代初出版巨著《数学原理》(*Principia Mathematica*),探讨的核心问题就是数学为什么归为逻辑?数学如何来自纯逻辑的推导,而且是可以使用逻辑术语定义的概念?为此,罗素引入大量的数学符号,并假设存在"逻辑上正确"的语言。罗素认为,通过使用符合数理逻辑形式的语言符号,可以避免日常语言中的逻辑悖论,打开从语言研究到逻辑研究的大门。① 其实,在罗素逻辑主义的背后,隐藏着一个可以通过"数理逻辑"表达的世界。所谓的"数理逻辑",尽管有"逻辑"二字,但是,已经超越了单纯的逻辑学范式,属于

---

① 罗素一度认为他的学生路德维希·维特根斯坦能够成功地研究出这种语言,但是维特根斯坦只在早期作品中提到过这种语言,后来就不再进行这个领域的研究了。

基础数学的组成部分，或者说是精确化、数学化和避免"悖论"的逻辑。区块链与数理逻辑存在着显而易见的"共性"，在这个意义上说，区块链本身就是一种基于数学的逻辑形态。

2.2 维特根斯坦。维特根斯坦终其一生，用了极大的精力关注数学与逻辑的关系、数学与世界的关系。维特根斯坦在《数学基础研究》中，讨论了"红色存在"命题：先有了"红色"惯用语词，然后在瞥见红色样品之后，会得出"红色存在"的判断。所以，"本质的特征是表现方式的一个特征"。进一步说，"'本质性的'从来不是对象的性质，而是概念的标志"。同理，如果多数人称某种颜色是"绿色"，是因为他们都有"绿色"的观念。人们说话和行动的"一切已经被预先假设了"。游戏规则就是证明。[①] 从中可以看到，在维特根斯坦思想深处包括了两个世界，一个是语词背后的理念世界，即本质性世界，一个是语词所映射的"存在"。

3. 心理学

在非物质世界中，心理世界是一个真实的世界。在心理学世界，费希纳（Gustav Theodor Fechner）、弗洛伊德（Sigmund Freud）和卡尔·荣格（Carl Gustav Jung）的贡献是划时代的。

3.1 费希纳。1860年，费希纳著作《心理物理学纲要》出版，奠定了他在心理物理学上的创始人地位。在哲学上，费希纳是一个泛灵论者，他认为凡物都有灵魂，心和物是不可分的，心是主要的，物只是心的外观。费希纳对心与物作了精确的数学测量，并试图确定它们的关系。费希纳领悟到心与身之间的联系法则可以用物质刺激与心理感觉之间的数量关系来说明，可以用一个方程式来表示：$S=K\log R$。其中 S 是感觉量，R 是刺激量，K 是常数。这是一种对数关系，因为感觉量是以算术级数增加，

---

① 维特根斯坦：《数学基础研究》，商务印书馆，2016年，第266、207、354页。

而刺激量则是按几何级数增加。刺激强度的增加不会产生感觉强度的相应增加。

3.2 弗洛伊德。1899年，弗洛伊德的《梦的解析》出版。一方面，这本书被后人认为是弗洛伊德最伟大的著作；另一方面，这本书也遭到大量批评。《梦的解析》的最大历史贡献是，它告诉人们：梦也是一种真实的存在，梦含着生命密码，现实世界是梦的一种折射，而不是相反。《梦的解析》导致了观念性革命，弗洛伊德把颠倒的世界重新颠倒过来。

3.3 荣格。荣格创立了人格分析心理学理论，把人格分为内倾和外倾两种，主张把人格分为意识、个人无意识和集体无意识。

费希纳、弗洛伊德、荣格对心理和精神世界的研究，不论是心，是梦，还是人格，最终证明：人们的心理世界和外部的物理世界、物质世界并不一定存在对应关系，而属于观念世界的一个组成部分。人们常说的"心理变态""心理幻觉"，其实也是一种真实。心理世界有着内在的和自身的规律，它自己认为那是真实的。

4.印象主义

对19世纪60—70年代的法国印象主义（impressionism），存在狭义和广义的解读：狭义解读是指法国的印象主义流派；广义解读是指包括技法革新在内，且具有世界性意义的美术思潮，并对19世纪后期的音乐和文学等其他艺术产生了深刻和广泛的影响。

印象主义画家最主要的代表人物是莫奈（Claude Monet）、马奈（Édouard Manet）。莫奈1874年创作的《日出·印象》是印象主义中经典的经典。后印象派的代表是凡·高（Vincent Willem van Gogh），《向日葵》是他的代表作之一。1860年代的科学研究已经证明，颜色不是物体所固有的特性，而是物体反射出来的光线。因为对颜色的新的认知，印象主义画家突破了物体的单一的、表面看来一成不变的"固有"色，以期捕捉到物体在特定时间内，受到特定气氛条件、距离和周围其他物体影响的颜色。

印象派否决了所谓写实主义、浪漫主义。从根本上说，印象主义的作品所表达的是画家通过美术手段和工具，以自己的印象和意识为基础所构造的世界。而这个世界就是真实的世界。所以，印象主义的作品所表达的世界，远远比照相机的世界要真实。因为照相机的世界从来是某种场景的一瞬间。印象主义作品的共同特点是颜色以"点状"形式存在，构成一个有时间维度的"意识流"。这些点状颜色可以被理解为美术语言表达的无中心的"节点"，作品本身就是一个区块链的艺术表现。

后来的萨特所讲的存在，说到底是一种感觉的存在。存在主义哲学与印象主义存在着某种历史血脉关系。

5. 卡夫卡（Franz Kafka）

卡夫卡从1904年开始写作，那时他21岁。他的主要作品为四部短篇小说集和三部长篇小说，三部长篇均未写完。卡夫卡作品不多，却成为现代经典。一般读者对于卡夫卡作品的印象是，通过变形、荒诞的形象，以象征的手法，表现被充满敌意的社会环境所包围的孤立、绝望的个人。其实，这样的印象是浅薄的。

尼采和柏格森的哲学思想对卡夫卡影响甚深。"卡夫卡是个很有自我分析精神的作家，有时候甚至沉湎于自我。"[1]卡夫卡作品都是他自我的折射。问题是，人们无法认识自身，人不可避免地处于"偏见"和"茫然不知"的状态。"世上没有任何判断的可能性，有的只是假象。"[2]所以，卡夫卡作品中所写的"现实"，是一种让人迷惑和迷茫的不确定的现

---

[1] 参看 Ritchie Robertson, *Kafka* (Oxford University Press, 2016).
[2] 同上。

实。①"卡夫卡关心的不是你看到了什么，而是你如何去看待某个东西。"②

如果概括卡夫卡对世界的认知，世界分为一个感觉世界和一个精神世界。卡夫卡崇尚的是精神世界："只有精神世界，此外别无所有。我们所说的声色世界是精神（世界）的恶，我们所说的恶，只是我们永恒发展过程中瞬间的要求。"③

在这样的视角下，可以更为深刻地理解卡夫卡的《审判》，它描述了一个全能的中心化机构带来的荒谬，以及这样的机构如何能在个人甚至没有意识到的情况下摧毁个人的私生活。其实，这种批判的立足点与区块链思维是一致的。④

6. 科学哲学

在20世纪，科学突飞猛进。20世纪的代表性科学家，爱因斯坦、玻尔、薛定谔（Erwin Schrödinger）等，几乎都是传奇。20世纪，科学哲学和技术幻想崛起，将科学元素引入精神世界和物理世界的认知和描写，使其达到前所未有的丰富程度和高度。由此为区块链提供了深厚的科学思想资源。

6.1 科学哲学。代表人物是托马斯·塞缪尔·库恩和卡尔·波普尔（Karl Popper）。两个人相差20多岁。现在的主流观点更肯定库恩。库恩的范式理论被认为更符合科学历史的演进特点。

6.1.1 库恩。库恩在1962年发表了他的最重要的科学哲学著作《科

---

① 参看 Ritchie Robertson, *Kafka* (Oxford University Press, 2016).
② 同上。
③ 同上。
④ 参看 Erman Akdogan: "If Artificial Intelligence is the Oppressor, is Blockchain the Liberator?" (https://medium.com/@ermanakdogan/if-artificial-intelligence-is-the-oppressor-is-blockchain-the-liberator-8021744088fb).

学革命的结构》。库恩的最大贡献是提出了所谓"范式"理论。一般认为，范式是包含了定律、理论、应用，以及科学的群体。显然，区块链作为一个结构和体系，虽然理论上需要完备，技术上有待升级和开发，但是已经具备作为范式的基本要素。

6.1.2 波普尔。波普尔的哲学思想体系庞大，以"证伪主义"影响最大。其实，波普尔1972年发表的《客观世界》(Objective Knowledge : An Evolutionary Approach)所提出的"三个世界"理论，对世界结构所做的解析更具有长远意义。

波普尔的三个世界由物质世界（世界1）、精神世界（世界2）、客观知识世界或者说意识世界（世界3）构成。其中，世界1是指：客观世界的一切物质客体及其各种现象，如物质、能量、一切无机物质和一切生物有机体，包括人体及其大脑。对世界1可以划分为无机界世界（a）和有机界世界（b）。世界2是指：一切主观精神活动。波普尔认为主观精神是实在的，因为它对世界1，可以借由支配人和动物的物质躯体，通过其活动表现出来。对世界2可以划分为感性世界（c）和理性世界（d）。世界3是指：人类精神产物的世界，或者说一切主观精神活动的产物世界。例如思维观念、语言、文字、艺术、神话、科学问题、理论猜测和论据等一切抽象的精神产物（e），以及一切具体的精神产物，如工具设备、图书、房屋建筑、计算机、飞机和轮船等（f）。所以，三个世界可细分为六个世界：属于世界1的（a）无机界世界，（b）有机界世界；属于世界2的（c）动物和人的感性世界，（d）人的理性世界；属于世界3的（e）抽象的精神产物世界，（f）具体的精神产物世界。

波普尔称由世界1向世界2再向世界3的作用方向为"上向因果关系"，而称反向的反馈作用方向为"下向因果关系"，所以是一个可逆的完全循环。

三个世界的观念最早是由柏拉图提出来的，但是他提的是：具体世界、理念世界和灵魂世界。即柏拉图是把a、b和f作为一个具体世界。中国老子主张的二元的世界观，即"有"与"无"，将"无"与"有"置于对等地位，甚至于更为基本。

6.2 科幻艺术

在近现代历史转变中，想象力是最重要的东西。最能代表想象力的就是科幻小说、科幻戏剧、科幻电影和科幻游戏。在基础科学、科学发明、科学哲学和科幻艺术之间存在着相互刺激、启发和推动的关系。

1818年1月1日，《弗兰肯斯坦：现代普罗米修斯的故事》(*Frankenstein; or The Modern Prometheus*)问世，作者是年仅19岁的雪莱夫人（Mary Shelley），开创了科幻小说先河。

1920年，捷克作家卡雷尔·恰佩克（Karel Čapek）编写的《罗梭的万能工人》(*Rossum's Universal Robots*)科幻舞台剧出版。由此，Robot成为机器人的代名词。与《弗兰肯斯坦》相比，在"人造人"的构想方面有如下变化：外表和人类无异，制造的原材料是有机合成物，近似于赛博格和复制人，被称为"机器人"；"机器人"拥有自己的思想和愿望；不仅是个体，也可以是群体。"机器人"可以与人类合作，也可能与人类发生对抗。

1950年代之后，科幻艺术主要呈现为科幻电影。其中的《2011太空漫游》(1968)、《星球大战系列》(1977—2019)、《终结者系列》(1991—2019)、《黑客帝国系列》(1999—2003)、《银翼杀手2049》(2017)，几乎都是对未来世界的特定预言，或者说是暗示和隐喻。大量科幻电影被证明为现实，只是时间的问题。支持《黑客帝国》故事的硬技术，就是人工智能和矩阵计算的结合。如今，以人工智能和机器学习为基础，并通过神经网络计算的超大规模矩阵计算，已经开始改变数字经济的生态体系，显现了所谓的M矩阵很可能最接近原本的世界结构。

自1980年代开始，经电视时代、互联网时代和移动互联网时代，科幻游戏的影响力呈现了爆炸性增长，影响了三代人。在科幻游戏中，太空类科幻占有重要位置。以1994年美国首次发布"魔兽争霸"系列的第一部作品《魔兽争霸：人类与兽人》为起点，至2016年《魔兽》电影上映，22年间"魔兽"文化经历了从内容、视觉形式到存在形态，从科幻长篇小说、传统电子游戏到大型多人在线角色扮演游戏（Massively Multiplayer Online Role-Playing Game，MMORPG）和跨媒体多维性的演变，最终形成了"魔兽"体系。在现代游戏理论中，最有代表性的是弗洛伊德代表的"心理分析学派"，主张游戏的目的是实现愿望的满足。还有就是"认知学派"，其代表人物是皮亚杰（Jean Piaget），主张游戏的目的是促进个体认知上的发展。"魔兽"既基于"大型多人在线角色扮演游戏"，同时具备了"心理分析学派"和"认知学派"所提出的游戏功能。

在科幻艺术领域，艾萨克·阿西莫夫（Isaac Asimov）是里程碑式的人物。他不仅是著名科幻小说《基地系列》（*Foundation*）的作者，而且是"机器人三定律"的提出者——当时他不过22岁。[①]伴随人工智能的突破和"后人类社会"来临，阿西莫夫"机器人三定律"的历史价值会愈加重要。

7. 原始宗教和神秘主义

原始宗教是原始社会的宗教。原始宗教已经具有对超自然的信仰和崇拜的早期观念，开启脱离特定个体的非本质因素而进入抽象思维的漫长历史过程。但是，原始宗教并不属于人类社会发展到一定历史阶段所形成的宗教，例如基督教、伊斯兰教和佛教，这类宗教的共同特征是以文化、教条、经典、信仰体系为要素的意识形态系统。

原始宗教是全民的和平等的。只是，祭司的地位具有程度不同的神

[①] 阿西莫夫"机器人三定律"：第一定律，机器人不得伤害人类，或坐视人类受到伤害；第二定律，除非违背第一定律，否则机器人必须服从人类命令；第三定律，除非违背第一或第二定律，否则机器人必须保护自己。"机器人三定律"提出时，机器人尚不存在。1985年，阿西莫夫将"机器人三定律"扩展为"机器人四定律"。

圣性。原始宗教分布与世界原始族群分布高度重合。但是，原始宗教对超自然力量的崇拜，基本集中在食物、繁殖和死亡三个领域，并形成了对应的神灵，进而包括了膜拜和敬畏意识。

以萨满教（Shamanism）为例。萨满教发源于史前原始渔猎时代，曾经遍布世界。据考证，直到11世纪，最崇拜萨满教的地方包括伏尔加流域、芬兰人种居住的地区、西伯利亚。萨满教可以杂糅进不同的语言及"神"的文化，具有强大的融合能力。所以，萨满教至今依然在东北亚地区民间维系着相当影响力。萨满教的根基是万物存在灵魂的认知，以及对神灵的顶礼膜拜。而灵魂体现为生命之魂、思想之魂、转生之魂。萨满教的祭祀活动是隆重而繁复的。最重要的是"送魂仪式"。在中国民间，曾经流行过"跳大神"活动，是一种所谓的活人与死人、邪祟沟通的方式。

在原始社会状态下，物质生活和生产资料极端匮乏，原始人的生命极端短暂。所以，原始人对现实的存在，没有也来不及有很深的体验，他们所关注的是所谓死亡之后。原始社会成员对于现实存在没有现代人的依恋和留恋情结，对于死亡也不存在现代人的恐惧之感。或者说，对于以上社会的成员和个体而言，现世是微不足道的。

今天以平行世界的视角看包括萨满教在内的原始宗教，不难发现：原始宗教理解的世界是包括人在内的自然世界，以及以灵魂和神灵构成的超自然世界，而这两个世界可以通过祭祀形式实现联结。例如，萨满教相信存在一种如同死亡一样的意识转换：从"平常实在"（ordinary reality）到"超常实在"（non-ordinary reality）的转换。原始社会的个体和群体更为崇尚的是超自然的虚无世界。理解这一点，就可以理解为什么虔诚的藏传佛教信徒会将一生积攒的财富捐献给寺院。对于他们来说，现世生命不过是生命轮回过程里一个小小的阶段，现实物质和物质财富没有永恒性，而他们所向往的终极世界才有永恒性。这也是所谓禁欲主义的重要逻辑。

从中可以得到这样的启发：人类陷入物质主义世界，日益严重地脱离精神世界，其实是工业革命之后的现象。现在，消费主义主导的这个世界正在走向极限。人类需要重新回归对精神世界的追求，人类本来就存在这样的"基因"。近年来，萨满教得以现代解读和显现复兴的迹象，反映了这样的历史趋势。在这个意义上，联结传统物质世界和观念世界的区块链技术，存在其历史价值。

8. 21世纪和物质世界的危机

人类因为产业革命的成功、机器和工厂的集合，形成了前所未有的物质生产能力。于是，自19世纪后期至20世纪初，开始出现以西欧和北美代表的工业化国家。在工业化过程中，基于工业资本和金融资本结合的公司（corporation）[①]成为主要的经济组织形态。因为工业化概念和现代化概念具有重合性，发达工业化国家基本等同于现代化国家。英国、德国和美国都曾经是世界加工工业中心。二战之后，以美国为代表的发达工业国家进入"丰裕社会"。[②]"冷战"结束之后开始"全球化"，加工业实现了向自然和劳动力资源丰富的国家转移，至20世纪末，中国成为新的"世界工厂"。

因为工业化在世界范围的扩展，全世界的物质产品生产和供给实现了持续增长。人类用了一个多世纪的时间，解决了马斯洛所谓的人类生存需求问题（Maslow's hierarchy of needs）。[③]在世界范围内，饥寒交迫现

---

① 本书多次出现"公司"一词。在中文语境下，英文的 company、firm、corporation 对应的翻译都是"公司"，但是在英文语境下，company、firm、corporation 的使用受制于司法辖区的法律规定的差别。例如，对于法律规定下无法仅承担有限责任的特殊行业（如律师、会计等）里的无法注册为 company 的个人企业或合伙制企业，一般称之为 firm。在美国，corporation 特指大型股份公司，其重要法律意义是 corporation 具有"自然人"（natural person）的同等地位，而在英国，corporation 在法律中并未强调上述意义。
② 约翰·加尔布雷思（John Kenneth Galbraith）1958年出版的著作《丰裕社会》（*The Affluent Society*）首先提出"丰裕社会"概念。
③ 马斯洛需求层次理论是亚伯拉罕·马斯洛于1943年提出的，其基本内容是将人的需求从低到高依次分为生理需求、安全需求、社交需求、尊重需求和自我实现需求五种需求。

象不再是主流。

但是，在创造出丰富的工业品和物质财富的同时，导致人类社会付出了前所未有的代价。既有工业革命早期福特主义（Fordism）[①]所造成的阶级对立，也有自20世纪后半期消费主义造成的环境恶化。1962年，蕾切尔·卡森（Rachel Carson）的《寂静的春天》(*Silent Spring*)在美国出版，描写化学药品和肥料导致的环境污染、生态破坏，最终给人类带来不堪重负的灾难，呼吁人类应该寻求"另外的路"。1972年，英国经济学家B.沃德（B.Ward）和美国微生物学家R.杜博斯（R.Dubos）的著作《只有一个地球》(*Only One Earth*)出版，副标题为"对一个小小行星的关怀和维护"，阐明了人类的生存"只有一个地球"的事实，呼吁人类应该珍惜资源，保护地球。还是1972年，罗马俱乐部（Club of Rome）[②]发表题为《增长的极限》[③]的具有远见卓识的研究报告，依据计算机模型模拟的方法，通过对关乎世界未来的世界人口、工业化、污染、粮食生产和资源消耗的趋势的研究，指出人类如果按照既有的趋势发展下去，100年内将会达到这个星球的增长极限。1973年，美国哈佛大学教授D.贝尔（Daniel Bell）的《后工业社会》(*The Coming of Post-Industrial Society*)出版，该书指出"后工业社会"是技术信息和知识社会，成为"后现代化理论"的组成部分。

在世纪之交，乐观主义者是世界主流。1998年，美国学者弗朗西斯·福

[①] 福特主义一词最早起源于安东尼奥·葛兰西，他使用"福特主义"来描述一种基于美国方式的新的工业生活模式，指以市场为导向、以分工和专业化为基础、以较低产品价格作为竞争手段的刚性生产模式。
[②] 罗马俱乐部是关于未来学研究的国际性民间学术团体，也是一个研讨全球问题的全球智囊组织。
[③] 1980年代早期，本书作者作为《走向未来》编委，首先参与推荐罗马俱乐部的《增长的极限》，因为本书作者赞同该报告的分析框架和趋势判断。之后，本书作者还介绍和编译了《没有极限的增长》。

山（Francis Fukuyama）著作《历史的终结及最后的人》（*The End of History and the Last Man*）出版，该书从黑格尔哲学出发，提出了在自由、民主的理念为世人所普遍接受之后的"历史的终结"，以及自由、民主发展到顶峰后的"最后之人"问题。2000年9月的联合国首脑会议上，189个国家签署《联合国千年宣言》（*Millennium Development Goals*，MDGs），提出了消除贫穷、饥饿、疾病、文盲、环境恶化和对妇女的歧视等目标。但是，进入2000年之后的人类社会并没进入所谓的"历史终结"，也没有按照《联合国千年宣言》所承诺的时间表改变。相反，人类社会加速进入全方位的危机：（1）人口爆炸。世界人口从1950年的25.25亿增长到2020年的78亿。根据最近联合国相关报告：公元2050年左右世界人口或将达100亿左右。目前地球资源和人类社会的制度设计，不足以支撑100亿人口规模的生产与发展。历史再次证明马尔萨斯主义的原理是成立的。（2）贫富差距在发达国家和发展中国家之间扩大，也在几乎所有国家内部扩大。以2019年的美国为例：最富有的10%人群拥有美国全部资本的70%，其中有一半为最富有的1%人群所拥有；中部40%人群拥有全部资本的大约25%（其中很大部分是房产），剩下50%的底部人群只拥有全部资本的5%。（3）生态环境不可遏制地进一步恶化。最严重的是气候继续变暖，南极和北极、喜马拉雅山冰川融化。（4）心理和精神危机。（5）地缘政治冲突加剧。

21世纪之后发生的三个危机是被低估的：（1）2001年发生在美国的911恐怖主义危机。（2）2008年世界金融危机。标志着全球货币金融制度走向解构。（3）2020年蔓延世界几乎所有国家的"新冠疫情"危机。这三个危机的严重性在于，因为恐怖主义造成的危机，金融危机和"新冠疫情"危机都具有全球化和常态化特征。

所有这些危机，可以概括为人类文明困境或危机。其深层结构性原因是人类经济发展模式和制度选择的危机。从根本上说，人类被"工业化"和"现代化"所异化，陷入物质生产和物质消费世界的罗网而不能自拔。而支持这样生产方式的经济和政治制度，不断强化人与人之间、经济组织之间、国家与国家之间的不信任。人们经验过市场经济和计划经济国家，民主体制和集权体制都不能最终解决"信任危机"，以及官僚主义和腐败问题。

简言之，人类社会的各种危机最终集中在社会交易成本增长，与社会效益进入不可抑制的失衡状态。这样的失衡状态的结果是热力学第二定律的"熵"值扩大。因为熵增定律的不可逆，不仅最终破坏人类社会的"自组织系统"，也破坏人类生存所依赖的生态系统，导致人类社会失序，进入混乱，最终逼近万物死寂状态。[①]

"人类末日"已经不再是宗教预言。

9.区块链启示录

如何解决起始于工业革命之后人类社会的分裂、冲突，以及人口、生态环境、资源和增长的失衡？人类选择和实践了经济发展模式、制度变革模式、科技进步和创新模式，以及它们的组合或者混合模式。

9.1 解决起始于工业革命之后人类社会矛盾的基本模式。

9.1.1 经济发展模式。基本理念是实现经济增长和发展，扩大社会财富规模，原本存在的问题会自然解决。恩格斯在《英国工人阶级状况》中所描述的情况，会因为经济发展而逐渐消失。例如，1960年代开始的旨在增加粮食供给的"绿色革命"，就是这样的思路。中国20世纪早期的"工业救国"也是源于这样的思潮。到20世纪后半期，追求GDP和人均GDP增长逐渐成为世界性目标和历史潮流。但是，历史证明，人类社会的各种危机没有因为经济总量的增加而减少，恰恰相反是在深化。

---

① 参看尖端1号：《宇宙最终将走向"死寂"，人类吃饭，是为了对抗熵增？原来如此！》，新浪网，2020年3月8日。

9.1.2　制度变革模式。制度变革模式是多元化的。至少在过去的一个半世纪，有过共产主义革命、社会民主主义改革，也有发生在中国的"经济转型"。这些方式有的偏重政治制度，有的偏重经济制度；有的是自上而下的，有的是自下而上的；有的是激进的、流血的，有的是和平的、非暴力的。但是，人们发现所有制度性变革，包括革命，最终都没有消除危机和冲突的根源，甚至埋下新危机的"种子"。所谓的"制度经济学"存在着严重的局限性。

9.1.3　科技进步和创新模式。相信推广科技革命，以完成人类社会变革，一直是一种极具影响力的理念。所以，熊彼特提出的"破坏性创新"理论有着持续的影响力。二战之后，1946—1962年，在纽约举行了持续多年的"梅西会议"。会议代表人物包括诺伯特·维纳、冯·诺伊曼等，涉及的学科包括信息科学、计算机科学和人工智能科学，还有社会学等其他学科。进入1970年代，世界性的科技革命呈现不断加速的态势。其中IT革命影响最大。之后与互联网、大数据、云计算、人工智能、脑科学、生物科学相关的技术相继获得突飞猛进的发展，彼此又相互影响。美国的硅谷和纳斯达克股市成为20世纪后半期科技革命和金融革命结合的象征。现在，马斯克一方面继承爱迪生、贝尔、特斯拉（Nikola Tesla）的传统，一方面代表了后硅谷时代的科技革命趋势，也是人类在如此绝望状态中的一种试验。但是，科技革命不足以解决人类的各类危机，在某些方面还加剧和恶化了现存的危机。

总之，以上三种模式不足以解决，甚至不足以有效改善人类的危机状态。这是因为人类社会的危机已经是一个"危机"集合，既包括工业社会遗留和积聚的各种危机，也包括信息经济、知识经济和数字经济社会的新型危机，甚至包括正在形成的"后人类社会"潜在矛盾，属于高度叠加的"复杂危机系统"。所以，需要基于新思维的新工具。

9.2　区块链。

区块链正是在这样的宏大历史背景之下应运而生。区块链的诞生有相当大的神秘性，其标志是2008年末比特币构想的问世和2009年初比特币和支持比特币的区块链的技术性实现。如何全面认知区块链的历史功能？可以概括为：（1）区块链本身包括了波普尔的物质、思想和知识的三个世界的理念。（2）区块链集数学等纯科学，计算机算法的软科学和互联网、大数据、人工智能等硬科学于一身。区块链就是涵盖物质世界和非物质世界的框架。（3）区块链提供了从物质世界向非物质世界转型，以及物理世界和虚拟世界的基础结构。区块链可以建立以数学语言表述的图像（见下图）。（4）区块链是重建人类信任的新工具。（5）基于区块链的世界是平等的世界。区块链技术支持自组织的发育，为民众提供创造新财富的技术工具。采用区块链技术的数字货币将是未来共享经济运行的媒介。

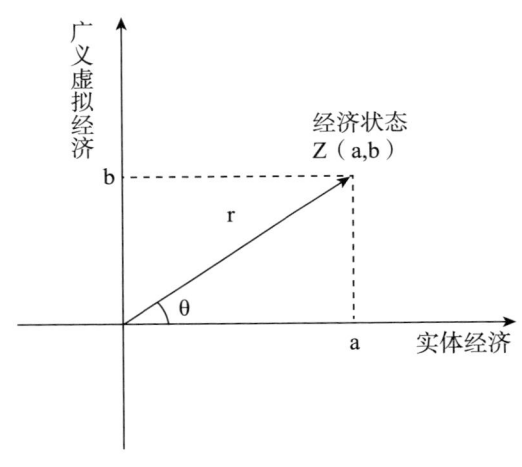

实体经济与广义虚拟经济的直角坐标系图[①]

总之，区块链是在物理世界和非物理世界，也是真实和超真实中的

---

① 资料来源：宋可为：《虚数对广义虚拟经济的启示》，转引自晓林、秀生主编：《广义虚拟经济论文集1》，航空出版社，2008年，第189页。

存在，并具有思想、技术和制度维度张力的范式。在过去十年，区块链更像一个不断延长的链条，将不同的思想和技术串联起来，因为人的智慧发生了奇特的重合和交叉。这在人类文明史上是极为罕见的现象。因为区块链，物质世界和观念世界的关系会发生改变和重构。见下图：

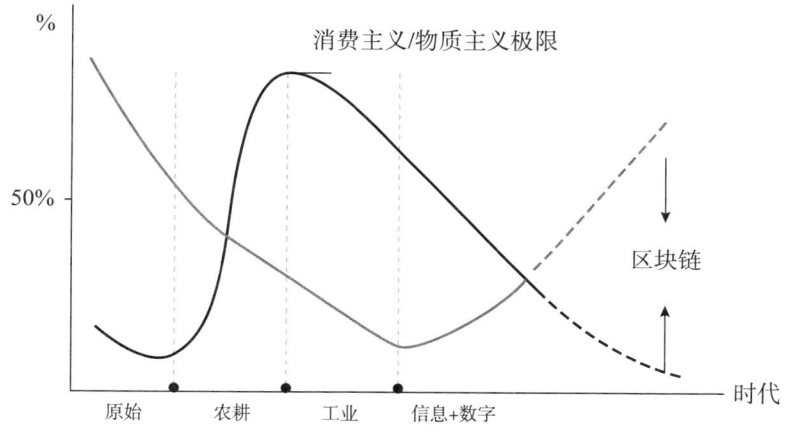

平行世界

区块链是一种启示录。区块链的本质就是代码（Code）。Code Is Law，这句话包含对人类终极密码的理解。2500年前，毕达哥拉斯说："万物皆数。"今天因为区块链，万物皆为Code。什么叫比特币？比特币就是一串Code。什么是观念经济，或者虚拟经济？那就是Code的矩阵和集合。区块链可以实现"点石成金"，将被物质主义颠倒的世界再颠覆过来。区块链是这个失落、迷茫甚至绝望时代的一种"甘泉"。区块链还是技术形态的摩西（Moses），将人类从物质世界的奴役状态下解救出来，完成在一个新时代的"走出埃及"。

结论

　　历史本就是一个多维矩阵舞台。区块链至少是由区块链思想、区块链科学、区块链技术三个维度交汇而成。每个维度都源远流长。其中，区块链的思想维度可以追溯到古希腊的毕达哥拉斯。产生于中国远古时代、比《周易》更为久远的"河洛图"，①以节点构成空间，对于今天的区块链技术也具有启发价值。到了罗素，用数理逻辑诠释世界。维特根斯坦的世界更是一个通过数学描述的世界。区块链的科学维度涉及诸如密码学的应用数学，其背后还有尚未入场的其他纯数学。区块链的技术维度，则包含计算机技术、大数据技术、人工智能技术。此外，量子技术的进入已经近在咫尺。

　　在这个舞台上的演员，几乎集中了人类历史上来自不同文明的最重要的先哲、智者、哲学家、艺术家、科学家、发明家，他们都有自己的思想、风格、装扮和语言。毫无疑义，这些人物都属于自觉意识世界的那个"我思，故我在"群体。

　　让我们想象萨满教祭司与马斯克、柏拉图和叔本华、莫奈和卡夫卡的对话场景，他们会怎样讨论和阐述物质和非物质世界的关系？在这样的舞台上，如果密码朋克登台表演，是否会令人热血沸腾？至于经济学家，不过是配角，因为他们的视野局限于马斯洛所勾画的架构之内。

　　在这样的多维矩阵舞台面前，所有的观众都要接受再教育，学习适应在物质世界和非物质世界，或者观念世界里生存的思维、话语和行为。不得不承认，在这方面，"抖音"开启了大规模的实验。

　　这个多维矩阵舞台的各类表演者都是各个领域的"大侠"，他们走在一

---

① "河洛图"是"河图"和"洛书"的统称，是远古时代人民按照星象排布出时间、方向和季节的辨别系统。河图上，排列成数阵的黑点和白点蕴藏着无穷的奥秘；洛书上，纵、横、斜三条线上的三个数字，其和皆等于15。河图洛书和二十八星宿、黄道十二宫对照，它们之间有着密切联系。

起就是一种"江湖"。因为是"江湖",就应该有古龙的一席之位。因为唯有古龙对江湖的刻画语言臻于完美。古龙打破了以往武侠小说以段落为主的方式,而大量使用短句,并采用一句一段的排列方式。按古龙自己的说法:"长句读来如浩荡大河一泻而来,突然以短句相接,犹如一把剑把水截断,可以收到波澜大起大落的特殊效果。"古龙的"短句",更符合武侠的精神境界,又能落实到写实的世界。古龙语言最有美学特征。

区块链也具有美学特征。

第二编　数字货币

2-1　数字货币：从边缘到中心[①]

几易其稿，《数字货币蓝皮书（2020）》终于进入出版阶段。这是数字资产研究院、横琴新区智慧金融研究院和零壹财经·零壹智库共同研究的成果。《数字货币蓝皮书（2020）》包括11个部分，向读者展现了数字货币的基本现状、数字货币对宏观经济的影响，以及对数字货币未来的预测和展望。特别是，以专论的形式，分别讨论了DeFi、Libra和DC/EP相关课题。《数字货币蓝皮书（2020）》是迄今关于数字货币最完整的文献。作为主编，我有责任通过序言的方式，将《数字货币蓝皮书（2020）》的核心内容从经济学思想的视角加以提炼：数字货币的历史虽然只有十年左右，但是，却实现了从"边缘"到"中心"的历史性转型，改变了原本的货币经济体系、机制和生态。

1.数字货币是不同于传统货币生态的新物种

虽然经济学家关于货币起源的学说纷纭复杂，但是对于迄今在货币史上存在过的以及现存的货币形态几乎没有分歧：（1）物理（实物）形态货币。贝壳、铜铁、黄金、白银等都曾充当过货币，尤其是金银等贵金属由于具有易携带、价值高、不易变质且易于分割计量等特性，在历史上很长时间里扮演着世界性通货角色。（2）信用形态货币。其物理形式主要是没有价值的纸币。信用货币基于国家信用，具有强制性和排他

[①] 本文系作者于2020年5月29日为数字资产研究院、横琴新区智慧金融研究院和零壹财经·零壹智库共同出版的《数字货币蓝皮书（2020）》所作的序言。

性。当今世界各国几乎都采用这一货币形态，它已成为当代货币体系的核心。当然，在信用货币历史上，发行机构除了政府的央行之外，也可以是企业，甚至是个人。

在实物货币形态和信用货币形态之间，存在着历史演化的轨迹。1930年代世界性经济危机所引起的经济恐慌和金融混乱，迫使西方国家先后脱离金本位和银本位，国家所发行的纸币不能再兑换为金属货币，信用货币应运而生。

2008年比特币白皮书问世，很快比特币落地，数字货币自此发端，并在随后十年左右的时间内形成了自身的体系。数字货币属于以技术为基础，人为设计的货币。数字货币的经典存在形式是可视字符串，或者是一连串的密码编码。下面就是以可视字符为形式的比特币地址：123456789ABCDEFGHJKLMNPQRSTUVWXYZabcdefghijkmnopqrstuvwxyz。

所以，数字货币是技术形态的货币，是不同于实物货币和信用货币的另类货币。数字货币与实物货币和信用货币并不存在任何历史渊源和逻辑关系。《数字货币蓝皮书（2020）》追述了数字货币的发展历程，强调了"密码朋克"的重要性，并将1996年作为数字货币历史的里程碑年份："以1996年为起点，之后每年几乎都会有关键性技术问世，驱使历史的车轮无限逼近比特币。""关键性技术"包括哈希算法、分布式账本、权益证明、工作量证明、点对点（P2P）的技术等，所有这些"关键性技术"的深层基础是"新密码技术"。所以在1998年已经出现"加密数字货币"概念。十年之后，比特币最终实现"加密数字货币"的设想。比特币成为基于一套密码编码，通过复杂算法产生，不依靠任何特定货币机构发行，不受任何个人或组织干扰的非中心化的"货币"。进一步说，"比特币利用点对点传输、共识机制、非对称加密等多种技术，构建了一个去中心化的分布式账本数据库，实时、透明地通过算法进行比特币发行交易"。

人们对货币（尤其是数字货币）认知的缺陷主要源于想当然地认为

三种货币形态之间存在某些理所当然的递进关系，用对第一种货币形态的认知来理解和解释第二种货币形态，或者用对第一种货币形态和第二种货币形态的认知框架来想象第三种货币形态的可能性。数字货币，无论是比特币、以太坊，还是未来可能成为现实的Libra2.0，抑或法定数字货币，都正在导致货币的内涵和外延悄然发生改变，突破教科书上对"货币"的定义。尽管继续使用"货币"二字，却早已不再是古典意义上的货币。这就是公孙龙所谓的"白马非马"问题。①

如果没有第一次世界大战，金本位很可能持续很久；没有2008年的比特币，很可能现在还没有数字货币。数字货币不是来自传统货币的进化，彼此之间并不存在共同祖先，也不是通过自然选择发生的，更不是传统货币累积微小的优势变异的逐渐改进的产物。数字货币的形成过程与传统货币之间存在"生殖隔离"。所以，数字货币属于货币演变历史的典型"突变"。借用生物学的语言：比特币开启的数字货币，属于人类货币史上的"新物种"。作为新物种的数字货币的产生，不可避免地突破和超越此前所理解的货币"内涵"。就形成数字货币理念与开发技术的"密码朋克"社群来说，他们既没有意愿，也没有可能接受传统货币思想和实践的学习和训练。

2.数字货币的内在性演进

自2009年初比特币诞生以来，在过去十年间，凭借去中心化和点对点交易等技术特性，催生了大量新型加密数字货币。数字货币的发展历史相当精彩。《数字货币蓝皮书（2020）》对数字货币的历史大致划分为以下几个阶段：

1.从比特币到形成非中心化数字货币群体的阶段。非中心化数字货

---

① 英文对于"货币"的表达方式要比中文丰富和严谨，包括：money/currency /coin/fiat money/ legal tender。在中文语境中，比较大而化之。例如 Bitcoin 的 coin 还是不同于 money 或者 currency 的。

币群体包括：（1）"以太坊及其通证体系"。现在比特币依旧处于中心位置。（2）"分叉币"。例如，比特币分叉币就有BCH、BCHSV、Bitcoin Gold，不一而足。（3）山寨币或者竞争币。最成功的比特币山寨版就是莱特币（Litcoin，LTC），莱特币在交易成本、交易速度、资源消耗等方面具有明显优势，被认为是"改良比特币算法最成功的加密货币"。（4）匿名币。最有影响的匿名币是门罗币。门罗币被视为现阶段隐匿性最强的加密货币，它使用加密技术屏蔽发送和接收信息以及交易金额，采取环签名和混淆地址的方式保证匿名性。在默认情况下，关于门罗币的任何交易细节都是不可见的。（5）具有特定场景的加密数字货币。例如瑞波币（Ripple）和恒星币。瑞波币主要应用场景在于跨境支付。与SWIFT相比，瑞波币的交易具有时间短、外汇兑换手续费极低等优势。目前瑞波币的服务已经覆盖27个国家，并与全球200余家银行和金融机构建立了合作关系。

2.稳定币全面巨额崛起阶段。在现阶段，无论比特币、以太坊、EOS，几乎所有加密数字货币都存在价格波动剧烈情况，其价值属性难以被认可，无法成为通用支付工具，更多时候还是被视为一种投机（或投资）标的。所以，要想实现数字货币的支付属性，首先需要维持价格稳定，于是稳定币应运而生。目前，公认稳定币分为三类模式：（1）法币储备抵押模式。通过抵押法币，发行与法币价值锚定的稳定数字货币。（2）数字资产抵押模式。通过在区块链的智能合约上抵押数字资产，发行锚定法币价格的数字货币。（3）算法模式。通过事先设定的算法机制，实现对稳定币供给数量进行调节，从而使稳定币价格与法币锚定。在全球范围内，已经出现成百上千种稳定币，稳定币将会成为比特币等民间数字货币和法定数字货币的连接桥梁。稳定币迅速扩张了数字货币版图，其中最知名的稳定币是USDT。2014年底，由Tether推出USDT，USDT通过与美元1∶1的锚定和区块链技术，实现自身价格的相对稳定。

3.机构数字货币发力阶段。2019年是机构数字货币发展的关键之年。

2019年2月14日，美国最大的商业银行摩根大通宣布即将推出摩根币（JPM coin），希望通过摩根币降低客户交易对手风险和结算风险，适应资本要求，实现即时价值转移。除摩根币外，2019年6月18日Facebook公布的Libra项目更是将机构数字货币发展推向新高潮，并且一定程度上改变了此前机构数字货币的固有模式。

4.法定数字货币进场阶段。法定数字货币是基于国家信用且一般由一国央行直接发行的数字货币。各国政府很早就开始关注比特币等数字货币发展，在相关部门出台有关监管政策的同时，部分国家的央行还在积极研究数字货币发行的可行性。但是直到2018年，世界各国央行对于法定数字货币仍处于概念层面。2019年下半年开始，法定数字货币正在从概念层面发展到实践层面，越来越多的央行正在（或将很快）从事法定数字货币工作。目前，大约80%的中央银行正在进行法定数字货币研究，大约40%已经从概念研究发展到实践或概念验证阶段，另有10%已经开发了试点项目。中国人民银行自2014年启动数字货币研究和试验，至2020年基本完成DC/EP的技术和政策设计。

以上四个阶段并没有清晰的分界线，存在模糊和交叉的情况。

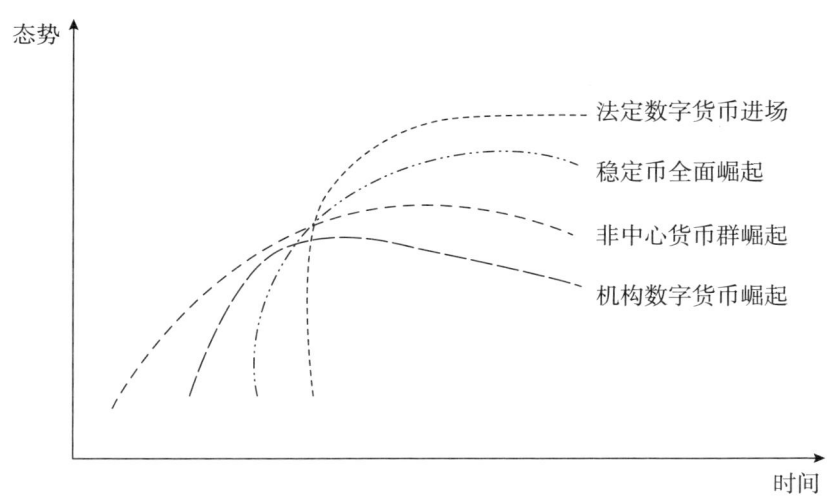

3.数字货币的外延性演变:从边缘到中心演进

从古到今,人类文明的分布和演变,包括经济地理、区域发展、空间经济、世界分工、社会体系、国际关系和地缘政治,普遍存在"中心—边缘"的转换现象。边缘和中心地位是相对的概念。古希腊和古罗马都曾处于人类文明的中心,后来因为种种因素经历了衰退过程而逐渐丧失了中心地位,被边缘化。到了1950年代,阿根廷经济学家劳尔·普雷维什(Raúl Prebisch)首先提出了"中心与外围"或者"中心与边缘"(center and periphery)概念。1960年代末至1970年代初,"中心—边缘"分析法逐渐成为世界经济学家、历史学家、社会学家、政治学家的常用方法。各国之间的贸易流动和外交关系符合这一结构。经济学、社会学、国际关系等学科也都涉及相关理论。[①]

1991年,藤田昌久(Masahisa Fujita)、保罗·克鲁格曼(Paul Krugman)、安东尼·J.维纳布尔斯(Anthony J. Venables)共同署名的《空间经济学:城市、区域与国际贸易》(*The Spatial Economy: Cities, Regions, and International Trade*)一书出版,提出了区域经济的"核心—边缘(中心—外围)"模型(Core-Periphery Model)。该模型以核心和边缘作为基本的结构要素,典型的"核心—边缘"结构就是制造业地区和农业地区。根据"核心—边缘"模型,垄断竞争、货币外部性和前后相关联效应结合在一起,导致发生突变性集聚的可能性。

过去十年,数字货币和传统货币的关系可以借用"中心—边缘",或者克鲁格曼等提出的"核心—边缘"予以更为清晰的解读。或者说,数

---

① 1966年,美国区域规划专家弗里德曼(J.R.Friedmann)根据米尔达尔(K.G.Myrdal)和赫希曼(A.O.Hirschman)等人有关区域间经济增长和相互传递的理论,以及对委内瑞拉区域发展演变的研究,出版《区域发展政策》(*Regional Development Policy*)一书,提出了"核心—边缘"的理论模式。

字货币与传统货币的关系演变基本符合"中心—边缘"结构。以下是数字货币与传统货币的关系演变的三个阶段:

第一阶段(2009—2012年):数字货币处于法币信用货币体系的外边缘地带。2009年比特币的诞生,相当于数字货币的奇点。彼时,比特币被认为属于密码极客的小众运动,是一种具有理想主义的思想实验而已,并不具备实用价值和储藏价值。当时的比特币价值与全球货币体系的总量相比,微不足道,甚至可以忽略不计,处于外边缘位置。如果以宇宙现象类比,传统货币体系是太阳系,数字货币最初仅仅处于太阳系的边缘。

第二阶段(2013—2017年):数字货币开始"嵌入"传统货币体系,进入边缘地带。在这一阶段,传统货币体系缓慢扩张,在比特币交易价格上升的刺激下,数字货币进入爆发式增长状态。期间以太坊的出现,展现了区块链技术的潜力,成为数字货币发展过程中的第二个"引爆点",数字货币版图呈现加速扩张态势。

第三阶段(2017年以后):数字货币开始向中心地带演进。2016年至2017年的ICO虽然在世界范围的严厉监管下最终势衰,但是,毕竟扩大了数字货币的影响力。接着稳定币大量出现,不再是脱离实体世界的纯粹虚拟货币类型,价值相对稳定,有别于原生态数字货币价格波动剧烈。最为重要的是,机构性数字货币开始出现,且与传统货币体系发生联结和融合。与此同时,传统资本开始进入数字货币和区块链领域,进一步推动了数字货币向整个货币金融体系中心的推进。各国央行对法定数字货币研究与试验的主导,标志着数字货币已经实现了中心化的突破。从中长期看,数字货币所具有的"张力",不仅会巩固其在中心地带的地位,而且会不断扩大其实质性的影响力。

上述三个阶段的差异见下图:

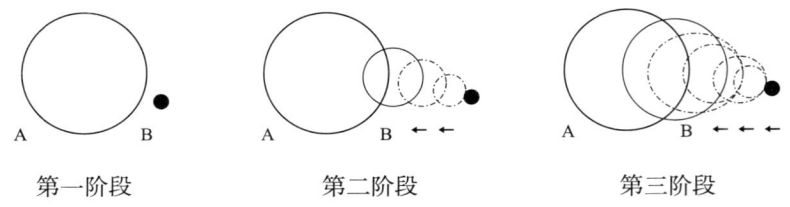

第一阶段　　　　　　第二阶段　　　　　　第三阶段

显然，通过"核心—边缘"理论分析数字货币和传统货币的关系，清楚地显现了两种形态的货币如何由独立存在、互不关联，过渡到数字货币"嵌入"传统货币体系，再从彼此极不平衡状态向相互传递和相互关联的平衡发展系统演进。

4.数字货币实现从"边缘"进入"中心"的基本原因

推动数字货币从边缘向中心演进的因素很多，有数字货币本身的原因，也有外部原因。主要是：

4.1　传统金融货币体系全面解构。1944年7月，布雷顿森林会议确立了二战后以美元为中心的国际货币体系：黄金具有国际储备地位，规定了美元的含金量，美元与黄金直接挂钩，其他货币与美元挂钩。布雷顿森林会议还有两个重要成果：创建了国际货币基金组织（IMF）和世界银行（WB）。IMF的治理制度基于"特别提款权"（SDR）机制，通过向成员国提供短期资金借贷，实现国际货币体系的稳定目标。WB以实现成员国经济复苏和发展为目标，基本手段是向成员国提供中长期信贷。

布雷顿森林会议所确立的国际货币体系仅仅维系到1971年8月，当月，美国总统尼克松正式宣布美元和黄金脱钩，美元与黄金的固定汇率时代结束。美元在国际货币体系的中心地位并没有因此动摇。例如，1974年12月，美国与沙特阿拉伯货币局签署了一项协议，即原油用美元结算，由此，布雷顿森林会议体系下的黄金美元成功地转化为石油美元。美联储继续维系其全球货币中心的"权力机构"，国际货币基金组织、世界银行以及欧洲央行等跨国货币机构成为次中心。进入21世纪之后，美元、欧元、日元、英镑等主要国际储备货币构成继续处于中心地位，只是随着中国等新兴经济体的崛起，中国央行等一些新的主权货币机构和区域性金融组织逐步跻身国际货币体系，国际货币体系内的协调监督机构及各类货币的地位有所变化。见下图：

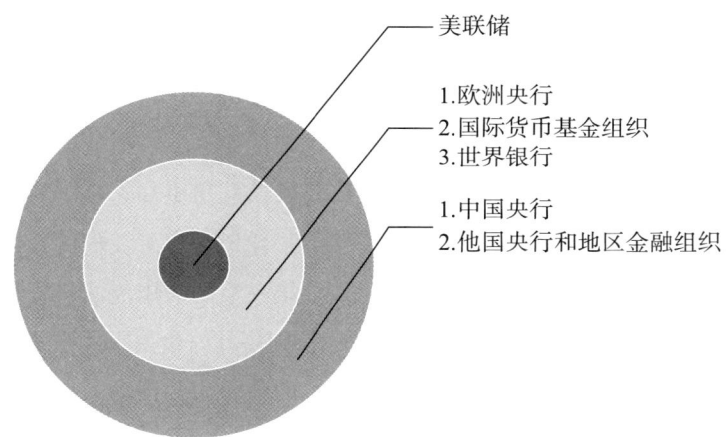

但是，不论是布雷顿森林会议体系，还是后布雷顿森林会议体系，都存在两个制度性的垄断：（1）美元垄断地位。美元的垄断导致世界货币金融资源分配严重失衡。（2）央行垄断地位。各国央行垄断信用货币发行权，形成对民众财富的创造和分配的绝对控制。

上述两种垄断的叠加，最终引发了一次又一次的世界性金融危机，形成金融危机与货币危机的互动。2008年世界金融危机加剧了世界货币金融制度的内在矛盾和解构趋势。这样的背景，自然为数字货币的崛起提供了有利的外部环境。

4.2 数字货币的理念。数字货币理念，首先源于密码朋克的理念。其次，数字货币的理念包括了一系列经济学家的追求。早在1976年，经济学家哈耶克就在《货币的非国家化》(*Denationalization of Money*)一书中,揭示现有主权信用货币体系的弊端,进而提出用竞争性私人货币取代国家发行的法定货币,在类似于自由市场中进行自由有效配置,可能会提供更加健全稳定的货币环境。此外,经济学家劳伦斯·怀特(Lawrence White)、尤金·怀特(Eugene White)、休·罗考夫(Hugh Rockoff)等人相继得出相同的结论:对货币而言,竞争比垄断更有效。弗里德曼也曾提出假设:以自动化系统取代央行,从而实现以稳定速度逐年增加货币供应量,以避免通货膨胀。中本聪创造比特币的初衷与这些理论和思想内核存在着显而易见的契合。中本聪曾表示:"传统货币的根本问题,正是来源于维持它运转所需要的东西——信任。人们必须要相信中央银行不会有意劣化货币,可是法币的历史却充满了对这种信任的背叛。我们相信银行,银行持有并电子化地转移了我们的钱,可是银行却在部分保证金制度之下,通过一浪接一浪的信用泡沫将货币抛撒出。"数字货币的理念和背后的价值观,特别是其与生俱来主张货币的非国家化,向民众分享铸币权,具有相当大的吸引力,推动了一个全球性的社会运动。

4.3 数字货币的强大生命力和繁衍能力。数字货币经历了"大爆炸"过程,显现了强大的生命力和繁衍能力,几乎每天都有新的数字货币出现,至今已成气候。根据数字货币行情平台"CoinMarketCap"的数据,"截至2020年3月末,全球共有超过5200种加密数字货币,总市值高达1849亿美元。常见的比特币、以太坊、瑞波币、莱特币等数字货币占据着加密数字货币市场的绝大部分市值。其中,作为目前影响力最大也是最成功的加密数字货币,比特币市值在加密货币市场总市值中的占比更是高达65%左右"。①

以信用为基础的法币货币形态,有着高昂的和无法量化的制度成本,

---

① 参看《数字货币蓝皮书(2020)》,第17页。

在任何主权国家范围内都是政府行为，不存在复制空间。而数字货币具有强大生命力、复制和繁衍能力，与三个原因有直接关系：（1）技术原因。数字货币基于计算机算法，能实现以极低成本甚至零成本完成货币创造、流通和交易，准入门槛降低。（2）数字货币产业链的原因。数字货币和数字货币产业链相辅相成。数字货币的产业链主要包括挖矿、交易和存储（钱包）三个主要环节。（3）参与主体原因。包括数字货币的所有者。截至2020年3月末，根据bitinfocharts.com的数据，比特币持币地址总数近3000万个，以太坊的地址数量约9200万。也包括基于数字化产业链的具有理工科和技术背景的专业人士，以及"码农"和"矿工"等群体。就年龄而言，以80后为主体；就全球分布而言，没有国界限制，没有发达市场经济国家和新兴市场国家、富国和穷国的界限。

4.4 传统资本的进入。传统资本进入数字货币领域存在不同模式：（1）传统金融机构直接发行数字货币。例如高盛集团、摩根大通、瑞士联合银行等跨国银行均已获得发行数字货币的行政许可。机构数字货币应用场景集中于跨境支付和证券交易。在这两个场景中，应用数字货币的目的主要是解决传统金融系统中存在的效率低下、成本较高的问题。（2）传统资本投资数字货币产业链，例如交易所。（3）通过市场，直接拥有比特币或者其他类型的数字货币。

以风险融资为例，据零壹智库不完全统计，在2012—2019年间，全球区块链及数字货币市场共计发生超过1500笔风险融资，公开透露的融资金额高达782.2亿元。其中，2018年是区块链及数字货币领域投融资的"爆发之年"。到2019年，投融资市场逐渐趋于理性，全年投融资数量为543笔，融资金额约238.3亿元，较2018年出现小幅回落。见下图：

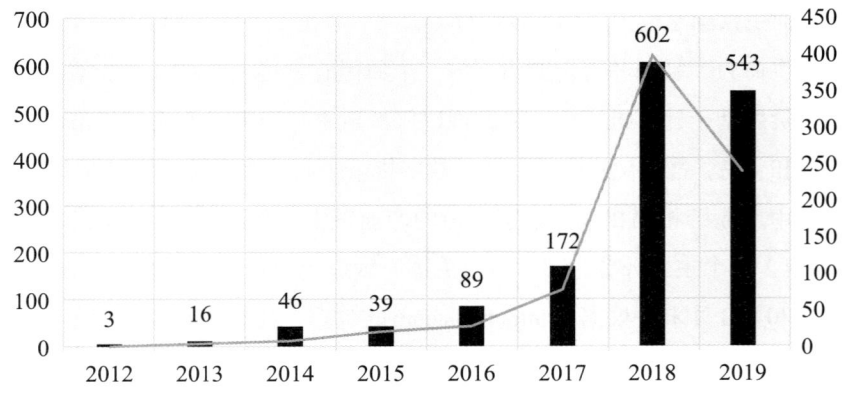

从具体领域来看,数字货币相关赛道始终最受资本市场青睐。仅2019年,就有超过35%以上的区块链及数字货币市场的投融资最终流向数字货币领域。而数字货币交易所/平台又是其中最吸金的细分赛道,融资金额占全年融资金额的16%左右。除此之外,数字货币钱包、数字货币融资、分布式金融(DeFi)等数字货币相关领域也在投融资市场表现活跃。

中美两国近些年在区块链及数字货币领域始终领跑全球,并呈现交替领先的态势。两国2019年在区块链及数字货币领域的投融资数量合计占全球总量的60%以上,合计融资金额更是超过全球总量的70%。欧洲则成为近年全球区块链及数字货币市场投资增速最快的地区。

4.5 Libra冲击波。2019年6月Libra白皮书发布,宣称Libra属于无国界的数字货币和为数十亿人服务的金融基础设施和"货币互联网",引发人们对数字货币的前所未有的关注,成为自2009年比特币诞生以来数字货币领域又一重要事件。Libra被认为是一种超主权数字货币,由Facebook牵头联合28家初始创始机构(截至2020年2月,已有8家机构退出)共同推出,这些机构可以为Libra提供信用背书,并且提供规模巨大且覆盖全球的用户群体。创始机构需要缴纳储备金。从白皮书内容来看,Libra体系具有三个主要特点:(1)管理模式:由独立的非营利性成员制组织Libra协会进行治理；（2）核心技术：建立在安全、可扩展和可靠的区块链基础上；（3）资产储备：由现金、现金等价物和非常短期的政府证券组成储备金支持。Libra宣称："希望Libra成为一个不受华尔街控制，也不受中央银行控制的新金融系统的基础设施。"Libra希望通过这样的基础设施，提供覆盖全球的金融交易和转账服务。Libra的构想一旦真正实施，极有可能发展成为在全球范围内被广泛接受的超主权货币，将对全球各国货币主权、货币政策和金融稳定等方面带来不小的影响。所以，自2019年6月到现在，针对Libra所引发的各个国家各个方面的监管难题，Libra没有停止与相关国家监管部门的沟通。与此同时，继续完善Libra框架的技术开发。2020年4月，Libra白皮书2.0版本发布，意味着Libra的发展将进入一个新的阶段。虽然至今为止Libra的发行仍存在诸多未知数，但Libra的影响力带动了数字货币整体影响力的进一步扩大。

4.6 央行法定数字货币。目前，世界各国对于央行法定数字货币的态度分为三类：（1）开发态度。央行积极探索发行法定数字货币的可行性，开展法定数字货币项目的试点工作。以中国人民银行为代表。（2）保守态度。央行关注数字货币动态，并做有限的探索和研究，将发行法定数字货币作为多种解决方案之一，专注于改善现有的支付体系和监管安排。（3）反对态度。央行不认为存在立即发行法定数字货币的需要。

世界各国的央行对于法定数字货币之所以不存在统一的态度，除了各国国情不同之外，还有对于发行法定数字货币的认知差异和如何衡量利弊的差异。[1] Libra白皮书的发布，推动了世界越来越多的国家关注法定数字货币的战略意义，启动法定数字货币的研发行动。在法定数字货币方面，

---

[1] 国际货币基金组织在一篇博客文章中指出，发行法定数字货币存在七项优势，同时面临五项挑战，各国必须根据实际情况权衡发行法定数字货币的利弊。七项优势是：降低现金管理成本；实现普惠金融；保证支付系统的稳定性；增加市场竞争性和维护市场秩序；应对新型数字货币的挑战；支持分布式账本技术的发展；便利货币政策实施。五大挑战是：银行中介地位被削弱；"挤兑风险"；中央银行的资产负债表和信贷配置问题；对法定数字货币产生的国际影响需要做进一步研究；中央银行的成本和风险增加。

中国央行是领跑者。2019年底,中国央行已基本完成了法定数字货币(DC/EP)的顶层设计、标准制定、功能研发、联调测试等工作,2020年第二季度开始进入落地试点阶段。[①] 中国央行为DC/EP提供100%的准备金并进行信用担保,具有无限法偿性(即不能拒绝接受法定数字货币)。DC/EP是中央银行的负债,其定位是对流通中的现金亦即M_0的替代。

可以充分肯定,虽然央行的法定数字货币与原生态数字货币有着某些根本性的不同,但是确实代表了数字货币的一个新方向,直接加速了数字货币从边缘到核心的进程。

5.数字货币对全球货币金融体系和货币政策的影响

"相较于传统货币,数字货币具有发行主体多元、发行流通成本低廉、流通速度较快等比较优势。传统货币的发行权由国家掌握,以发行国的国家信用进行背书,再由中心机构(中央银行)集中发行。而数字货币的发行不追求权威性,发行主体是多元化的。在发行和流通成本上,数字货币的信任机制以非对称密码学为基础,使用者可以直接点对点进行可信任的价值交换,不需要通过中心机构,价值交换的摩擦成本基本为零。由于数字货币没有实物形态,也不会产生印刷、运输、损耗、销毁等费用。同时,数字货币非实物流通的特征,也使其流通变得更快。数字货币的出现将对全球货币经济体系以及中国货币经济体系产生一系列的影响。"[②]

5.1 数字货币对宏观经济的影响。数字货币的出现,使传统的投资方式、产业结构、就业模式以及经济组织发生了改变。(1)数字货币改变了资本形态、资本地位和资本主体。集中体现为利息对资本、资本对

---

① "DC"是数字货币(Digital Currency)的缩写,"EP"是电子支付(Electronic Payment)的缩写。
② 参看《数字货币蓝皮书(2020)》,第112页。

投资模式的全方位变革,最终会导致投资方式的改变。(2)数字货币使产业结构发生了变化。数字经济、信息经济和观念经济等非实体经济发展起来。(3)数字货币丰富了就业模式。自我就业、合作经济和共享经济逐渐成为主流,丰富了传统的就业模式。(4)数字货币改变了经济组织,主要表现为传统公司形态的逐渐衰落以及企业不断小型化,创业模式不断多元化。面对经济危机常态化,数字货币可能成为实现长期经济复苏的一个选择。[1]

5.2 数字货币对全球货币金融体系的影响。数字货币对全球货币金融体系的影响属于"结构型"和"混合型"影响:(1)形成现行信用货币制度的平行体系。在信用货币制度下,法币体系需要国家信用背书。不论发达国家,还是发展中国家,不论怎样的政治制度,都不足以保证国家信用的稳定。一旦国家发生经济、政治和社会危机,将不可避免地传导到国家货币体系。在一些经济落后的国家,国家信用缺失常态化,传统货币制度难以稳定。如果引入稳定币和法定数字货币,则形成平行货币系统。(2)改变资本流动模式。数字货币在跨境业务方面具有得天独厚的优势。在跨境支付结算时,数字货币作为"交易媒介"可以实现与法定货币的双向兑换。用户可以用法定货币购买数字货币,然后再将数字货币兑换成法定货币,从而影响国际资本流动。此外,法定数字货币相较于现金更有利于资本流动。当然,需要防范不法分子通过数字货币逃避外汇管制,甚至使其充当洗钱的一种工具。(3)缓冲汇率波动。在传统信用货币体系下,一些国家可以通过操控汇率变动,直接影响进出口,控制全球资源价格。具备超主权货币特征的数字货币天然具备国际货币的特征,能够避免汇率波动对于经济的影响。

5.3 数字货币对国家货币政策的影响。传统的货币政策基于传统货

---

[1] 参看《数字货币蓝皮书(2020)》,第114页。

币经济结构,数字货币可以直接影响传统货币政策传导机制:(1)利率。从理论上看,数字货币的出现和发展,严重干扰了利率与货币需求的函数关系。在可以预见的近期,央行数字货币有利于实施零利率、负利率政策。从长期来看,数字货币的供应量不受人为控制,将促使零利率、负利率常态化。(2)"流动性陷阱"。去中心化数字货币和机构数字货币功能单一、种类繁多,难以与法定货币的"利率"挂钩,所以,这类数字货币对价格的需求弹性与传统货币差异非常大。加之,法定数字货币具有天然的透明性,难以转换为"投机性"货币需求。(3)IS-LM模型。IS-LM模型的核心是利率。数字货币对传统货币体系和宏观经济的渗透,打乱了传统的利率和投资、货币需求和货币供给之间的逻辑关系,导致IS-LM模型失灵,也就是以利率作为调节工具的传统货币政策失灵。所以,传统货币政策需要改变和调整。

5.4 数字货币对于美元地位的挑战。随着数字货币的继续发育和发展,在全球货币体系的地位从边缘到中心的演变,数字货币世界内部也发生着关于边缘和中心的动态变化。法定货币数字化在更多国家的蔓延,必然构成对传统货币体系的冲击,特别是挑战美元在世界货币体系的"中心"地位。事实上,美联储和货币金融界对此是有充分认识的。Libra从1.0文本到2.0文本的改变,从所谓的一篮子方案到以美元为"锚"的转变,有着超越常规监管认知的深刻背景。

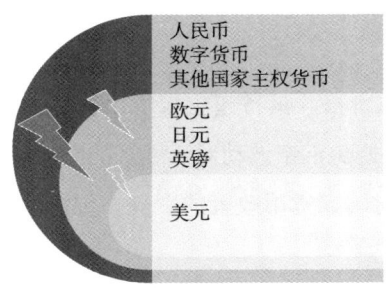

以美元为核心的国际货币体系正受到挑战

结语

自比特币产生已有十年光景。对于经济史和货币史,十年是太短暂的时间尺度。在过去的十年间,数字货币作为基于技术信任的"新物种",实现了从边缘到中心的转变,为改变传统货币体系注入了颠覆性元素。如果假设"数字货币化程度"=数字货币规模/传统货币规模(单位:%),在可以预见的未来,"数字货币化程度"一定会处于持续上升的趋势。

不仅如此,在更多的机构和政府入场的情况下,数字货币会进入高速发展时期。在这个时期,"数字货币已成数字经济体系一个基本组成要素,它正在与全球经济金融活动产生互动互融,数字货币的出现不仅使得全球货币体系向多元化发展,数字货币本身发展也呈现出多元化。从去中心化数字货币到机构数字货币再到法定数字货币,不同类型的货币在数字经济时代,将沿着各自的发展路径,承担起各自的角色,为整个货币体系发展演变贡献自己的张力"。[①] 一个数字货币主导的时代即将到来。

[①] 参看《数字货币蓝皮书(2020)》,第126页。

2-2　从货币史的重要节点认识数字货币与数字经济[①]

货币是经济学的核心内容，经济学家为货币的本质耗费智慧，进行了长久的思考、讨论和争议。但是，在现实经济生活中，货币依然在不断地运行与演化。理解经济史，需要理解货币史。我赞同凯恩斯的一个说法："如果以货币为主线重新撰写经济史，那将是相当激动人心的。"[②] 我这样描述货币史和经济史的关系：没有货币史的经济史，是杂乱的和没有灵魂的经济史；而没有经济史的货币史，将是干枯的和没有血肉的货币史。

我今天的发言分成两个部分。第一部分以11世纪作为起点直至21世纪当下，选择9个中国货币史和世界货币史有着强烈对应关系的时间节点，展现包括中国货币史在内的世界货币经济历史演变的轨迹。第二部分是几点结论。

1.第一部分

在过去1000年间，选择1023年、1436年、1644年、1935年、1944年、1971年、1980年、2008年和2019年作为时间节点。通过这9个时间节点，可以清楚地看到中国货币史的演变和世界货币史的演变从来是互动的。而这种关系变得越来越紧密，越来越深刻。

[①] 本文系作者于2019年12月18日在"蓟门法治金融论坛第八十四讲"上的主题发言。
[②] 出自凯恩斯《货币论》。

1.1　1023 年

1023 年，世界上有代表性的经济主体是两个：一个是东方的宋帝国，一个是西方的东罗马帝国（395—1453 年）。宋代包括北宋（960—1127 年）和南宋（1127—1279 年）两个时期。不论北宋还是南宋，大部分时间处于经济稳定和繁荣状态。

宋代的货币主体是包括金银，以及铜和铁的金属货币。在金属形态货币中，铜币占主导地位。宋代铸造铜钱的数量是中国历史上最多的。"在整个北宋 167 年间，大多数年份里铜钱的年铸行量都在 100 万贯以上。最多的年份甚至可铸 500 万贯，需要耗费 1 万吨左右的铜。如果将这些铜钱一枚接一枚地排列起来，大约可以绕地球一周半"，"在宋代，一个人的日平均消费水平，一般也就是铜钱数十文至百文左右"。[①] 在史学界，关于北宋进入流通的铜币总量至少在 2.5 亿—2.6 亿贯，铜钱成分通常为铜、铅、锡，每贯重 4.5—5 斤，并没有太大争议。宋代铁钱，通常每贯至少重 6.5 斤，大铁钱每贯重 25 斤以上。宋初官秤斤重 680 克，中叶为 640 克。如果仅铜币 2.5 亿（贯）折合成现代重量，至少数十万吨之多。南宋时期，铜钱铸造数量有所减少，但是铜钱额每年也有 15 万贯，铁钱额每年 40 万贯。但是，整个宋代始终处于"钱荒"压力之下，金属货币需求和供给极度失衡，一方面货币金属资源极度短缺，一方面金属货币（主要是铜钱）大量流入海外。

1023 年是交子（发行时间为 1023—1209 年）的发行年。此时，皇帝是宋仁宗赵祯。宋仁宗时期的中国，文化革命和经济革命交相辉映，外部周边环境得到了改善，国家财政收入大规模增加，人才济济。苏轼、苏洵、苏辙、王安石、曾巩、欧阳修、范仲淹，还有张载、程颐、程颢，都是这个时期的人物。

---

① 汪圣铎：《宋朝人的钱，多还是少？》，《中华遗产》，2019 年第 01 期。

正是在宋仁宗时期，建立信用货币的历史条件趋于成熟，加之造纸业和印刷业已经相当发达，纸币自然成为优先选项，于是产生了交子、钱引和会子（发行时间为1166—1240年）。交子上印有"除四川外"四个字，可以理解为不包括四川，也有人认为包括四川，至今莫衷一是。争议的背后涉及如何认识在当时的历史条件下，交子在中国的流通空间范围。

之后，一直到南宋，交子持续存在。值得注意的是，在南宋还有过一个交子、钱引和会子三种纸币并存的时期。主要的结论是，中国在11世纪完成了信用货币的建立。

再将目光转移到东罗马帝国，即拜占庭。东罗马帝国延续了西罗马帝国的货币制度。

西罗马帝国的衰亡原因有非常多的解释，其中一个是货币原因说：贵金属在奥古斯都时代（前63—14年）达到高峰，后来逐渐下降，最终供给严重不足，不能满足经济实际需要，由此引发萧条，触动西罗马帝国衰亡。相应的，东汉末期的政治动荡，也存在黄金枯竭、其他金属货币不足、谷帛代替货币，最终导致经济恶化的情况。这之前，西罗马时代贵金属达到高峰时，恰恰也是西汉黄金资源最丰富的时代，最重要的证据就是前几年在西汉海昏侯刘贺墓地的发掘过程中出土了巨量黄金。中国无法解释黄金从西汉之后为什么消失，这同样是西罗马帝国历史之谜。

东罗马帝国重蹈贵金属货币短缺的覆辙，到了公元800年前后，黄金存量跌到了原本的十一分之一。同时唐朝发生近似情况。在安史之乱背后，也可以寻找到金属货币资源萎缩的深层原因，货币经济已经不再适应整个唐代经济发展。

10世纪之后的马其顿王朝（867—1056年）以黄金和铜币构成货币体系，支撑整个社会的经济运行。但是到了11世纪，东罗马帝国的金属产量开始枯竭。在这个历史时期，伊斯兰教和基督教世界普遍遭受了银荒。进入1030年代，对应于北宋发行交子的宋仁宗时期，东罗马帝国的货币体系开始瓦解。

理解货币与罗马帝国兴衰的相关性，以及西罗马帝国和汉帝国、东罗马帝国和唐帝国都遭遇到货币资源匮乏导致萧条、引起政治动荡的问题，有助于理解后来的哥伦布和麦哲伦实际上是为了寻找贵金属资源才去航海，在此过程中发现新大陆，或者完成环球航行。

结论是11世纪是全球的一次货币体系的分野，1023年是一个历史节点。在中国，以会子为里程碑，从宋朝开始经过元明清，不论纸币有怎样的起起落落，终得以延续，并与白银和铜代表的金属货币并存到1930年代。而西方则继续以黄金为主体货币的体系。这是全球货币历史的大格局，存在着内在历史逻辑。

2023年是交子发行1000周年。从现在起到2023年还有三年时间。我建议中国金融博物馆创建人王巍开始策划交子1000周年的庆典活动。意义极大。

1.2　1436年

1436年，明朝第六个皇帝英宗朱祁镇登基，即刻宣布"弛用银之禁"。中国自此开启货币白银化的历史，并在很大程度上塑造了东亚银铜复本位制度，继而影响了世界货币经济格局。明英宗是明朝皇帝中较为特殊的一位，当过两次皇帝。第一次做皇帝时因为被北方少数民族俘虏，他的弟弟当了皇帝，之后他又复辟重新当了皇帝。明英宗1436年宣布在整个明朝境内实行白银体制，这并非因为朝廷拥有了丰富的白银资源，所以推动明英宗做出决策的基本动机始终值得研究。但是，可以肯定的是，没有1436年白银经济的启动，就没有张居正在90多年之后的"一条鞭法"[①]改革。

---

① "一条鞭法"是明代嘉靖时期确立的赋税及徭役制度，由桂萼在嘉靖十年（1530年）提出，之后张居正于万历九年（1581年）推广到全国。新法规定：把各州县的田赋、徭役及其他杂征总为一条，合并征收银两，按亩折算缴纳。这样大大简化了税制，方便征收税款，同时使地方官员难以作弊，进而增加财政收入。

不仅如此，中国明朝白银经济的启动，通过国际贸易刺激和推动了当时世界两个主要国家的航海时代的到来。几乎同时，葡萄牙和西班牙开始了大航海时代。在著名的亨利王子（Prince Henry the Navigator）支持下，葡萄牙很快建立了当时最先进的船队，并且网罗各国的数学家、天文学家、地理学家、地图绘制专家，收集与航海相关的文献资料，创办航海学院。1436年，即明英宗登基、明朝启动白银经济的同一年，葡萄牙船队到达一个叫尼奥·得·奥罗（Rio de Oro）的地方，并发现沙金，但是价值有限。到了1448年，葡萄牙船队占领阿尔金岛，建立贸易中转站，使其成为提供黄金的重要中心。葡萄牙航海业终于获得回报。据说，亨利王子府库里的沙金在经过大量开发和消耗之后，在他去世之后还能用18年，足见其数量之大。至1457年，拥有足够黄金储备的葡萄牙开始铸造高价值货币，其稳定价值维系到1536年。

1430—1460年代，西班牙开始建立世界航海霸权。1494年，西班牙和葡萄牙达成瓜分欧洲以外新发现陆地的《托尔德西里亚斯条约》（*Treaty of Tordesillas*）。根据条约，两国将佛得角群岛以西300里格（约合1770公里或1100英里），大约位于西经46°37′的南北经线作为势力分界线：分界线以西归西班牙，以东归葡萄牙。①葡萄牙于1510年建立果阿行政中心，管理东方的殖民地，次年控制马六甲海峡。

1519年，麦哲伦开始环球航海，1621年横跨太平洋，进入菲律宾群岛。

正是在这样的大背景下，葡萄牙人在1553年，即明嘉靖三十二年获得澳门居住权。由此，澳门开始成为白银输入中国的四条路线的枢纽：（1）从东帝汶经里加锡到澳门，再到广州；（2）从里斯本、果阿到澳门，再到广州；（3）从墨西哥到马尼拉，经澳门到广州；（4）从秘鲁到澳门，

---

① 由于麦哲伦的环球航行，葡萄牙和西班牙为了明确在太平洋上各自的控制范围，于1529年重新签订了《萨拉戈萨条约》（*Treaty of Saragossa*）。

再到广州。

世界货币史再次出现巨大的巧合。1436年中国的明朝开启白银经济，正逢葡萄牙和西班牙开启世界航海的黄金时代。1492年哥伦布发现新大陆之后，墨西哥和秘鲁的白银资源开始大规模地流入白银资源短缺的中国，刺激了中国经济发展和国民财富增加。如果说，11世纪是东西方货币经济的分野节点，那么，15世纪开始到16世纪初，世界货币经济重新走向融合。中国成为15世纪、16世纪大航海时代，以及西欧价格革命的最大受益者，南美新大陆的白银经西班牙进入中国，支持了中国货币经济的白银化。

1.3　1644年

1644年，崇祯皇帝朱由检自尽于北京紫禁城，明朝正式覆灭。历史学家史景迁说过：实在无法理解一个大明王朝竟然在1644年突然崩塌。[①]导致明朝覆灭的原因很多，最主要原因是白银流入锐减，导致财政危机。其全球性背景是：欧洲经济和政治危机影响了世界白银生产和交易，中国从南美洲进口白银的最重要的马尼拉通道中断。与此同时，日本切断对中国白银的出口。于是，崇祯朝末年，中国同时发生了因银价暴涨引发的通货紧缩和铜价跌落引发的通货膨胀。

1640年代，不仅在中国，而且在亚洲的印度和奥斯曼帝国（Ottoman Empire）都发生了全方位的政治危机。中国是最严重的。

1644年也是世界历史上的关键性年份。在这年，英国爆发资产阶级革命，引发长达四十年之久的英国内战，其重要历史结果是斯图亚特王

---

① 史景迁还说过，英国的莎士比亚（1564—1616年）和中国的汤显祖（1550—1616年）是同时代的人，如果把莎士比亚和英国连在一起，把汤显祖、吴承恩和明朝灭亡的危机连在一起，会对历史有更加全面的感知。

朝倒台，催生了《权利法案》，①促成后来英格兰的崛起。在欧洲大陆，漫长的三十年战争开始进入尾声。在东欧，传统强国波兰立陶宛联邦、莫斯科公国、乌克兰之间处于严重军事对抗状态。这些大事件一起发酵，很大程度上影响了世界后来的三百年历史走向。

认识世界史上的1644年，需要拉长历史场景。这样，就有了英国史学家霍布斯鲍姆（E.J.Hobsbawm）于1954年提出的"17世纪危机"的概念。根据这个理论，17世纪的欧洲处于从中世纪社会到近代社会的关键性转折，欧洲各国都发生了经济衰退、谷物生产萧条、人口死亡率上升、资产阶级革命爆发、社会叛乱等众多异象，即所谓的全球普遍危机。据有的学者研究，15—20世纪中，发生战争最多的是17世纪。欧洲经历了1618—1648年的三十年战争；1635—1666年，世界各地发生大规模叛乱与革命49次，和平时期特别短暂。1618—1678年，波兰动荡27年，荷兰动荡14年，法国动荡11年，西班牙只动荡3年。17世纪这场全球性的危机也使得国与国之间战争频繁。②人类历史上常常会在某一个时段发生全球性的普遍经济危机，影响政治、经济、社会、思想、宗教，以及现实生活的方方面面。

进一步探讨，17世纪危机与当时的一个全球性小冰川时代存在强烈的相关性。小冰川时代，最终影响了中国陕北的农业收成，农民失去基

---

① 《权利法案》(*The Bill of Rights*)，全称《国民权利与自由和王位继承宣言》(*An Act Declaring the Rights and Liberties of the Subject and Settling the Succession of the Crown*)，是英国资产阶级革命中的重要法律性文件，但并非宪法。它奠定了英国君主立宪政体的理论和法律基础，确立了议会权力高于王权的原则，标志着君主立宪制开始在英国建立，与《王位继承法》(*Act of Settlement*) 共同标志着英国资产阶级革命的结束，为英国资本主义的迅速发展扫清了道路。

② 代表著作有亨利·卡门（Henry Kamen）的《黑铁世纪：欧洲的社会变革，1550—1660》(*Iron Century*: *Social Change in Europe*, *1550—1660*)；美国学者帕克（Geoffrey Parker）的《全球危机：17世纪的战争、气候变化与大灾难》(*Global Crisis*: *War, Climate Change and Catastrophe in the Seventeenth Century*)。

本生存条件，导致了张献忠起义；受小冰川影响的恰恰是中国北部地区。英国在1640年代农业衰败，直到1660年查理二世（Charles II）复辟之后，随着天气的转暖，局势才真正稳定下来，英国重新走上了一条崛起之路。在中国，小冰川时代一直持续到康熙朝中后期。必须指出，英国崛起还有其他原因，最大的原因是英国在这个时候形成了现代企业组织，建立了海上霸权。

1644年成为中国和西方的历史再次分叉的时间节点，中国与西方的货币金融从此分流。中国清王朝建立的是"货币+国家财政+信用"的体制，本质是财政国家，财政主导货币；以英国为代表的西方国家建立的是"货币+公司利润+信用"体制，国家依赖于公司利润。在康熙执政的61年间，有37年处于萧条之中。直到1697年，已经快进入到18世纪，中国才终于走出萧条。而在英国，牛顿（Isaac Newton）自1696年担任皇家铸币局总监，不久担任铸币局局长，他不仅关心货币铸造，以及所谓的金属货币的防伪问题，而且推动完成银本位制转向了事实上的金本位制。在17世纪末的中国，是不可能产生牛顿的。1644年开始的这次分野，使英国走上了工业革命的道路，而被政府控制的白银经济体系所束缚的中国经济发展缓慢，甚至发生阶段性停滞和倒退，这样的状态一直持续到20世纪30年代。

1.4　1935年

1900年代初至1930年代初，伴随中国工业化和基础设施现代化的进展，现代金融制度开始在中国得以发展。但是，中国几乎是唯一使用白银货币的世界金融孤岛。中国实现货币制度改革势在必行。在1927年至1930年前后，中国发生过关于币制改革的大讨论。参加人数之众多，涉及问题之广泛，分歧争议之热烈，论述问题之深入，都是晚清、民初历次其他讨论所不能比拟的。进入1933年，国民政府认识到：政府必须尽快主导实施货币制度改革，统一货币的发行权。

当时国家货币制度环境因为1929年大萧条而改变，金本位被废弃。中国实行金本位的主张和各种方案已经落后，国民政府原本选择的金本位方案搁浅，"废两改元"几乎是唯一选择。1933年3月10日，国民政府财政部发布《废两改元令》，规定所有公私款项收付、契约票据及一切交易，一律改用银币，不得再用银两。1933年4月5日，国民政府最终完成了"废两改元"在交易中的法律程序，国民政府中央政治会议宣布于次日即4月6日起，全国一律"废两改元"，中国正式进入了"银本位"时期。到1933年底，"废两改元"在全国范围推行成功。

国民政府推行法币过程

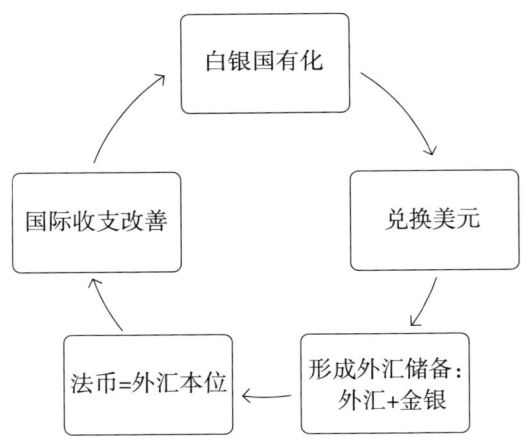

但是，进入1934年，因为美国罗斯福总统签署《白银法案》，世界白银价格急剧上升，中国白银大量外流，随即爆发严重的"白银风潮"，国民经济开始全面衰退。国民政府不得不放弃刚刚确立的"银本位"，在开始与美国"白银谈判"的同时，于1935年末断然实施"法币改革"。此次"法币改革"的重要前提是白银国有化、国家管制硬通货、法币与美元建立"固定汇率"。

1935年离现在没有多么久远，100年前的中国还在实施银两制度。1933年"废两改元"，两年之后法币改革，"是中国自有货币经济以来的一次'金融巨变'，是白银货币化以来的一次翻天覆地的革命，实属中国20世纪影响最深远的事件，其意义超越了货币经济本身，涉及政治、社会、国际关系、人们观念诸多方面。即使在今天，评价这次货币经济改革也非易事"。[①] 所以，如何评价中国1935年的法币改革，至今存在争议。一派意见认为，没有1935年的币制改革，就没有抗日战争的胜利，因为国家没有手段实现财政手段和货币手段相结合，通过增发货币和实行货币贬值，实现战时财政政策。另外一种观点则认为，正是1935年的法币改革颠覆了中国数千年的自由经济传统，埋下了后来1946—1948年恶性通货膨胀的祸根，最终导致国民党政权的覆灭。

无论如何，1935年，中国完成了一次超前的货币制度改革，建立了完备的国家信用货币制度，其改革的整个思路与后来的布雷顿森林会议体系有相当大的相似之处。由此，中国货币体系通过与美元的紧密结合，实现了与现代国际货币体系的合流。

1.5 1944年

二战结束前后有三个会议影响了历史：(1) 发生在诺曼底登陆之前的布雷顿森林会议，影响了货币史；(2) 发生在诺曼底登陆之前的雅尔塔会议（Yalta Conference），决定了地缘政治格局；(3) 梅西会议，决定了世界的科技发展方向。

布雷顿森林会议有44个国家的代表参加，会议集体通过了《联合国货币金融协议最后决议书》，及《国际货币基金组织协定》和《国际复兴开发银行协定》两个附件，总称《布雷顿森林协定》。协定内容包括：美

---

① 朱嘉明：《从自由到垄断：中国货币2000年》，上卷，台湾远流出版社，2012年，第410页。

元与黄金挂钩，成员国货币和美元挂钩，实行可调整的固定汇率制度；取消经常账户交易的外汇管制等。美国基本责任包括：美联储保证美元按照官价兑换黄金，维持协定成员国对美元的信心；提供足够的美元作为国际清偿手段。

布雷顿森林会议的重要结果是：（1）各国政府可以在没有金/货币本位下制造货币，形成基于国家信用的货币垄断体系；（2）各国政府可以获得伴随货币发行规模的"铸币税"，即政府拥有印制货币的垄断权而能获得的收入；（3）中央银行地位上升，因为美元的地位，美联储成为事实上的"央行的央行"；（4）成立国际货币基金组织和世界银行，支持和维护世界货币金融体系和秩序。

从"金本位"到"布雷顿森林体系"

1944年召开布雷顿森林会议时，中国政府是南京国民政府，会议代表是孔祥熙。孔祥熙因为主持过南京政府在1935年的法币改革，他应该对这个会议的理解程度超过其他国家的代表。从1944年至1949年，中国因为内战，丧失了成为布雷顿体系受益者的一个历史机遇。1949年之后，中国大陆政权更迭，中国货币经济体系再次和世界主流分离。直到1980年代，中国才回归世界货币体系，中间丧失了36年的时间。这时，世界已经进入到后布雷顿森林会议时代。

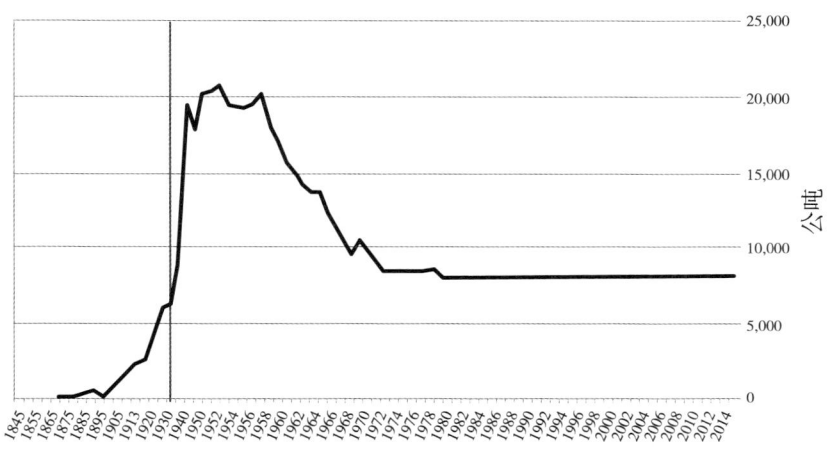

美国官方黄金储备和黄金价格
（1900—2008）

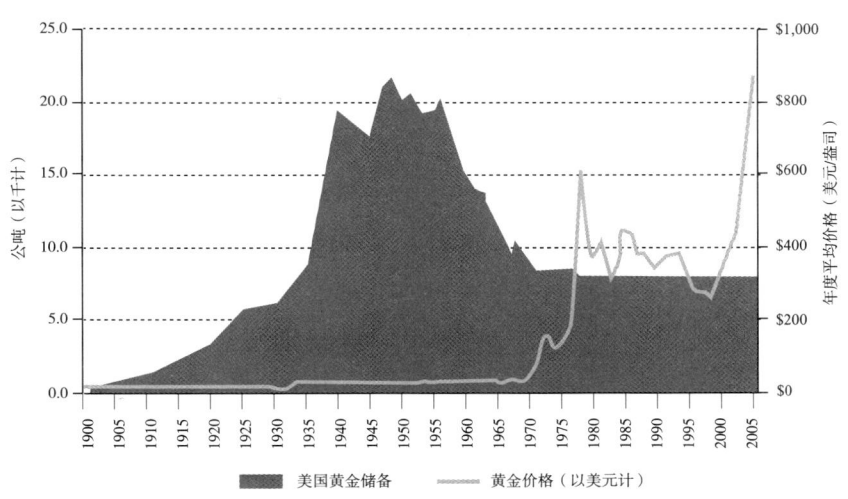

数据来源：世界黄金协会

布雷顿森林体系的形成基础是二战后的美国拥有世界最多的黄金储备

1.6 1971年

1971年8月15日,尼克松发表电视讲话,宣布美国切断美元与黄金的关联性,或者关闭黄金窗口(gold window),美元不再直接兑换黄金。与此同时,实施10%的进口附加税;在美国冻结90天的工资和物价。

历史常常是由少数人在特定的时间、特定的地点改变的。当时参与决策的包括小约翰·包登·康纳利(John Bowden Connally, Jr.),时任美国财政部长,1963—1969年担任得克萨斯州州长;乔治·普拉特·舒尔茨(George Pratt Shultz),曾任美国劳工部长、财政部部长和国务卿;保罗·沃尔克(Paul Volcker),在1979—1987年间担任美联储主席。决策地点是戴维营(Camp David),[①]时间是1971年8月6日(星期五)至8月13日(星期五)。

美国为什么做这样的决定?因为(1)美国国内经济形势严峻;(2)1971年发生越战和反越战。自此,世界进入浮动汇率(floating exchange rates)时代。

当时世界历史舞台上的主要人物包括中国的毛泽东、苏联的勃列日涅夫(Leonid Brezhnev)、日本的佐藤荣作(Sato Eisaku)、法国的蓬皮杜(Georges Pompidou)、英国的希斯(Sir Edward Heath)、德国的勃兰特(Willy Brandt)。其实,唯有尼克松深刻改变了整个世界货币制度,致使1944年建立的布雷顿森林会议体系瓦解,世界货币体系进入所谓的后布雷顿森林会议时代。

值得指出的是,1971年的中国正处于"文化大革命"期间,对于因为关闭美元和黄金窗口所引发的世界货币体系和制度的改变,不可能给

---

① 美国总统休假地,位于马里兰州凯托克廷山公园(Catoctin Mountain Park)内。占地125英亩(0.5平方公里),距华盛顿特区113公里,乘直升机从白宫出发30分钟可达。

予应有的重视，甚或注意。中国的人民币始终维持着与美元及其他世界主要货币的"固定汇率"关系。为此，中国在国际贸易中付出了相当的代价。

1.7　1980年

1978年，中国全面开启改革开放。此时美国总统是卡特（Jimmy Carter），英国首相是撒切尔夫人（Margaret Hilda Thatcher）。冷战远远没有结束，"勃列日涅夫主义"[①]（Brezhnev Doctrine）继续主导苏联，"里根主义"[②]（Reagan Doctrine）尚未走上历史舞台。1979年1月，中美建交。此时，美联储主席是保罗·沃尔克。沃尔克终止了长期的高通货膨胀和经济衰退。

国际环境有利于中国加入国际金融组织。1980年3月，国际货币基金组织派团到中国谈判，4月17日恢复中华人民共和国在国际货币基金组织的合法席位。此时国际货币基金组织总裁是法国人雅克·德拉罗西埃（Jacques de Larosière）。几乎同时，1980年4月，邓小平会见时任世行行长的麦克纳马拉（Robert Strange McNamara）。5月15日，中

[①] 又称勃列日涅夫学说，指在1968年苏联侵略捷克斯洛伐克前后，由苏联领导人勃列日涅夫制定的一整套苏联对外扩张的理论。该理论采取进攻性战略，主要包括：军事上以美国为主要对手，战略重点在欧洲，将过去追求的苏美合作主宰世界改为力求取代美国，称霸世界，在苏联及华沙条约成员国内推行一套对外扩张和对东欧社会主义国家进行思想和政治控制的理论。该主义虽然以勃列日涅夫命名，但实际上是当时掌握苏联意识形态宣传大权的"灰衣主教"苏斯洛夫的"成果"。

[②] 卡特的继任者罗纳德·威尔逊·里根（Ronald Wilson Reagan）于1986年3月14日发表的题为《自由、地区安全和全球和平》（Freedom, Regional Security, and Global Peace）的咨文中，首次提出针对第三世界的施政方针。主要内容是与苏联争夺第三世界。认为苏联在1970年代势力伸展过长，内外交困，难以巩固已经取得的进展。美国应准备以"低烈度战争"阻止和反击苏联在第三世界对美国利益的威胁，遏制其扩张主义，把它取得的政治和军事进展推回去；鼓励第三世界亲美右翼政府的活动，加强对其他第三世界国家和抗苏武装的经济、军事援助，稳定局势。

国正式恢复在世界银行的合法席位。后人评价麦克纳马拉的最重要成就之一，就是在中国发展的关键时刻打开了世行与中国的关系。

1980年9月，国际货币基金组织将中国在特别提款权中的份额增加到12亿；同年11月，中国份额又随同国际货币基金组织的普遍增资而进一步增加到18亿特别提款权。2008年国际货币基金组织改革，中国所占份额仅次于美、日、德、英、法五大股东国；在2010年最新一轮改革之后，中国成为仅次于美国和日本的国际货币基金组织第三大股东国。此外，中国多次从国际货币基金组织获得直接的促进经济发展的资金支持。

中国与世行的合作首先从资金合作开始。1981年，世界银行向中国提供的第一笔贷款投向了亟待发展的教育领域。1980—2010年，中国获得世行贷款规模在世行成员国中位居前列，并用这些贷款支持了数百个项目，覆盖几乎所有省、自治区、直辖市。至1990年代，中国年度利用世行贷款规模达到历史最高点，连续三年成为世行最大的借款国。此外，世行资金援助也为中国推进减贫事业做出重要贡献。

通过国际货币基金组织和世界银行，中国开始回归并融合于世界货币金融体系主流。从广义上来说，这帮助中国推动了中央银行体制、财税体制、外汇管理体制改革，建立了符合国际标准的货币银行统计体系和国际收支统计体系，改进了国民账户统计，建立了外债监测体系，实现了人民币经常项目可兑换系统的世界接轨；从狭义上讲，有助于中国利用国际货币基金组织和世界银行的信息、数据、技术支持和培训资源。

从1944年到1980年经过了36年；如果从1949年或者1953年算起到1980年，时间更短，这段时间因为国际货币基金组织和世界银行，中国整个社会对货币经济记忆的强大基因被激活，中国不仅全面改革计划经济体制，而且以西方发达国家为参照系的中央银行和商业银行制度开始重建货币经济。

1.8　2008年

2008年的全球金融危机源于次贷危机。最有代表性的就是雷曼兄弟公司破产。此次全球金融危机标志着布雷顿森林会议所建立的世界货币金融制度的稳定时期的终结，以及世界货币金融生态体系的改变。

如前面所说，所谓的布雷顿森林会议体系，就是一个以美元为中心、以国家信用和主权法币为基础的国际信用本位体系。简单地说，就是以美元为中心的主权法币体系。在这个体系中，黄金不再具有举足轻重的地位。但是，中央银行的地位空前上升，因为央行代表国家信用。

美联储成立于1913年，且有相当的私人股份。美联储日益被关注不过是过去几十年的事情，因为，美联储的货币政策直接影响其他国家的货币政策选择。在这样的信用制度下，货币的增长速度快于和高于实体经济的增长速度。通货膨胀、实际购买力下降成为常态。

问题是2008年世界金融危机之后，世界主要国家实施货币宽松政策，推动全球进入低利率、零利率的时代，已经并持续地改变着世界经济结构，甚至全面影响民众工作与生活。对于2008年的全球金融危机，存在来自主权国家层面的反应，也有来自民间的反应。

中国的立场是，希望美国反省此次金融危机，进而提出国际货币体系需要改革。在很大程度上反映了新兴市场国家的立场与愿望。当时中国央行行长提出"超主权货币方案"（super-national reserve currency），并要求国际货币基金组织改革特别提款权结构。之后，国际货币基金组织对特别提款权体系做了调整。但是，中国关于"超主权货币方案"的方案并没有形成影响。

来自民间的反应包含传统模式，最有代表性的是"占领华尔街运动"（Occupy Wall Street）。这个运动开始于2011年9月的纽约，之后蔓延到美国各地和世界其他国家，维持数月之久。占领华尔街运动加快了华尔街传统金融资本形态的衰落，并且直接影响了美国的选举。民主党候选人桑德斯（Bernie Sanders）对华尔街和美国金融制度持强烈的批判立场。

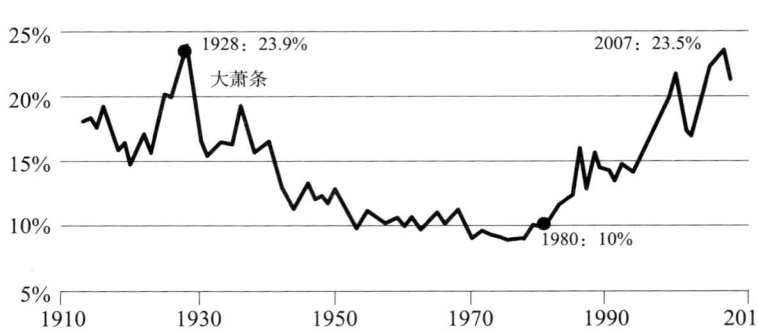

来自民间的反应也包含非传统模式，代表性事件是比特币的诞生。或许是时间巧合，或许是有意为之，2008年11月1日，在一个不引人注意的密码学邮件列表上，化名为"中本聪"的人发表了一篇文章：《比特币：一种点对点电子现金系统》。这篇文章不长，阐述了基于区块链的比特币的技术原理和可行性。2009年1月，第一批50枚比特币诞生。之后，很快出现比特币交易平台。

比特币的诞生揭开了数字货币时代的序幕，接着是以太坊和以太币诞生，以及其他数字货币的问世。

总之，以过去1000年货币经济演变历史为观察区间，2008年确实是一个重要时点。过去六七十年所建立的经典货币金融制度发生动摇，而且造成危机的机制会继续存在，难以克服。英国女王问英国经济学家们为什么没有办法预测2008年的金融危机，经济学家无法回答。其实，女王问的是一个外行问题。经济学家没有办法理解和预测世界经济如此深层结果的改变，这就如同地震学家为什么无法预测不断发生的地震一样。特别是，2008年比特币的诞生，导致传统货币体系解构和重构，过去十年的数字化历史证明：数字货币不仅可以存在下去，发育并成长，还呈现了全面崛起的趋势。

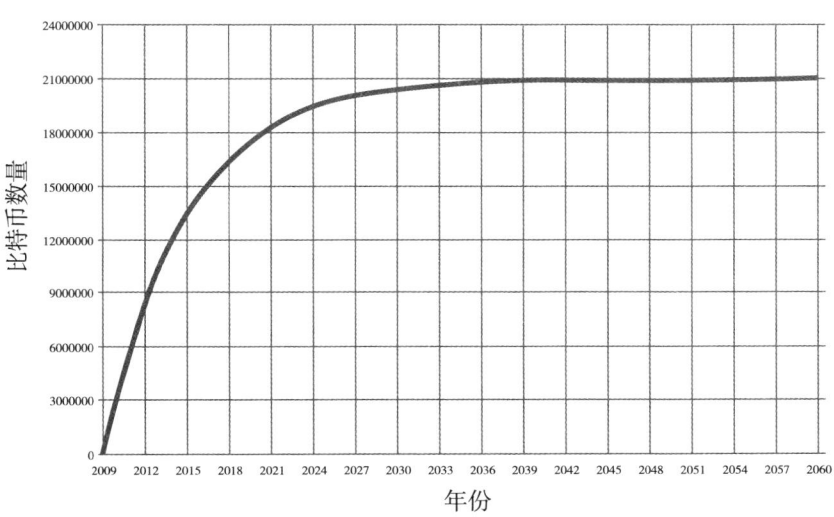

比特币供给曲线（2009—2060年）

1.9 2019年

2019年是中国五四运动100周年。从人类共同命运来看，2019年最值得纪念的是麦哲伦环球航行500周年、阿波罗登月计划（Apollo program）50周年。麦哲伦环球航行的意义超过哥伦布发现"新大陆"，因为麦哲伦给予人类一个通过海洋连接整个地球的视野；阿波罗登月宣告人类走向"空间"。2019年马斯克实施星链计划，向太空发射上万颗卫星，形成覆盖地球的空间网络体系。人类总人口数即将超过100亿，支持人类生存与发展的地球承受能力正在逼近极限。不久之前，IBM展示了其最新的量子计算机IBM Q System One的模型，宣布走向"量子霸权"。人类通过量子技术实现超高速运算，储存以及处理量子形态信息，甚至在有限时间内穷尽银河系数据，不再是一个传说和想象，正在成为现实。

但是，2019年还有一件势必影响世界货币经济体系的事件，那就是Facebook在6月18日公布Libra1.0版白皮书。虽然仅仅是白皮书，并没有成为现实，却已经产生了巨大的冲击波。因为Libra被认为是一个基于区块链技术的、去中心化的、超越主权数字货币的支付系统。虽然Libra仅仅处于尚未实现的设计阶段，其框架和技术基础都很不完备，但是，却对各国央行、商业银行、政治家和民众产生了巨大的冲击。9月，Libra团队公布，Libra将以一篮子货币构成其价值基础。Libra作为一个想法，居然能够对世界产生这么大的影响，在历史上是前所未有的。

Libra有这样几个方面是不可低估的：（1）Facebook拥有20亿以上的用户；（2）Libra白皮书所提出的理念诉求，即为全球数十亿人提供有效交换媒介；（3）全面移植包括区块链在内的数字货币，开启货币高度技术化，将数字货币置于一个更加复杂、更加有挑战性的开源的技术体系；（4）与各国政府，特别是美联储和欧盟央行的沟通和妥协能力；（5）资本支持；（6）高效率工作团队。当然，Libra现在的路线图规划还要经过不断调整。今后如何变化，需要拭目以待。

10月4日Libra协会发布首个项目路线图，宣布Libra团队基本完成了全节点、钱包、智能合约、API接口的可信安全的相关技术，并且详细介绍了团队计划在Libra主网启动前的开发路线。

在Libra 1.0版白皮书公布数周之后，数字资产研究院就主编并出版了《Libra：一种金融创新实验》。这是中国，甚至可能是全世界第一部关于Libra的专著，对于理解Libra和数字货币具有较长时间的参考价值。我为此书写了序言，并绘制了一个世界全息的货币体系结构图。[①]

在2019年的货币领域，还需要关注世界不少国家加速央行法定数字货币的研究和实施。中国央行于2014年开始法定数字货币的开发研

---

① 该图表详见本书第304页。

究，至2019年DC/EP已趋于成熟，很可能成为全球第一个推出数字货币的央行。

总之，比特币和之后的Libra，以及其他稳定币的开发、央行法定数字货币的发展和试验，将不断改变人们原本理解的货币概念和货币体系。传统货币在未来货币体系中的占比不可避免地降低和缩小，而数字货币在未来货币体系中的占比则上升和扩大。2019年，数字货币和数字经济发生高度重合，产生叠加效应，导致世界经济形态进入了一个新的拐点。

2. 第二部分

在回顾1023—2019年世界货币发展历史的9个节点基础上，形成几点结论。

第一，数字货币使人类货币演变发生突变。从太平洋雅浦岛（Guap）的"石币"开始，历经各种金属货币、银本位、金本位、信用货币，如今走向数字货币。雅浦岛的"石币"即使沉入大海，依然可以成为交换的依据。也就是说，货币的本质就是信用，或者说，货币是信用的象征。人们原以为，即使进入后布雷顿森林会议时代，货币体系仍会以渐进的方式演化。但是，比特币开启的数字货币爆发，导致货币经济发生突变，改变了原本的演进轨道。

第二，数字货币是与科技高度融合的货币。直到数字货币之前，科学、技术和货币的关系只表现为铸造和印刷的关系。而比特币、Libra和央行数字货币的背后是IT革命、云计算、大数据、人工智能，还有区块链技术，科学技术直接创造货币。从此，货币不单是社会问题、经济问题，而且是技术问题、科学问题。可以说，货币历史经历了以自然资源如金、银和铜为基础，以国家信用为基础，再以技术为基础的三个阶段。理解货币经济和数字货币，需要对相关的科学基础和科学机制具有基本常识。从今天的数字货币可以看到控制论代表人物维纳、信息论提出者香农，以及计算机开拓者图灵的深远影响。

第三，人类进入一个传统经济和数字经济的平行世界。在现实中，一方面传统货币体系继续存在，另一方面数字经济和数字货币开始形成。如果说，传统货币体系对应于过去从农耕社会到工业社会的实体经济，那么数字货币则对应于信息社会、知识社会和后人类社会。

第四，货币形态的演变呈现加速度。在20世纪以前，货币的演变是以百年，甚至数百年作为尺度的。进入21世纪之后，货币的演变以十年为单位，且还会加速。一个未来货币体系的基本要素正在积聚，世界正在开始向一个新型货币体系过渡。物理货币和虚拟货币共存的新复本位制，很可能不用一代人就可以完成。决定数字货币和数字经济未来的是信息化、网络化、区块链和全球化。

第五，数字货币改变传统货币理论。数字货币不仅改变了货币存在形态、货币机制，而且改变了人们原本对资本、货币和投资的理解，并正在改变货币理论。例如，数字货币改变了货币需求与供给的关系，加快了货币供给快于货币需求、利率低下、资本成本不断下降的时代的到来。

附录　问与答[①]

提问1（主持人）：数字货币的出现，是缓和还是加剧了现代信用货币体系危机？

朱嘉明：1944年建立的布雷顿森林会议体系，因为美元基础的急剧削弱，进入1970年代已经难以继续。于是美国总统在1971年宣布关闭美元与黄金的窗口。自此，世界进入以浮动汇率为特征的所谓后布雷顿森林会议阶段。

但是，布雷顿森林会议体系所确定的信用货币制度并没有改变。相

---

① 作者对主持人和听众的问题做了必要的归纳和删减。

反，浮动汇率强化了国家对于原本相对独立的货币政策的干预。在利率和汇率之间存在着不可分割的内在联系。因为信用货币的性质，美国和其他发达市场经济国家不仅提供调整利率，而且通过增加货币供给量刺激经济，实现增长。进入2000年之后，货币供给量即M_2的增大，成为世界性问题。2008年世界金融危机之后，几乎所有国家都采用"货币宽松政策"，差别仅仅是宽松的程度。于是，就发生了货币的流动性极端过剩，拉低了利息。但是，并没有改变资本的不合理分配，导致资产价格上涨，贫富差距扩大，商业银行处于严重亏损。德意志银行的破产是有代表性的事件。其结果是宏观经济陷入低通货膨胀和低增长状态，又不得不发行更多的信用货币。这样的状况还会长期存在下去，看不到解决出路。

数字货币在产生的早期阶段，例如从比特币诞生至2018年，对信用货币危机不具有任何加剧或者缓和的作用。自从一些国家央行开始考虑法定数字货币，还有Libra方案公布于世，大量的科技公司进入金融产业，抢占本来属于传统商业银行的领地，数字货币与现存信用货币体系开始产生交集。从长远来看，数字货币会与信用货币相互影响，在一个较长的时期里并存。期间，法定数字货币有助于缓和信用货币的危机，而不断产生和繁衍的数字货币，很可能形成对信用货币越来越强的挑战。

提问2（主持人）：如何理解数字货币体系，怎样分类？数字货币的信用在哪里，如何锚定？比特币、Libra，还有中国央行的DC/EP，或者马云也设计了一个区块链为基础的Libra，各自的归属和差别在哪里？Libra到底仅仅是一种支付手段，还是真正的货币？如果是真正的货币，为什么还要以五种法币做支撑？如果仅仅是一种支付手段，那不就是又一个微信支付，或者一个支付宝吗？

朱嘉明：首先，数字货币是一个"群"的概念。数字货币基本上可以分成三大类。第一类是原生态数字货币。原生态数字货币的最大特点就是没有创造主体，是非主体化的。例如比特币。原生态数字货币并没有所谓的"锚"。比特币的价值是通过"挖矿"来体现激励机制的，并被分布式记账过程所记录。比特币还是一种通缩货币，其深层结构是密码学等数学工具。

第二类是所谓的稳定币。稳定币有"锚"。但是，因为稳定币的多元化，稳定币的"锚"也是多样化的。现在Libra宣布，它的"锚"就是五种法币构成的一篮子货币，比较近似国际货币基金组织机制。但是，如果Libra真的发行和运行，将面临如何控制法币价值波动对Libra价值影响的问题。例如，美元汇率波动自然会映射到Libra价值上。解决这样的问题，需要理论和技术的全面突破。当然，有的稳定币是以物质资产为"锚"。例如，如果美国沃尔玛（WalMart Inc.）发币，它的"锚"就是具有海量价值的货物。此外，还会有以算法为"锚"的稳定币。现在，至少在技术上可以证明，算法可以支撑一种货币。总的来说，稳定币多样化会继续下去，所以支撑稳定币的"锚"有着很大的发展空间。

第三类是法定数字货币。法定数字货币的"锚"自然是主权国家的政府信用，属于本国央行支撑的数字货币。

Libra到底属于货币，还是一种支付手段？我的回答都是。Libra首先是一种钱包。但是，这个钱包不同于微信支付，或者支付宝，因为其技术基础是区块链。

提问3：我个人认为，您对Libra的研究一直在国内处于最领先的地位。我的问题是，您如何解释最近Libra相关文件删掉原来对投资者分红的部分？

朱嘉明：回答这个问题，需要理解一个前提和一个逻辑。一个前提是如何定义Libra，它到底是具备传统资本功能的"货币"，还是为了实现"普惠金融"的"公共"物品？如果是前者，按照逻辑，自然存在利息，有盈利，有盈利自然会发生"分红"。而如果是后者，按照逻辑，自然排斥利息，不存在通常意义的盈利，没有利息就不应该分红利。进一步讨论，如果 Libra 分红，可以推理出 Libra 不再具备传统货币和资本的特征。Libra 1.0 版白皮书确实包含了"新"货币思想，白皮书发表之后，发布者意识到应消除任何有悖于新理念的 bug（漏洞），分红就是一种 bug。

数字货币是一种新形态的货币，如果以传统货币或所谓经典货币的功能衡量数字货币，会导致逻辑混乱。现在信用货币制度的严重问题在于，没有改变信用膨胀、货币超发、资产价格上涨的恶性循环的机制。数字货币提供了某种选择的思路和方式。

提问4：我是中国政法大学商学院大一经济学新生。可不可以把这个数字货币和数字经济运动理解为一种民众不堪美国政府的剥削而产生的自发运动？

朱嘉明：首先，是不是可以称数字货币和数字经济的成长过程为一种"运动"，值得讨论。我个人不赞成轻易使用"运动"这个概念，容易导致语境误解。

但是，注意这样一个事实：比特币创始者和推动者不是个人，很可能来自不乏理想主义者的密码朋克群体。密码朋克的思潮可以追溯到1970年代的欧美学生运动，价值取向与占领华尔街运动接近。还要看到，现在支持数字货币和数字经济的社会力量正在复杂化。例如，支持现行国家垄断的货币制度的改革派，不仅包括哈耶克"货币非国家化"思潮[①]的追随者，还包括希望通过数字货币创新获利，甚至控制新财富形态的

[①] "货币非国家化"是新自由主义的重要代表哈耶克提出的理论观点，主张私人银行取代国家发行货币。哈耶克认为，通货膨胀和失业存在的重要原因，是国家垄断了货币发行的权利而无法提供健全的货币。健全的货币不来自政府和金本位制，而是来自私人银行。

传统资本群体，他们已经并正在影响数字货币的交易市场。此外，还有反对贫富差距的社会力量，甚至可以看到某些"民粹主义"的影子。简言之，与数字货币和数字经济相结合的思潮和社会力量已经表现为一个复杂的光谱。

提问5：如果存在央行的数字货币和民间的数字货币并存的情况，是否意味着国家的宏观调控失去了作用？

朱嘉明：今天所谈的数字货币，不论是已经存在的比特币和数千种其他数字货币，还是尚处于白皮书阶段的Libra，以及呼之欲出的央行数字货币，并没有构成对现实经济的重大影响和改变。

所以，讨论对数字货币的调控问题为时尚早。但是，开始关注这个问题是对的，因为从宏观经济出发，如何认识数字货币对货币需求和供给的影响，并加以调控，在不久的将来就会成为真实场景。

提问6：我是商学院法商系学生。欧盟五国联合抵制Libra进入欧洲市场，是因为他们看见Libra哪些潜在风险和问题？

朱嘉明：讨论欧盟反对Libra问题，需要澄清谁在反对。现在看，首先是政治家反对，而不是民众反对。Libra进入民众视野和生活还需要时间。至于一些大公司退出Libra，很可能是不敢得罪政府和政治家。

在民选制度下，政治家存在显而易见的局限性。造成局限性的原因有两条：其一，利益关系；其二，眼界。欧洲任何国家的一个议员，或者美国的一个议员，很可能来自偏远和经济信息落后的地区，他们对新事物认识的滞后是常态。政治家们的说法并不能代表社会精英集团的决策。

此外，政治家态度和立场还与国家利益相关。在欧盟，反对Libra的代表国家是法国，德国基本是中立的。Libra在欧洲的最终命运，取决于Libra团队和欧盟央行、监管机构的沟通，以及美国最后的立场。

提问7：我有两个问题：第一，数字货币发行之后的去中心化的发展趋势，会不会导致新的垄断？第二，现在信用货币体系需要"锚"，例如国家的信用，那么数字货币或者加密货币的"锚"是不是对个人的一种信用，或者对技术的一种信用？

朱嘉明：首先，我主张用"非中心化"替代"去中心化"。现在讨论"非中心化"需要引入技术前提，否则无法界定"垄断"问题。"非中心化"的技术前提就是区块链，而区块链的本质是一个有多个节点构成的超级账本，或者说，是通过多个节点构成的交易体系，所有的节点是等价的。区块链的技术所支撑的是一种多元状态，平等的多元状态是天然排斥"垄断"的。所以，只要承认区块链技术特征，就不可能从基于区块链的"非中心化"状态推导出垄断，原来经济学定义的垄断不再成立。除非重新定义垄断的概念。

关于"锚"，今天已经讨论多次。我再次强调，"锚"的存在形态是多样的，可以是法币，可以是资产，可以是算法。从长远来讲，支撑数字货币的就是数据，是大数据。所以，数据也是未来的"锚"。因为大数据需要更为快速的存储、分类、归纳和分析，算法需要更为先进的技术。数字货币的技术需要从4G进入5G、6G，很快是量子计算。据最保守的说法，量子计算机有可能在2027年投入使用。量子计算，会改变我们对"锚"的认知。一句话，数字货币的"锚"不会是传统货币的"锚"，因为数字货币技术基础的不断创新会颠覆对传统货币的"锚"的理解。这是时间问题。

提问8：能不能用一个词取代"去中心化"这样的词？

朱嘉明：其实，正确的翻译应该是"非中心化"。"去中心化"翻译的问题出在"去"字是动词，而"非中心化"的"非"字是一种状态，中性。

现代中文存在一个动词使用过度的问题。似乎不用动词话说不清楚。例如,"搞"字就是典型的被过度使用的动词。选择一个动词,很容易加入主观意识。我赞成用"非中心化"替代"去中心化",因为"非中心化"是一种现实中存在的状态。

提问9:虚拟货币的产生和发行,从开始的比特币到Libra,如果再加上阿里的阿里币,最终是不是能像外汇一样互相炒?或者形成怎样的一种市场?您怎么看交易平台对数字货币产生的影响?是不是现在的交易平台已经变质,炒比特币如同炒美元一样?

朱嘉明:数字货币的形成和成长不是在实验室,不是在纯粹的理想环境中。数字经济成长过程当中,必然被传统经济、传统经济货币、传统资本所侵蚀,导致变异。所谓的数字货币交易平台就是传统资本侵入数字货币新物种的场所。于是,传统货币交易的工具会被使用。炒币自然是不可避免的。

不过,数字货币交易平台和传统货币交易平台还是存在相当大的区别。因为比特币在数字货币交易中比重很大,而比特币唯有通过"挖矿"产生流量,所以,数字货币交易市场存在着其特殊的平衡机制。还要看到,数字货币交易平台的波动,不足以反映数字货币真实的价值波动。数字货币最大悖论是,数字货币价值需要通过传统法币,主要是美元证明。这样,美元价值的波动,反过来会导致数字货币价值的波动。

当然,现在有两万多家数字货币的交易平台,货币交易场增长速度快于数字货币的增长数量。交易平台之间存在很大差别。有些平台存在操作、管理、交易费和服务失衡,特别是存在技术安全问题,甚至有违法行为。

结论是,数字货币的炒作是传统资本模式侵入和影响数字货币的一种早期现象。在这个过程中，相当多的数字货币会自生自灭，也会有一些数字货币得以成长。从数字货币初衷和本原的结构看，数字货币交易平台对数字货币本身的影响逐渐减弱，而不是不断强化。

提问10：如果Facebook发行数字货币，阿里巴巴也发行数字货币，如何看待由此产生的数字货币之间，以及数字货币与传统货币之间兑换的交易成本？到底是增加了，还是减少了？

朱嘉明：数字货币带来的货币经济交易成本存在两重性。一方面，数字货币的出现、货币形态的多元化、各种数字货币的并存，导致它们之间产生交易，自然出现交易成本。在数字货币产生之前，不存在这样的交易成本。另一方面，数字货币的本质和传统货币的本质不一样。数字货币的本质基于0和1的比特之上。数字货币就是一串代码。所以，数字货币本身的成本低于传统货币。特别是，非法币的数字货币不存在所谓的"铸币税"成本。本质上说，"铸币税"是转嫁给民众的一种交易成本。此外，信用货币还会导致通货膨胀这样的社会交易成本。

现在还不可能对数字货币衍生的交易成本和减少的交易成本进行数量分析。可以肯定的是，如果包括非法币在内的数字货币得以充分发育，在未来货币体系中处于主导地位，数字货币之间交易成本将趋于零，铸币税会大幅减少，通货膨胀也会得到根本的控制。

提问11：在2014年，我读过您的书，书中提到资本的全球化造成了贫富差距的拉大。我的问题是：未来数字经济能不能减弱贫富差距和社会不平等，带来更多的包容性？

朱嘉明：我稍加介绍一下我现在的研究领域，主要是观念经济学、后人类社会形态，特别是数字货币和数字经济。2013年，我支持一些年轻人进行比特币研究，并为他们撰写的中国第一本比特币的专著写了一个很长的序言。

如何解决人类不平等？几乎是一个永恒的问题。近现代以来存在着两种思路：第一个思路，寻求以制度变革实现人与人的平等。人类为此做了太多的努力，付出了极大的代价。迄今，各种制度变革，并没有将人类带领到消除贫富差距和不平等的社会。第二条思路，寄希望于科学技术进步。20世纪上半叶，波兰一位著名经济学家兰格（Oskar Lange）提出：只要一个社会具有的计算能力达到相当的程度，社会主义的计划经济是完全可能的。在同一个历史时期，美国俄裔经济学家华西里·W.里昂惕夫于1936年创造了"投入产出表"，将整个国民经济活动理解为一个数学的"矩阵"——任何产出必然对应投入。但是，在兰格和里昂惕夫的时代，并不具备支撑实现所谓社会平等的软件和硬件技术基础。

所以，人们在认知技术条件的极限之后，市场经济是一个更聪明和更现实的选择。也就是说，既然没有足够的技术手段，那么就由市场经济来解决。可以这样理解：所谓市场经济背后那只"看不见的手"，就是一种黑箱算法，市场经济为这样的算法提供了制度条件。

现在的科学技术发展是不是可以支持兰格想法的实现，或者支持实现"投入产出表"？我现在没有现成答案。但是，我还是认为，解决人类的不平等，特别是日益扩大的贫富差距问题，有两种手段：一个是制度变革和转型手段，一个是技术手段。在现实中，这两种手段可以结合使用。最后，我想强调一个观点：科学技术正在加速发展，显示了科学技术本身的生命力和意志，所以，我们需要对技术手段有更大的想象力。

2–3　数字货币对宏观经济的影响模式[①]

倒退若干年，数字货币的概念基本不为人所知，几乎不具备讨论数字货币对现实宏观经济影响的历史条件。现在，数字货币与数字经济正在进入高速发展阶段，彼此相得益彰。只是数字货币还没有可能构建自身系统理论，对数字经济和数字货币的理解在很大程度上需要参照传统货币金融理论和方法。当然，这会有很大的局限性。

1.数字货币的分类

比特币的诞生是数字货币的发端，至今已超过十年。数字货币主要分五个类别：（1）原生态数字货币（Protogenetic Cryptocurrency），如比特币、瑞波币；（2）法定数字货币（Digital Legal Tender）；（3）稳定币（Stable Coin），如USDT、Dai、Libra；（4）山寨币（Copycat Currency）；（5）通证。

在2017年之前，人们更多关注的是以比特币为代表的原生态数字货币。然而在过去的两三年中，稳定币的影响力急剧扩大，所以人们将注意力从原生态数字货币转移到稳定币上面。有Facebook背景的Libra就是具有巨大潜力的稳定币。

那么，稳定币具有哪些基本特征呢？主要有四个方面：（1）稳定币具有稳定价值，其主要实现手段是将数字货币与资产或一篮子资产（如商业

[①] 本文系作者于2019年11月2日在珠海横琴举行的"全球金融发展新趋势与数字货币的挑战国际论坛"上所作的主题演讲。

银行存款或政府发行的债券)挂钩。(2)稳定币设计了针对原生态加密数字货币价值大幅波动的机制,以维系作为一个账户单位的支付范围和效用。(3)稳定币基于债权结构,类似于私人非银行负债。(4)稳定币可以实现传统货币的功能,却可以不依赖发行人和发行机构,例如中央银行的信任。

目前稳定币的分类,以及稳定币与其他几种数字货币的波动性比较见下图:[①]

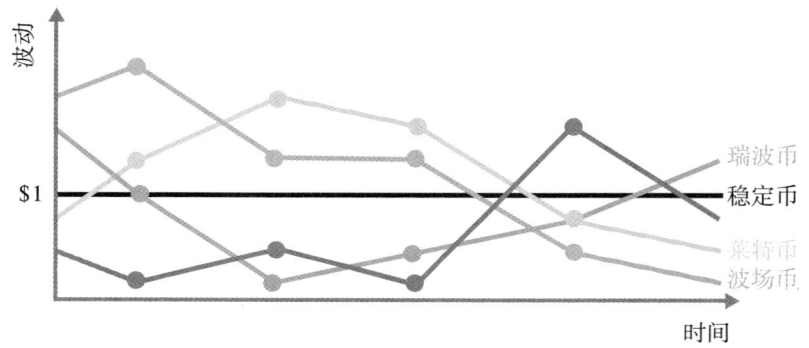

2.稳定币和央行数字货币

因为稳定币的性质和特征,人们必然关注作为一种特殊稳定币的央行数字货币。基于央行的直接负债的央行数字货币,稳定币就发生了分叉:私人稳定币和央行稳定币。央行数字货币的本质是一种新型的央行的负债,这种负债可以由家庭和企业直接持有,而不再需要(或者必须)商业银行、中介机构的参与。

如果上述道理成立,有助于全面理解中国央行数字货币。中国央行数字货币的英文缩写是DC/EP,它不是现有货币的数字化,而是对M_0的某种替代。但是,人们还难以估算DC/EP究竟在M_0里占有多大比重。可

---

① 资料来源:交易策略指南(Tradingstrategy guides.com)。

以肯定，DC/EP交易环节对银行账户的依赖程度大为降低，有助于实现货币创造、记账、流动等数据的实时采集，为货币政策的制定提供一种新的参照系。也被认为有利于人民币国际化的进程。

3. 数字货币与传统货币的比较

对数字货币和传统货币加以比较，有理论和现实意义。现在选择从基因、演变模式、基础结构、网络、金融工具五个方面比较，见下表：

	基因	演变模式	基础结构	网络	金融工具
数字货币	数学和密码学	Bit历史	区块链	互联网	数字性资产和交易
传统货币	物质（金属）	金本位到法币	经济制度	社会关系	货币和资本市场

显然，数字货币和传统货币的"基因"与"染色体"存在差别。虽然数字货币存在传统货币的很多表象，但已经是一个新的物种。如果用传统货币去衡量数字货币，很容易深陷迷思。由此又衍生出数字货币和传统货币如下几个方面的差别。

3.1 关于发行主体。数字货币在发行和创造主体性方面有三个层次：（1）去中心化层次：参与该系统的用户都有能力或者都有机会发行数字货币；（2）半中心化层次：只有被允许的参与者在满足一定条件下可以发行数字货币；（3）中心化层次：仅有一个参与者有权发行数字货币。

还有，相当多类型的数字货币本身就是一种财富形态，其发行主体就是货币资产的所有者。对于传统货币而言，发行主体只有中心化的选择。现代的法币是否可以转化为财富，最终取决于该法币的国际化程度。

3.2 关于货币中性和非中性。如何认知传统货币的中性和非中性，存在着两派意见：一派主张货币中性，一派主张货币非中性。至今莫衷一是，没有定论。但是，对于数字货币却不存在这样争论的必要，因为数字货币天然具备货币中性和货币非中性的特征。也就是说，数字货币不仅影响价格水平，而且影响利率和实体经济的产出。

3.3 关于内生性和外生性。按照货币理论，现代货币制度就是信用货币制度。所谓的货币内生性是指，货币供给取决于经济体系中的实际变量，如收入、储蓄、投资、消费等因素，以及微观主体的经济行为，而不是取决于货币当局意愿；货币外生性是指在经济体系之外的中央银行决定负债规模，从而决定基础货币数量，并具有发行和控制货币供应量的能力。比较传统货币，包括原生态数字货币在内的数字货币，例如比特币，是由经济体系之外的机构所创造，所以具有"外生性"特征。因为数字货币与数字经济的天然关系，越来越多的数字货币源于数字经济活动的变量和机制，甚至数字货币是数字经济的真实变量，所以，数字货币也具有"内生性"特征。

部分数字货币更多源于现实经济活动的变量和机制。这背后隐藏着一个很大的含义，就是在未来的货币体系中，它同时是中性和非中性的，同时具有外生和内生变量特征的优势，这有利于数字货币的发育和成熟。

3.4 关于古典"两分法"的适应性。古典"两分法"主要描述的是传统经济形态中实体经济、货币经济之间的差异和相对独立性。但是，数字货币从诞生那一天起就与数字经济高度重合，呈现一体化趋势，故"两分法"不适用于数字货币。

3.5 关于数字货币与凯恩斯货币学说。在传统货币金融理论中，凯恩斯货币学说更接近数字货币的真实，因为数字货币可以同时满足凯恩斯货币需求的基本功能：（1）交易动机；（2）预防动机；（3）投机动机。例如，比特币可以满足交易、预防和投机三个动机。因为数字货币是另类资产，这也是原生态数字货币的生命力所在。如果凯恩斯有"在天之灵"，也一定会相当震惊和兴奋。

4.数字货币对宏观经济的影响

传统货币是历史演变的产物。货币史与经济史和人类文明是交织在一起的，所以货币是"社会关系的总和"。但是，这不能用来衡量数字货币。因为数字货币是由科学和技术创造的，这在人类历史上是前所未有的。

数字货币与传统货币比较，具有相当明显的优势：（1）发行权的多元化。法币的发行基于政府代表的权威性。数字货币并不需要任何权威背书。（2）数字货币超越主权。（3）发行成本低下。如果民众最终可以依据区块链创造数字货币，数字货币的成本当然是非常低下的。（4）技术驱动。数字货币的运行，包括数字货币的流通速度，最终决定于相关各类技术的进步和相互影响。

现在，数字货币的规模有限，但是对宏观经济的影响模式和机制正在逐渐清晰化：

4.1 改变货币供给的结构，增加货币供给总量。

（1）数字货币的种类在2018年3月是1199种，到2019年10月，增至3047种，年平均增速80.2%。"雨后春笋"四个字不足以形容数字货币种数的增长。这样的前景，不仅意味着数字货币结构的复杂化，也间接改变了原本的货币供给结构。（2）数字货币产生之后，其财富概念是从零到有，从"极点"开始，发生宇宙爆炸式增长。自2013年4月29日起至今，数字货币市场总市值增长倍数是521倍，比特币价格最大的增长倍数是26735倍，比特币的年平均涨幅达到231%。当然，比特币的跌幅也是可观的。（3）如果再加上规模和潜力极大的"通证"形式的数字货币，数字货币的实际规模还会更大。星巴克报告：截至2018年9月，其存储价值卡负债为16亿美元，超过许多存款机构的存款。

4.2 加剧零利率和资本自然消亡的趋势。2008年世界金融危机之后，在世界范围内出现利率趋于零的趋势。目前，全世界的利率都在下降。美国还维持一定的正利率，欧盟特别是北欧国家早已零利率、负利率，日本也是如此。在亚太地区，2019年10月31日，汇丰银行将美元存款利率从0.1%下调到0.001%，揭开了亚太地区利率零时代的序幕。过去所说的货币需求是"利率的函数"理论，不再成立。如果数字货币全面进入现实经济活动，传统货币主权体系解构，会加剧零利率，甚至负利率趋势。因为，理论上的数字货币供给可以无限大，原来可以成为资本的货币资源成本趋零，导致未来资本不再稀缺，原来经典意义的资本有可能走向消亡。其后果是：（1）政府主导的公共投资、公共消费和公共品的扩张；（2）资产价格上涨；（3）科技成为吸纳货币的黑洞。

4.3 改变数字货币市场。数字货币的崛起，必然刺激数字货币交易市场，后者的业务范围包括现货、期货、场外交易。目前被CoinMarketCap和"非小号"等统计平台收录的交易所有数百家，根据自媒体报道的未被收录的有数千上万家。截至2019年10月，已经增长到2万家，势头还在继续。值得注意的是，这个领域中的前十名，大部分是中国企业。[①]数字货币交易市场将逐渐影响传统货币市场和资本市场，有着很大发展空间。

4.4 成为通货膨胀"异化"的新因素。当下，全球实施货币量化宽松政策，M_2代表的货币供给增加，利息下降。在刺激经济增长的同时，发生低通货膨胀，甚至通货膨胀"死亡"现象。在未来，因为数字货币事实上成为货币供给的新变量，这个死亡的过程和深度会加剧。

因为数字货币与数字经济不可分，在利率趋于零的情况下，数字货

---

① 2020年初，根据最新的排名规则，全球综合实力排在前十的数字货币交易所是：HitBTC、Bitfinex、Binance（币安币）、Huobi（火币）、Global、Kraken、中币（ZB.com）ZBG、Coinbase Pro、OKEX、DigFinex。

币具有驱使其资本化和消费化的本质。不存在"流动性偏好",有助于跨越"流动性陷阱"。

4.5 打破货币总需求和总供给的一般均衡。根据具有经典意义的 IS-LM 模型（Investment-Saving / Liquidity preference-Money supply model）,IS 和 LM 曲线的交点是产品市场和货币市场两者达到一般均衡的标志。而决定 IS 和 LM 曲线走向的是利率。但是,因为数字经济和数字货币,不论是 IS 曲线,还是 LM 曲线的内涵都被改变,价值利率作用衰落,IS-LM 模型所描述的货币市场与商品产出及服务市场的均衡难以存在。见下图：

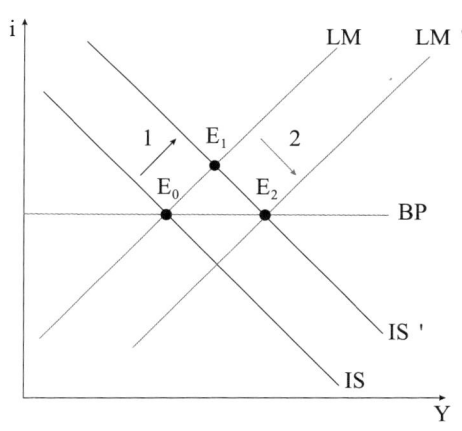

4.6 推动传统银行的快速衰落。数字货币扩张的影响方式：

（1）消费者从传统物理性金融机构向一个或多个全球稳定币网络广泛迁移,转而使用数字钱包中的稳定币,可能会使消费者和企业减少在商业银行存款,导致银行的稳定资金来源下降,从而削弱银行为企业和家庭提供信贷的能力。

（2）货币和财富资源无限供给,利率"零"和负数化,传统银行当然要衰弱。

（3）央行数字货币可以直接进入央行资产负债表，对于一般民众而言，可能是最安全的资产（纸币有丢失等风险），其重要后果是挤压一般的商业银行存款数量。银行在支付中的作用进一步脱媒。

4.7 影响国家货币政策。从长周期看，数字货币会导致人类的再货币化，推动形成以数字货币为支撑的新型产业。原来的货币政策显得陈旧、落后和势必失灵。在现阶段，数字货币对国家货币政策的实际影响可以分解为三种情况：

（1）去中心化和无抵押资产的数字货币，例如比特币，对于国家货币政策的影响较小。

（2）以单一法币进行抵押的货币，例如泰达币，对于货币发行国来说，其本质在于将货币资产离岸化，当离岸资产较多时可能会对于货币政策发生影响。

（3）购买抵押型的数字货币，可能都导致离岸资产的膨胀。问题是，离岸数字资产对于汇率稳定可能会造成一定冲击，并存在难以监管，甚至逃税避税的可能性。

结论

在现阶段，数字货币对宏观经济的影响，主要表现为对传统法币框架下的货币数量和结构的改变。因为这种改变，货币当局不能通过传统的货币政策有效地影响和实现货币需求与供给的平衡。伴随着数字货币的成熟与扩张，传统货币市场和资本市场将被解构。此外，数字货币通过通证化，改变微观经济实体的自组织模式，最终影响居民收入的构成。未来的趋势是：越来越多的人群同时拥有传统货币和数字货币。可以借用"无差别曲线"（Indifference Curve）表现：

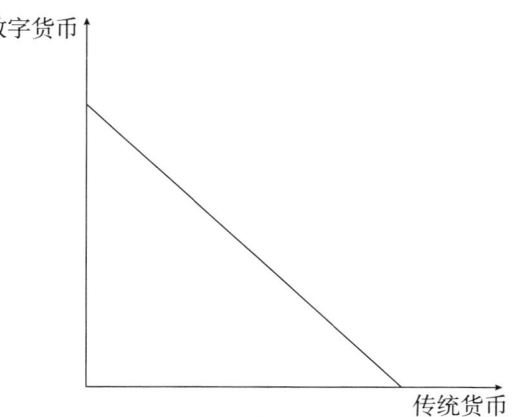

今天的数字货币和数字资产的规模与传统货币和传统经济相比微乎其微,但是它的成长速度、爆发力和膨胀速率都是不可忽视的。我在2013年前后讲过,数字货币是星星之火,今天已经成为燎原之势。我们所有人都是目击者,看到并经历这样的转型和改变,都是幸运的。

2–4 2020年代：全球货币体系转型的关键十年[①]

我希望在较长和较为宽广的历史场景之下讨论这个题目。

1. 一百年前的1920年代

一百年前的1920年代是什么样的时代？那个时代给我们什么样的启发？1920年代有这样的独特性：（1）以第一次世界大战结束的第一年开启，以1929年世界性大萧条收场的十年；（2）全球地缘政治新格局形成和再次走向危机的十年；（3）美国经济从工业化到消费主义加剧影响世界的十年；（4）全球始终无法摆脱通缩和萧条阴影的十年；（5）世界主要国家货币相继贬值，以金本位为基础的世界货币制度千疮百孔，距离寿终正寝进入倒计时的十年。

特别值得一提的是：在世界进入1920年代前后，几乎所有影响20世纪的政治、科学技术、人文科学、艺术领域的重要人物，都登上了历史舞台。正是这些人物，影响了20世纪的历史轨迹和风貌，塑造了与19世纪截然不同的20世纪政治结构、经济制度、社会形态和生活方式。

2. 2020年代是挑战和机遇交叉并存的时代

1920年代，无疑是一个危机、大转型和技术创新同时存在的年代，是社会各个阶层激烈碰撞的年代，也是人类充满希望、理想和失望的十年。以一百年前的1920年代作为参照系，2020年代也开始形成其特征：全方

[①] 本文系作者于2019年8月20日在火星财经主办的"POW'ER 2019全球开发者大会"上的主题发言。

位的危机与前所未有的历史机遇交织在一起，考验人类的智慧。

可以罗列的全方位危机包括：（1）工业化所建构的机器大生产走向衰落；（2）传统经济生产产能过剩；（3）布雷顿森林会议框架下的货币体系走向瓦解，以商业银行为核心的银行体系萎缩；（4）华尔街代表的资本模式，从股市到基金黄金时代不再；（5）人口继续爆炸和老龄化并存；（6）环境恶化无法抑制，可持续发展陷入困境；（7）世界范围内实现充分就业的目标成为不可能；（8）贫富差距进一步拉大；（9）经济增长全面放缓；（10）地缘政治进入非稳定时期，世界性的文化冲突加剧。

总之，自第二次世界大战之后长达半个多世纪以和平、稳定和发展作为主旋律的时代很可能结束。是否发生1929年的世界性大萧条，是否发生世界规模的冲突，难以预见。但是，不是没有可能。

已经展现的机遇和希望包括：（1）科技革命领域继续扩张，科技决定产业结构时代来临；（2）数字经济代表的新兴经济、数字货币进入加速发展阶段；（3）全球化义务教育扩大；（4）公共产品和世界性福利水平提高；（5）共享经济理念影响力增加；（5）传统的经济组织形态开始改变，各类新型自组织正在出现；（6）互联网普及之后的80后、90后和00后已经成为社会主体。可以想象，在他们当中一定会出现影响21世纪中后期的思想家、科学家、实业家、政治家。包括影响21世纪的前十人、前二十人，甚至前五十人。

3. 2020年代的货币制度

1920年代，金本位制度走向瓦解。进入2020年代，所谓的后布雷顿森林会议的货币体系也呈现加速解构迹象。其背后的深刻原因是基于国家信用的、高度垄断的货币制度，特别是货币金融资源分配不均衡，已经难以适应未来的科技—经济一体化的需求。

在这样的背景下，科技与货币金融的结合不断深化。主要是两条路径。第一条是FinTech路径。至少从1990年代开始，科技直接侵入传统货币金融领域，形成了金融科技浪潮。进入2010年之后，金融科技的爆发力和实际进展是明显超过想象的，金融被科技左右和改变的历史时刻已经来临。

第二条是数字货币路径。这条路径起始于2008年，以区块链为基础的比特币的诞生。之后的十年，数字货币得以发育和发展，如今已经成了气候。不久之前的Libra白皮书冲击，就是证明。

从比特币到Libra，还有各国央行开发的法定数字货币，构成了在现实货币金融活动和经济生活中，主权货币和非主权货币并存的"双轨制"，物理货币和虚拟货币并存的"新复本位制"历史局面。

数字货币和区块链相得益彰。货币领域发生历史性变革，传统的货币理论，包括货币数量理论、凯恩斯理论，以及新货币经济学都面临困境和危机。货币经济理论，亟待创新。

4. 2020年代的制度创新和转型

现代社会是复杂社会。对于传统社会的线性预测模型已经过时。在进入千禧年2000年的时候，几乎没有人可以预见到2001年发生的"9·11"事件和2008年的全球性金融危机。那时的WTO正处于巅峰时期，没有人预见到在不到二十年的时间内就需要变革和改变。至于国际关系的演变，更是超出人们的预期。在科技领域，处在人们预见视野之外的则包括区块链和比特币的诞生。

恰恰是科技，将对2020年代发生最为深刻的影响。如果说，2020年代是一个大转型时代，那么，将不再是以政治和社会变革为特征的传统转型，而是科技主导转型时代，以科技为基础的制度性、结构性转型。

推动2020年代数字经济转型的要素正在积聚，从模糊变为清晰。其中最为显著的是信息化、网络化、区块链和全球化四个要素，见下图：

数字经济的四种趋势

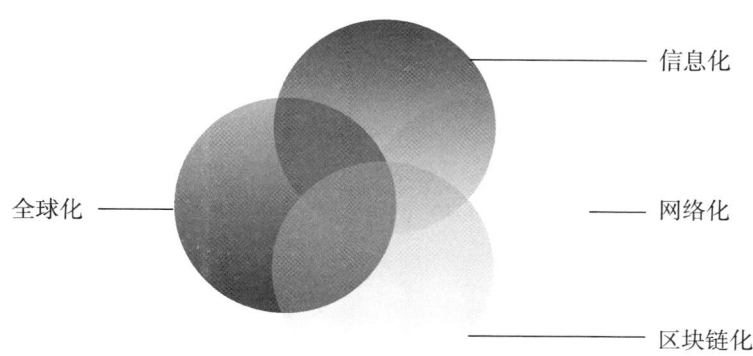

人们的预见能力是非常有限的,但是可以从历史经验做出总结,用有限的智慧认知所处的复杂环境。现在可以看到,伴随2020年代的制度性和结构性转型,共享经济、绿色经济、合作经济、社会企业,还有普惠金融,将相互影响和融合,最终改善人类的生存与发展的状态。

今天与会者有80后、90后,还可能有00后,你们不仅可以参与,甚至可以主导这样的世纪性转型,是幸运的;也需要更大的历史责任感,焕发出久违的理想主义。

2–5　货币多元化的时代[①]

零壹财经·Binary：能简单介绍一下您心中货币经济史方面的经典著作和您的认识吗？

朱嘉明：中国对于断代的货币研究成果很多，也有学者研究货币经济通史，但是一般写到20世纪上半叶，代表著作至少有张家骧先生1925年出版的《中华币制史》和彭信威先生1954年出版的《中国货币史》。

货币原来就该是自由的。就中国而言，货币的垄断历史相当短，到1935年才完成了垄断。1935年之前，中国的货币制度是相对自由的。历史上有一种很有影响力的说法，将中国历史的落后归结于那种自由货币状态。但我不这样认为。中国数千年的经济得以演变和维系，恰恰是因为这种自由的货币状态。这也是我支持货币从自由到垄断，再回归自由，至少多元化的原因。

中国的自由货币传统是历史上最悠久而且是维持时间最长的。1933年之前，中国货币体系以白银为主；从清末开始，中国进行"废两改元"，一直到1933年最终完成，正式发行以银圆为单位的货币，就像"袁大头"一样。这相当于是中国政府第一次正式介入货币领域。

零壹财经·Binary：有人认为货币本身是没有价值的，货币的价值来自其背后锚定的国家信用。您认为比特币的价值来自哪里？它锚定的是什么？是灰色经济？还是优质区块链项目的价值？

[①] 本文系作者于2019年3月23日在北京大学校园内接受"零壹财经"专访的内容。

朱嘉明：货币的本质就是信任。这种信任不取决于它的发行方是国家还是个人。国家介入货币的历史在全世界范围内也才几百年而已，可以说是英国英格兰银行成立之后的事情。在人类历史上，曾经存在任何个人、社区和经济实体都可以发行货币的历史阶段，期间并不需要储备，也不需要锚定。

今天人们以为的货币，其历史在人类货币历史上只是很短暂的一段，多则三四百年，少则一百来年而已。在政府介入货币体系之前，个人和单位都是可以发币的。至于你发的币有没有人愿意问津，那是另一个问题。因为经典意义上的货币的本质是信任，所以不需要储备，也不需要锚定物，更不需要政府主导、国家机器强化。现在国家需要通过包括央行和相关法律的强化来保证民众对法币的信任，是特定历史阶段的特定现象。进一步说，货币不一定需要交易，没有实现交易的货币不一定不再是货币。

现在很多人对货币的认知和理解，被个人经验所束缚。人们都理所当然地认为，货币就应该像今天的人民币、美元、日元和欧元一样，是国家发行的，必须有国家主权因素。其实，货币历史与人们的经验差距很大。例如，从19世纪晚期直到抗日战争，在上海滩，任何一家外资银行都可以发行货币，当时至少存在几十种货币。在整个中国抗战期间，支撑国民经济的货币，除了法币之外，其他主要货币，包括抗日根据地的货币，加在一起，至少也有五六种之多。

当然，货币主权概念是很重要的。但是，原本的货币主权在民间，而非国家。美联储之前是私人的，和政府没有太大关系。时至今日，美联储的股权还有很大一部分在私人手中。英格兰银行曾经是典型的私人银行。这些历史现在很多人都不够了解，需要某种历史知识的扫盲，不然很容易陷入认知困境。

美元是一个事实上的世界货币。但是，美元不是简单地由美国国家信用和国家力量将其推到现在的状态,而是一个自然而然的过程,是一个全世界逐渐接受的过程。进一步说,美元演进的历史和人民币大不一样。在20世纪三四十年代的时候,美元还是由美联储的几个大区共同签署的。当时美国就有新英格兰地区的美元、加州地区的美元等,长得都一样,但是签字的人不一样。我的一个朋友,姓氏是Morss,他的爷爷就是当时新英格兰美元的签署人。在他们家的墙上,挂有他爷爷签署的美元,算作一种历史荣耀。也就是说,美元曾经是多样化的。现在人们太容易以自己对人民币或者其他主权货币的经验来想象货币,进而无法想象其原本的多元化和多样化情景。

为什么我会支持比特币和区块链这件事,就是想证明货币具有恢复到其原本的状态的技术手段和可能性。这也是哈耶克的理想。在当代世界,国家和政府完全垄断货币,就相当于政府控制财富的源泉。当政府愿意增发货币,导致通货膨胀、财富缩水,民众基本没有很好的方式阻止。

这几年,爱沙尼亚数字货币业已成了气候,至少它提供了货币自由化的制度保障。从北欧到波罗的海国家,都有海盗传统,不要低估海盗文化对历史的积极和正面贡献。

研究货币史是很有意思的一件事。凯恩斯认为,如果对货币重新研究,会改变人们对历史的整个看法。但是,他终生都没有实现自己的愿望。

1.关于区块链与数字货币

零壹财经·Binary: 您是什么时候开始了解区块链的?

朱嘉明: 在中本聪的比特币白皮书发表几个月之后,我就看到了。当时,我还是更多地将它当作一次社会实验、一种新的思想,没有将它真变成我的行动。直到2009年的暑假,因为要给学生上课,我才细致地了解了区块链,发现它比较符合我关于货币从垄断到自由的思想。货币本来就该是竞争的、非国家化的,这也是哈耶克的核心思想。

零壹财经·Binary：您如何看待J.P.摩根这些公司发行的数字货币？

朱嘉明：这是一种回归。现在愈来愈多的民众，特别是年轻人，正在以各种办法来回归，所以我说它开启了"Great Transformation"，即"大转型"。在区块链和加密数字货币领域，即使存在政府日益强化的监督和规范，区块链和加密数字货币还是在不断扩大其影响力，开始形成一批基于加密数字货币的群体。当然，人们正逐渐寻求和政府的妥协，使新生事物得以在现有法规体系中存活。

至于稳定币，因为"稳定"二字，它获得了很多人的关注，但是，任何一种货币都难以承担稳定币的功能。也就是说，世界上从来不存在单一形态的稳定币，所以，不应该追求一种货币的稳定化，应该追求的是稳定货币"体系"。现在，很多概念被严重误解，甚至曲解，需要全方位解读。例如，大家都在讲"科学"，但是，并不存在"科学"的终极的定义和解释。因为，科学实在是高度动态的人类活动，任何一个名词都无法涵盖它迅速演变的内涵。

零壹财经·Binary：那么您认为，摩根币为什么需要与美元挂钩？

朱嘉明：摩根币所传递的信息是：锚定主权货币，和当前货币当局形成一个合作关系，使自己得以存活。

现在，借助美元的信用，提出相对稳定的加密数字货币和传统货币模式，至少具有宣传意义。摩根币的意义是，越来越多的机构发行数字货币的时代已经开始。一个法币和数字货币的平行世界已经形成，后者会迅速发育成长，甚至会发生膨胀。

所以，未来会有两大类四种形态的货币：第一类，政府的法定货币，又可以分为非数字和数字法定货币。法定货币不会全部转变为数字型的，而会是一种并存的状态。第二类，非法定数字货币，又可以分为中心化的非法定数字货币和非中心化的非法定数字货币，前者指IBM、Facebook、J.P.摩根等发行的数字货币，后者指包括比特币在内的数千种数字货币。这已经构成了一个非常多元化的图景，并且会迅速发育。

零壹财经·Binary：中国会出现非法定或非主权的数字货币吗？

朱嘉明：中国现在没有可能。但在，在世界范围内，非法定和非主权的数字货币已经风起云涌了。不过，中国允许不流通的通证已经是一种变形。

没有哪一种货币能够在未来的货币金融体系中处于绝对垄断地位，这样的时代到来了。在世界范围内，货币当局想把所有"异类"都消灭掉，已经不可能了。

2.关于比特币

零壹财经·Binary：您觉得比特币是一种货币吗？还是带有增值属性的资产？

朱嘉明：比特币是一种货币，一种特定的货币，因为比特币具备了货币的基本功能。美国政府之所以不定义比特币是货币，而把它当作一种资产，是为了便于对比特币交易进行征税，避免卷入"什么是货币"这样一个非常复杂的问题里。货币也是增值的：货币会派生利息，利息导致货币增值。

需要明确的是，在漫长的货币历史中，相当多的货币并不需要储备。在金本位时代，黄金即是货币，也是"储备"。在布雷顿森林会议之前，世界各国的货币之间也没有一套简单的规则和标准。货币，就是信任（Credit）。大家交易需要一个工具，这个工具就是"信任"。"信任"表现的形式就是货币。黄金和白银当初成为货币，是因为它们属于贵金属，相对很稀有；巧克力为什么不能成为货币，因为它在阳光下很快融化。

货币没有那么神圣，只是大家现在对货币都还不够理解。我今天反复说的一个关键意思就是：自2008年之后，因为比特币和区块链的产生，人类现在用另外一种办法回归（信任）。在如今的80亿人口中，人们之间难以相互信任，唯有依赖政府，而如果政府失信于民，就需要一种支撑信任的工具。这一工具现在大家看得很清楚，就是区块链。

零壹财经·Binary： 那么您认为比特币有可能取代美元吗？

朱嘉明： 我不太愿意回答这类问题。在我看来，法定货币和非法定数字货币，在未来很长一段时间内，将会平行存在。

在2008年之前，我们可以看到这个平行系统的一侧（指非法定数字货币）是非常弱的，但现在成长很快，而且越来越多样化。

这就如同汇丰银行发行的货币一样。现在，汇丰银行是在中央银行控制下发行港币。香港回归前夕，按照基本法，汇丰银行、渣打银行才划归到中国中央银行的控制系统。历史上，汇丰银行具有发行自主权，不受行政力量约束。民众愿不愿意买或者使用汇丰银行的港币，取决于民众对汇丰银行的信赖程度。

零壹财经·Binary： 如何看待2018年比特币的大跌，以及当时声称锚定美元的USDT的坚挺？大家信任的是USDT使用的区块链技术还是它背后的美元？

朱嘉明： 这不是一个非得在A和B中做选择的问题。只是在去年的加密数字市场行情下，相对其他非法定加密数字货币，人们相信USDT更具稳定性。在这种情况下，才导致很多人愿意持有这一货币。

但是，USDT毕竟没有得到官方认可，难以维持和美元的1:1兑换关系。其实USDT是这样一种情况：一个机构发行了一种货币，并宣称锚定美元，而政府也没有否定你锚定美元，就是这样。

零壹财经·Binary：您认为比特币存在通货膨胀的可能性吗？

朱嘉明：不存在通货膨胀。即使是分叉，也不会导致通货膨胀。分叉，不能导致总价值的上升，这已经被比特币的历史证明。这是大家通常用法币理解比特币最容易存在的一个误解。

零壹财经·Binary：您认为加密货币世界是否存在独立的经济周期？还是这周期与现实经济世界息息相关？

朱嘉明：没有明显的周期。严格地说，加密数字货币的周期和现在的经济周期关系不大。主要原因是现在加密数字货币的规模还很小，持有比特币和挖取比特币的只是少数人，比特币和其他加密数字货币对传统经济渗透率很低。但是，不等于说未来对经济周期没有影响。

比特币最值得重视的是：第一，比特币派生出上百上千的其他加密数字货币，构成"群体"；第二，拥有比特币最大话语权的个人或者团体，也不敢违背比特币的规则。若是违背，可能就是同归于尽的结局，而且这些人没办法形成事实上的大多数。这就是比特币的魅力；第三，越来越多的年轻人接受比特币和其他加密数字货币。他们代表未来。

零壹财经·Binary：存不存在一种可能：各国政府联合绞杀比特币，占据比特币世界51%以上的算力？

朱嘉明：没有可能性，各国难以达成共识。比特币网络的算力存在于云端，比特币还是按照既定时间产出，维系着比特币的生命力。挖比特币难度的提升，其实是比特币价值稳定的关键。加入挖矿的算力越多，挖出比特币的难度反而会越大。对比特币的未来，还有足够的时间观察。无论如何，比特币是21世纪的人类最精彩和最智慧的发明、创新。

2-6 数字货币与复杂科学[①]

今天发言,主要与大家分享理解数字货币的思维,或者说是理解数字货币的思想方法。为此,我写了这样一段话:"数字货币的多基源、多因素、多维度、多元化特征,将极大地丰富复杂科学:一方面,推动人们逐渐认知数字货币本身是一个复杂系统,寻求数字货币的数学和其他科学的表述模式;另一方面,推动人们因为数字货币所提出的复杂性挑战而深化思维模式的变革。"希望大家将数字货币理解成为当代世界一个非常重要的复杂经济现象,用一个适应如此复杂现象的新思维模式来理解数字货币,以及它所带来的影响和挑战。

1. 数字货币是源于科技技术基因的"突变型"货币

自 2008 年比特币出世,经济世界开始存在两种货币形态:一种是从人类社会诞生开始演进,最终成为人们所熟知的法币;另一种就是现在所要讨论的数字货币。

传统货币是人类经济活动和经济关系的产物,存在着漫长的天然演变历程。进入近现代社会,经济学家、金融家、银行家、实业家和政治家对传统货币体系有着越来越大的话语权。而数字货币,本质上说,并不是传统货币演变和派生出来的,也不是自然演变而来的,而是一种由科学家基于数学和计算机科学,以及其他交叉科学技术所设计出来的货

[①] 本文系作者于 2019 年 9 月 20 日在浙江省德清县由莫干山研究院主办的"第十届新莫干山会议暨纪念莫干山会议 35 周年研讨会"上所作的主题演讲。

币。所以，在数字货币的基因中，包含了诸如数学、密码学，以及相关科学技术、区块链等成分。

进一步说，数字货币是以算法和代码、互联网、区块链和大数据作为基础设施的货币。数字货币的技术前提是计算机语言，是0、1算法，而不是简单的传统货币的电子化。还可以说，数字货币是Cyber的金融化形式，特别是一种"超级文本"。

简言之，数字货币绝不是传统货币的简单移植，也不是传统货币的直接衍生物。数字货币是一种新的、非常独特的货币形态。正因为如此，人们已经难以用过去所了解的货币历史，推演和认知这个人类主动设计的、基于全新技术且存在强烈的目标导向的货币形态。

2.数字货币是具有"自为主体"特征的货币

数字货币的历史非常短，到现在为止，不过11年左右，经历了两个阶段。第一阶段：数字货币独立成长和发育；第二阶段：数字货币进入传统经济体系，开始与传统货币金融融合。

从如此短暂的数字货币历史中，不难观察到：数字货币迅速形成了自主的生命力，以及进化和演变的机制。或者说，以科学技术为基础的数字货币，已经和正在成为一种超越人的影响和控制的"主体"。处于发育阶段的数字货币的"主体"特性表现在以下几个方面：（1）有对信息处理、储存和分析的能力；（2）在非中心化和自组织基础上，通过节点实现连接，完成交易的能力；（3）通过自组织创造社区，建立生态系统的能力。

为什么大家关注数字货币的自组织机制？因为数字货币的生命力取决于自组织能力。以比特币为例：比特币最初的功能就是点对点的直接交易，比特币产生之后的十余年演变过程，证明它有强大的自组织能力。比特币所形成的组织和社区生态，又会强化其天生的自组织能力。

特别要注意，在不足十年的时间里，数字货币的自我扩张能力是不可低估的。人类从来没有创造过一种货币，像数字货币这样具有迅速繁衍、膨胀、分裂的特点。现在，网上交易的数字货币至少有2000多种。Libra的未来命运如何，不论成功还是失败，都是一个值得持续关注的数字货币影响世界经济的案例。

数字货币正形成气候，自成体系，吸引传统经济形态嵌入其中，呈现主导着整个经济社会的演变的征兆。可以预见，现在央行的政策体系对以区块链技术为基础的数字货币的驾驭，将会远远难于传统货币交易。

3.数字货币加剧了当代经济社会的复杂程度

当代的经济社会体系日益复杂化。其中，货币成为经济体系中的核心部分。也就是说，数字货币具有复杂科学所描述的"涌现性"[①]特征。现在，人们很难把握数字货币的"全貌"，更难预测未来的数字货币发展趋势。根本原因是，数字货币演变过快。但是，可以肯定的是：从比特币到以太币，从Libra到央行数字货币，数字货币是典型的"整体大于部分之和"。

更为重要的是，数字货币导致了一套全新的概念体系与话语的产生与发展，推动传统货币语境和话语体系，包括传统货币的结构、模型、语言系统都发生改变。以前教科书上所讲的传统货币的一些功能，显然已经不能够完全反映数字货币所带来的影响和变革。

在物理学历史上，爱因斯坦提出的相对论突破了牛顿古典物理学的话语体系，形成一套新的话语体系，用以描述和表达基于相对论的新的物理世界。现在，在货币经济领域，面临的是同样的问题。

---

① 涌现性（emergent properties）通常是指多个要素组成系统后，出现了系统组成前单个要素所不具有的性质。

未来发展愈来愈清晰：人类进入更加复杂的经济生态环境，而数字货币在其中成了最重要的、影响最持久的、自身不断演进的一个变量。数字经济和数字货币正在形成日益强烈的"双向运动"。如果说21世纪是人类社会和经济社会全方位极具复杂化的世纪，那么数字货币将是这种复杂化的核心所在。

4.数字货币的试验和实践将改变传统货币理论

传统货币理论，包括新古典、凯恩斯主义，新古典延伸出的弗里德曼货币主义或称新货币理论（New Monetary Theory，NMT），都不足以解释现在的数字货币，产生了传统货币理论的整体性失落现象。

例如，在传统货币理论领域，长期存在货币到底是"中性"还是"非中性"，是"外生变量"还是"内生变量"的争论。在过去十年间，伴随数字货币逐渐深入人们的经济活动，其"非中性"和"内生性"的强烈特征，加之两者的叠加，开始改变货币"总需求"和"总供给"的均衡框架。不仅如此，数字货币还可以支持新的财富形态，刺激和产生新的利益结构，冲击原来的金融秩序和生态，甚至穿透微观经济和宏观经济的界限。此外，数学中的幂定律，或者指数定律，可以在数字货币经济中充分显现，给未来带来更大的不确定性。

当然，数字货币的理论还在形成之中，尚在初期阶段。

附录：问与答

沈建光：您刚才提到关于用算法和代码，主要是指比特币。请您对中国央行数字货币和它们的平台与比特币的异同进行分析。

朱嘉明：我发言主要集中在所谓原生态数字货币，其最大的特点是超主权的，是世界性的。央行数字货币，是一种和数字货币技术结合，本质上为国家所控制、管理的主权货币。在现阶段，设计和试验之中的央行数字货币，主要是将部分原生态数字化技术，包括区块链的某些技术和传统货币融合的圆周货币。严格来说，属于数字货币和传统货币相结合的一种新型货币形态。

刘昌用：您说到数字货币的非中性。传统的宏观经济学是以货币的非中性为基础的。数字货币的非中性和传统货币的非中性有没有什么区别？

朱嘉明：根据传统宏观经济学，如果货币对于宏观经济影响仅仅局限于价格的变化，它是中性的。反之，货币对经济的影响超过价格的范围，导致通货膨胀或紧缩，其定义则是非中性的。也就是说，判断传统货币的中性问题的本质，取决于如何认知货币对宏观经济影响的模式。自1970年代，特别是1990年代之后，货币正在从所谓中性向非中性转移，高度影响了宏观经济形态。

至于数字货币，属于雄心勃勃的一种新物种。数字货币与生俱有非中性。它对于物价产生的影响是全方位的，对宏观经济的影响刚刚开始。但是，数字货币开始显现对传统宏观经济的架构、运行的模式，甚至经济周期的影响力。不仅如此，数字货币有可能形成对传统经济的独特侵蚀和吞噬模式，创造很多原来宏观经济没有遇到过的困境。

2-7 认知未来货币需要新的思想资源[①]

我们已经进入21世纪的第三个十年。没有人可以真正预期在第三个十年会有怎样的事件影响和改变世界的经济、政治、社会和生态体系。但是，可以肯定的是，人类的经济活动还要继续，货币在未来十年没有可能消失。只是货币在未来十年会有重大改变，所有的端倪在2010年代，特别是最近的两三年已经全面显现。龙白滔的这本《数字货币：从石板经济到数字经济的传承与创新》的价值与意义正在于此。龙白滔在自序中提出："普罗大众已经了解到，货币是这个世界最强大的力量，超越了任何经济、军事和政治力量。"现在到了将货币置于一个历史大视野下考察，寻找数字货币与传统货币的全方位差别，展现人类货币演变趋势的历史时刻。但是，现存货币理论不足以完成这样的历史使命。所以，需要引进新的思想资源，用以启发、诠释和认知货币的演变、现状与趋势。也唯有引进新的思想资源，龙白滔这本书的主线——数字货币——方可得以深入探讨。

1. 生物学的遗传与变异理论

人类数千年的货币历史证明，货币具有难以想象的顽强生命力，从起源开始，其发育和演化过程从未间断。如果承认货币历史是一个延续的过程，承认货币存在内在的"遗传"机制，那么，不得不提出这样的

[①] 本文系作者于2020年1月18日为龙白滔所著《数字货币：从石板经济到数字经济的传承与创新》一书所作的序言。

问题：货币是否存在与生俱来的"基因"？如果存在，这个"基因"又是什么？龙白滔赞同货币起源于3000年前青铜时代两河流域的"石板经济"，宫殿和寺庙是经济主体，创造货币作为偿还债务的手段。如今，债务货币支撑着世界主要国家所通行的法币（Fiat Money）系统，货币就是欠条（Money is just an IOU）。是否可以说，"IOU"即货币的基因所在？还有一个关于货币起源的实证：即太平洋雅浦岛居民曾经使用的"石币"，当地人称之为"费"（Fei）。这个岛有着漫长历史，在受到现代化入侵之前，该岛居民以拥有石头的数量和大小代表财富多寡。有这样一个故事，一户人家曾经拥有一个巨大的"石币"，在运回雅浦岛途中石沉大海。尽管如此，其他居民仍然承认这户人家事实上拥有那块石币所代表的财富。说这个案例揭示了货币的"基因"本质，即人们常说的"价值"，绝不为过。这样的"价值"可以体现在交易过程中，也可以存在于心理之中。基因是地球现存生命体遗传的基本单元。在生物世界，"遗传"并非是绝对的，基因非常可能发生结构性改变，导致遗传发生变异。遗传，可以保持物种的相对稳定性；变异，可能导致物种的进化和新物种的产生。这套理论，实在可以在货币历史中得以验证。从货币起源看，货币与生俱来的"IOU"和"价值"不可分割，很可能就是货币的基因所在，进而形成独特的DNA，使得货币具有强烈的"复制"特征，支持了货币稳定性的一面。龙白滔在本书中，注重以"贷款创造货币"理论分析商业银行和现代央行的运作机制，并且运用到数字货币领域的各种金融现象，确实触及了货币演变的深层机理。

2.量子特征的启示

在"量子力学"文献中，似乎没人反对"量子"具有"叠加""测量"和"纠缠"三个特征，而这三个特征完全违反人们认识宏观世界的常识。或者说，在经典力学里，找不到类似的现象。所谓"量子叠加"

是指一个量子系统可以处于不同的量子态。"薛定谔猫",即一只猫可以同时处于活和死的情况,就是卡通化的"量子叠加"。所谓"量子测量"是指量子会因为被测量而改变其存在状态。也就是说,在量子世界,任何外在的测量和观测,都会引发量子的不确定性。所谓"量子纠缠"是指在量子系统内,虽然在两个粒子之间并不存在任何作用力和连接,但是,依然发生对其中一个粒子的量子态做任何改变,另一个会立刻感受到,并做相应改变的情况。也就是说,当各个粒子所具备的特征已经被综合为整体,就再也无法单独描述各个粒子特性。在人类所有的经济活动中,货币最接近"量子"的"叠加""测量"和"纠缠"特征:货币从来以不同形态同时存在,历史上,诸如黄金、白银和铜同时作为货币存在;现在,数字货币和非数字货币同时存在,由此形成超过"量子叠加"的"货币叠加"现象。不仅如此,货币也可以因为不同的"测量"标准而改变。例如,因为实施"金本位"或者"银本位",测量黄金和白银的价值尺度不再仅仅是市场的交易价格,而主要是通过"法币"所体现的"含金量"或"含银量"。还例如,利息也是货币的"测量"标准,利息的改变绝对影响货币本身的价值结构。货币具有强烈的纠缠本性,汇率就是最为典型的货币纠缠现象,任何一种货币价值的波动,至少影响其他一种以上货币的价值。在当今世界,将世界主要货币从世界货币体系中切割出来几乎没有可能。

3. 突变理论

理解"突变理论",有两个切入点。其一,以法国数学家雷内·托姆(René Thom)于1972年发表的《结构稳定性与形态发生学》(*Structural Stability and Morphogenesis*)作为"突变理论"框架,该理论认为自然界或人类社会中任何一种运动状态,都存在稳定态和非稳定态之分,"突变"即是指从一种稳定组态跃迁到另一种稳定组态的过程。或者这样定义，非线性系统从某一个稳定态（平衡态）到另一个稳定态的转化，是以"突变"形式发生的。一旦"突变"发生，具有不可逆性，一种新的稳定性可以替代原本的稳定性。其二，以生物学的"基因突变"理论为框架，"突变"属于"变异"的一种极端状态。"基因突变"具有普遍性、随机性、低频性、有害性和不定向性等特征。1944年，薛定谔在《生命是什么？》（*What is Life*）一书中提出：生命及遗传的稳定性与辐射下的变异（突变）的不连续性（jump-like mutations），说明了生命受制于量子规律。以上两类"突变理论"的共同点是：自然界和人类社会系统演变从来是非线性的，都可能因为内在的和外部的原因发生突变。如果用"突变理论"解读货币演变历史，会发现太多的"突变"现象。布雷顿森林会议的建立和瓦解都属于全球货币制度的"突变"。在过去十年间，以比特币作为先导的数字货币群的形成则是一种更大的"突变"，这种"突变"不仅反映了来自外部的科技不断强化的影响力，也说明了货币本身具有非线性的演变机制。至于央行数字货币将怎样导致传统货币的"异化"，甚至刺激目前数字货币体系的"突变"，还有待于观察。

4.混沌理论

爱德华·诺顿·罗伦兹（Edward Norton Lorenz）被公认为这个理论的创立者，时间是1963年。虽然混沌理论已经传播多年，仍然不存在被科学家普遍接受的"混沌理论"的定义，不同领域的科学家往往对其有不同的理解。但是，对于这一认知，几乎没有争议："混沌理论"是在数学和物理学领域，以非线性系统为研究对象的理论体系，它最大的贡献是用简单的模型推出明确的非周期性结果。存在于自然界和社会中的不确定性，不可重复、随机的不规则运动，以及不可预测等"无序"现象，或者"混沌效应"，已经纳入"混沌理论"研究范围。此外，"混沌理论"提出的初始条件的微小变化经过不断放大，对其未来状态会造成极其巨大差别的观点，特别是罗伦兹描述的"蝴蝶效应"获得了广泛的认同。在进入信息社会和数字经济之后，货币具有越来越强的不确定性，不可重复、随机不规则运动的特性，非常符合"混沌理论"框架。所以，用"混沌理论"诠释货币现象，会得到莫大的刺激。最为典型的案例：后布雷顿森林会议时代的世界货币体系，已经呈现越来越不可预测等"无序"特征。1990年代以来，现代政府和央行越来越受制于跨国资本影响，导致全球性和区域性金融危机的频率密度和破坏程度加大，加剧全球货币经济的"无序"化。此外，太多的事例证明，央行的货币政策发生的任何微小错误，因为所谓的"蝴蝶效应"，最终都可能威胁整个国际货币的安全基础。2008年世界金融危机从起因到结果，就是一个货币政策和金融体制错误不断被放大的过程。到后来，解释这场危机的逻辑十分困难。

5.心理学

心理学和货币的结合，应该说始于美国经济学家欧文·费雪（Irving Fisher）。费雪在1928年提出"货币幻觉"理论，揭示人们习惯对货币的名义价值做出反应，而忽视其实际购买力变化的特定心理错觉。费雪希望人们摆脱"货币幻觉"，关注货币的购买力和潜在价值。现在，不仅民众继续深陷"货币幻觉"，而且政府更加有意识地利用民众的"货币幻觉"实行通货膨胀政策。近年来，因为心理学和货币现象的结合，产生了货币心理学（the Psychology of Money），相关的大部分著作和文章，都将货币心理学集中于所谓的财富管理范畴。因为心理学和行为科学的内在联系，其实还应该有一门"货币行为学"。在人类历史上，从来没有像今天这样，"普罗大众"如此关心货币金融，也从来没有诸如"坎蒂隆"效应与民众生活如此紧密。龙白滔在这本书中描述了数字货币从诞生到成长，与"普罗大众"对数字经济时代财富形态的信仰和认同的互动关系，强调了区块链智能合约有助于兼顾公平效率的关系，描述了分享铸币税、实现普惠金融，以及数字民主化的前景。值得注意的是，龙白滔在书中提出，主要经济体中可能只有中国央行的运行真正符合公众利益。调整"普罗大众"关于货币财富的"心理预期"实在重要。去年下半年遍布全球的、不同社会阶层参与的Libra热，几乎是一次前所未有的社会心理运动，其背后是理想、狂热、期待和忧虑等各种心理元素的集合。历史一再证明，"普罗大众"的经济和财富的心理和行为的改变，会对社会转型产生不可低估的影响，构成社会大转型的深层动力。在急速发展的数字经济和数字货币面前，在急速发展的科学技术面前，在急速的社会转型面前，从新古典到凯恩斯的传统货币理论局限性显而易见，处于捉襟见肘的窘地。货币哲学家齐美尔（Georg Simmel）曾经希望借助"货币"去"理解"现代生活，所以，"我们的任务不是去抱怨或纵容，而只能是理解"。一个多世纪之后，齐美尔所提出的使命依然存在。现在需要通过数字货币理解数字时代，通过数字时代理解数字货币，再通过数字经济和数字货币的结合理解这个被数字化的时代和文化。而认知数字货币，需要借助和引入新的思想资源，并逐渐形成新的货币理论。"百年未有之大变局"还处于现在进行时，在这场大变局中，数字货币会扮演重要角色，货币经济的结构和体系面临全方位改变，将影响全球货币金融资源分配。期待龙白滔在历史大潮前，继续秉承求实、独立、勤奋、严谨和谦卑的研究精神，在货币理论和方法方面做出努力和突破。

2-8　数字货币的理想元素[①]

货币史是人类文明史的重要部分,所以,数千年总是有的。但是,当下人们谈论最多的数字货币,其历史却短之又短,充其量不过十年有余。但是,在这十年间,"信仰、质疑、暴涨、暴跌、暗网、盗币、监管、分叉……这些词汇始终萦绕在比特币和数字货币世界的上空"。人们常常习惯于"望文生义"的思维方式,简单地以为,数字货币说到底还是货币,不会与传统货币有根本不同。事实上,作为数字货币的"此货币"绝对不是作为传统货币的"彼货币"。数字货币的产生是货币史上的大事,其意义很可能远远超过金属货币和纸币的诞生,也会让金本位制度和信用货币制度的历史地位"黯然失色"。

所以,梳理数字货币历史,为其"树碑立传"是必要的。零壹财经·零壹智库撰写的《数字货币极简读本》很及时。这本书还有一个"理想与现实之间"的副标题,直接指出数字货币在历史十字路口的境地,发人思考。

1.数字货币起源的"密码朋克"精神

数字货币并非是传统货币演变的必然结果,需要溯本求源到"密码朋克"。"密码朋克"与20世纪的整个朋克运动存在深层的精神传承,那就是挑战西方社会的主流文化、思想和秩序,寻求变革。本书认为,密

[①] 本文系作者于2020年2月4日为零壹财经·零壹智库所著《数字货币极简读本:理想与现实之间》撰写的序言。

码朋克登上历史舞台的标志性事件是1993年《密码朋克宣言》的发表，它提出了"在这个宣扬自由的世界里，你早已经不再自由"的论断。这批密码朋克在深入研究密码学和开发密码技术、保障个人自由和隐私的同时，开始设计和开发基于加密技术的数字货币。大卫·查姆（David Chaum）是代表人物，他不仅具有密码学的造诣，而且于1989年创立了DigiCash公司，专门从事数字货币和支付系统研发。DigiCash开发了eCash数字货币体系，虽然没有最终成功，但确实是先驱。之后是：道格拉斯·杰克逊（Douglas Jackson）1996年创造了第一代数字黄金货币E-Gold；戴维（Wei Dai）于1998年发表B-Money白皮书，开了"数字加密货币"的先河；尼克·萨博（Nick Szabo）于2005年提出数字货币BitGold（比特金）。"从大卫的eCash到戴维的B-Money，再到萨博的BitGlod，一代代密码朋克在加密数字货币领域的不断探索和跋涉，为比特币的诞生积累了丰富的实践经验。"

2. 2008年金融危机和比特币革命

"2008年11月1日凌晨2点10分，一个名叫中本聪的密码朋克轻点鼠标，在一个秘密讨论群'密码学邮件组'里发布了一封帖子：'我正在开发一种新的电子货币系统，采用完全点对点的形式，且无须受信第三方的介入'，帖子还附上了一篇9页长的论文——《Bitcoin：A Peer-to-Peer Electronic Cash System》（《比特币：一种点对点电子现金系统》）。"比特币由此诞生。本书引用了"中本聪"的这样一段话："传统货币的根本问题，正是来源于维持它运转所需要的东西——信任。人们必须要相信中央银行不会有意劣化货币，可是法币的历史却充满了对这种信任的背叛。我们相信银行，银行持有并电子化地转移了我们的钱，可是银行却在部分保证金制度之下，通过一浪接一浪的信用泡沫将货币抛撒出。"这段话揭示了密码朋克对传统银行中心化体系和信用货币制度的失望，以及比特币背后的理想主义成分。所以，这篇论文"后来被奉为比特币信仰者的'圣经'、无政府主义者的信仰基石和开发者的'汉穆拉比法典'"。无论任何人，都无法否认由区块链技术支持的比特币的诞生，拉开了一个以数字货币为显著特征的新时代和新世界的序幕。

3. 数字货币具有自我繁衍、发育和进化的能力

自比特币诞生以来，各种加密数字货币如雨后春笋般繁衍与发育。截至2020年2月3日，在世界范围内进入交易状态的数字货币有5089种之多。当然，在数千种数字货币中，就价值比重而言，比特币始终处于绝对优势。本书在对比特币做系统介绍之外，还清晰地简介了瑞波币、以太币、莱特币、恒星币、门罗币，特别是稳定币的龙头USDT。其中恒星币被本书称为"有情怀的数字货币"：该币由恒星基金会管理运营，该基金会是以环保、慈善、金融惠普为核心理念，致力于拯救贫困线下10%人口的非营利组织。在这样的理念下，恒星币将"总量的50%直接分发给全世界用户，25%通过增加覆盖计划分配给非营利组织以给予金融服务匮乏的人群，20%通过比特币计划分配，5%留作项目运营费用。也就是说，95%的恒星币都将免费送给用户"。至于稳定币，是数字货币自我进化的结果。自比特币和其他数字货币问世之后，被批评最多的就是它们市场交易的价格剧烈波动，导致投机盛行，而无法成为普遍的支付工具，于是产生了基于法币储备抵押模式、数字资产抵押模式和算法央行模式的稳定币。2014年推出的USDT属于第一种模式的稳定币。如今已经出现成百上千种稳定币。

4. Libra宣示的理想主义的冲击

2019年6月18日，Facebook发布Libra白皮书。"Libra是由Facebook

主导发行的、以区块链技术为基础的、由专门协会管理的数字货币。Libra的使命是建立一套简单的、无国界的货币，是服务于数十亿人的金融基础设施。"在后来的几个月中，Libra对世界货币体系，对各国金融监管部门，以及对企业界、经济学界，甚至广大民众产生了难以想象的冲击。这种现象是罕见的，因为这种冲击不是来自已经落地的真实货币，而不过是来自Libra的构想。如何解释这种现象？Libra的冲击与其说基于Facebook所拥有的20多亿用户，基于其核心技术或者新技术框架的设计，不如说基于其白皮书所宣示的理念："我们的世界真正需要一套可靠的数字货币和金融基础设施，两者结合起来必须能兑现'货币互联网'的承诺。"现在，无法肯定Libra是否可以按照原定的时间表问世，可否成功发行。但是，Libra毕竟展现了在全球范围内解决货币金融资源分配严重失衡、赋予世界数亿没有银行账户民众金融手段、最终实现普惠金融的可能性和解决方案。这样的意义是不可低估的。

5.法定数字货币包含着颠覆传统货币的基因

什么是法定数字货币？"法定数字货币也称为央行数字货币，是由一国中央银行根据政府法令以数字化形式发行的电子货币。"2019年1月，国际清算银行（Bank for International Settlements，BIS）发布了一项关于数字货币研究现状的调查报告。报告显示，在63家接受调查的央行中，有70%的央行正在对法定数字货币的发行开展研究工作。大多数国家对法定数字货币形成诸多共识，最重要的是法定数字货币需要中心化组织架构，通过使用法定数字货币提高交易的效率，降低货币的发行、流通和管理成本。中国是最早进行法定数字货币研发的国家之一。截至2019年9月，中国人民银行数字货币研究所申请了与数字货币相关的发行、流通、管理等80余项专利，"是央行数字货币研究领域名副其实的主力"。需要强调的是，即使是法定数字货币，基于区块链技术，本质上依然属于广义数字货币范畴,这就意味着该货币具有颠覆传统货币的"基因"。伴随从微观经济到宏观经济的"数字化",法定数字货币与非法定数字货币的相互影响,现存的货币金融体系势必发生结构性变革。

6.数字货币改变了财富存量和流量的传统模式

从2016年至2017年,发源于以太坊的智能合约融资引发了ICO风潮。但是,"据咨询公司Satis Group调查显示,2017年的ICO项目中有80%是彻头彻尾的骗局",很多被误导的民众付出了巨大代价。结果是ICO遭到各国政府的打击,中国尤甚。毫无疑问,ICO的教训是深刻的。但是,在痛定思痛之后,不得不思考一个问题,自从货币发行权集中到央行之后,央行决定货币发行数量和货币利息,进而影响货币市场和资本市场,最终形成以法币作为衡量标准的财富模式,是不是需要改变?答案应该是肯定的。问题是如何改变?对此,尚没有共识和答案。但是,数字货币、非主权货币,特别是各种类型的通证的涌现,很可能是改变的开始,民众不仅是物质财富的创造者和分享者,而且应该是货币金融财富的创造者和分享者。

2020年代已经开始。但是,人们对货币的认知,仍然局限于20世纪关于货币的记忆与教化,诸如金本位和复本位、金本位瓦解、布雷顿森林会议体系、法币、信用货币、石油美元,以及欧元。处于主流地位的金融机构和经济学家尚未将数字货币置于应有的地位,甚至坚持认为加密数字货币不是货币。但是,这样的情况正在结束。关于数字货币的更多的故事还在后面。一方面,人们关于数字货币"横看成岭侧成峰,远近高低各不同"的不同认知还会长期继续下去。另一方面,比特币和数字货币的成长和演进,整个数字货币生态的形成,将改变货币史,甚至整个经济史的原本轨迹,民众开始有越来越多的话语权,将推动全球货币金融秩序的变革,并成为变革的受益者。

唐代刘禹锡留下最著名的文字是:"山不在高,有仙则名。水不在深,有龙则灵。斯是陋室,惟吾德馨。"其实文章也是如此。《数字货币极简读本》的作者都是年轻人,篇幅和字数有限,却是开卷有益,因为数字货币对未来的影响怎样估计都不会过高。

2-9 数字货币与现代经济体系[①]

数字货币对宏观经济有哪些影响？其中哪些问题需要关注和思考？

1. 传统经济 VS 数字经济

数字经济是理解数字货币的逻辑和历史的前提。从远古到20世纪后半叶，人类经济的主体形态就是物质产品的生产和消费。逐渐形成了农业、工业和服务业。于是，经济学将国民经济分成第一、第二和第三产业。现在，将物质产品生产和消费的经济，称为传统经济。

现在人们开始关注的数字经济，并不是与人类文明共生并伴随其演变过来的，也不是从传统经济自然而然派生出来的经济。数字经济历史非常短暂，基本与互联网历史相互对应，不过五六十年而已，是以现代科学革命为基础的、"无中生有"的和非线性的经济，一种突变式的经济。

传统经济和数字经济之间有太多的不同，最大的不同是生产要素的不同。传统经济的本质是基于物质形态的改造，对物质要素的利用与发展。传统经济的生产要素有三个：人力、土地、资本。一部人类经济史，可以理解为这三个要素组合模式不断改变的历史。

然而，数字经济的要素和传统经济的上述三个要素没有直接关系。

[①] 本文基于作者2019年10月18日在数字资产研究院和苇草智酷在北京联合举办的"数字经济与数字货币现状与趋势研讨会"上的发言，以及2020年3月27日在数字资产研究院、横琴智慧金融研究院与零壹财经·零壹智库联合举办的"数字货币对宏观经济的影响与展望"线上研讨会上的发言。作者对这两次发言的内容进行了合并和整理。

数字经济的生产要素是观念、知识、科学、信息、技术、互联网,以及广义的"虚拟空间"。说到底,支撑数字经济的基础是"信息"。这个"信息"就是"香农信息论"中所提出的"信息的元素是熵",其单位是比特(Bit)。[①]进一步,Bit成就了计算机科学体系,没有Bit就没有数字经济。只是,从Bit概念的出现到Bit支撑整个IT工业和互联网的发展,整个历史并没有那么漫长。

2. 数字货币导致宏观经济的新组合

现在,讨论数字货币和数字经济,与2008年比特币诞生之前不同。已经无法忽视数字货币的存在和否定排斥数字货币的作用。现在,数字货币成为既成事实。虽然,数字货币相比较传统货币,其规模和影响是有限的,但是,数字经济作为数字货币诞生的深刻的历史前提,会被数字货币推向前所未有的历史阶段。

因为数字货币,货币体系发生结构性变化,有了传统货币和数字货币的分类;因为数字经济,宏观经济同样发生了结构性变化,有了传统经济和数字经济的分类。数字货币对宏观经济产生全面影响业已全面开始,导致宏观经济结构发生"解构"和"建构"。

如果以传统经济、传统货币、数字经济和数字货币作为四个基本变量,存在着四种组合模式:(1)数字货币与数字经济;(2)数字货币与传统经济;(3)传统货币与数字经济;(4)传统货币与传统经济。

[①] 比特(Bit)是二进制单位(binary unit)或二进制数字(binary digit)的缩写。Bit 代表信息的最小单位,只有两种状态:0 和 1。

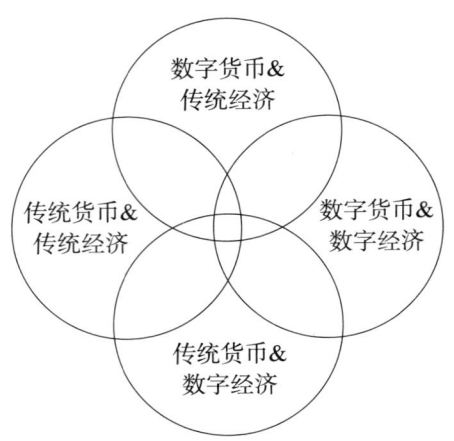

上图显示：传统经济、传统货币、数字经济和数字货币四个基本变量之间，形成了相互融合和彼此交叉的互动态势。甚至可以说，它们之间存在着一种特殊的化学反应。

按照通常的解释：当一个新的元素进来之后，它会侵蚀和影响整个体系，原本的分子破裂为原子，原子重新排列组合生成为新物质的过程，即是化学反应过程。数字货币导致了传统货币体系的"分裂"，或者传统货币体系的"异化"，于是，传统宏观经济结构呈现改变，"此"货币体系和"此"宏观经济结构不再是"彼"货币体系和"彼"宏观经济结构。

3.数字货币相较于传统货币的优势

进入2019年下半年，数字货币基本形成相对完整的体系。主要形态包括：（1）央行发明和创造出来的法定数字货币。现在还没有实际运行，包括中国在内的若干国家央行正处于设计和实验阶段；（2）传统商业银行发行的数字货币；（3）实体经济企业发行的数字货币，例如处于准备状态的沃尔玛币；（4）互联网社交平台发行的数字货币，例如Facebook宣布的Libra白皮书；（5）非机构和非主体的，即没有明确的可以在法律上定义的机构和个人发行的数字货币。

数字货币相较于传统货币的优势：（1）数字货币类型多样化。例如主权货币、超主权货币、非主权货币和非国家货币、区域性货币。（2）发行权的多元化。法币的发行基于其权威性，数字货币并不追求权威性，因此是多元的。（3）低社会成本。如果民众可以依据区块链创造数字货币时，所需社会成本相当有限。（4）技术驱动。数字货币是科学技术综合发展的结果，是人类历史上唯一一种由科学技术创造和推动的货币。（5）张力。数字货币的市值、种类和区域扩张的能力。（6）刺激数字货币流通速度。

4. 数字货币全面侵蚀总需求—总供给模型（AD-AS）的基石

数字货币将全面侵蚀总需求与总供给的模型基石，主要体现在以下几个方面：庇古效应、凯恩斯革命、IS-LM模型、蒙代尔–弗莱明模型，以及传统国际贸易模式。

4.1 庇古效应。庇古（Arthur Cecil Pigou）对宏观经济学最有影响的是"庇古效应"，所描述的是趋于低下的物价水平有利于刺激经济增长，实现充分就业和创造财富效应。庇古因其对财富、福利、产业、就业，以及制度比较方面的理论和思想贡献，极大地丰富了宏观经济学。现在，物价水平和消费、金融资产的相关特性已经改变，即使在低通货膨胀状态下也未必发生"庇古效应"。物价水平现在对财富关系的敏感程度已经发生了严重的分离，股市波动和物价水平之间没有直接的相关性，或者相关性越来越小。数字货币和数字经济加剧了这样的趋势。

4.2 凯恩斯革命。在20世纪后半期，没有任何一个经济学家的影响力可以超过凯恩斯，甚至至今如此。凯恩斯经济学的经典之作是1936年针对大萧条出版的《就业、利息和货币通论》（*The General Theory of Employment, Interest, and Money*）。所以，凯恩斯经济学曾经被称为"萧条经济学"。凯恩斯提出的"有效需求"理论，通过增加投资、扩大就业，极大地扩展了宏观经济学总需求理论。但是，进入数字经济和信息时代之后，投资与就业的相关性不断削弱。

4.3 IS-LM模型。在庞大的经济学体系中，各种模型数不胜数。但是，IS-LM模型无疑是最为深刻和实用的。英国经济学家希克斯（John R. Hicks）在1938年，基于凯恩斯经济学提出了IS-LL模型，天才地将货币经济和实体经济连接在一起。1949年，美国经济学家汉森（Alvin Hansen）将希克斯的IS-LL模型改成IS-LM模型。IS讲的是储蓄和投资的关系，LM讲的是货币偏好和货币供给的关系。不论是IS，还是LM，最终都受制于利率。如今，距离1938年过去了八十余年，距离1949年过去了七十余年，不论货币经济、实体经济，还是它们之间的关系都已经大为不同。特别是过去的利率和投资之间、货币偏好和货币供给之间的逻辑关系已经被完全打乱。而数字货币对传统货币体系和宏观经济的渗透，加速了IS-LM模型失灵。

4.4 蒙代尔–弗莱明模型（Mundell-Fleming Model）。这个模型的核心思想是：在资本完全流动的情况下，浮动汇率制度对各国宏观经济存在重大和有效的影响。但是，人们看到的是，国家和央行对汇率制度的干预正在普遍化，加之对资本自由流动限制的增加，宏观经济越来越受制于政府的影响。数字货币，例如比特币，具有天然超越主权的特征，不存在所谓汇率制度的限制。当然，法定数字货币，特别是央行数字货币似乎依然受汇率框架的约束。无论如何，数字货币会对现存的汇率制度与机制发生深刻和持久的影响。

4.5 传统国际贸易。在经济学通识文本中，关于总需求有一个公式：AD=C+I+G+（X–M）。其中以出口减去进口（X–M）体现的国际贸易是总需求的重要组成部分。随着互联网革命和信息时代的到来，以及基于全球化的产业链和价值链的形成，服务贸易崛起，传统贸易正在被改变，而这又影响了各国宏观经济格局。现在几乎可以清楚地预见，数字货币和数字经济将会进一步改变国际贸易结构，同时影响国际贸易在宏观经济中的位置。

总之，从世界范围看，支持宏观经济的经济制度、宏观经济结构和机制，特别是政府影响和干预宏观经济的政策体系，都面临前所未有的新局面。当然，我们不能将这些变化仅仅归因于数字货币和数字经济的产生和发展，得出这样的结论显然为时过早。但是，数字货币和数字经济无疑让人们看到了一个潜在的新趋势。

5.数字货币对于近期、中长期和经济复苏的影响

自2008年之后，宽松的货币政策对宏观经济的影响力走向微弱，再低的利率，甚至零利率和负利率，都对刺激经济乏力，货币政策正在出现全面的失效。在2020年3月新冠病毒开始世界性蔓延后，货币政策的失效更加显著。这是非常值得注意的历史性现象。

但是，数字货币开始对宏观经济逐渐扩大影响：（1）改变投资方式。主要是改变资本形态、资本地位、资本主体。集中体现为利息对资本、资本对投资模式的全方位变革。（2）改变产业结构。主要特征是非实体经济，包括数字经济、信息经济和观念经济的发展。（3）改变就业模式。自我就业、合作经济和共享经济会逐渐主流化。（4）改变经济组织。主要是传统公司形态会走向衰败、企业小型化、创业模式多元性。

在经济危机常态化之下实现较为长期的经济复苏，数字货币很可能是一个另辟蹊径的选择：（1）数字货币有助于推动零利率、负利率。因为数字货币的出现，未来资本不再稀缺，原来经典意义的资本有可能走向消亡。政府的公共投资、公共消费和公共产品会大幅度地增加。道理很简单，资本的消失是因为原来可以成为资本的货币资源成本趋零，数字货币加入进来之后，供给理论上是无限大的。理论上甚至可以认为，因为货币需求和数字货币结合，利率的函数将不复存在。（2）数字货币有助于超越所谓的"流动性陷阱"。就民间数字货币而言，不仅种类繁多，而且理论

上其种类可以不断淘汰和增加。同时，数字货币的供给弹性极大，可以满足需求量及其多样性。所以，难以用传统货币的供给与需求的模式衡量数字货币，在实际经济生活中，数字货币难以形成源于借贷的利息机制，故不具备与传统货币利息挂钩的基础。就法定数字货币而言，与传统货币相比较，具有天然的透明性，难以转换为"投机性"货币。

从未来五至十年看，在传统经济和数字经济，以及物理形态的传统货币和数字形态的数字货币继续并存的情况下，伴随数字经济的大发展，数字货币"水涨船高"，在整个货币经济中的比重会大为提高。甚至会逐渐发生数字货币大面积侵蚀、覆盖和替代传统货币的局面。这仅仅是时间问题。

从中长期看，两种能量推动数字货币成熟与发展：（1）数字货币内在的创新和升级、数字货币的多元化发展。近期标志性事件很可能是个别国家央行法定数字货币和Libra的试验落地。（2）经济和数字货币会形成正面的良性互动，传统财富模式转型产生对数字货币的需求。

关于数字货币的未来趋势，需要有近期和中长期的框架。在可以预期的三年至五年，在传统物理形态货币继续处于主导地位的环境下，因为数字经济与科技的天然关系，与智能手机、云计算、大数据和AI的融合，数字货币会形成相比传统货币的张力，继而进入高速扩张阶段。在比特币顽强存活、以太币升级的同时，各种稳定币不断涌现。当然，对数字货币技术基础、技术发展空间和发育机制的复杂性，不可低估。

6.人民币的选择

当代世界货币体系被称为后布雷顿森林会议体系，这个体系是以美元为中心的。世界的货币金融资源分配严重失衡，导致危机全面加深。2008年的世界金融危机之后，该体系呈现全面解构的迹象。

中国是世界第二大经济体，但是，人民币在世界货币体系中的地位完全不符合中国对世界经济的实际贡献。为了解决中国经济和人民币的失衡状态，曾经做了不同方面的努力：(1) 人民币国际化方案。包括推动国际贸易人民币结算、建立人民币离岸中心、通过"一带一路"实现投资贸易和人民币国际化一体化。(2) "超主权储备货币"方案。该方案于2008年世界金融危机之后提出，最终不了了之。(3) 国际金融机构改革和创新。例如推动国际货币基金组织改革，建立新型金融机构，例如亚投行、金砖国家央行等等。上述方案虽然有一定的进展，但是，都遭遇到难以短期突破的技术性、制度性和政治性困难，以致出现了无限期"搁置"、真正"熄火"的状态。

而数字货币的出现，为人民币国际化提供了新的思路，加快了设计和实施中国央行的法定数字货币（DC/EP）的步伐。

结论

数字货币已经成为理解现代经济，不论是宏观经济还是微观经济，所不可排斥的极为重要的因素或元素，不可低估数字货币对原来的货币理论、实体经济所产生的现实和长远影响。对此，世界主流经济学家是估计不足的。这种情况应该逐渐改变。

更为重要的是，现在数字货币的历史进程不过是刚刚开始。人们需要克服用传统货币思维思考数字货币。除了技术基础之外，数字货币和数字经济也代表了新的理念和对未来经济形态的一种期许。数字货币有助于结束国家对货币的绝对垄断，建立普惠金融的理念。

2–10　全球加密数字货币、区块链和人工智能[①]

"我们正站在变革的边缘,而这次变革将和人类的出现一般意义重大。"——弗诺·文奇[②]

当下人类正处于历史的三个重要转折点的"叠加"和"重合":一、以比特币为代表的加密数字货币已经从"星星之火"演变为"燎原之势";二、区块链已经从试验性阶段转变为让信息、基础设施和公共事业全面价值化;三、人工智能(AI)正在从"弱人工智能"转向"强人工智能",且"超人工智能"已经出现在地平线那边。这种在时空中从不同方向出现的"叠加"和"重合",对当代人类社会产生了从"解构"到"建构"的历史性影响。我们非常幸运,成为这样的历史时刻的见证者,甚至参与者。

1.加密数字货币:不再是"星星之火",正在形成"燎原之势"

加密数字货币可以分成"加密""数字"和"货币"三个基本元素,非常巧合的是,其理念和技术性前提都可以追溯到1976年。这一年,人类在货币思想和理论、密码学、计算器以及互联网四个领域都取得了关键性突破,为加密数字货币的诞生提供了思想和技术基础。

[①] 本文系作者基于 2017 年 10 月 14 日在紫藤庐讲座上的主题发言修订而成,原标题为《全球加密数字货币、区块链和人工智慧:进展、争议和趋势——我们应该怎样理解身在其中的经济与社会结构与体系的改变?》。
[②] 弗诺·文奇(Vernor Steffen Vinge),美国数学家和小说家。

此时此刻，加密数字货币的数量和价值正在发生爆发性增长。从第一种加密数字货币"比特币"于2008年诞生以来，截至今年6月，世界上已经发展出1165种加密数字货币，尚且不包括"山寨币"。2016年比特币的价格超越黄金，成为名副其实的"数字黄金"。不仅如此，加密数字货币已经发展成为一个巨大的产业体系，至少包括exchange（交易所）、wallet（钱包）、payment（支付）和mining（挖矿）四大部门，形成了清晰的产业链，以及自身的成长机制和模式。毫无疑问，ICO即"数字货币的首次公开募资"是2016年资本市场上最重要的事。

加密数字货币的迅速发展，给各国政府及各国央行，甚至国际货币基金组织，构成了全方位的压力，迫使它们在"两难中"做出选择：不可因为激进而导致风险，也不可因保守而失去历史契机。最值得关注的是，包括中国在内的一些国家的央行开始研究和开发"法定"或者"主权"加密数字货币。在不久的将来，我们将面临"法定"或者"主权"加密数字货币和非"法定"、非"主权"加密数字货币并存局面，即"二元化"加密数字货币局面。

此外，加密数字货币也遇到了许多争议。争议来自技术，例如比特币分叉路线，更多的争议则来源于观念，还有就是源于愚昧和无知的挑战。

总之，伴随人类文明史的经济交易观念和手段正在发生结构性和系统性改变。昨天认为正确的，今天会发现已经和正在"过时"，昨天认为不正确的，今天已是不得不接受的"常识"。特别是，加密数字货币的形成和爆炸性发展，使得人们财富存在形态随之改变。可以清楚预见，在不远的将来，"数码财富"会在财富体系中具有举足轻重的地位，而没有加密数字货币概念，就无法理解"数码财富"。

2. 区块链：集全球性新型资源、新型基础结构和新型产业于一身

区块链的本质是"一种能够给全人类带来价值的数字账户"。因为这

个本质,区块链派生出诸如"不可改变""成本低下""可以追溯"等特点。这两年来,互联网与区块链的关系日臻成熟:区块链以互联网为基础,成为互联网存在的新模式。或者说,因为区块链,互联网进入了一个新的历史阶段。遗憾的是,人们在心智、经验、知识方面还处于两个时代之间。

区块链不仅是人们自组织的一种新平台,而且可以创造商业价值。"以太坊"的创始人维塔利克·布特林(Vitalik Buterin),这个90后是21世纪截至今日最了不起的人之一,因为他不但意识到了比特币的本质,也明白互联网和区块链之间的关系,并且发掘出了区块链的商业潜力。世界上数字资产的前十大企业中,八个都依赖和依存于"以太坊"。"以太坊"以区块链技术搭建而成"分布式自治组织"(Decentralized Autonomous Organization, DAO), DAO没有传统的管理层,却依然可以发挥企业的功能。DAO可以在18天内募资1.26亿美元,证明了在今天这个世界上,不乏不仅关注投资的商业前途,而且支持新思想和新观念的新型投资者,他们将代表"资本"的未来。此外,在过去几年时间里,"以太坊"所代表的区块链正在形成其特有的"生态系统",其多元化的参与者包括企业家、创新者、投资者、技术人员,乃至各政府及非政府部门。

区块链在推动"点对点"(P2P)臻于成熟的同时,还开创了"点对组织"(P2O)和"点对机器"(P2M)的模式。当然,关于如何看待区块链前途,也存在很多争议,大部分人因为对区块链的认知浅尝辄止,所以低估了区块链的潜力和张力。

3. 人工智能:彻底改变了人类本身、科学技术、经济、社会和文化的存在方式

尽管"人工智能"已经经历了长达半个多世纪的历史,我还是赞同以2016年作为"人工智能"元年。因为在2016年,"人工智能"发生了

包括"阿尔法狗击败李世石"等标志性事件，显现出"人工智能"全面飞跃，进入了历史新阶段。

我们当下身处"人工智能"的历史拐点：人类社会全方位被"弱人工智能"所影响，甚至控制。人人离不开智能手机就是证明。人类社会，正在向"强人工智能"过渡，"超人工智能"不再只是概念，而且是实在的技术和日益清晰的结构身影。在这样的历史拐点，与"人工智能"相关的运算能力、储存容量、传送速度、可靠性以及稳定性等技术层面的持续突破，推动了"人工智能"逼近大脑的神经网络，实现深度学习能力的技术基础。

与此同时，"人工智能"开始以"几何级数"的方式，在企业、行业和产业中衍生，已经形成了"人工智能"开发和应用的产业链和产业群，造就不可逆的商业化态势。仅仅在过去的几年中，人们对"人工智能"经历了从"被动"到"主动"的转变。其中，市场的因素、资本的因素、竞争的因素无疑起了重要作用。开始，"人工智能"进入一个企业后，迫使同行业其他企业效仿，否则会丧失竞争优势；如今，已经是企业间以是否开发和使用"人工智能"作为企业创新的标志。资本对"人工智能"的反应是积极的，正在大规模涌入，其势头还会持续相当长时间。

因为"人工智能"所焕发的逻辑，在"人工智能"产业不断蔓延和扩大的同时，"人工智能"产品开始全方位地进入人们的日常生活。我们的经济活动和日常生活，从不知不觉被AI渗透到日益严重地被AI控制，仅仅是个时间问题。可以预见，在未来机器人会以这样或那样的形式存在于我们中间，让我们无法分辨什么是真实的人，什么是虚假的人。美国电影《银翼杀手2049》表现了传统人、复制人和机器人并存的社会，以及他们之间的关系，实在值得一看，尽管看明白这部电影有点难度。

进入2020年代，也就是在未来10年里，"人工智能"将在世界的GDP中举足轻重。所以，世界各国的政府也意识到了人工智能的重要性，将其提高到国家的发展战略层级,纷纷加大各类资源的投入。这种由国家介入引发的"人工智能"领域的竞争,就规模、深度、影响范围和后果而言,都是人类社会前所未有的。20世纪的任何国与国的竞争,与此相比都是"小巫见大巫"。

当然,人们对于"人工智能"的争论从来没有、也不会停止。在1923年到1924年之间,英国发生一场争论,一方是年轻生物化学家J.B.S.霍尔丹(J.B.S. Haldane),代表作是《代达罗斯》(*Daedalus*);另一方是已经誉满天下的哲学家罗素,代表作是《伊卡洛斯》(*Icarus*)。双方的争论涉及四个问题:(1)科学技术对人类的影响的问题;(2)国家和社会如何利用和对待科学技术的问题;(3)科学技术与资源和生态的问题;(4)科学技术的伦理问题。霍尔丹提出,科学技术将改变人类;罗素则认为,科学技术是一种极为危险的东西,尤其是被国家控制后,甚至可能发生类似伊卡洛斯因为发明而死的悲剧。现在关于"人工智能"的争议,可以看作霍尔丹和罗素论战的延续,争议的焦点是如何看待"人工智能"技术对人类命运的积极和消极的影响。有一点是肯定的:不管"人工智能"的争议如何继续下去,科学技术的自我意志会不断强大,不断完善"人工智能"技术和扩展"人工智能"的应用范围。

结论

加密数字货币、区块链以及人工智能代表的三个重要转折点的"重合"和"叠加",将人类社会引入了一个历史的转折点。对于人类而言,现在所面临和经历的大历史转型,似乎只有从"旧石器时代"进入"新石器时代"的那次转型可以媲美。在这样的转型过程中,人类原本的知识、观念和预期都要被动摇、被改变,甚至被颠覆,原本的社会结构和体系必然遭到"解构"。同时,人类形成新的知识、观念和预期,作为人类社会再"建构"的支点。要相信,人类是会进步的。

附录：数字货币是一种综合创新[①]

问题一：如何理解比特币、区块链和数字货币之间的关系？

朱嘉明：在比特币、区块链和数字货币三者之间，存在着原理、逻辑和技术的内在关系，三者之间既有区别，又不可分割。理解比特币是关键，这是因为比特币不仅是虚拟货币的典型代表，而且为区块链提供了相当成熟的逻辑基础和技术前提。至于当下所谈到的其他类型的数字货币，则吸纳了比特币和区块链的思维、原理和技术。

至于区块链，可以定义为一种智能契约形态，区块链的技术应该保障智能契约永远不被伤害。不仅如此，在维系智能契约相互信任的同时，还能够实现互相不侵犯隐私权利，每个参与方决定多少权利可以公开和分享。区块链的所有参与方并非是被动的，一切行为都处于可控的范围。

区块链的思想，就是比特币的基本思想；换句话说，从比特币的原理必然可以推导出区块链原理。具体地说，区块链的概念就是比特币的账本概念，这种账本不可更改，它挑战、颠覆了人们的会计体系、账本制度。区块链的技术本质源于比特币的加密法，透过复杂的公共钥匙和私备钥匙构成的一个体系。

所以，比特币和区块链之间，存在着四个共同点：共享账目；智能合约（智能契约）；能有效、彻底地保护隐私权；参与者彼此无须讨论的共识；以上四要素有着强烈的依存关系，核心是所谓的智能契约。

如今不少人一方面否定比特币，一方面却提倡区块链，或者认为数字货币可以成为一种独立的新事物，都是错误的。

问题二：是否可以明确定义比特币是货币？

[①] 附录由作者接受《亚洲周刊》（第 30 卷 47 期）与区块链铅笔的媒体采访修订而成。

朱嘉明：关于比特币是否为货币这个问题，很难简单地说"是"还是"不是"。因为首先需要知道货币是什么。自古以来，信用是货币存在的前提。是先有信用，后有货币。所以，只要信用形态发生演变，货币形态随之改变。

在当代世界，以国家信用支撑的法币是货币的主要形态。但是，法币并非是货币的唯一形态。也就是说，信用货币并不全然是国家信用货币。

在世界范围内流行的非国家的信用货币至少有三种形态。第一，基于区域信用体系的货币（community currency），又称本地货币、补充货币、社区货币或私人货币，达二千五百种之多。即使根据严格货币定义的统计，也达二百多种，欧洲即有上百种之多。在理论上和实践上，这些区域货币可以在特定范围内发挥商品交换的媒介和价值储藏的职能，甚至可用来交税。第二，基于公司信用体系的货币，例如Visa、Master等信用卡、公司券（company scrip）、军用券（military scrip）。第三，基于贵金属价值的货币，例如黄金和白银纪念币。

虚拟货币是否是货币，关键要看是否存在着特定的信用基础。比特币历史短暂，却创造了一种独特的信用体系，这个信用体系不再是有形的政府、小区、公司，而是个人的联合体。在这个意义上说，比特币是一种货币形态。不仅如此，比特币还展现了其全面的货币功能。艾莉森·纳森（Alison Nathan）对比特币性质的裁定就是根据比特币具备货币的基本功能。

问题三：如何看待有舆论说，虽然比特币是一种无国界的货币，却被少数国家和少数公司所控制，他们可以通过对比特币的软件和技术做更改，最终摧毁比特币的独立性？

朱嘉明：这是对比特币原理和技术内涵的无知和误解。第一，比特币的供给总量是封顶的，其开采量是递减的，而开采者的进入是开放的。

所以，开采的竞争成本会不断上升。主要会表现在：矿机越来越昂贵、用电量越来越大、时间越来越长。在比特币产生初期，任何人只要下载一个软件就能挖比特币，后来需要矿机，而矿机则要不断升级；人们发掘的时间也越来越长，过去一个人一天能采几枚比特币，现在几个人、数十人花费很多天，也未必能采到一枚比特币。所以，垄断对比特币的开发非常困难，几乎是不可能的。第二，比特币的最大技术优势还包括交易信息的完全透明。比特币系统就是一个全网总账本，所有的交易信息都有记录可查。这也从根本上阻止了垄断性动机。

问题四：如何解释比特币价格的波动？

朱嘉明：必须承认，比特币远远没有融入大众日常生活。这不是一个复杂的问题。因为，如我前面所说，货币的基础是信用，而信用本身是一种社会关系。社会关系需要长期培养和发育。如果说，比特币存在缺陷，那就是至今比特币还没有能够创造一个基于比特币的市场、社会关系。为什么？因为对于大多数民众来说，懂得比特币，摆脱关于比特币的偏见不是一件容易的事情，使用比特币就更困难了。但是，在我看来，比特币的大众化和日常生活化只是时间问题。我在演讲中多次强调，现在按照比特币的思想和区块链的思想所创造的其他各类虚拟货币，在技术上不再是难事，已如雨后春笋。只要各种比特币可以不断产生和蔓延，终究会导致更多的民众参与。对于网络一代来说，理解、接受和使用比特币们会逐渐成为大趋势。

只要形成一定规模和区域性的比特币之类的虚拟货币市场，"梅特卡夫定律"效益（一个网络的用户数目越多，那么整个网络和该网络内每台计算机的价值也就越大）就会发生，虚拟货币就会进入指数扩张阶段。只是现在还没有进入这样的历史拐点。可以做一个设想：假设某地有一百人坚持使用比特币，经过一段时间，一定会跳跃到一千人。这如同人们使用微信一样。

问题五：比特币或者比特币"们"的根本意义何在？对比特币是否持有乐观态度？

朱嘉明：对比特币，确切地说对虚拟货币应始终持有开放的和审慎的乐观态度。比特币不是乌托邦，是人类的一种试验。以一个国家、几个国家、一个时段、几个时段对比特币和虚拟货币做出结论，还为时过早。

最近，美国知名网上零售商Overstock开发的区块链平台，获得美国证券交易委员会批准进行股票公开发行。该公司确定基于比特币区块链的证券交易平台将于年底启动。这是很值得关注的一个事件。

问题六：各国，特别是美国联邦政府对于比特币的态度是什么？

朱嘉明：自从比特币诞生以来，世界各国政府的态度可以概括为：所知寥寥，高度警觉，爱恨交织。具体可以分为三类。第一类，持正面和开放态度的国家；第二类，没有明确态度，不反对，也不支持，没有相应法规的国家；第三类，持反对态度的国家。

在所有国家中，美国的态度至关重要。总的来说，美国对比特币维持保守、开放和谨慎的态度。早在2013年11月，美国参议院就举行了比特币的听证会。之后，美国财政部、国税局、期货委员会，都对比特币做过自己的界定。美国国税局裁定比特币是一种"资产"；美国财政部认为比特币具有创新和成为征税对象的潜质，可以纳入监管框架；美国期货委员会将比特币视为一种可交易的"商品"。在上述背景下，按照美国司法独立的原则，如果联邦法院介入比特币，并做出关于比特币的裁决，意义确实很大。因为，联邦法院只受理涉及联邦法律层面的案件。

今年9月20日，美国联邦法官艾莉森·纳森对比特币做出了前所未有的清晰界定："按照该术语的普通意思，比特币就是资金。比特币可作为支付手段，购买商品和服务，或可以使用银行账户直接从交易平台购买比特币。因此它们的作用与金钱相同，是作为交易媒介和支付手段使用。"艾莉森·纳森的裁决将比特币问题提高到全国性层面，宣布虚拟货币符合货币定义。因为美国实施的是普通法体系，承袭"遵循先例"的原则，所以从长远来看，这会对比特币和虚拟货币在美国的命运产生不可低估的影响。对于美国联邦法官艾莉森·纳森做出比特币是货币的裁定一事，各国包括中文媒体都做了报道，但是，人们对其意义估计不够。值得注意的是，艾莉森·纳森是2011年经奥巴马任命的联邦女法官，而且是美国金融重镇曼哈顿地区的联邦法官。

问题七：现在是哪些机构在使用区块链？区块链对政府、企业、银行都具有正面意义吗？

朱嘉明：现在看，一些大公司、大金融机构、大的跨国公司，例如IBM等，已经捷足先登。这些公司很容易利用区块链对自己的业务和传统运行方式进行变革。至于政府，因为看到区块链技术有利于提高政府的运行效能，强化政府控制和影响，开始持有积极态度。

在当今社会，以下问题日益严重：首先，信用危机。人们的身份需要政府机构或者商业机构背书，例如身份证、驾照、保险卡。从身家性命到身份证明，都是需要和国家或者金融机构建立密不可分的关系。金融机构都存在破产的问题。其次，风险压力。在农工社会，财产也许是一块土地，或者是黄金、白银、住房、工厂、机器。现在人们财富的基本形态是货币形态，不得不将货币存入商业银行。但是，如何保证所选择的是没有风险的商业银行？没有可能。也就是说，人们的身家性命其实是掌握在不能控制的金融系统上。第三，机构的效率问题。第四，成本问题，包括时间成本、金钱成本。第五，便利问题。

区块链的发明和应用，可以有效解决这些困扰。因为，区块链提供了一种新的选择，人们可自组织，可以主动控制隐私权，可以通过智能契约实现对自己财富的监督，同时摆脱对自己身份确认的被动状态，不再会发生如何证明"我是我"的情况。对于政府来讲，它也可以用区块链和民众建立新的契约关系。对于企业和金融机构，可以通过区块链与用户维持更稳定的关系，克服用户过去所存在的各种担忧。

问题八：如今，区块链热背后的最大意义是什么？

朱嘉明：几乎每天都有区块链技术开发和应用的新消息，各类区块链技术体系层出不穷，涌现出很多新生代的区块链技术体系。这些现象的意义集中在三个方面：

第一，经济意义。区块链可以引发交易活动的成本，即单位所投入的时间、金钱和人力下降。也就是说，区块链首先带来的是提高效率，提高效率就是节约，估算可以省下一万倍以上的成本。区块链还造成小额货币交易比重上升。例如，阿里巴巴产生的支付宝和余额宝，本质上就是一种变相的区块链，构建了民众和阿里巴巴之间的一种契约。阿里巴巴不是银行，却有银行的部分功能，代表金融体系的演变方向。

第二，社会意义。区块链会重新组织市场，重新组织社会，重新组织和用户的关系。区块链还会推动社会成员的自组织。区块链的参与者一定是自由的，没有强制性。我们可以设想，如果有一天，人们通过各种形式的区块链实现了自己的需求，那意味着形成了一种新的社会运行体系。至少理论上是完全可能的。

第三，社会治理意义。区块链为社会治理和制度性改革直接提供了技术支持。

问题九：区块链主要存在的问题是什么？

朱嘉明：两个问题：第一，区块链"崇拜症"，以为区块链是万能的。第二，区块链开发的"运动化"重复劳动造成极大浪费。其实，今天的区块链已经是一种现实的存在，早已经存在于云端，现在最重要的工作是如何应用区块链，寻找和落实区块链的应用场景。

问题十：比特币是否有助于洗钱之类的犯罪行为？

朱嘉明：前年，台湾曾发生一个案例，一个港商的绑匪要求以比特币做赎金。这是近年来非常有创意的犯罪案例。但是，绑匪没想到比特币运作并不普及和成熟，反而给警方提供充裕的破案时间。如何认识比特币与洗钱之类的金融犯罪的关系，应该持有理性的立场，因为任何货币都可以用于洗钱和其他犯罪。例如，有人用钻石洗钱，并不是钻石的问题。

问题十一：法定数字货币目前的进展如何？

朱嘉明：总的来说，在世界范围内，法定数字货币还处于初始阶段。在美国，美联储对非政府的数字货币监管模式尚存在不同声音，法定数字货币并没有被提到日程。欧元区的大部分国家对央行开发法定数字货币普遍慎重，倾向通过市场推动非政府的数字货币的发展，避免政府垄断数字货币。其中，荷兰对数字货币关注度最高，荷兰央行经过两年的研究，推出了经过测试的DNBCoin。

在英国，英格兰银行已经讨论由中央银行发行法定数字货币的可行性。在瑞士，2015年开发出基于区块链技术，具有结算功能，能够与央行账户相关联，还可以在金融机构交易平台上进行交易的多功能的虚拟货币。澳大利亚对数字货币态度比较积极。在亚洲，韩国最高法院在2010年已经确认虚拟货币等价于真实货币。今年10月，第十二届互联网金融演示日（FinTech Demo Day）在首尔召开，韩国金融服务委员会（Financial Services Commission，FSC）宣布该部门会"为数字货币普及奠定系统基础"。

相比较西方国家，中国政府非常重视开发法定数字货币，而且投入了大量的人力和财力。中国央行认为，未来存在着去中心化和中心化两个极点之间的新领域，通过在这个领域的不同类型的区块链系统，可以满足不同的市场和社会需求，所以，推进法定数字货币走向社会是历史趋势。2016年1月20日，中国央行明确表态争取早日发行自己的数字货币。但是，中国毕竟经济规模巨大，经济部门和区域严重不平衡。中国实现法定数字货币，还需要若干年的努力。所以，中国央行提出：票据市场可以成为法定数字货币的最初实验场所。无论如何，中国在法定数字货币方面，很可能有意想不到的突破。我对此非常关注。

问题十二：俄罗斯联邦储蓄银行（Sberbank）副总裁安德烈·沙罗夫（Andrey Sharov）说：区块链将让银行十年内消失，此看法会不会太夸张？

朱嘉明：我认为理论上不夸张，技术上也可行。因为一个国家可以通过区块链技术，最终实现央行直接管理整个国家的金融和货币。但是，这样的设想会遇到非技术性和社会性的各种反对。例如富人和有权力的人，他们几乎不可能接受他们的财富处于彻底透明状态，每笔交易都被清清楚楚记录下来，而且不能更改，使得贪污成为不可能。当然，对于一般老百姓来说，无所谓，他们没有多少钱，不怕别人看，谁爱看谁看。

问题十三：中国会不会让比特币合法化？中国为什么是全世界比特币交易最厉害的地方？

朱嘉明：不能简单回答这个问题。总的来说，中国央行和政府关于比特币的态度和方法是理性的，既没有宣布比特币非法，也没有宣布其具有合法性。或者说，既没有说比特币是货币，也没有说比特币就不是货币。但是，对比特币做了很多限制，出台了相关政策，例如2013年12月5日中国人民银行等五部委联合发布了《关于防范比特币风险的通知》，限制比特币在中国大陆的发展。

2013年前后，中国是交易比特币的重要地区，基本是事实。主要原因是：人民币导出有很多限制，比特币可以成为人民币导出的媒介，人民币换成比特币，等于可以兑换为美金、欧元和其他国际化资产。对这点，中国政府采取了必要的围堵和限制措施。但是，人们应该看到，中国对区块链的关注和相关政策显现了大国关注科技创新的进取心。中国的互联网发展是典型的后发优势模式。

问题十四：中国区块链技术能在全球执牛耳，这如何做到的？

朱嘉明：我强调这样几点：第一，中国对区块链有着强烈的敏感性，形成全方位开发和应用区块链的共识和目标。特别是在人民银行倡导下，希望将区块链技术作为新金融手段之一，故全力以赴推进。第二，中国自2013年前后已经开始具备了引进、开发和落地区块链的基本条件：智能手机普及化、阿里巴巴创造第三方支付平台试验获得成功。第三，中国拥有开发和应用区块链的足够人力资源。第四，在中国，已经有相当多的机构和企业获得区块链技术投资。

问题十五：中国电子金融飞跃成长，政府和民间各扮演什么角色？

朱嘉明：一般来说，中国政府对各种金融创新，在初始阶段是宽容的。例如，没有对阿里巴巴创造的第三方支付平台的宽容，今天的局面是不可能想象的。当然，政府经过一段时间的观察，往往会采取逐渐严格的规范和管制。效果如何，需要具体分析。至于电子商务和电子金融高速发展，形成爆炸性效果，有中国特定国情条件。这是其他国家难以复制的。

问题十六: 您如何评价台湾地区电子金融产业?

朱嘉明: 台湾地区在电子金融领域显然是过分保守和谨慎,很少给企业家以较大的自由空间。造成这样的局面有制度原因、政策原因,还有传统金融业历史包袱原因:第一,台湾货币金融制度相对僵化。监督管制有余,创新不足。特别是金融深化、吸引外资缺乏制度保障。台湾"央行"总裁彭淮南有强烈的金融管制意识,却缺乏金融创新意识。第二,台湾货币政策过于保守。过去二三十年,台湾本身和台湾的外部经济环境急剧变化,但是,台湾货币政策结构没有发生相应调整。特别为了避免通货膨胀,控制货币供给,却导致台湾居民收入长期停滞。台湾需要社会公众、企业家关心和参与讨论货币政策。第三,商业银行"金融科技化",或者"科技金融化"速度过慢。台湾商业银行很多,商业银行的物理网点密集,这曾经是银行业发达的表现,但是,依照金融科技化的标准,却是台湾传统银行业落后、移动互联网金融落后、第三方支付落后的表现。在台湾的银行开户,程序极端繁复,取钱也是如此,可能与几十年前一样,要准备印章,非常落伍,必须改变。顺便谈一点,台湾虽然管制严格,却是金融诈骗发达的地方,这个现象值得研究。

2-11 比特币：预示未来货币形态的实验[1]

在过去三四年间，我在世界不少地方，向不同的朋友和学生讲比特币的原理和意义，和者甚寡。后来，我在北京见到李钧，得知他和他的朋友们撰写出中国第一本关于比特币的专著，与此同时，他们还是比特币的发掘者和拥有者。同时为这本书写序的李笑来就是比特币的成功实践者。对此，我由衷高兴。但是，我对于比特币的理解和肯定主要基于书本和文字，并不是比特币的实践者，也不拥有比特币，更没有用比特币生活过。所以，我更多的是从货币理论和货币历史的视角，讨论我对比特币的认知，难免有局限性。

1

2008年末，源自美国的金融危机已经演变为世界金融危机，形成全球性恐慌，很多国家做出了过激反应。同时，现存的世界货币金融体系，以及对这一体系有至关重要影响的国际货币基金组织遭受普遍质疑。很多经济学家预测此次金融危机可能超过20世纪30年代的大危机。

就在这一年的11月，一篇署名中本聪的研究报告发表。不到两个月，即2009年1月3日，经中本聪提出的比特币理论系统实际运行，即所谓的"挖掘"过程，第一个比特币的区块横空出世，其中包含50枚比特币。世界金融危机和比特币诞生在时间上的巧合，并不意味着两者存在直接相

---

[1] 本文系作者于2013年11月20日为李钧、长铗等著《比特币：一个虚幻而真实的金融世界》一书所撰写的序言。

关性。但是，在世界金融危机和比特币诞生这两个孤立事件背后，却有着强烈的历史逻辑关系。

2008年的世界金融危机，使得人们全面反思当代各国的货币体系，对各国的货币政策提出强烈批评，美元和美国货币政策则是众矢之的。有相当多的学者、政治家和企业家认识到：当代的世界货币体系，说到底，是各国法币的集合。只是在这个法币的集合中，美元是中心法币，扮演了法币的法币的角色。毫无疑义，美元对世界货币体系的衰变责任最大，但是，其他货币也不是没有问题。只有突破现行的世界货币体系，方可走出困境。问题是，目前为止没有更好的方案。最终，各国政府应对此次金融危机的基本手段大体是货币供给的量化宽松政策、扩大政府投资并强化对经济的影响力，其结果是推动了全球范围内新一轮的通货膨胀。恰恰是在这样的历史节点上，比特币提供了克服法币先天缺陷的一种崭新思路和选择。

2

法币的先天缺陷，说到底就是两条：第一，法币为政府所垄断，国家是垄断货币发行的主体。法币是通过国家权力迫使民众接受和执行的一份合同；第二，因为国家通过中央银行决定法币发行数量，其本质是不稳定的。特别是1970年代之后，随着美元与黄金脱轨，各国法币都转变成没有含金量的纯粹纸币，阻碍法币发行数量持续增长的最后制度和机制不复存在，法币贬值，或者说通货膨胀成为完全不可避免的事。从这个意义上，哈耶克认为："历史基本上就是政府制造通货膨胀的过程。"[①]

现行货币制度的后果是显而易见的。一方面，通货膨胀是国家收入的基本保障："通货膨胀一直是一种有吸引力的可供选择的收入来源，因为事实上不用任何人投票表决，政府就可以利用它征收赋税，用凯恩斯

---

① 哈耶克：《货币的非国家化》，新星出版社，2007年，第33页。

的话来说:'它是以一种无人能弄明白的方式做到这一点的。'"① 另一方面,民众所创造的财富最终需要通过法币的形式显现,通货膨胀导致民众财富不断缩水。遗憾的是,长期以来,公众已经认定货币必须由某个最初的创造者创造,而国家就是创造者,是国家赋予货币以价值。货币天生就是政府的法币,法币就是货币的唯一存在形态。人们为国家垄断及其创造的货币付出了看不到尽头的代价,被货币奴役,逆来顺受。因为,在民众面前,并不存在可以替代政府法币的其他货币选择。

对此,哈耶克不以为然。1976年,已经77岁的哈耶克完成了《货币非国家化》一书。该书序言的开头是亚当·斯密在《国富论》里面的一段话:"我相信,世界各国的君主,都是贪婪不公的。他们欺骗臣民,把货币最初所含金属的真实成分,次第削减。"② 该书的中心思想就是,除非各国政府不再拥有对货币创造的垄断权力,否则永远无法实现价格稳定。哈耶克的理想是:在一个国家,发行具有明显差异的,并由不同货币单位构成的货币,包括让私人货币流通,并实现不同货币之间的竞争。只有这样,所有的货币发行单位才会紧缩其货币发行量,以避免因货币不断贬值而最终被淘汰的命运。为此,哈耶克提出了详尽的货币非国家化的方案。

历史常常出现严重的不公正。《货币非国家化》的出版并没有产生实质性影响。哈耶克的理念被讥笑为政治上没有可能,技术上不可行。人们的思想局限在如何改进,而不是终结政府对货币垄断的体制。即使是激烈批评通货膨胀和现代货币体系的弗里德曼也认为哈耶克的希望无法实现:能够提供购买力的私人货币,是不可能驱逐政府发行的货币的。③ 也就是说,只能在法币不可替代的前提下,通过控制法币发行数量,抑

---

① 费里德曼:《货币的祸害》,商务印书馆,2007年,第242页。
② 哈耶克:《货币的非国家化》,新星出版社,2007年,第16页。
③ 哈耶克:《货币的非国家化》,新星出版社,2007年,第95页。

制通货膨胀。这就是货币主义。

无疑，在思想理念方面，弗里德曼的货币主义比起哈耶克的货币思想，是一种倒退，虽然是比较温和的倒退。

3

尽管我们无法得知，中本聪在设计比特币的时候，是否有实现哈耶克理念的动机或者潜意识，但是，事实是在哈耶克的货币非国家化的思想早已为人们淡忘的42年之后，中本聪所开创的比特币竟然证明了哈耶克货币理念是可以实现的。

第一，比特币天生独立于任何国家、任何政府、任何央行、任何企业。

第二，比特币是开源货币，是在P2P（点对点网络）中完成解码运算后奖励给运算者（矿工）的礼物。单个节点会向全网广播交易，矿工收集交易信息打包成新数据块。

第三，比特币的创造过程是竞争性的，需要时间、能源和其他有形成本的投入。为保持数据块匀速生成，挖矿的人越多，挖矿难度就越高，成本呈现不断上升的趋势。

第四，比特币很可能是人类自从有货币以来的第一种可以避免不断贬值的货币。基于两个原因：比特币存在终极数量，其极限是2140年的2100万枚；比特币的点对点分布式特性与去中心化的设计结构，至少在理论上排除了任何机构操控比特币供给总量的可能性。

在货币理论历史中，有一个经由美国天文学家兼经济学家西蒙·纽科姆（Simon Newcomb）在19世纪末提出，再经欧文·费雪完善的著名方程式：$MV=PT$。其中，M是名义货币量，V是流通速度，P是价格指数，T是交易总量指数。但这个恒等式对于分析货币和价格的关系只具有理论和逻辑意义。在实际经济生活中，M的主要形式是政府发行的法币，其数量从来不可控制，而P必然是非稳定的。但是，如果M不再是不可控制的政府法币，而是比特币这样不会不断贬值的货币，那么，通货膨胀似乎是可以避免的。这个恒等式就具备了现实意义。

比特币价值的稳定和上升，意味着比特币购买力的稳定和上升。比特币越来越值钱，用于购买物品和服务所需的比特币数量越来越少。也就是说，比特币很可能有造成通货紧缩的能力，在一定程度上抵消全球通货膨胀的大势。

4

如果说，比特币的创造思想和方法是人类智慧的精妙显现，那么在过去短短的四五年内，比特币在全球范围被迅速传播，被人们接受和交易，规模膨胀，则无疑是货币金融领域的具有革命意义的事件，相信中本聪本人对此也是始料未及。

原因何在？答案是：比特币是财富创造和交换的创新。比特币的每笔交易既透明又匿名，每一个拥有网络客户端的人都可以查到全世界所有即时产生的比特币交易，却无须也无法得知这笔交易来自哪里，去向哪里，用作什么用途。比特币第一次从技术上提供了每一个个体自己创造的私有财产处于不可侵犯、不可冻结和不可追踪的状态。比特币的拥有者可以在一种没有政治和政府干扰、完全以信任为基础的自由体系中，拥有和享用货币财富。或者说，比特币创造的是一个自己对自己负责、依靠信用运转的世界。货币主权要回归个人，每个人有选择货币的权力，成为货币财富的主人。尤其值得注意的是，比特币生在互联网，用在互联网，加之个人间的匿名支付，使得任何政府至今无法对其交易实行征税。从根本上说，比特币是一种自由主义的生活方式。

比特币正在创建一个以比特币作为交换媒介的现实世界。比特币实现了虚拟世界和现实世界的结合，超越地域和产业部门的比特币"场"迅速形成。不久前，各种媒体已经报道过：美国一对夫妇曾经尝试只依靠比特币生活。那似乎需要很大的勇气。而如今，比特币的应用范围从公益组织的捐款到日常应用，已经走进人们的生活。继德国宣布承认比特币的合法地位，会有更多国家加入，同时，全球接受比特币的商家也快速增加。

如果以为比特币代表的货币财富和交换体系仅仅存在于虚拟世界，将比特币简单归结于传统电子货币的一种，那是一种误解。比特币不同于传统的电子货币，因为任何传统的电子货币都要与政府的法币挂钩，至少依赖中心服务商，并没有自身的价值。而比特币与生俱有的就是其独立性，与任何政府发行的法币或中心服务商没有任何依存关系。所以，电子货币的本质必然是发散的，加剧传统货币供给总量的膨胀，而比特币的本性是收敛的，具有吸纳传统货币流通总量的能力，减少传统货币供给总量。此外，在物理意义上，比特币与一般电子货币也不同，其向周围扩散的过程不是无序的，而是有序的；流通密度不断扩展；不可能按时间顺序重复呈现比特币流通状态，交易不可逆。最值得注意的是，依附于政府和公司的传统电子货币是不可分割的，而比特币是可以分割的。当下，比特币的最小单位是小数点之后的8位数，如果需要，比特币可以分割为更小的单位。

相较于其他任何存在过和正在流通的货币，货币功能通过比特币得以充分实现。特别集中于以下三个方面：

第一，比特币更能实现货币作为交换媒介的功能，具有超越时空和超越主权的优势，应用版图遍布世界。

第二，比特币具有高度流动性的资产的功能，并成为当前全球升值最快的资产。

第三，比特币突破了传统资产负债表只能反映一个企业在某一特定时期全部资产、负债和所有者权益情况的局限，比特币的账本不仅包括全部历史记录，而且是动态的，可以称得上是全息图像账本。

5

根据比特币过去三四年的表现，不得不承认比特币的爆发力。比特币正处于持续的"宇宙大爆炸"状态。2010年7月17日，世界最大的比特币交易网站Mt.Gox成立，当时比特币的价格不到0.05美元。2013年11月已经超过了数百美元，逼近上千美元，比特币价值的扩张不是以十、百、千为单位，而是以万为单位。

造成比特币规模扩张和价值上升的原因主要有两点：美元、欧元和人民币等的贬值，与比特币的比价不断下降，导致比特币与其他法币的汇率不断攀升；由于个人投资者、金融公司和金融资本的加入，比特币的交易数量增加，推动比特币价格上涨。

问题是，在2140年之前，比特币的"大爆炸"状态，还会持续多久？比特币所代表的财富数量，何时可以进入相对稳定的阶段？对此，现在难以预测。但是，在比特币实现终极数量之前，始终会存在上涨空间是毋庸置疑的。根本而言，比特币的升值空间取决于比特币对世界实体经济和货币经济的影响程度，以及比特币对世界生产总值的直接和间接贡献的程度。有人估算，如果比特币价格上涨到2万美元一枚，比特币的规模接近世界经济规模的1%。对于比特币的前途，有两种传统思维需要纠正：

第一，赋予比特币本身原本没有的意义。例如，比特币可能替代主权货币，甚至成为一种世界货币。比特币没有替代国家货币的使命，比特币的开源本质决定了它不会成为未来世界的唯一货币。

第二，将比特币的地位绝对化、神化，似乎不可替代。比特币的理念表明其一贯支持货币多元化，货币之间要竞争。近来，在比特币挖矿难度大幅提高的背景下，出现了类似比特币原理的若干新数字货币，如莱特币等，虽然各有不同的后发优势，依然无法形成挑战比特币、与比特币平等竞争的局势。比特币最值得肯定的是其开源本性、开放性和非排他性。在理论上，不排除有一天会产生比比特币更完美的货币。

在过去的一年多时间里，中国成为比特币的重镇。自2013年夏季以来，比特币在中国的交易额已经超过世界交易额的40%，中国比特币市场的参与者不再仅仅是个人和小额资本，更多的是商业公司和更大的资本。就在近日比特币价格疯涨的同时，有中国电商网站宣布，成功达成第一笔比特币订单。不同于之前的个人之间的私下交易，这是世界首例商业零售订单。中国成为比特币的最大市场。在国家严格控制传统金融机构，银行业基本为国有银行垄断的情况下，比特币在中国的发展尤其需要深入解读。至少可以认为，中国存在着追求金融货币自由的巨大潜能和空间。有一点很值得提及：过去几年，中国一度盛行货币阴谋论和货币战争的说法，影响广泛。但是，至今还没有人将比特币的诞生视为一种阴谋，也没有人提出比特币会加剧主权货币之间的战争。

6

在结束这篇序言的时候，我最希望表达的是：人类所经历过的货币国家化的历史，与货币非国家化的历史比较，实在是太短暂了。哈耶克主张的货币非国家化有足够的历史根据，却没有成为经济学界的主流，也不为民众所理解。在一些国家和地区，人们进行了诸如地区货币、社区货币的实验，却难以成势。比特币的出现，在唤起人们的货币非国家化的信念的同时，还提供了真实的实验。比特币证明了货币经济回归自由的可能性。货币对历史进程的意义从来不可低估。比特币的历史意义，我们至今还难以充分认识。可惜，哈耶克和弗里德曼都已经过世，如果他们能够看到比特币，会做怎样的思考呢？

附录：法币不是货币的唯一形态和比特币是一种什么货币[①]

《中国金融》2014年第1期刊登题为《虚拟货币本质上不是货币——以比特币为例》（下称"《虚拟》"）的文章。该文写道，"现代信用货币是与国家以及现代经济社会组织形态紧密相连的概念。本位币由一国货币当局发行，具有法偿性和强制性，同时也是国家调节经济的重要手段"，推导的结论是"比特币成不了真正意义上的货币"。本文对《虚拟》的结论和逻辑，提出商榷。

国家信用货币的缺陷

在当代实际经济生活中，国家信用依然是货币存在的最重要基础，但这并不意味着以国家信用支撑的法币是当代信用货币的唯一形态。除了以比特币为代表的数字货币，非国家信用的货币至少还有三种形态：（1）区域货币（regional currencies），又称本地货币、补充货币、社区货币或私人货币。在当代世界，区域货币有2500种之多。即使根据严格的统计口径，也达200多种，欧洲即有上百种。在理论上和实践上，这些区域货币都被称为货币，在特定范围内发挥着商品交换媒介和价值储藏的职能，甚至可用来交税。（2）公司货币。例如，Visa、Master等信用卡，公司券，军用券。（3）金属货币。至今黄金的货币功能并未全部被国家信用货币取代。

法币信用是建立在国家法律强制性基础上的。对于民众来说，这是国家强制力赋予的一种被动性"信任"，而不是具有主动性和自主性的"信任"。理论上，国家信用来自国家的兑付实力，政府法定货币的信用来自政府的兑付实力。

[①] 此文系作者于2014年1月4日回应《中国金融》2014年第1期刊登的题为《虚拟货币本质上不是货币——以比特币为例》一文所作。第一次公开发表。

在多元货币体系下，货币之间是竞争关系，发生货币之间的互相替代，是公平、自由竞争的结果。比特币从未宣称要取代国家信用货币体系，只是通过技术改进支付和流通中的问题，提供另一种选择。

现在，一些人为了说明比特币的"非货币性"和不合理性，往往以法币的国家信用和宏观调控来说事。在他们看来，与法币正好相反，比特币存在两大根本缺陷：（1）没有国家信用支撑；（2）数量不可调控。比特币的这两大根本缺陷，正好印证国家信用货币的优越性。

政府为了维系法币的"信任"基础，需要控制货币发行量，确保政府有足够的兑付能力，以保证法币价值基础的稳定。但当代经济历史反复证明的是，国家没有办法从根本上解决法币价值基础的稳定问题。远的不说，就在过去二三十年间，世界上没有一个政府可以做到法币价值的稳定。近年来，不少国家实行货币供给宽松政策，加速法币贬值。通货膨胀成为全球性普遍问题。一方面，《虚拟》基本否定信用制度下的通货膨胀，"信用货币体系下，货币当局发行主权信用货币，并通过货币政策予以调节，使货币供应量符合社会商品生产和交易的需要，从而促进经济增长"；另一方面，《虚拟》不得不承认通货膨胀，但是，"即使出现通货膨胀，只要不是不可控制的恶性通胀，最多是该国货币的信用受到侵蚀，但仍具备基本的信用保证。只要国家机器正常运转，国家法律的强制力就能赋予公众对本位货币的信任"。事实上，恶性通胀在国家信用货币体系下并不鲜见，如果国家法定的强制力依然要求民众"信任"它的本位货币，让民众承担恶性通胀的后果，正是文明社会应该改革的问题。在这样的体系内，货币的信用受到侵蚀，就意味着货币持有者的财富受到侵蚀。正因为如此，在如此强大的国家信用货币体系下，依然还有层出不穷的非国家信用货币涌现出来。

当然，《虚拟》也承认：人们存在"对信用货币条件下通货膨胀的忧虑"，为此，要"加强流动性管理，合理调控货币供应"。但究竟什么时候是合理的?"合理调控货币供应"几乎是一种无法实现的理想;政府没有能力实现合理的货币供应以维持其法币价值基础的长期稳定。

比特币的数量限制性

《虚拟》不仅从国家信用等角度来否定比特币的货币属性,而且从"技术角度"否定比特币的功能性。比特币设置了发行速度和数量上限,按现行规则,到2140年,比特币数量将不再增加,这导致两种质疑:

第一种质疑,"数量规模设定了上限,难以适应现代经济发展需要",换一种说法即通缩货币没有生命力。

这是典型的单一货币思路下的结论。比特币的诞生和发展并不意味着比特币将取代所有货币成为世界的单一货币。即便货币数量影响经济发展,多元货币体系下,不同货币的发行机制和数量不尽相同,一种货币数量不够的时候,会有别的货币出现(中国古代和近代长期处于多种货币同时流通的状态)。进入现代经济,货币的可替代性不断强化。多元货币的市场制衡,才有可能保卫我们免受国家法定强制力的"侵蚀"。比特币诞生之后,还源源不断出现了莱特币、瑞波币、点点币等其他数字货币,至于哪一种货币获得更多的认可,是自由竞争的结果。

还有,经济增长和货币供应并不一定正相关,通缩货币并不可怕。关于这一点,法国昂热大学经济学教授许尔斯曼(Jörg Guido Hülsmann)在《货币生产的伦理》(*The Ethics of Money Production*)中写道:"流传最广的货币谬论大概是这个天真的信条:只有伴随着货币供应的增长,经济才有可能相应增长……这个论点是错误的,因为任意数量的财货和服务差不多都可以使用任意货币供应量来交易。假设货币供应量没有改变,如果市场上增加5%的财货和服务,那么无非就是所有财货和服务的货币价格都下跌。出于同样的机理,甚至在货币量缩减的时候,经济也能够增长。因此,任意量的自然货币(如金银)差不多可以和经济增长率相适应。"

"增长需要更多货币",属于似是而非的信条。按照这一信条,如果实行任意货币供应量,几乎可以完成所有财货和服务的交易,但是,可能发生企业家被迫在更低的价位上出售产品,收不抵支,最终,廉价出售产品存货导致企业家破产。事实上,如果企业家能够预测其产品在未来价格下跌,他们可以削减其成本开支,从而在物价水平下降时也兴旺发达。这并非是单纯的理论可能性,而是在物价水平稳定或下降时期的普遍情况。例如,在19世纪最后的30年间,德国和美国都经历了消费物价水平稳定和下降时的高增长。相同的情形也可以在最近的计算机和信息技术市场上观察到,在这个1980年代以来最具活力的市场里,市场规模快速增长与产品价格持续下降是结合在一起的。关于通缩货币并不可怕甚至会促进市场竞争和创新,可以提供更多的证明。

第二种质疑,由于数量有限,人们预期比特币会大幅升值,因此都会囤币而不会把比特币用于支付,从而导致比特币失去支付功能,最终死亡。但这种结果不具有"必然"性:(1)比特币是以抽象的数字表示的,理论上可以无限拆分;(2)比特币有可能通过延展协议改进其支付适应性;(3)比特币即使作为支付工具的使用率降低,还有一种可能性是成为数字货币领域的"黄金"(也只是一种可能,并不必然);(4)市场是由持各种意见和预期的人组成的,并不必然出现所有人都囤币坐等升值的情况;如果真的出现这种情况,比特币"无用",则人们又会抛售比特币或把比特币用出去,囤币现象就会得到缓解;在这样的波动中,会有人拒绝比特币,也会有人接受比特币;(5)到目前为止,从全球来看,比特币的应用场景在日益扩大,而不是萎缩。

如果这一切都失败了,比特币必然退出市场,这是市场选择的结果,不需要像法币一样依靠强制力量拒绝退出。

作为商品的比特币

根据比特币的发明者"中本聪"的论文，比特币的初衷是为了解决互联网贸易中的几个基本问题：人们无法实现完全不可逆的交易；金融中介的存在，也会增加交易的成本，并且限制了实际可行的最小交易规模，也限制了日常的小额支付交易；一定比例的欺诈性客户被认为是不可避免的；等等。

比特币是规避或解决这些问题的新工具：没有第三方，操作不可逆，免于欺诈，免于双重支付，避免货币滥发等。这种工具被发明出来，并成为一种可交易的商品。这种商品因为解决了一定范围内的支付、定价、储藏等问题，因而在一定范围内具有了货币功能。

即使是中国五部委发布的文件，也承认比特币是一种"特定的虚拟商品"，普通民众在自担风险的前提下拥有参与的自由。作为商品的比特币也遭遇了三种质疑：

第一个质疑，价格波动太大，成为投机品。但价格波动大是因比特币还处于发展初期，它的市场作用还在不断"测试"，另外其也受到各国央行等官方机构政策调整的影响。

在总体市值不大的情况下，比特币的价格受到一些资金操纵是很有可能的。但作为一种投资品（或投机品），比特币价格的波动只受外部因素影响，从内部无法操纵它的发行量、币值和发行时机，其涨跌的幅度和频率是市场决定的。事实上，较比特币波动更剧烈的货币也能找到，历史教科书和新闻报道是怎样形容民国时期和津巴布韦的通胀情形的？

作为商品的比特币，应像其他商品一样，按照市场规则进行交易。但中国央行通过内部通知的形式，严禁第三方支付机构为投资者提供向比特币交易网站充值的服务，显然，比特币受到了有别于其他商品的待遇。

第二个质疑，比特币作为特殊的支付工具，为洗钱、地下交易提供了便利。比特币确实为跨国汇兑和支付提供了便利,对实行外汇管制的国家提出了新的挑战。相对于黄金、钻石、纸币,比特币未必是洗钱和地下交易最好的交易工具。人们把比特币视为"洗钱利器",只是因为这是一个新生事物,相关的法规、监管尚不到位,这并非意味着比特币天然就适合洗钱,甚至是为洗钱而创造的。当然,比特币的交易机构等服务商,应该依法配合反洗钱和政府的其他行为。

第三个质疑,比特币算力可能被少数矿池垄断,后者可能对比特币实施"51%攻击"。按照比特币的设计,整个比特币网络的货币流通、交易结算和交易安全由分散化的节点通过竞争机制维护,在每个固定时间段,成功维护系统的节点将获得一定量的比特币奖励,这就是俗称的"挖矿",参与维护的节点称为"矿工"。一个节点的计算能力——简称算力——越强,它抢到系统维护权和获得比特币的可能性就越高。为了形成更强的算力,多个矿工可以联合起来组成矿池,作为一个整体抢夺系统维护权。如果一个矿工或者矿池掌握了比特币网络50%以上的计算能力,就可以利用抢到的系统维护权,构造虚假的比特币交易——例如撤销已经生效的转账,阻止其他用户转账等——欺骗其他矿工,获得额外收益。在正常情况下,比特币交易一旦生效就不可撤销,"51%攻击"则提供了这种可能性,因而这种攻击是毁灭性的。

从算力集中度来讲,某个矿池的算力超过全网50%是有可能的,但有几个因素会制约它发起攻击毁灭比特币:(1)如果有一个贪婪的攻击者能够调集比所有诚实节点加起来还要多的算力(多于50%),那么他就面临一个选择:要么将其用于诚实工作获得货真价实的奖励——比特币,要么将其用于"51%攻击",通过欺骗获取不义之财。他会发现,按照规则行事、诚实进行维护工作是更有利可图的,这使得他能够拥有更多的电子货币,而发动"51%攻击"将导致所有用户的恐慌,进而拒绝接受比特币,其自身财富同样受损。(2)矿池是由众多矿工参与的,如果矿池算力接近50%，矿工出于自身利益考虑会退出该矿池，削弱该矿池的算力，直至它不再具备威胁性。在矿池发展过程中，已有若干具体案例（如BTCGuild、GHash.IO矿池在算力接近50%时均采取措施降低了算力比例）证明了这一逻辑。（3）如果不是矿池，单个主体拥有超过比特币全网50%的算力，目前来看几乎不可能，比特币全网算力已经超过全球Top500计算机算力之和的数百倍，任何单个主体都难以调集如此庞大的算力。

政府的职责是什么？

政府对限制甚至禁止比特币交易，似乎有很多理由，诸如：不利于经济金融稳定，价格剧烈波动导致过度投机和操纵价格，为洗钱和地下交易提供便利，挑战外汇管理制度，等等。

但是，政府合适的应对措施不应是直接限制和禁止，有更重要的事情要做：（1）制定更加公平透明的交易规则，比如对比特币交易网站进行适当的监管，防止价格操纵；（2）在研究比特币特性和应用的基础上，实施有针对性的反洗钱措施；（3）研究比特币等数字货币涌现之后对货币政策传导机制的影响，并以此考虑是否调整货币政策工具和传导方式；（4）对于外汇管理的挑战，同样要在加强研究的基础上，对交易规则、账户管理等方面进行合理监管，配合外汇政策需要。

总之，比特币是基于技术的新型货币，为此需要改变唯有货币当局发行的法币是货币，属于"本位币"，而其他形态的货币不是货币的认知。理性讨论比特币的性质和功能，涉及货币理论，属于学术范围，不宜简单地对比比特币和法币，因为两者不具备互补性。如果说比特币要取代法币，更是"莫须有"。至于比特币的命运，应该相信未来，相信市场，相信民众的选择。

2–12　Libra：数字货币的一种综合创新[①]

三联生活周刊：2019年6月18日，Facebook正式宣布了加密数字货币Libra的方案，立刻引发了巨大的关注。Facebook显然已对此进行了相当长时间的准备，宣布的时机有什么考虑吗？

朱嘉明：我认为2019年中这个时机是重要的。至少有几个很重要的时间背景：第一，人们对现有的货币金融制度的弊端愈发失望。第二，从2008年底比特币开始，衍生出来的各类加密数字货币实验，已经告了一个段落。再进行类似的发币意义不大了，但是大家积累了技术经验，而且完成了大规模向年轻一代关于数字货币概念的普及，舆论和技术准备基本完成。如果再有第三个大的原因，也许是要抢在5G全面到来之前，好结合一些新技术的因素。

三联生活周刊：Libra是一种货币，货币这个名词前面可以加上许多定语：去中心化的、数字的、加密的、全球的。在你看来最关键的一个定语是什么，或者说你对Libra的核心定义是什么？

朱嘉明：我对Libra的定义，是超主权货币。它不是主权货币，但它是建立在主权货币基础上，或说以主权货币组合为基础的货币，和无主的——与主权货币完全脱钩的比特币等民间货币也不一样，所以叫超主权货币。随着Libra的出现，现在的货币世界已经一分为三：主权货币、

[①] 本文系作者于2019年6月22日接受《三联生活周刊》记者专访的访谈内容，刊载于《三联生活周刊》2019年第26期。

民间货币和超主权货币。我判断，2019年会因Libra而成为超主权货币元年。

三联生活周刊：美元、人民币、日元、欧元，这些今天人们熟悉的货币，都是主权货币。对于比特币、Libra这些和特定国家无关的非主权货币，我们的经验感知较少，也有人认为它们无法成为"真正的"货币。从更大时间尺度的货币发展史的角度来看，货币与国家之间是怎样的关系？

朱嘉明：我的观点是，货币经历了从自由到被国家垄断的发展历程。现在区块链等新技术的出现，有可能让货币重归自由。

货币的本质就是信任，这种信任不取决于它的发行方是国家还是个人。在人类历史上，曾经存在任何个人、社区和经济实体都可以发行货币的历史阶段。现在很多人理所当然地认为货币就应该像今天的人民币、美元、日元和欧元一样，必须由国家发行，必须有国家主权因素，但事实上，国家介入货币的历史在全世界范围内也才几百年而已，是英格兰银行成立之后的事情。现在人们太容易被主权货币的经验所遮蔽，无法想象货币原本的多样化情景。凯恩斯说过，如果对货币重新研究，会改变人们对历史的整个看法。

当代世界，国家和政府完全垄断货币，就相当于政府控制财富的源泉，政府愿意增发货币时会导致通货膨胀、财富缩水，民众基本没有很好的方式阻止。比特币和区块链，就是证明货币具有恢复到其原本的状态的技术手段和可能性。货币之间的多样和竞争，是历史上存在过的情景，这个时代很可能又要回来了。

三联生活周刊：人们会很自然地把Libra和比特币进行对比。比特币的"非主权化"程度更高——去中心化更彻底，并且不与主权货币挂钩，可以认为Libra是比特币的某种折中或妥协的版本吗？究竟如何理解Libra和现存的货币体系、新兴加密数字货币之间的关系，它是一个杂交的产物吗？

朱嘉明：Libra不是任何一个其他东西的简单延伸或妥协，而是一种新的组合式创造。Libra是以下三者的结合：（1）当年由凯恩斯提出、被今天国际货币基金组织采用的货币思想；（2）中本聪通过比特币进行的区块链技术实验；（3）Facebook自身的社交网络优势。

Libra根据一篮子主权货币的组合来确定自己的价值，和曾经的凯恩斯方案不谋而合。1944年，几大国建立了所谓的布雷顿森林体系，它的基本特点是美元和黄金挂钩，其他货币和美元挂钩。其实背后还有一个被否决的方案，即凯恩斯的一篮子货币的方案。1971年尼克松终结了布雷顿森林体系，因为货币和黄金脱钩，必须有一个组织协调各国货币的价值，国际货币基金组织开始变得重要，它负责稳定货币之间的交换汇率。为了做到这一点，它建立了特别提款权制度，这个制度是按照国家的实力决定不同货币的权重。这实际正是1944年凯恩斯的思路，也是今天Libra采用的思路。

比特币是2008年基于密码朋克运动，自下而上产生的事物，它的特点是民间、加密、数字。它真正让人充满想象的，是超级账本的概念，即通过"区块"形成的"链"产生的不可更改的去中心化账本。Libra同样具备这些特点，但有一个重要不同，即发币机制不再是像比特币一样通过"挖矿事件"进行——比特币的许多弊端正是由此而来。比特币对Libra的贡献，在于提供了区块链思想和技术上的先期实验。

Facebook还有一大优势是其27亿用户，他们可能自然转换为Libra使用者。怎么理解这27亿用户？大家只是笼统知道数量庞大，但当你对地理分布做一个分析的时候，会大吃一惊。美国人口加起来才3亿，印度的Facebook人口至多几千万，所以Facebook剩下20多亿用户在哪儿呢？实际上，绝大多数是在发展中国家、中等收入国家，也就是新兴市场国家。这已经不是简单的超国界网络，而是遍布世界穷乡僻壤的一个体系。以前广告说，"有路就有丰田车"，现在已经差不多做到"有网就有

Facebook",那么接下来也许就是"有网就有Libra"。

更合适的比喻,是Libra像一辆车,其中有英国的发动机——凯恩斯货币思想,有日本的传动系统——比特币带来的区块链技术,再组合上可以通达四方的底盘与轮胎——Facebook自身的27亿用户。这不是某一个单一东西的简单变形,而是一种新的理性设计组合。

三联生活周刊:Libra在技术上有真正的创新吗?区块链、社交网络,这些似乎都是已有的,Facebook把它们组合在一起,其创新点在哪里?

朱嘉明:Facebook在这个过程中也开发了新的技术,例如要用的编程语言是自己开发的,叫作Move,而不是C++这些传统编程语言。这是一个专为这套全新金融技术研发的底层语言,给人以很大的想象力。

更重要的,综合本身就是创新。Libra不只是发了一种新的币,其实Facebook更是提出了技术的基础结构(infrastructure),这个白皮书中提到的词大家可能低估了,它在把所有的技术做重新的组合:传统的金融技术,也就是FinTech和各种各样的金融产品;互联网技术、社交平台技术;然后是区块链。以后会不会和AI、5G结合?很有可能。它将是一个超级的、适合未来金融形态、使所有现存银行无法挑战的基础结构。上述技术都是现成的,但不是谁都有本事把现成的东西组合在一起的。

还有,谈到创新,Facebook创造了一个新的社会关系和组织形态,也就是超级节点联盟。为什么VISA、MasterCard、PayPal愿意加入它?Facebook搭建的是平台,让这些加入者一定得到好处。而Facebook在让所有加入者得到好处的时候,自己得到更大的好处。它同时承诺,未来不独占好处,把更大的好处分享给更多的人。在这个意义上说,Libra创造了一个前所未有的互利模式。

三联生活周刊:同样是有海量用户和技术基础的互联网大公司,

Libra这件事为什么不是Google、亚马逊做成,而是Facebook？ Libra在未来有可能遇到旗鼓相当的竞争者吗？

朱嘉明：Facebook社交系统点对点的连接方式，和区块链思想以及未来货币应用场景有天生的契合。区块链技术的加入，把Facebook已经搭建好的点对点交互平台提升到新的水平。Google不具备这个条件，虽然Google用户遍布全球，但是不需要用户之间互相交往，亚马逊也是一样，用户都是顾客，大家没有横向的关系。腾讯和Facebook倒是有类似之处，但即便腾讯、阿里等联手，都还有一个重大缺陷，即它们不是跨国界的，这让它们无法成为全球性货币的发起者。

三联生活周刊：可以预见，一个新的全球货币必然要挑战到现有的利益格局。对于国际政治，这会产生怎样的影响？

朱嘉明：Libra事件显然存在着意识形态的和政治的、社会的层面。比如说它到底是增加了还是削弱了美元的霸权？答案仁者见仁，智者见智。但我认为这些视角不该成为讨论Libra事件的唯一思路，更不该成为讨论问题的前提，还是应该全方位、多角度理解整个事件。

当下有一个现实问题悬而未决，那就是Libra毫无疑问已经远远走在了全世界金融监管和法律体系的前面。是前者向后者让步，还是后者调整自身以适应前者？这会是个重大的问题。

三联生活周刊：Libra的消息毕竟刚刚公布，还有什么你目前看不清楚的地方吗？整个事件最终将有什么可能的历史意义？

朱嘉明：有一点我们需要特别注意，那就是以上对Libra的讨论和我们目前的认识，都是基于Facebook自己对外公布的信息。他们写了一个很详尽的白皮书。可是，没写出来的那些呢？那是我不知道的。就像白皮书没公布之前，我们也不完全清楚他们"暗度陈仓"了这样一个庞大的计划。白皮书的背后，又有什么正在"暗度陈仓"而我们不知道的呢？

可以肯定的是，Libra会是一个重大的历史事件。在此刻，21世纪的第三个十年很快来临之际，这就是我们时代真正重大的问题。对Libra事件，有以下几点不能低估：（1）它占据的理想制高点和理念的冲击力；（2）它对技术的开发和整合的能力；（3）它与相关政府协调和改变法规的可能影响；（4）它对世界金融秩序的全面冲击。Libra事件已经给了我们巨大的示范作用，而未来潜力更是不可限量的。

2-13 未来世界货币体系与货币金融资源平等[①]

金融资源是支撑现代经济成长和运行的最重要的资源。但是，在全球范围内，金融资源的不平等日益严重。不仅阻碍了世界经济的均衡发展，而且加剧了贫富差距。"金融资源不平等"主要体现在各类金融资源，特别是货币资源的产生、分配，包括银行、基金在内的金融机构，以及资本市场和货币市场的分布和社会分布。

在这个历史背景之下，人们为解决"金融资源不平等"做出了种种努力和尝试，收效甚微。2019年6月，Facebook发布Libra的白皮书。Libra是一个具有极大创新价值的新型数字货币，因为Libra，当代世界货币金融体系很可能发生重大演化，它也很可能是解决全球金融资源严重不平等的一种构想和尝试，以缓和全球性货币金融资源分布和分配严重失衡的趋势。所以，需要持续思考和观察Libra的理念、设计和试验。

1."金融资源不平等"的历史性和制度性背景

"金融资源不平等"主要是由历史与制度原因造成的，根源于当代货

[①] 本文系作者于2019年7月11日为数字资产研究院主编的《Libra：一种金融创新实验》一书所撰写的文章，并吸纳了2019年6月20日在数字资产研究院所组织的"Libra：一场牵动全球的智慧、技术、经济、政治、权力的全方位博弈"会议上的发言，2019年6月25日在中国金融博物馆举办的"《Libra的世界影响及中国对策》报告发布恳谈会"上的发言，以及2019年7月2日在中国区块链应用研究中心、全国工商联区块链专业委员会主办的"天秤币的世界影响和中国对策"恳谈会（上海场）发言的部分内容。

币体系的形成与发展。认知当代货币体系，需要追溯到1944年。1944年7月，第二次世界大战结束的前一年，也是诺曼底登陆后的不到一个月，西方主要国家在美国的新罕布什尔州的一个小镇上开了一个会议，讨论战后的货币体系。这是西方政治家在那样的历史时刻同时兼顾重大的军事行动和重大的金融货币制度重建的举措。中国政府组团参加了这场布雷顿森林会议，代表团团长是民国时期重要人物孔祥熙。

当时，存在两种方案：凯恩斯方案和美国代表团团长怀特的方案。前者主张通过创建"国际清算同盟"（International Clearing Union）发行统一的"世界货币"，多边自由汇兑。这种"世界货币"排除黄金作为国际储备的必要性，世界各国在"世界货币"中的份额取决于二战前三年的进出口贸易的平均值。后者主张黄金继续作为国际储备，唯美元和黄金挂钩，其他货币和美元挂钩，形成一个以美元为中心的国际货币体系。

如人们所知，怀特方案获得了成功，决定性原因是"金本位"制度的强大历史惯性和美国毋庸置疑的经济实力。在布雷顿森林会议上，凯恩斯无疑是最为著名的人物，其方案没有得以采纳，应该是郁闷的。两年之后，凯恩斯去世。但是，怀特也没有活得太久，1948年过世。

七十多年之后，重新比较凯恩斯和怀特的方案，凯恩斯方案更具有超前性：（1）黄金最终退出国际储备是历史趋势；（2）创建世界货币，避免个别国家的货币"一家独大"，有利于世界各国的长久利益。当然，凯恩斯方案中关于任一国家在"世界货币"中的份额决定于在世界贸易中的份额，难以实现，因为各国在世界贸易中的比重是极为动态的。

总的来说，发源于1944年布雷顿森林会议的当代世界货币体系，无非是世界主要国家的一些政治领域和货币金融领域精英在当时历史条件下的一种人为设计的结果。

布雷顿森林会议的重要成果是：（1）确定黄金的国际储备地位，规定了美元的含金量，排除了美元之外，其他货币与黄金的直接关系。正因此，美元又被叫作美金。美元成了事实上的"世界货币"，美元霸权由此产生。（2）世界主要"法币"几乎都有官方公布的含金量，而且在原则上是固定的。也就是说，包括美元在内的"法币"并不可以随意发行，最终受到黄金储备，也就是法币兑现黄金的限制。在那个时代，即使苏联的卢布也是有含金量的。只有中国例外，从未宣布过人民币的含金量。（3）创建国际货币基金组织和世界银行。国际货币基金组织的治理制度基于"特别提款权"机制，通过向成员国提供短期资金借贷，实现国际货币体系的稳定目标。世界银行以实现成员国经济复苏和发展为目标，基本手段是向成员国提供中长期信贷。

布雷顿森林会议所创建的当代货币体系，对全球经济有不可替代的历史性贡献。但是，随着历史的推移，这个货币体系的问题也在积聚，导致持续不断的经济危机和金融危机，难以为继。1971年8月15日，美国总统尼克松在当天的晚间新闻中正式宣布，美元和黄金的兑换窗口关闭，美元与黄金的固定汇率时代结束。这意味着布雷顿森林会议所确定的世界货币体系完结。世界货币体系进入到所谓的后布雷顿森林体系。1944年所创建的布雷顿森林体系仅仅维系到1971年夏天，不足三十年。

现在讨论的世界货币秩序，即后布雷顿森林体系，如果以1971年8月15日作为开端，仅仅48年历史。在后布雷顿森林体系下，美元率先成为不再受黄金约束的纯粹纸币，完全基于国家信用。这个先河一开，在全世界范围内，货币彻底完成了向"国家化"的转型，国家（政府）获得对"法币"制造、发行和流通的绝对垄断地位。代表国家发行"法币"的央行获得了超乎寻常的地位。因此，"货币的中性化"（money neutrality）特征急剧消失，货币对现实经济的实际影响力不断扩张。传统经济学家最强调的"自然利率"愿望变得越来越渺茫。①

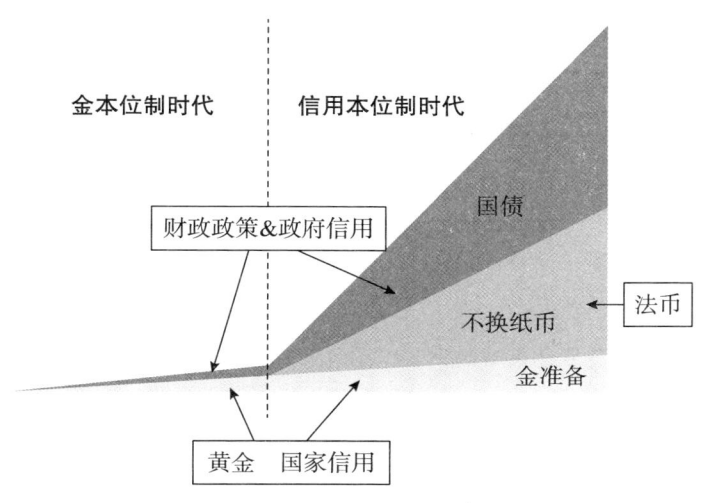

金本位制和信用本位制的货币体系比较

2."金融资源不平等"的演变和日益恶化的当代金融货币生态

1971年,"法币"挣脱黄金束缚,美元因为历史性的"信用"优势,自然成为世界范围内的"法币的法币"。美元是后布雷顿森林体系的最大受益者:(1)世界货币体系中形成以美元为主体的"储备货币"。美国货币当局具有超乎寻常的发币权力。美元享有世界范围内的"铸币税"。(2)形成了以主权国家为"节点"的"法币联盟"。美元是"超级节点"。形成国际关系的深层结构。(3)"中央银行"地位上升。形成全球性的"中

---

① 在中文语境下,需要澄清"钱"(money)、"法币"(fiat money)以及"通货"(currency)的差异。中文的"钱"是一个非常抽象的概念,也是一个相当有包容性的概念,人类自文明发端就发明和使用"钱"。在现代社会,任何国家,不管这个国家多小,都有发行"法币"的天然权力。"通货"则是各国货币供应量中无需背书的部分,只包括纸币、硬币,不包括货币的存储功能以及其他支付手段。

央银行"合作机制。美联储水涨船高,成为事实上的世界"中央银行"。(4)对美元"路径依赖"难以逆转。美元渗透到世界的每个行业、每个阶层、每个地区、每个角落。(5)美国在世界"法币"体系中占据主导地位。美联储和华尔街代表的传统金融资本力量,以强大的财富为基础,对货币金融资本的主要走向有着决定性影响。(6)美元与世界主要法币的汇率对世界经济影响甚巨。

21世纪以来,全球金融资源的分布和分配不平等日益严重,逐渐形成日趋失衡的金融生态:(1)"货币政策"相对独立时代不复存在。货币供给失控。脱离黄金束缚的世界"法币"体系,"任性"机制膨胀。各国以M_2为代表的货币供给呈现持续加速状态,甚至严重高于世界GDP的增长率。在2008年世界金融危机之后,几乎所有发达国家先后实行货币宽松政策,无限制地增加货币供给。(2)通货膨胀分布"两极化"。在世界主要发达国家、拥有成熟市场的国家,基本实现了通货膨胀率低于2%,失业率低于2.5%。相反,越穷的国家通货膨胀率越高。市场经济发展程度越低的国家,通货膨胀率越高,金融制度越落后的国家,通货膨胀率越高。2018年全世界有差不多20多个国家实际通货膨胀率10%以上,土耳其、埃及,特别是委内瑞拉通货膨胀率最为严重,通货膨胀率达到数千倍。在严重通货膨胀的国家,其主权货币破产。[①](3)各国对世界实际经济的贡献率和货币的比重长期处于失衡状态。美元构成世界货币资源的主体,美国GDP是20多万亿美元。2018年,美国的GDP占世界GDP的比重大概是24%,美元在全球外汇储备中占比约61%以上。中国是世界第二大经济体,占世界GDP比重大概不到16%,人民币在世界储备货币中的比重极为低下,截至2018年第四季度,各经济体央行持有的外汇

---

① 柬埔寨1997年因为政治危机导致货币金融危机,作者有幸参与了柬埔寨重建货币金融制度的讨论,关于如何从制度上治理其主权货币和美元的关系,提出了建设性意见。

储备中，人民币资产比重达到历史最高点，不过是1.89%。世界上有160多个国家及地区，它们的GDP占世界GDP约一半的比重，但它们的货币在全球外汇储备中的占比不到6%。上百个国家，影响着数十亿民众生存的上百种"法币"，离开本土"一文不值"，在世界货币体系中的话语权微乎其微。在发达国家和发展中国家之间，在各种类型国家内部，人均货币和金融资源的差距甚大，而且不断扩大。（4）现代金融机构地理分布失衡。资本和货币市场，主要分布在发达市场国家。新兴市场国家少有现代金融机构，数十亿的民众没有银行账户，难以得到现代金融服务。（5）全球性IPO规模的扩大、主权基金的兴起，加剧金融资源的积聚、垄断和寡头化。跨国公司可以优先获得金融分配机会，甚至成为2008年世界金融危机之后的最大受益者。（6）世界形成巨大无比的货币市场和外汇市场。国家普遍实行货币汇率"操作"。（7）国际金融组织和协定影响力削弱。包括国际货币基金组织、国际清算银行以及《巴塞尔协议》及各类世界性金融合作组织，例如：SWIFT和Ripple协议。

世界性金融货币资源的不平等，加剧了世界人均金融资源分布的差别，造成日趋严重的后果：一方面，发达国家和发展中国家、富国与穷国，包括新兴市场经济国家之间的货币金融资源的差距急剧扩大；另一方面，所有国家内部的金融资源分配失衡，金融资源以前所未有的速度向世界极少数金融机构和人群积聚，构成世界性贫富差距扩大的深层原因，中产阶级成为金融资源不平等的最直接伤害群体，最终加剧社会分裂，构成世界性经济和社会动荡的深层原因，阻碍了世界经济的均衡和可持续发展。2008年世界金融危机正是在这样的背景下爆发。

3.解决"金融资源不平等"的思想、方案和实践

21世纪以来，人类所面临的人口问题、环境问题、经济增长不平衡问题并没有显著改善，而全球性货币金融资源分布和分配的不平等，加

剧了世界性贫富差距。所以,从政府、金融机构到经济学家就如何实现金融资源和金融服务平等,提出不同的理论、解决方案和各种试验。大体存在"自上而下"和"自下而上"两大类:

"自上而下"的思想、方案和试验主要有:(1)金融自由化方案。1973年,美国经济学家麦金农(Ronald I. Mckinnon)发表《经济发展中的货币与资本》(*Money and Capital in Economic Development*),另一名美国经济学家肖(Edward S. Shaw)发表《经济发展中的金融深化》(*Financial Deepening in Economic Development*)。他们的核心思想是:发展中国家的经济的重要障碍是"金融抑制",所以,需要推行金融自由化,实现"深化"金融。(2)欧元发行和欧元区建立。欧元属于以欧盟成员国原本"主权"货币(德国马克、法国法郎、意大利里拉、奥地利先令等等)为基础的"超主权"货币。所以,"欧元"具有清楚的"法币"基因和传统。欧元的发行和流通,特别是欧元区内部的债务危机的治理,以及欧元区的东扩,证明欧元的设计是合理的,欧元的基础是坚实的。欧元的存在和发育有利于改变美元的垄断地位,有利于世界货币体系的平衡,抑制全球金融资源的失衡。遗憾的是,在可以预见的未来,在亚洲移植欧元构想,建立"亚元"还没有可能。(3)美国主导的1980年代的《广场协议》(Plaza Accord)。该协议的基本内容是联合抑制通货膨胀,扩大内需,减少贸易干预,协作干预外汇市场。(4)中国政府推行的人民币"国际化",以及"超主权储备货币"方案。2008年世界金融危机期间,中国货币金融主管王岐山和周小川提出"超主权储备货币"方案,只是这个方案并没得以广泛接受和实施。(5)国际货币基金组织"特别提款权"改革方案。最终以中国的"特别提款权"比重得以有限增加告了一个段落。(6)"开放银行"(Open Banking)方案。自2015年前后,欧盟国家、英国、新加坡,中国香港和台湾地区政府开始推动"开放银行",旨在让对银行账户信息的主权回归消费者,使得消费者有权决定让其他银行或第三方机构获取账户资料，以获得更为多元的金融服务。（7）中国倡议成立的亚洲基础设施投资银行，简称亚投行（Asian Infrastructure Investment Bank，AIIB），以及金砖国家新开发银行，简称金砖银行（New Development Bank，NDB）。

"自下而上"的方案和实践也相当丰富：（1）区域货币（regional currencies），或者社区货币（community currencies）实践。①这种区域货币，或者社区货币，由当地社区自己创造，主要分布在发达国家，是民众面对金融资源严重失衡的一种反应。（2）"穷人银行"。1983年，穆罕默德·尤纳斯（Muhammad Yunus）在孟加拉国创办乡村银行（Grameen Bank），以提供微额贷款给穷人，对贫困民众发展经济贡献显著，而他也因此获得诺贝尔和平奖。但是，尤纳斯的"穷人银行"方案在孟加拉国行得通，却无法在世界范围内推行。（3）时间银行，或时间币（Time Dollars）。美国人埃德加·卡恩（Edgar S. Cahn）于1990年代创立时间银行，希望通过时间银行模式实现劳动的直接交换。其前提是劳动不分贵贱，每个人的工作时间都是平等的。（4）众筹（crowdfunding）。众筹兴起于1990年代，相对于传统融资方式，其基于互联网传播的特性，使传播创业者、艺术家或其他创新计划获得民众的关注，得到项目启动资金。众筹方式的本质是打破资本与投资的垄断传统。（5）P2P借贷（peer-to-peer lending），是企图通过小额贷款模式改变金融资源供需严重失衡状态的实验。

上述"自下而上"的方案和实践，基本上是合法的。但是，还有社会运动和街头运动的极端方式。最有代表性的就是2009年"茶党运动"（Tea Party Movement）和2012年"占领华尔街运动"，这两个运动都发

---

① 世界上区域货币有3000多种，分布在北美、西欧、日本等发达国家和地区。任何一个社区在自治的基础上和民主制度下，当地政府皆具有发行本区域货币的权力。例如，美国盐湖城拥有自己的货币。

生在美国。"茶党运动"主要参与者是主张采取保守经济政策的右翼人士。"占领华尔街运动"最基本诉求是改变华尔街的金融资本控制世界的局面，指出最富有的1%人口占据了99%的财富，而99%的人口仅仅拥有1%的财富。而每一个参与"占领华尔街运动"的成员，都将自己归属于99%的社会群体。

上述主张、运动和试验，未必罗列全面。但是，有一点是肯定的：人们希望改变金融资源的垄断，实现金融资源分配的平等。

4.从比特币到Libra：非主权数字货币的实验

以上罗列的试图改变当代世界金融货币资源分配严重不合理状况的方案与试验，并没有获得显著效果。随着比特币代表的非主权数字货币的出现，发生了革命性的改变。

2008年末，在世界金融危机最为严重的时刻，比特币出世。比特币无疑属于一种非主权、去中心化的货币。比特币所代表的数字货币的产生与发展，与国家和政府不存在关联性。比特币的出现是"无中生有"，所需要的不过是一个算法、一种技术和一个规则。比特币是一种"新物种"。

在发明比特币的密码朋克中，包括充满了无政府主义和自由精神的人，希望用代码建造"乌托邦"的货币形态。比特币最接近哈耶克的"货币非国家化"的理念。比特币代表的这类"非主权货币"的构想和实验，至少为解决货币金融资源分布和分配失衡提供了新的思路和选择。过去十年，在世界范围内，迅速形成了加密数字货币"集群"。比特币为加密数字货币的代表，市场价值最高的时候，达到几万亿美金。人们可以做这样一个设想：如果拥有比特币的人口获得一块独立的土地，他们以比特币计算的人均GDP会在世界上排名很靠前，他们的财富影响力会超过我们的想象。所以，至今没有一个国家明确宣布比特币是非法的。事实上，基于区块链技术的比特币，是没有办法被消灭的，它的规则也没有办法由少数人改变。

十年之后，2019年6月18日，Facebook公布Libra白皮书，以"互惠金融"为核心价值观，将解决"金融资源不平等""让更多人享有获得金融服务和廉价资本的权利"作为其追求目标。为此，"全球货币和金融基础设施应该作为一种公共产品来设计和管理"。Libra的基本构想和实施方案，无疑创造了一个冲击波，其影响范围包括了经济学界、数字经济和数字货币领域、国家货币当局和政府的金融监管部门。

Libra在解决"金融资源不平等"方面，最值得重视的是：（1）将Libra定义为"非主权货币"；（2）基于"综合"基础的创造：吸纳了布雷顿森林会议的精髓，包括怀特和凯恩斯的思路；吸纳了国际货币基金组织"特别提款权"机制；吸纳了比特币等加密数字货币的经验；（3）Libra采用区块链技术，属于"货币互联网"；（4）Libra以一篮子世界主要主权货币作为实现其价值稳定的基础；（5）Libra本身就是新型金融"基础结构"，意味着超越传统银行服务；（6）Libra将是世界交易速度最快的"货币"；（7）Libra是一个和谐的金融生态系统，所有成员会获得平等的权利；（8）Libra具有在世界各国落地，即"本地化"（localization）潜质，做到"东方不亮西方亮，黑了南方有北方"，或者"日不落"的超主权格局。简言之，Libra为世界大多数在货币金融领域没有话语权的国家和民众提供了一种选择。

对于Libra的技术基础，需要予以重视，其最大的技术优势是充分吸收了（1）1970年代以来所有信息通信技术（ICT）的成果；（2）1990年代以来金融科技（FinTech）和科技金融（TechFin）的成果；（3）过去十年以来的加密数字货币和区块链技术成果；（4）Facebook自身在过去已经有三次准货币和支付技术成果；（5）以及新的技术开发和创新，包括自创的Move语言系统。Libra有勇气说，它将提供支持其运行的新的"基础结构"（infrastructure），这个词是有分量的。这个新的基础结构，无疑具有强大的综合能力。

最值得重视的是，Libra具有庞大和分布广泛的受益人群。Facebook 27亿用户的地理分布当中，亚洲注册用户最多的是印度和印度尼西亚，拉丁美洲则是巴西和墨西哥。由此会发现，它控制了金砖四国中的两个国家，而且巴西和印度是现在最具潜力的发展中国家。而且Facebook不管从语言上还是宗教上，已经实现多元化。以语言为例，除了英文之外，还有中文、西班牙文、葡萄牙文、法文、德文伴随其用户，这使得其穿透了世界每个角落，形成Libra超乎寻常的穿透力。

Libra背后的资本力量也是值得重新认识的。在Facebook的背后，最重要的是三个基金：贝莱德（BlackRock），13.32%；先锋（Vanguard），9.93%；富达基金（Fidelity）9.35%。这三家基金控制着Facebook超过20%的股份。这件事情非常值得重视，因为这三家基金的背后有着众多的投资机构，投资机构背后是个人。所以，需要重视控制Facebook的资本力量，特别是它代表了一个新兴的、和华尔街相区别的资本力量。

至于Libra是否属于"稳定币"？在复杂的货币体系中，任何一种货币的稳定都是相对于其他货币而言的，而实现自身的稳定需要消耗能量，增加"熵"值，所以导致新的不稳定。现在对Libra的实施和前途做出判断，显然为时过早。其思想还需要讨论，其方案的落实也需要突破很多制度性和技术性的困境。但是，Libra无疑为"非主权货币"提供了一种新的思路和模式。

货币的本质是信任。比特币的诞生和Libra的酝酿，意味着"主权货币"和"超主权货币""非主权货币"之间的竞争开始进入一个新的历史阶段，将彻底改变传统货币体系。

5.世界正在开始向一个新型货币体系过渡

因为比特币和Libra方案，世界开始存在与传统主权货币并存的"非主权货币"，确切地说是"非主权数字货币"，世界货币体系正在悄然改变：过去主权货币，或者法币的"一统天下"正在解构，形成了"一分为三"的局面：主权货币、民间货币和非主权货币并存。因此，世界已经开始向一个新型货币体系过渡，这不再是一种观念、一种理论，而是一种事实。

理解正在改变之中的世界货币体系，需要接受三个基本维度：（1）直观的世界货币结构，其中不仅包括传统的、基于主权的"法币"体系，而且包括"超主权货币"，以及"非主权货币"。（2）所有的货币形态都处于数字化转型的过程。数字货币可以是央行发的，也可以是商业银行发的，还可以是商业银行和经济实体共同发行，甚至是根本没有发行主体，例如比特币。但是，"非主权货币"在"数字化"方面具有先天优势，在技术创新方面处于领先地位。（3）引入"虚拟货币"概念。基于计算机算法、通过计算机语言表现出来的货币形态，以及脱离货币原本的物质和物理形态的"数字"货币，其实都是"虚拟货币"。虚拟货币可以是"非主权货币"，也可以是以主权为基础的"法币"。见下图：

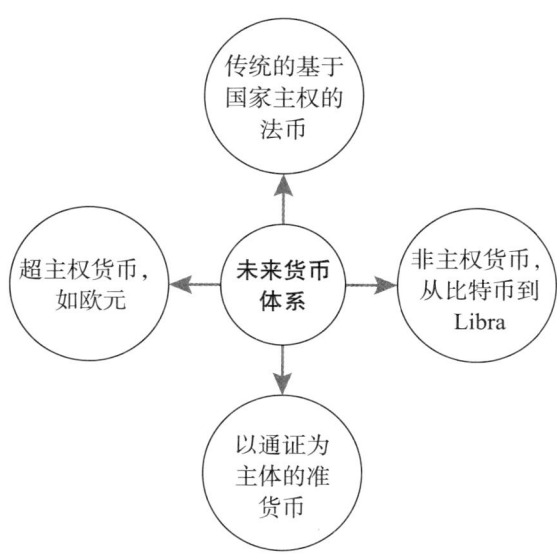

如果更加细致探讨，正在形成的世界全息货币体系如下图：

世界全息货币体系			货币基本形态		
			物理形态货币	数字货币	
				非加密数字货币	基于区块链的加密数字货币
法律规范监管状态	具有法律规范	主权国家/政府	中央银行发行法币：现金	各种基于法币的电子货币	中央银行发行：主权加密数字货币
		半中心/准中心	商品性通货 ● 金属 ● 能源 ● 谷物	混合型通货 ● Reserve币 ● Sage币 ● Aurora币	● Tether（USDT） ● Geunini Dollar（GUSD） ● USD Coin（USDC）
	纳入法律监管	非中央/非中心	● 银行券 ● 区域货币	● Visa ● Master ● PayPal	● JP摩根币 ● Libra（规划状态） ● 沃尔玛币（规划状态）
	尚无完整法律规范监管	无中心	● 折价券 ● 代用币	● 通证 ● 时间币 ● 瑞波币	● 比特币 ● 以太币

关于现实全息货币体系中各种货币的全方位比较，见下表：

	机构	价值基础	信任机制	竞争模式	监管和法律	数字化	技术/基础设施	公众	社会影响	规模与空间
主权货币	央行 国际货币基金组织	世界主流货币+贵金属	强制	绝对垄断	超越监管/法律健全	非数字化和数字化并存	传统基础设施	公民	M货币政策=货币贬值	达到极限
超主权货币	IBM Facebook	一篮子货币	选择	垄断竞争	试图监管/法律不健全	数字化	互联网+区块链2.0	网民	双向	巨大潜力
非主权货币 非国家货币	社区化 USDT		挖矿	自愿	竞争 严加监管/法律不健全	数字化	互联网+区块链1.0	超时空社区成员	货币升值	等待突破
区域货币		劳动交换	自愿	合作	容忍/法律不健全	非数字化	原始	传统时空社区成员	稳定	稳定

这个表尚未穷尽所有的因素,这并非那么重要,重要的是:上面这个表所反映的世界货币体系的新格局,已经不可逆转,没有任何一个政府可以有这样的权威性,对迅速形成的世界新货币体系加以改变。任何国际组织,包括联合国、国际货币基金组织也没有可能性。唯一的出路是,各国之间强化对话,改善治理和监管能力。

最值得注意的是,任何货币形态都在数字化。到目前为止,形成五种数字货币发行主体:(1)各国央行发行。近年来,很多国家都在做这方面的研究和试验,除了爱沙尼亚等小国之外,其他国家基本是"雷声大雨点小"。(2)商业银行发行。(3)商业银行和实体经济企业发行。(4)社交平台和互联网巨头联合体发行,例如Libra。(5)无主发行,最典型的是比特币。见下图:

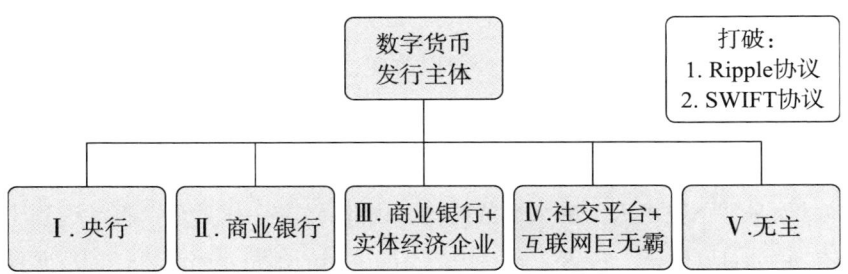

6.罗马帝国的启示录

理解当代世界货币体系,要具备其演变历史的基本知识。不仅如此,知道世界主要文明的货币金融历史也是必要的。人类文明的演变与货币金融历史的演变紧密联系在一起。不论是古罗马帝国,还是中国主要王朝,都提供了丰富的历史经验。

解释罗马帝国的衰亡,是一个永无休止的历史课题。但是,有一点似乎争议很少:日耳曼人主导的"野蛮人"冲击,特别是正规"罗马军团"与"野蛮人"的融合,形成强大的"离心"力量,确实是罗马帝国衰亡的重要原因。可以将当代世界货币体系理解为"罗马帝国",将"比特币"等加密数字货币以及各种山寨版当作"野蛮人"入侵。如今,摩根大通、IBM,特别是Facebook的Libra进入数字货币领域,相当于正规"罗马军团"开始悄然"和平演变",导致以传统"法币"为核心的、似乎固若金汤的当代世界货币体系遭到全方位的冲击。

自加密数字货币,即"非主权货币"产生以来,其所吸引的社会群体主要有:(1)有计算机科学与技术背景的专业人士;(2)金融技术人士;(3)互联网下长大的80后、90后、00后;(4)部分传统金融人士;(5)接受"非主权货币"理念的各阶层人士。总的来说,这些群体属于不断膨胀的社会力量,主要集中在发达市场国家和新兴市场国家,特别是这些国家的主要大学和都市。

如果在不久的将来,Libra的试验真的得以开始,"非主权货币"由主要精英和年轻一代支持的生态会得以改变,社会各阶层、世界落后地区、农村贫困地区,都会产生参与和使用的人群。如果这样的话,用过去中国的一种说法:支撑"非主权货币"的,将不再是"阳春白雪"的少数人群体,而是"下里巴人"的大多数群体,由此,"非主权货币"将渗透到千家万户的日常生活。最终,完结货币金融资源的绝对垄断状态,逐渐实现金融资源的平等分配,实现普惠金融和共享经济。所以,人们都需要关注金融货币领域的新思想、创新和实验,需要持续关注Libra的未来走向。

附录:问与答[①]

问:Libra是科技精英与资本精英联手对华尔街资本大鳄的宣战。那么,中国企业家该怎么来参与?如果我们被排除在外,应该怎么办?我

[①] 本附录的问答基于2019年7月2日由中国区块链应用研究中心、全国工商联区块链专业委员会主办的"天秤币的世界影响和中国对策"恳谈会(上海场)的会场记录。

们的政策体系该怎么给我们搭桥？

朱嘉明：最重要的是建立更全面的国际视野，理解国家利益和全球利益之间的关系。此外，在维护自身商业利益的同时，建立社会责任感，甚至人类的责任感。Libra在这方面，在其白皮书所体现的社会价值观方面，对中国企业家提出了相当大的挑战。如果大家认真阅读Libra白皮书，会发现其中充满社会和人文情怀，有的语言比共产主义还共产主义。特别是，Libra确实对"普惠金融"做了深度解读，并且提出实现"普惠金融"的一种方案。至于Libra能不能做到，那是另外一个问题。现在，对越来越多的传统企业来说，首先的问题是有没有将社会责任作为参加未来竞争的前提。

问：如果Libra真的发行，它是否存在利息问题？

朱嘉明：这是一个很有挑战性的问题。现在看，所有非主权的加密数字货币，以比特币为代表，都还没有提出利息问题，以及如果存在利息，其依据是什么的问题。

Libra不同于比特币，存在中心，而且存在其价值和一篮子法币挂钩的关系。这样Libra的价值很可能是有波动的。进一步来说，将来的Libra除了用于支付之外，很可能涉及所谓的"存款"和"贷款"场景，如果是这样，Libra无法回避所谓的"利息"问题。对穷人来讲，"利息"哪怕一点点，都是很重要的。支付宝已经提供了这方面的经验。支付宝出来之后，对很多老百姓来讲，每天获得几块钱的利息也是在意的。

问题是，Libra根据什么样的原则来确定和调整其利息？至少存在若干可能性思路。但是，存在形式很可能是固定利息、浮动利息，或者是把利息和Libra及债券结合在一起。更深的问题是，Libra流通的国家甚多，如何适应各个国家的通货膨胀率，利息结构将是十分复杂的问题。

有一点可以肯定，Libra将影响世界货币供应体系，超越国界高度流动。特别是，Libra将是人类历史上流动速度最快的金融媒介。如果考虑到5G的因素，人们应该有更大的想象空间。

问：Libra是否代表了"稳定币"？

朱嘉明： 我前面已经表明过我的态度：在金本位制度结束之后，只要谈货币，只要无法建立单一的货币体系，就不可能创造出一种"稳定币"。货币领域与物理世界有着近似与共通之处。只要存在温差，任何能量转化过程都要消耗能量源。实现稳定需要消耗巨大的社会成本、经济成本，还会导致货币金融领域"热力学"意义的"熵"值增加。因此，稳定币是一种良好愿望，在现实中如同对"永动机"的追求。

请特别重视尼克松在1971年8月15日宣布关闭美金和黄金窗口这个历史事件。这之后，世界就进入浮动汇率时代，没有任何一个国家可以控制不同主权货币之间市场价值关系的波动。

现在可以看到，Libra价值将与一篮子主要法币挂钩。这很可能是"双刃剑"：一方面提供了真实的价值基础，另一方面，无法隔断法币，包括一篮子法币内在价值波动的影响。

2–14　人民币与法定数字货币[①]

如果推选2019年关键词,"数字货币"无疑会名列前茅。而在"数字货币"范畴中,主权数字货币,或者经由央行所发行的"数字货币",正在为愈来愈多的政府、金融机构、企业和民众所关注。在中国,"央行数字货币"尤其引人注目,一度达到呼之欲出的境地。正是在这样的背景下,零壹财经、零壹智库和数字资产研究院推出《人民币3.0:中国央行数字货币:运行框架与技术解析》。在最近关于"中国央行数字货币"的众多说法和文字中,这篇文章对"中国央行数字货币"的描述和解读最为系统和全面。其中,最值得肯定的是如下几个方面:

如何定义法定数字货币?文章依据国际清算银行关于中央银行数字货币(Central Bank Digital Currencies, CBDC)的报告,在定义法定数字货币为中央银行货币的数字形式的基础上,进而提出:"法定数字货币是法定货币在数字世界的延伸和表现,是一种新的货币形态""法定数字货币是法币的数字化形式,是基于国家信用且一般由一国央行直接发行的数字货币"。特别是,文章补充说:"法定数字货币不一定基于区块链发行,也可以基于传统中央银行集中式账户体系发行。"这样的定义是符合迄今关于"法定数字货币"的理论探讨和实际演进的。

如何解释人民币3.0?人民币1.0是指人民币以纸币为主要形态,"从1948年12月1日的第一套人民币,到2019年8月30日的第五套人民币新

[①] 本文系作者于2019年10月23日为数字资产研究院与零壹财经共同发布的《人民币3.0:中国央行数字货币:运行框架与技术解析》报告撰写的序言。

版，人民币作为中国通行流通的法定货币已经历经71年"。至今1.0时代并没有完结。但是，人民币2.0时代已经悄然开始，其标志是人民币走向电子化，即在银行等金融体系内的现金和存款早已通过电子化系统实现数字化，流通中的现钞比重逐渐降低，支付宝、微信支付等移动支付成为民众主要支付工具。中国无疑是世界最接近无现金、迈向"无现金社会"的大国。而人民币3.0则是指人民币的数字化，即中国央行货币数字化。中国央行数字货币的英文简称为"DC/EP"。其中，"DC"是"Digital Currency"（数字货币）的缩写，"EP"是"Electronic Payment"（电子支付）的缩写，主要功能就是作为电子支付手段。这就澄清了人民币2.0和3.0的关系，帮助人们区分法定数字货币与支付宝、微信、PayPal等移动支付的不同性质。当然，在人民币未来的演进中，其1.0、2.0和3.0将存在较长的相互交叉和并存的过程。

如何认知中国央行数字货币的本质？文章提出："中国央行数字货币是由中国央行发行的法定货币，是中央银行的负债，由中央银行进行信用担保，具有无限法偿性（即不能拒绝接受央行数字货币），是现有货币体系的有效补充。"所以，中国央行数字货币与Libra有着本质区别，Libra是由Facebook领衔的Libra协会准备发行的一种尚未得到监管许可的数字货币，在很大程度上将冲击和挤占现有各国法定货币的使用空间。

如何理解中国央行数字货币的运行结构？中国央行数字货币的投放模式称为"双层运营"结构。所谓双层运营结构，即上层是央行对商业银行，下层是商业银行对公众。央行按照100%准备金制将央行数字货币兑换给商业银行，再由商业银行或商业机构将数字货币兑换给公众。"双层运营"结构，相比较由央行直接向公众发行和承兑数字货币的"单层运营"结构，可以避免央行在人才、资源和运营工作等方面的潜在风险。进一步说，虽然央行在顶层技术上有相当优势和积累，但商业银行等机构已经发展出了比较成熟的IT技术设施、服务体系、相关人才储备和经验,所以"双层运营"结构可以形成央行和商业银行之间互补,刺激各商业银行在央行预设的轨道上进行充分竞争,推动新型金融生态的形成与发育。

如何分类中国央行数字货币的基本功能?(1)法定数字货币的发行;(2)法定数字货币的流通;(3)法定数字货币的管理;(4)法定数字货币的回笼;(5)法定数字货币用于投融资;(6)法定数字货币用于银行间结算。上述功能的实现,都要涉及数字货币与M_0、M_1和M_2的关系。根据中国央行所公开的资料,即将推出的数字货币重点替代M_0而非M_1和M_2,简单而言就是实现纸钞数字化。其理由是,在中国当前货币体系中,基于商业银行账户体系的M_1和M_2已经实现了电子化和数字化,所以短时间内没必要使用另一种技术对其进行再一次的数字化改造。

如何判断中国央行数字货币技术水平?与世界主要发达国家比较,支持中国央行数字货币的技术体系是具有诸多优势的。首先是原创性的相关技术。"通过梳理与法定数字货币相关的专利信息,截至2019年9月,我们找到了央行4家机构申请的共84条专利。这4家机构分别为中国人民银行数字货币研究所(52项专利信息)、中国人民银行印制科学技术研究所(22项专利信息)、中钞信用卡产业发展有限公司杭州区块链技术研究院(6项专利信息)以及中钞信用卡产业发展有限公司北京智能卡技术研究院(4项专利信息)。"其次是中国大学和研究机构在基础科学方面的进展。此外,中国具有吸纳国际数字货币技术成果的能力。尤其要赞赏的是,本文相当深入地探讨和分析了"央行数字货币钱包/芯片卡"的特征,这恰恰是央行数字货币的核心技术所在。

还值得注意的是,此文回顾和比较了世界各国对央行数字货币的立场和态度,以及实践央行数字货币的经验教训。"据零壹智库对29个国家央行对数字货币的态度及现状的最新统计,有6家央行已发行数字货币,8家计划推出,9家处于研究中,2家暂不考虑,3家明确反对央行数字货币。"无论如何，时至今日，数字货币，作为"是以数字形式存在并基于网络记录价值归属和实现价值转移的货币"，已经成为世界性新潮流，而且，会有更多的国家将央行的法定数字货币提上议事日程。中国已经有了至少五年的设计和试验历史，已经具备了"先发优势"。

当然，零壹财经和零壹智库所撰写的《人民币3.0：中国央行数字货币：运行框架与技术解析》，还有一些局限性和欠缺，主要是：（1）对中国央行数字货币的技术基础发掘不足；（2）没有探讨中国央行数字货币在国内实施所需要的历史和制度前提，以及实施之后所面临的风险；（3）推断世界对中国央行数字货币实施的可能反应和对策。

最后，需要肯定文章中的这句话："货币形态不断在变化中发展。"货币数字化，尤其是央行法定数字货币，将推动人类货币形态的加速改变和发展。

2–15　关于稳定币机制、央行数字货币和货币竞争[①]

1.对《CFMI通证金融模型和稳定币机制》一文的基本评价

龙白滔2018年所撰写的论文《CFMI通证金融模型和稳定币机制》，篇幅不长，却具有多方面的原创性：

（1）在对"标准通证经济模型"做出描述的前提下，提出了较为完整的改进思路，包括改变通缩为核心的经济模型，建立金融基准的财务记账单位，建立稳定币发行机制，发展间接融资（币）服务满足投资者不同的风险和收益的需求。其中，"建立金融基准的财务记账单位"尤为重要。

（2）概括了当代货币体系中的传统"稳定币"特征，进而探讨了加密数字货币产生背景下的"稳定币"基本发行机制，特别是比较了"中心化资产抵押"和"去中心资产抵押"的差别，进而提出对"去中心资产抵押模式"的若干改进方法。

（3）探讨了如何控制"稳定币的浮动风险"和实现"稳定机制"设计，指出"最大难题在确定合适的估值折扣率"，强调了资产的"外生性"，并介绍度量市场风险和流动性风险的"La-VaR"方法。

（4）以Havven的稳定机制设计为例，深入解析了市场对稳定币波动之后币值回归的"信心"，以及如何提高回归速度的机制。

（5）触及了货币理论中的重大课题："稳定币增发和赎回"和"债发

[①] 本文系作者分别于2019年7月23日、2019年8月10日、2019年10月17日和2020年5月4日评价龙白滔博士的四篇分析文章时所撰写。

行和回购",并试图回答"抵押物浮动性风险"与"估值折扣率",以及"CDP的实际抵押倍数"的关系。

总的来说,本文为整体性解释通证、货币、稳定币之间的深层结构和机制互动关系,提供了一种框架选择。

本文作者的原创能力,基于三个方面的思想资源:其一,传统货币金融理论的核心思想;其二,对加密数字货币的认知;其三,理工科分析方法。

本文成稿于2018年8月,整整一年过去,本文的观点和论证方法并没有过时。这是近年来在加密数字货币理论和方法领域,同时具有学术和实用价值的论文。

最后需要说,希望作者根据货币金融制度的演变,特别是加密数字货币和通证经济的新的进展,在适当的时候对本篇论文加以补充和完善。

2.对《一个实用的中国央行数字货币和Libra设计方案》一文的评价

如何实现央行的法币数字化,或者如何设计和发行数字法币,几乎是加密数字货币诞生以来最被关注的课题。

白滔的这篇文章,以中国央行数字货币CBDC作为对象,直接触及"CBDC是可计息的央行M_0货币"的本质,进而探讨了CBDC的关键特征,以及CBDC设计的核心原则和设计逻辑,特别是提出了CBDC与储备金不能互相兑换,商业银行不应担保存款与CBDC的兑换,CBDC应该基于合格抵押品进行发行的看法。进而这篇文章论证了CBDC方案具有与央行现有货币体系充分解耦的潜在优势。此外,本文还提出央行可以参考Libra建立协会的设想,以吸纳企业联合体这样的元素。

中国央行的法定数字货币势在必行。本文的发表,证明在体制之外,存在白滔这样的具有坚实专业思考、独立研究,且对中国国情有着深切认知的人才。

期待白滔在中国加密货币金融领域的学术探索和行业实践上走得更远,为这个时代做出更多的具有原创性的思想与学术贡献。

3.有关《数字货币潮下的货币竞争与体系重塑》的评价

白滔发表的《数字货币潮下的货币竞争与体系重塑》,是最近关于数字货币讨论中的最值得注意的文章。这篇文章的立意较高,触及了数字货币为什么和怎样创造在历史上久违的货币竞争制度,进而探讨了数字货币的竞争力的可行框架。其中,这篇文章对如下几个问题进行了启发性思考:(1)数字货币的竞争优势何在?(2)数字货币如何扮演解构传统货币的角色?(3)在货币数字化的大趋势下,数字货币如何改变了传统货币的竞争范式和传统金融产业组织的模式?(4)数字货币如何与商业和社交平台上的经济活动和用户进行捆绑?(5)如何解析数字货币与公共货币的内在关系?

尤其值得注意的是,本文介绍了"数字货币区"的概念。数字货币的爆发式发展,其可跨越地理和司法管辖边界的现实与趋势,导致"数字货币区"呼之欲出,而"数字货币区"一旦形成,很可能会加剧国际货币体系的割裂。白滔在文章中分析了"数字货币区"和相关的"数字美元化"的关系,指出其可能成为重塑未来全球货币体系格局的重要变量。长期来看,实现跨境政策协调和监管共识将为真正的全球私营数字货币崛起奠定基础。

白滔的家国情怀在本文中也有充分显现,他认为:数字货币与主权货币的可兑换性和可互操作性是维护主权货币独立性的充分条件,有助于实现人民币国际化和人民币数字货币创新良性互动。

4. 共建属于"人类命运共同体"的货币体系——对《DC/EP VS Libra：全球数字货币竞争正式拉开序幕》一文的评价

龙白滔这篇文章约两万字，非常值得关注和研究数字货币的朋友们仔细阅读和思考。我以为此文最值得注意的是这样几个方面：

第一，DC/EP与Libra比较研究。虽然DC/EP刚刚启动公开测试，而Libra刚刚发布2.0白皮书，但是，两者的理念、动机、目标、技术，特别是对世界当下的货币体系可能的影响已经显现。白滔提出了DC/EP与Libra的比较架构，且明确提出DC/EP与Libra之间存在事实上的竞争关系。人们很容易提出问题，DC/EP与Libra之间难以存在可比性，因为DC/EP是中国央行的法定数字货币，而Libra不过是一个基于公司的数字货币。对此，白滔分析了Libra1.0白皮书和2.0白皮书的差异，并明确提出"美联储主宰了Libra的命运"。也就是说，Libra在公司的表象下，其设计者和决策者终究是美联储。

第二，世界货币体系的新格局。世界货币体系确实存在危机和解构的危险，但是，也存在继续调整和实现近中期平衡的能力。白滔在文章中特别强调了"C6货币互换协议"以及金融稳定理事会（Financial Stability Board，FSB）的作用。特别是在疫情和救市的情况下，"美联储将总额为4500亿美元的货币互换额度临时扩展到其他九家央行"，形成与C6平行的新机制。我非常同意白滔的这个结论："货币互换协议本质上是协议双方彼此让渡铸币权的安排，即以己方货币作为抵押向对方借入对方货币。"白滔引用了一个美元主导的、包括五个层次的"国际货币体系"图表，显示美元在世界货币体系中主导地位的新特征。白滔希望读者注意到，中国未能加入美元的货币互换体系，也缺席国际清算银行和6家央行成立的世界央行数字货币工作小组。

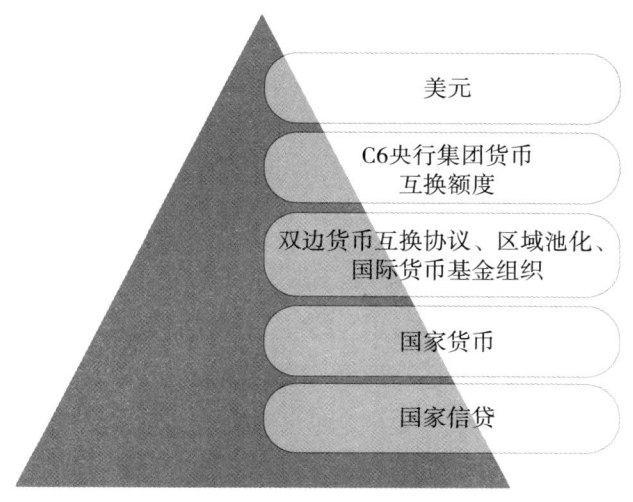

美元主导的层次化的国际货币体系[①]

第三，数字货币与公共部门和私营部门。从世界范围内看，主导数字货币的主体无非是公共部门和私营部门两种基本形态。中国数字货币是公共部门主导的，而美国和其他市场经济国家是私营部门主导的。白滔的文章中写道：国际央行社区的普遍共识是，应当激励私营部门进行数字货币的创新，并同时实施监管。并引用了2020年达沃斯论坛数字货币圆周会议上国际清算银行创新枢纽负责人贝诺特·科尔（Benoît Coeuré）的话：数字货币"必须是公共和私人解决方案的混合体"。白滔认为，货币数字化大潮中，在公共部门和私营部门之间取得平衡非常重要。这样的平衡将有利于兼顾公平和效率。特别值得注意的是，白滔还分析了私人数字货币和公共数字货币的"基础设施"。白滔在这样的思考基础上，进而提出：如果中国法定数字货币发展过程中，可以适当放宽私营部门的参与度，"将有利于减少人民币国际收支波动对货币体系的冲

[①] 本图转载自龙白滔：《DC/EP VS Libra：全球数字货币竞争正式拉开序幕》。

击，推动人民币数字货币生态的创新"。

第四，Libra和DC/EP的竞争前景。白滔预测：Libra大概率会在2020年10月正式上线；DC/EP大概率会在2020年5月后加快测试节奏，并在10月前会在一些较为安全的场景正式上线。所以，需要思考Libra和DC/EP的竞争前景。白滔在文中特别点出著名中央银行家马克·卡尼（Mark Carney）的名字。马克·卡尼历来主张建立"新国际货币金融秩序"，因为Libra具有成为"合成霸权货币"的可能性，所以是"货币金融新秩序"的重要支点。如果马克·卡尼和Libra发生任何交集，其意义都不可低估。白滔认为，Libra近中期将"定位于提供网络以运行私人/公共数字法币，并且通过智能合约赋能社区以构造和运行丰富、完整的数字金融基础设施，并维护和延续美元主导的国际货币体系"，会"侵蚀人民币货币主权并削弱人民币国际化战略"。从中远期和远期来看，一旦世界货币竞争格局发生对美元不利的局势，Libra可能"参与全球主导货币的竞争"。对于白滔这样的判断是否正确，需要进一步论证和通过历史验证。关于DC/EP，白滔的描述是："DC/EP遵循'先境内后境外'、'先简单封闭场景后复杂开放场景'、'先零售支付场景后大型批发支付场景'等原则，率先展开测试。"现在的问题是DC/EP如何中长期、远期从内维持与Libra的竞争优势？白滔提出了两点建议：（1）分享人民币铸币权，共建属于"人类命运共同体"的货币体系；（2）充分激励和发挥全球私营部门的作用。

对于"共建属于'人类命运共同体'的货币体系"的理念，我深表赞同。货币金融领域、货币经济学，都需要理想主义的阳光。

这篇文章信息量大，原创性指数高，具有厚重感，再次显示白滔在数字货币研究领域的敏感、思考、治学能力和历史的、国际的视野，将有助于最近国内外关于数字货币研究的进程。

2–16　对ICO的反思和检讨[①]

2018年2月4日，距离《中国人民银行等七部门关于防范代币发行融资风险的公告》的发布，整整过去了5个月。在这5个月中，2017年ICO的爆炸式野蛮生长，市场从闻风而来到息肩逆旅，在突如其来的穿透式监管下，戛然而止。与此同时，比特币价格在一路高涨之后跌落。[②]今天我的主题是为什么需要反思和检讨2017年的ICO。

1. 正确认知比特币

ICO是Initial Coin Offering的简称。ICO里的"coin"，就是Bitcoin（比特币）的coin。只是ICO融资除了比特币，还有以太币。比特币和以太币的本质都属于加密数字货币。因此，反思ICO需要从正确认识比特币开始。

第一，比特币诞生的必要条件。2008年末，比特币论文发表，2009年初，比特币出世。这不是偶然的，需要三个必要条件：（1）密码学与其他数学分支的组合。比特币是人为设计的货币，先有了区块链的思想，才有了比特币。而不是相反。所以，比特币是密码朋克充分运用了密码学的成果，再加上其他相关应用数学成果。（2）以互联网为代表的基础设施。2007年1月，乔布斯的第一代iPhone诞生，开启基于智能手机的移动互

[①] 本文系作者2018年2月4日于重庆YEX交易所成立大会上的发言。
[②] 2017年，随着ICO的疯狂涌入，比特币价格一路高涨，不断刷新历史新高。6月，首次达到了3012.05美元（约20606人民币），8月达到3525.04美元（约24115人民币），9月2日，比特币价格在多个平台涨破5000美元（超34000人民币），续刷历史新高。

联网新时代。期间，通信技术从1G发展到3G、4G，现在在讨论5G。（3）2008年的金融危机。2008年世界金融危机证明，现存的世界货币金融制度，以国家信用为基础，属于绝对垄断，最大的垄断是铸币税的垄断。在世界范围内，每天都发生某些政府和利益集团操作货币的现象。特别是，2008年世界金融危机之后，世界主要国家实施货币宽松政策，积聚整体性金融机构的风险，全面暴露了现行货币金融体系难以为继的趋势。不仅如此，如果实施M_2供给宽松政策，而政府严格控制关系民众生活和生存品的价格，那么，就会导致资产价格上涨，加剧贫富差距。所以，需要替代方案。比特币至少提出和证明一种替代方案的可能性。

第二，比特币的基本特征。比特币是所谓货币的新物种，不应该用传统货币的"尺子"去衡量比特币。比特币的基本特征是：（1）比特币的存在形态就是没有任何传统物质作为载体的一个源代码。（2）比特币没有中心发行单位。每枚比特币都没有父母，是通过"挖矿"独自产生的。（3）比特币的交易过程全部记录在超级账本上，是可以追溯的。（4）比特币发行总量是有最终上限的，即2100万枚。事实上，如果比特币可以维持到2141年，那时的比特币存量会小于2100万枚，因为在百余年中相当多的比特币会丢失。（5）比特币的核心设计理念就是切断无限发行导致贬值的机制。由此，从根本上解决了所谓信用货币导致通货膨胀的机理问题。至于是否可将比特币定义为"通缩货币"，还需要讨论。

第三，比特币改变了传统货币体系。自布雷顿森林会议之后，世界货币体系是以单一的国家信用货币、主权国家发行的法币为唯一形态的货币体系。货币为国家绝对垄断，政府可以决定货币的供给数量。一般情况下，现代国家用之不竭的财政资源来自基础货币的铸币税、通货膨胀的利益再分配，以及税收。自从2008年比特币出世，打破法币的"一统天下"，货币体系开始包括非国家发行的数字货币。在非国家数字货币中，又分加密数字货币和非加密数字货币。还可以这样对加密数字货币分类：国家控制的加密数字货币和非国家控制的加密数字货币。可见就是曾经为不少经济学家、金融家和银行家不以为然的比特币，改变了当代的货币体系与结构。

第四，比特币的社区生态。比特币的出世，刺激了所谓"币圈""链圈""矿圈"，还有"媒体圈"的形成。而在每个圈子中，又出现了不同的派别。例如，比特币分叉造成的合理性分裂。与此同时，因为传统资本的进入，大量交易所的成立和运行，围绕比特币形成了产业链和价值链，进而形成了一个社区生态。在这个没有传统地域边界的数字货币的社区中，有原住民、开荒者，有资本的新移民，以及无产者。特别值得注意的是在这个生态中的"码农"群体，他们经过专业训练，至少懂得算法语言C++、Java，或者Go中的一种至两种，却无法摆脱超时劳动和低收入的境地。在山西，"码农"的月收入在5000人民币左右，即使加上奖金，生活也相当不容易。这是一种值得关注的新时代不平等。

第五，比特币的理念。我们并不知道谁是中本聪，也没有必要知道。历史证明，创造比特币的团队以匿名方式发表他们的计划，在完成比特币早期阶段的试验之后消失，是正确的。需要肯定的是，虽然比特币的唯一论文，几乎只字不提其理念，但是，该团队在设计比特币时是有特定理念的，为某种社会责任所驱动，很可能有对资本主义批判的理想主义成分。所以，比特币"原教旨主义者"所坚持的基本原则，是值得肯定的。在实际经济生活中，比特币对于墨西哥在美国的移民是有所帮助的：他们以前通过西联汇款（Western Union）转钱到家乡，手续费6%，需要3天；现在通过比特币，只要7分钟，成本极低。

第六，比特币的局限性。比特币的历史很短，其局限性很多。最近发生所谓的比特币分叉，就是为了解决比特币的特定局限性。除此之外，还有比特币"挖矿"的人工、电力、机器成本的不断上升问题；比特币价格的波动引发的投机问题；以及因为比特币的匿名特征，很多财富通过比特币实现避税等问题。

2.全面认知区块链技术

第一，区块链技术正在纳入国家发展目标的视野。三年以前，欧盟已经做了一个支持区块链的文告，将区块链纳入国家发展目标，希望区块链能够成为给国家、公司甚至公民带来利益的一种新的技术。同时，北美、日本、韩国政府全面关注区块链。中国也是如此。我做了一个统计，在今年即将召开的人代会上，有九个省市准备了与区块链有关的提案，希望国家将区块链列入国家发展的重要目标。

第二，区块链技术就是上链（OnChain）技术。在过去的互联网浪潮下，人们常常讲的一个概念就是上网（OnLine）。美国最早的互联网公司的名字就是"美国在线"（AOL）。上网的"网"其实是基础结构。因为互联网化，人们又提出了"互联网+"的概念，因为互联网已经成为如同高速公路的新型基础设施。从世界范围内看，互联网已经成为新的公共物品（public goods）。马云是互联网时代的一个成功者。马云，或者阿里巴巴的成功，是以国家投资的，确切说是以纳税人资源支持的互联网硬件设施为前提的，然后在互联网高速公路上增加了服务站，最大限度地改变了公共物品的性质。当然，美国亚马逊、Facebook这样的社交平台，本质上与阿里巴巴是近似的。如今，因为区块链，仅仅"上网"是不够的，还需要"上链"。为什么？因为"网"与"链"性质不同。前者如同公路，后者则是为行驶在公路上的交通工具提供了一套节点性的管理系统。这样的系统有独特的编程语言，甚至包括独特的奖惩规则。

第三，区块链是有科学基础的技术体系。区块链不是一种通常的单一技术，也不是可以看得见、摸得着的硬技术。区块链以加密算法和多种共识算法作为底层基础，进而形成包括网络服务、数据储存、权限管理、安全机制、共识机制、智能合约等部分的架构。理论上说，这个框架适用于不同产业和行业，但是，需要根据不同产业和行业的应用场景加以改造。在区块链的框架中，安全技术是至关紧要的。与安全有关的技术就有人们已经熟知的私钥和公钥，还有相对复杂的"多方安全计算和零知识证明"技术。现在，区块链尚处于早期阶段，因为其开发特征，在演进过程中，区块链还会和其他新技术，例如大数据技术和AI紧密结合。

第四，区块链提供"确权"技术。现在，大家公认的区块链分为公链、私链和联盟链。无论哪种区块链，微观基础都是数据和信息的"确权"。区块链技术具有天然的"确权"手段，通过Hash值的形式实现对用户的数据和信息的存储，并通过区块链去中心化和分布式记账，有效保证存储的电子数据不被篡改，从而保障数据的真实性和原始性，构成"确权"的前提条件。特别是，区块链势必和法学与法律体系实现结合，code is law（代码即法则）最终会从一种提法变成现实，进而通过区块链的"确权"得到法律的保障。

第五，区块链具有产业化的巨大潜力。现在，区块链产业化包括两个方向：（1）直接创造基于区块链的新型产业，例如金融业、观念产业；（2）对传统产业实行链改，或者说区块链化，例如艺术和文化产业、食品业、运输业。现在看，区块链产业化不过是刚刚开始，真正成功的案例还是非常有限的。最大的瓶颈是人才错位和短缺。懂得产业的企业家，对区块链了解不够，对区块链相对熟悉的技术人才，却没有产业经验。所以，区块链的培训是当务之急。遗憾的是，现在到处开办的所谓区块链学习班，大多停留在概念上，将区块链和炒币联系在一起。

第六，区块链有助于改变现存的经济组织形态。区块链为人们提供了实现"自组织"的技术基础，或早或晚地改变现在的传统企业，主要是公司的组织形式。人们会以区块链为基础，通过"节点"实现分工合作。不仅如此，区块链有助于"通证经济"（Token Economy）的发育。因为经济组织的改变，最终改变传统的财富理念、财富模式和财富工具。

至少到2016年，美国风险投资的75%还是流向硅谷的，这是因为硅谷是高科技的重心和中心。区块链会改变高科技分布。孙正义最近表态，要把日本打造成世界虚拟经济的中心。

3. ICO的教训何在？

因为发布《中国人民银行等七部门关于防范代币发行融资风险的公告》，去年9月4日将载入中国金融史册。[①] 应该说，这个公告是及时的，各级政府也具有落实这个公告的效率。例如，9月23日，上海相关通证融资发行平台已发行项目90%以上基本完成清退，相关比特币等虚拟货币交易平台也均提出了清退方案，并着手开展客户资金、资产清退工作。

第一，关于ICO的原本含义。ICO是Initial Coin Offering的简称，是对应IPO（Initial Public Offering）的一种独特的融资方式。ICO里面有一个词"coin"，直译是硬币的意思，其实是指加密数字货币。之所以使用"coin"，主要因为比特币的"币"使用的是coin。ICO与IPO的主要不同是：（1）从产权归属看，IPO主要是针对所有权，ICO针对的是使用权；（2）大多数的ICO项目都通过法币购买比特币或者以太坊；（3）投资人的回报同样是加密通证，不再是传统证券。从理论上说，ICO的本质是对传统IPO代表的资本、融资和股权体系的某种颠覆。相比较IPO，ICO创造了一种新的融资模式，具有诸如快速融资，投资者在获得数字货币汇报之后，其流通、交易和变现更为灵活和方便等优势。

第二，ICO的示范效应。2016年5月17日，区块链众筹项目DAO成

[①] 《中国人民银行等七部门关于防范代币发行融资风险的公告》包括六条：（1）准确认识代币发行融资活动的本质属性；（2）任何组织和个人不得非法从事代币发行融资活动；（3）加强代币融资交易平台的管理；（4）各金融机构和非银行支付机构不得开展与代币发行融资交易相关的业务；（5）社会公众应当高度警惕代币发行融资与交易的风险隐患；（6）充分发挥行业组织的自律作用。

为有史以来最大的众筹项目。该项目众筹从 5 月 1 日开始，在 15 天左右的时间内，共融到 12,070,000 以太币，融资额达到 1.3232 亿美元，超过此前全球最大的众筹项目——游戏《星际公民》(*Star Citizen*) 的众筹金额（1.1 亿美元）。DAO，中文翻译为"分布式自治组织"，是一个去中心化的投资基金。DAO 一度被认为是现代金融业变革的一种出路。因为 DAO，世界范围内很快形成了 ICO 风潮。2016 年的区块链风险融资总额是 4.96 亿美元，而 ICO 融资金额为 2.36 亿美元，跟传统风险投资金额差距不大。进入 2017 年，ICO 突然加速，项目数量和规模呈现爆发性扩张。[①]2016 年至 2017 年，ICO 项目所涉及的产业类别极为广泛，主要包括：区块链技术类，例如底层区块链、分布式存储和计算；金融类，例如资产管理、借贷和保险；加密货币类；网络应用类；娱乐类；以及传统产业类，例如加工业、医疗、交通、广告、文化、博彩等。其中，不乏一些 ICO 融资成功案例。[②]至于 ICO 行业生态体系，不仅包括了个人和项目，还包括了投资机构、ICO 发行平台、ICO 媒体、交易所及数字钱包等。

第三，ICO 的失败和相关反省。ICO 的浪潮兴起得快，落潮更快。在 ICO 的巅峰阶段，人性的贪婪发展到极致。几张 ICO 的所谓"白皮书"就可以获得个人和机构的投资。在国内，去年 9 月之后，当 ICO 开始受到监管，一夜暴富梦幻破灭，ICO 业态迅速瓦解。ICO 项目很快分为运行、停滞、失联、废弃和"死亡"五种基本情况。其中技术类的存活率比较高，死亡率最高的种类是加密货币类。相当多的民众成为此次 ICO 风潮的受害者，由

---

① 2017 年 ICO 融资总额超过 12 亿美元，比 2016 年增长 3 倍以上。
② EOS：一期融资超 1.8 亿美元，仅仅出售 20% 的通证；BNT（Bancor）：1.6 亿美元，3 个小时内完成融资；BAT（Basic Attention Token）：3500 万美元，30 秒内完成融资；Storj：3000 万美元；Waves：1600 万美元；Qtum（量子链）：1570 万美元；Gnois：1250 万美元；Iconomi：1050 万美元；Golem：860 万美元。其中有的 ICO 项目一上线就被秒抢，例如 TenX 和 Civic。

此开始流行"割韭菜"的说法。总结ICO失败的原因并不复杂：（1）ICO市场的形成过程中，政府监管缺位。（2）ICO市场信息严重不对称，失序和混乱，无法形成保护投资者利益的"退出机制"。（3）拥有资本实力，且以追逐暴利为目标的投机者，相比科技出身群体，具有更大的ICO话语权和主导权。投机者扩大信息不对称，实现行业垄断与操纵市场。（4）参与ICO的个体和机构普遍缺乏关于ICO的基本常识，无知者无畏。（5）ICO平台遍地开花，抢占了政府到位之前的"空窗期"，一方面帮助ICO项目提供宣传和融资，一方面为投资人提供投资渠道，获得巨大的寻租空间。

总之，ICO的教训是深刻的。原本的ICO，需要足够的理论基础，应该以相关概念、内容、方案、技术、团队、财务、市场、路线等信息处于公开和透明状态为前提，且有全方位的法律规则和监管，更为重要的是有资质的专业团队。遗憾的是，在可以预见的未来，历史再给ICO的机会几乎是不存在的。人们应该吸取ICO对数字货币发展造成负面影响和伤害的历史教训。

结论

ICO的教训是惨痛的。ICO严重打击了区块链和数字货币背后的"理想主义"和"科学主义"。但是，ICO并不是数字货币和区块链的"世界末日"。现在要做的是继续推动数字货币和区块链的成长。数字货币和区块链的出路是坚持科学理念和创新精神。因为数字货币、区块链都属于复杂科学范畴，所以需要集结跨学科的专业人才的合作。

可以预见，数字货币和区块链，以及数字经济，代表未来，具有顽强的生命力。对此，不应该怀疑。

2-17 如何认识STO的前景？[①]

今天，我们会议的主题是STO。我现在做一个简短的总结发言。在我进入主题之前，我明确一点：与会者对于STO（Security Token Offering），即证券型通证发行的性质，以及通过证券化实现融资的基本功能是没有争议的。现在，我就如何展望STO的前景讲几点想法。

1. STO和"达摩克利斯之剑"

STO不是一个新概念。STO是依据美国证券法和通证的特征而创立的词汇，描绘通证的发行遵循证券法条例的行为。在世界范围内，人们关注和试验STO，至少可以追溯到2017年的美国。但是，2017年的主流是首次币发行（ICO），STO的影响相当有限。

进入2018年，因为ICO遭到几乎是不可逆转的数字货币市场价格剧烈震荡下行，STO开始被提起。但是，真正导致STO在短时间内成为热点的原因发生在美国。2018年9月11日，美国纽约布鲁克林区的地方法院法官雷蒙德·迪里（Raymond J.Dearie）判定：除比特币和以太币，其他所有ICO项目发行的通证属于证券范畴。这件事意味着：在美国，虽然证券法中尚不存在关于STO的明确规定，但是，因为ICO可以纳入证券法监管范围，被证券法监管的ICO就演变为STO，形成STO的监管原则。要点是：（1）证券类通证需要接受美国证券交易委员会（U.S. Securities and Exchange Commission，SEC）及其他相关机构的监管，发行证券类通

[①] 本文系作者于2019年2月26日在上海STO会议上的发言。

证的主体受到联邦法律的约束；（2）证券类通证需要在SEC注册，并遵守证券法的相关规定；（3）证券类通证如满足特定条款则可以豁免注册，仅需要SEC备案即可；（4）相关公司需要符合合格投资人、反贪污洗钱（Anti-Money Laundering，AML）、信息披露、投资人锁定期限的要求，实现透明运营。[①]

美国的现实情况：通过ICO将其通证作为"效用型通证"（Utility Token）出售，而未将这些资产在证券交易委员会注册为证券公司，被迫支付罚金并将投资款项退还投资者。除非公司可以明确证明其通证被作为"效用型通证"出售，例如Civil，他们可以使用ICO。其他很多公司正在从ICO转向使用STO，以避免违反美国证券交易委员会的规定。

还要充分注意到：STO与ICO一样，因为符合法律规定的"合格投资人"数量有限，加之筛选出"合格投资人"是相当困难的过程，所以，即使在美国，实现真正意义上的STO项目落地案例有限。下表是美国若干STO交易所项目：

[①] 美国1933年《证券法》第77b条对"证券"进行了定义："包括任何票据、股票、库藏股、债券、信用债券、债务凭证、息票或任何利润分享协议、担保信托证券、公司成立前的认股证书、可转换股份、投资合同、表决权信托证书、任何有形或无形财产权益证书、通常称之为'证券'的任何权益或权益工具，任何与上述项目相关权益证书、认权证书、暂时或临时的证书、收据、权证（Warrant）、认购权、购买权。"并通过其后的几次修订，结合当时的经济发展情况与证券市场监管要求，对证券的外延进行扩充。根据1933年的美国证券法，在发行证券时必须经过SEC的注册或取得相关法规的豁免资格。但豁免条例对筹金额和发行对象都有严格的要求，许多STO项目无法满足SEC的注册要求。要保证STO在监管上合规，主流的做法是确保其符合美国证券法中一条或多条豁免条例，在相关规则的约束范围内可以豁免在SEC注册即可发行证券。目前最普遍的方式是通过Reg D取得豁免条件对合格投资人进行募资。

STO交易所	定位	介绍
Coinbase	交易所	法币—虚拟货币交易所
tZERO	交易所	多产品平台
Bancor	交易所	一个去中心化交易所，将多个币种与一个资金池挂钩
Templum	另类交易系统	STO发行，二级市场交易合规
Sharespost	另类交易系统	注册于美国金融业监管局（FINRA）的中心交易商
Coinlist	另类交易系统	发币方销售
OpenFinance	另类交易系统	二级市场的证券交易平台

其中，影响最大的是美国的tZERO项目案例：成立于2017年9月的美国电商巨头Overstock.com旗下ST交易所的tZERO，由于Overstock持有ATS（另类交易系统）牌照，所以tZERO也间接成为受SEC认可的STO平台。①

STO在中国的实际情况是，传播和关注STO开始于2018年，在下半年一度形成小高潮。但是，因为ICO的负面影响没有可能消除，不少人处于心有余悸状态，关于STO主要局限于理论和法律的研究和探讨。但是，也很快形成"炒概念"的群体。"虚拟货币"交易所、投资机构、部分媒体等，均扮演着重要的角色。自2018年9—10月开始，STO培训应运而生，一度引人注意。②进入2018年第四季度，STO概念的影响力呈现扩大趋势，受关注度上升。

STO在美国法律框架下合法化，对于中国金融监管部门影响有限。在中国金融监管部门看来，STO的本质不过是ICO的"升级版"，二者内

---

① 2018年10月，Overstock的CEO帕特里克·伯恩（Patrick Byrne）发布了一封写给tZERO STO投资者的信，称自2019年1月19日起，tZERO通证持有人可与其他认证投资者进行证券通证交易。

② STO课程价格取决于授课导师、时间、内容。有的STO三天的培训课，价格高达29800人民币/人，培训内容包括："STO的崛起和繁荣""模拟企业海外STO上市全过程"等。本质上是打着STO的旗帜圈钱。

在逻辑一致。中国政府金融监管部门吸取ICO的教训，在比较短的时间内做出反应，将STO定性为非法金融活动。12月1日，北京市地方金融监督管理局局长霍学文发表公开讲话："最近一种新概念叫STO被广泛宣传。我向在北京宣传、发行STO的人做一个风险提示：在北京做STO，我们将视同非法金融活动予以驱离。什么时候有关部门批准做STO，你再做。"同一天，国家信息中心中经网管理中心副主任朱幼平表示：境内STO的发行和销售应该属于ICO变种，是非法的，包括境外STO向境内销售也是非法的。①12月8日，中国人民银行副行长、国家外汇管理局局长潘功胜指出：近期，随着全球对ICO活动的管控加强，一些机构又在炒作STO。

在这期间，北京市互联网金融行业协会于12月4日发布《关于防范以STO名义实施违法犯罪活动的风险提示》，言辞最为严厉：近期，协会发现仍有部分机构或个人以STO名义继续从事宣传培训、项目推介、融资交易等相关活动。协会郑重提醒本市各相关机构和个人：所有金融业务都要纳入监管。STO涉嫌非法金融活动，应严格遵守国家法律和监管规定，立即停止关于STO的各类宣传培训、项目推介、融资交易等活动。涉嫌违法违规的机构和个人将会受到驱离、关闭网站平台及移动APP、吊销营业执照等严厉惩处。②

政府的金融监管部门，最终没有对STO采取保守政策，更没有留下任何希望空间。在可以预见的将来，STO概念得以"正名"，国内金融监管部门放开STO，STO得以推广和落地是极小概率。终于，悬在STO头上的"达摩克利斯之剑"落了下来。

这就是我们今天关于STO研讨会的真实背景。

---

① 参看 http://www.lianmenhu.com/blockchain-7788-1.
② 参看 https://www.bjp2p.com.cn/news/20181204001.

2. STO 与 ICO、IPO 的比较

在中国没有 STO 落地和应用的现实可能性,并不影响对 STO 的学术和技术层面的探讨,也不影响对于 STO 在国际范围内应用经验的观察和思考。

第一,STO 的初衷。因为 ICO 一直面临缺乏监管、投资者与项目方信息严重不对称、权利与责任不明晰等致命问题,所以 STO 是 ICO 理念在 SEC 监管要求下的延续。STO 是更加受监管的 ICO,也是流动性更强的 IPO。所以,"STO 的设计初衷,是希望证券型通证能够将传统 IPO 环节进行智能化改造,从而加快 IPO 进程,降低证券流通的成本,降低结算时间与成本,降低上市公司治理的成本。智能合约的使用实现了证券的可编程,可以起到降低复杂性和减少人力成本的作用"。[①] 简言之,STO 的初衷是希望融合 IPO 和 ICO 的优点,实现"鱼和熊掌"兼得的愿望。

第二,STO 的基本目标。STO 最吸引人的目标有三个:(1)权益保障。STO 希望在一个合法合规的监管框架下,进行通证的公开发行并可以对外进行融资,来实现金融资产的通证化。对应着现实中的某种金融资产或权益,比如公司股权、债权、黄金、房地产投资信托、区块链系统的分红权等。(2)融资效率。"STO 的融资效率是会高于非银行金融机构(债权发行平台)和银行机构的,而且面向全球投资者。对于初创公司来说,要实现 IPO 需要经过监管的层层排队审查,是一个较为漫长的过程。但 STO 可能让一个初创企业直接成为公众上市公司,拥有许多 ST 持有者,其实就是一个资产证券化的过程,类似 ABS。"[②]

---

① 参看 CADEX 交易所:《热度不减,详解 STO 的优势与问题》,链得得 2019 年 5 月 21 日发布 (https://www.chaindd.com/3197804.html)。
② 同上。

不仅如此，STO可以降低发行公司的成本，实现24小时周末无休的交易时间，创造了一个高效率的资本市场。(3)金融资源平等。STO可以为没有传统资产实力的个人和中小型企业提供一种筹措资本的路径。大而扩之，从国家层面上说，有助于资本极度短缺的国家创造货币金融资源。

第三，STO的前提性条件。STO需要同时具备资产证券化的若干基本条件。见下图：

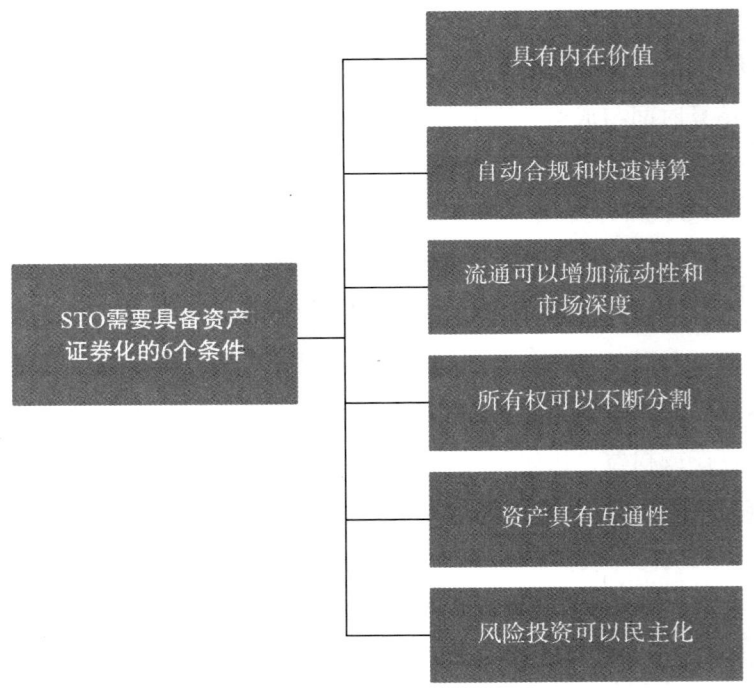

第四，STO的分类。STO是受SEC监管的，SEC将加密货币划分为两类：效用型通证和证券型通证（Security Token），STO属于证券型通证。证券型通证通常需要真实资产支持，所以，STO的常见分类主要依据真实资产通证。至少包括以下四类：(1)类股票通证（Share-like

Tokens）；（2）基于资产通证（Asset-Backed Tokens）；（3）加密债券（Crypto-Bonds）；（4）通证化风险投资基金（Tokenized VC Funds）。

第五，STO的主体。STO发行和STO交易所分工不同，前者是募资主体，后者是提供服务主体。前者包括项目方、发行解决方案机构、周边服务机构；后者则提供围绕项目方的技术、合规、流动性等服务，为通证的发行与交易提供保障。这两个主体都需要依托作为经济实体的公司。

第六，STO的比较优势。STO比较ICO，最大优势在于监管。此外，STO和ICO还有如下的区别：（1）ICO通常是针对所有投资者。STO则面向机构和认证投资者，纳入政府监管，满足全球监管机构的要求。（2）ICO允许公司通过销售效用型通证来筹集资金，该效用型通证为投资者提供对某些产品或服务的访问权，而不会泄露其主业务。STO允许公司通过出售证券型通证来筹集资金，该证券型通证代表公司的所有权，并且证券型通证持有者拥有投票权。（3）STO有现实的基础资产对应。与IPO类似，STO基于实体有价资产，受到强监管（目前使用证券法管理条例）；同时，也继承了ICO流动性强的特点。（4）ICO通常是区块链公司常用，因为其销售的效用型通证在公司的生态系统或平台上才具有特定用途。STO则是任何公司都可以使用，因为即使企业没有使用区块链技术，证券型通证也可以作为企业的股份出售。

STO和ICO、IPO的简要比较见下表：[①]

---

① 该表格引用自优伲科商学院。

	IPO	ICO	STO
监管成本	根据美国和欧洲的证券制度：证券发行申请人依法将与证券发行有关的一切信息和资料公开，制成法律文件，送交主管机构审查。主管机构只负责审查发行申请人提供的信息和资料是否履行了信息披露义务。唯有符合条件的发行公司，经证券管理机关批准后，方可取得发行资格，在证券市场上发行证券。	不受管制和门槛限制，发行成本极低，导致ICO很容易滋生各种非法集资、传销诈骗等问题，具有极高的风险性。世界各国对ICO采取较为谨慎的监管态度，并且呈现出加强监管的趋势。	STO的发行人发行的是ST（证券型通证），因承认其具有证券性特征，固积极配合监管部门的监管。
对应资产	IPO的投资人通过支付国家法定货币，来认购发行人发行的拟上市的股份，最终获得的权益是其持有的上市公司股权。该权益可以通过证券交易所在公开市场进行交易和流转。风险低。	ICO的投资人用较为通用的加密数字货币（如比特币、以太坊等）认购ICO发行人通过区块链技术发行的代币，从而享有发行人提供的某种权益。仅依靠在项目正式上线后通过数字货币交易所流通推出。风险极高。	STO的可应用领域非常广泛，突破传统意义上对权利分割和归属的确认。知识产权、股权、房地产所有权、房产投资基金、贵金属、艺术作品版权等传统资产都可以用来做STO。风险中等。
发行难度	IPO一直处于各国监管部门的强监管之下，发行人需要花费数年甚至更长时间的准备，经过各中介机构的支持（包括券商的辅导、律师的辅助合规），递交材料后，还要接受监管部门的审查和各种问询。同时，严格的信息披露的要求将贯穿筹备上市以及上市后阶段。发行难度：高。	ICO的底层区块链技术，其基本特征就是去中心化。因此，从技术层面上，ICO就有意排除一个中心化的监管，发行难度很低。发行难度：低。	STO则介于IPO与ICO之间，一方面STO因承认其具有证券性特征，接受各国证券监管机构的监管；另一方面，相对于复杂耗时的IPO进程，STO的底层区块链技术同样可以实现STO更高效更便捷的发行。发行难度：中等。
投资门槛	买卖双方需要通过复杂的合同协议或者权证的方式来进行约定和确认。通常对投资人有着一定的资格限制。	对于ICO的投资人，目前各国缺乏体系化的监管政策，使得ICO并没有投资人门槛的限制。	从投资者角度来说，由于STO需要一定程度符合监管的要求，因此具有一定的投资者门槛。
交易的便利性和安全性	每天固定时间内交易。安全性高。	24小时不间断交易。安全性很难得到保证。	24小时不间断交易。安全性高，更公平。

总的来说：如果以监管方面、投资者资质、发行程序、底层资产严格程度和准进门槛的难易程度为指标，IPO的难度最大，STO次之，ICO再次之；如果以交易的难易程度为指标，IPO最难，STO次之，ICO最为容易；如果以募资成本为指标，IPO最高，STO次之，ICO再次之；如果以投资者风险为指标，ICO最高，STO次之，IPO最低；如果以金融创新空间为指标，则是STO最大，ICO次之，IPO再次之。

第七，STO的运行。STO的运行是相当复杂的过程，在建立经济实体的前提下，完成基于区块链的证券通证设计，实现法律合规，经过法律审批程序，如果得以落地，建立STO产业链生态。以下是目前具有典型意义的STO项目的推进时间表：

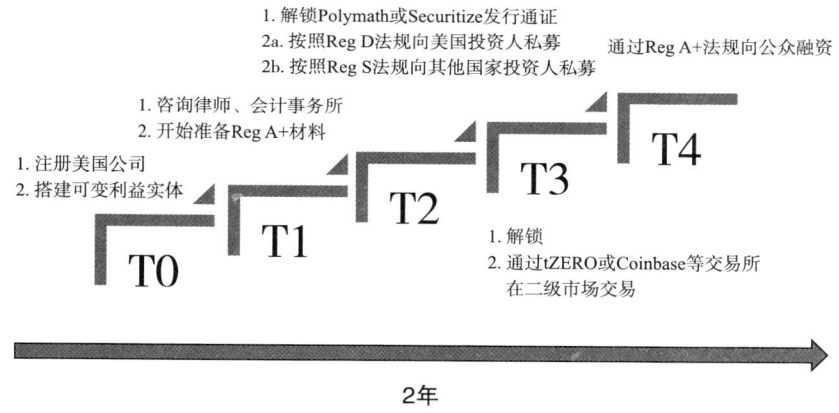

3.我们正处在怎样的历史拐点？

1792年的《梧桐树协议》（Buttonwood Agreement）标志着IPO时代的来临，以华尔街为中心的IPO开始成为筹措资本的最重要的模式。如今IPO跨越了18世纪、19世纪、20世纪，进入到21世纪。但是，以IPO为核心的股票市场，一次又一次发生着危机。1929年的大萧条就开始于美国华尔街的股市崩盘。但是,华尔街每次危机之后,终究得以复苏和繁荣。然而,2008年世界金融危机之后,发生占领华尔街运动,华尔街开始全方位的衰落,这意味着IPO的漫长黄金时代开始走向终结。

IPO从基因上就存在致命问题,即在IPO的名义下,通过吸纳越来越多的民众资本支持公司的成长和发展。其最终结果,不但没有创造出"人民资本主义",反而导致了财富分配的日益不公正,加剧贫富差距,货币金融资源高度垄断,系于IPO的投资银行成为最大的获利者。其严重后果是,经济交易成本不断上升,传统股票市场的生命力难以维系。

但是,长期以来,没有有效办法打破由政府和公司融合所形成的货币金融资源的垄断,因为没有替代方案。2008年,因为区块链技术支持的比特币的诞生,通证经济迅速发育和成长,形成了替代方案:首先是2016年的ICO,接着就是2018年的STO。

不论是ICO,还是STO的设计,都是企望建立超越IPO筹措资本的新模式。这个模式的特征是:(1)其基础是广义资产,包括实物资产、金融资产、数字化资产、以法币为代表的原生资产;(2)与资产对应的则是三类通证,即证券型通证、支付型通证(Payment Token)和效用型通证;(3)区块链发挥中介功能,资产首先需要上链,并得以转换为通证。支持IPO、STO和ICO的资产形态上链和特征化的基本方式,见下图:[1]

---

[1] 本图引用自杨锦炎博士。

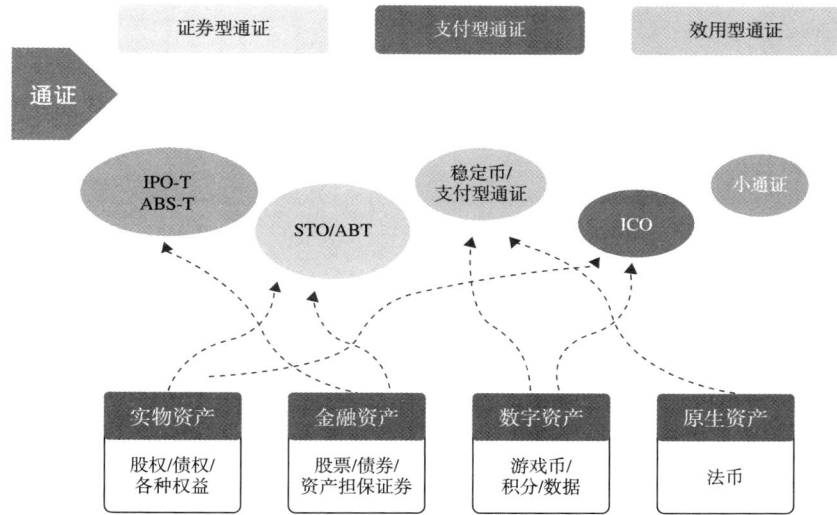

从理论上说，没有不可以被证券化的资产。如果可以通过区块链技术改造传统金融，实现资产通证化，势必引发传统金融的历史性大变革。据统计，全球约有70万亿美元的股票资产、100万亿美元的债券资产、230万亿美元的不动产资产（住宅约180万亿美元、商业32万亿美元等），上述各类资产都可以进行通证化。

"全球可被证券化资产"的框架是以传统金融加房地产所代表的固定资产存量为出发点的，存在显而易见的局限性，例如没有包括支持世界法币体系的基础货币，以及石油等天然资源。下面这个图[①]扩展了"可被证券化资产"的范畴：

---

① 本图引用自区块链行业投资的 Ledger ZCapital 览众资本。

可被证券化资产

商品	房地产	货币	金融衍生品	私募股权	债券/贷款
原油	住宅	美金	期货合约	滴滴	地方政府债券
天然气	酒店	人民币	远期合约	华为	抵押贷款债券
黄金	商业地产	欧元	期权	漫咖啡	公债
咖啡	工业地产	日元	认股权证	名创优品	外国债券
能源	房产开发	英镑	掉期交易	老干妈	房地美

即使上面这个图，依然存在局限性：（1）没有包括尚处于数字化和资产化的大数据。（2）对STO容量的想象空间、用于计算的规模范围仍然基于存量，而不是大体系的流量。事实上，STO的资产规模将是超越人们想象力的。所以，如果承认STO的潜在意义，需要进一步研究现在没有被纳入STO对象的各类资产。

在这样的大背景下，需要重新肯定DAO的案例的历史意义。无论如何，DAO创造了一个众筹的奇迹故事，从此人们打开了另类于IPO的融资的"脑洞"。ICO没有成功，STO基本处于讨论和有限试验阶段。但是，一个改变传统资本和财富模式的可能性正展现在人们面前。

结论：前景展望

需要看到，从比特币到STO，代表的是实现历史转型的理念和试验。通证经济，实质是经济模式变革的一种思路，推动形成以分布式协作为特征的新型经济组织，以改变和替代工业革命之后的工厂和公司所代表的传统经济组织。正在到来的2020年代，追求财富分配平等、缩小贫富差距、实现共享经济和普惠金融将成为历史主流。

但是，在这样的转型过程中，不同利益群体的博弈会继续。主要是五个主体：（1）华尔街代表的传统资本，以及公司；（2）国家和政府，以及政府制定的法规体系；（3）科学技术和基于科技创新的新金融；（4）新兴的各种自组织，包括社会企业；（5）新的思想和理念。这五种力量的博弈，还有保守主义、自由主义、新自由主义、民粹主义的影响，此消彼长。

现在，在STO的认知方面，普遍存在因为ICO的负面后遗症，以为又是一种新的"圈钱"和"割韭菜"工具，将其予以简单否定，或者以为STO不过是一种"乌托邦"。对此，不论是乐观主义，还是悲观主义，都存在理由，也存在缺失。

结论是，对于STO，需要继续持有理性态度，继续学术和技术性探讨，也可以做有限的试验。这正是我们召开今天这个会议的意义所在。

2-18　区块链、数字金融与数字经济[①]

1."中央提倡区块链释放出4大重要信号"

王峰：第一问，看到中共中央政治局10月24日就区块链技术发展现状和趋势进行第十八次集体学习的新闻，我和我的同事第一反应是感到惊讶，我怀疑很多人和我有类似的感受——几乎不敢相信，毕竟此前许多从事区块链技术应用与投资的人，一直受到争议，一些政府官员和主流商业精英也曾经对"区块链"三个字避之不及，社会上对区块链的看法也是千人千面。作为一名经济学家，近年来在数字资产研究方面也做了很多工作，您在听到这个消息后的第一感受是什么？

朱嘉明：10月25日傍晚，我正在旅途之中，当我知道这个消息的时候，并没有感觉那样吃惊。确切地说，我的理性立即压倒和抑制了任何情绪性和情感性的自然反应，这是积极的、正面的、具有历史意义的信号。

王峰：无论是央视还是《人民日报》，都在第一时间对这次讲话给予了大篇幅报道，引发全国各地兴起区块链热潮。您认为中央为什么在这个阶段开始大力提倡区块链？我们可以从中解析出哪些信号？

朱嘉明：首先需要定义"这个阶段"四个字。我认为，"这个阶段"主要是指中国的"后高速增长"阶段，也就是经济增长进入6%至7%区

[①] 本文系作者于2019年11月4日受邀参与"火星财经"栏目"王峰十问"的访谈记录。

间的历史阶段。在"这个阶段","创新"需要成为中国经济增长的核心动力。但是,涉及"创新"的技术领域极为宽泛,需要找到一个具有综合性特征的技术。或者说,这个技术本身就是一个"集群",是各类高新技术的"集合"。毫无疑问,唯有区块链具备这样的特征。

至于可以"解析"出哪些信号?不同的人,处于不同的背景,自然有不同的看法。从我的角度看,最重要的信号包括这样几点:

(1)因为区块链集中了数学、密码学、计算机科学、人工智能、大数据等方面的技术,以及互联网多年发展的技术成就,需要重新评估区块链的科学和技术价值。

(2)需要充分发掘区块链的潜力,目前并没有得以充分发掘。

(3)需要扩展区块链的应用场景,不仅是经济领域,也包括政治与社会领域。

(4)选择在四中全会召开之前的时点,提供了区块链技术改善社会治理模式的想象空间。

还应该注意到,中共中央政治局10月24日就区块链技术发展现状和趋势进行第十八次集体学习的新闻,远远超出了新闻价值,反映了决策层的一个战略性转变,那就是将科学技术元素纳入治国理念,并且占有前所未有的重要位置。这是建国以来前所未有的,其历史意义不可低估。

王峰:1978年12月召开的党的十一届三中全会,开启了我国改革开放的伟大历程。如今已经41年过去了,回想当时刚听到中国公布改革开放政策时,您是怎样的心情?

朱嘉明:1978年12月,我刚刚研究生入学三个月,我和同学是在宿舍里听完十一届三中全会的公告的。那时大家十分激动,不仅仅是因为"文化大革命"正式结束,走出长期国民经济基本停滞的状态,而且感到中国将要完成社会制度和经济制度的根本性变革。

王峰：看过您的资料，那时您好像才28岁吧？和今天的90后年龄相仿，才参加工作几年。作为当年亲历改革的知识分子，您曾经为中国经济改革献计建言，您是否还愿意聊聊，自己当初是如何憧憬中国经济未来的？对比今天的政治和经济环境，您如何看待今天和昨天最大的根本不同？

朱嘉明：我们当时对中国经济的憧憬是相当简单的，希望中国在有限的时间内，解决普遍性的贫穷问题，为此需要改革。至于对中国未来的样貌想象，讲得最多的不过是亚洲四小龙。那是一个刚经过长期"闭关锁国"的历史时期，我们对世界的认知非常有限，周围几乎没有走出过国门的亲朋好友。所以，所谓的"憧憬"有着极大的局限性。

王峰：我有一个印象，改革开放40多年后的今天，中央领导层对技术的学习越来越重视。近三年以来，涉及国家重大科技创新战略的政治局学习，每年都有一次，分别是2017年针对国家大数据战略，2018年针对人工智能，以及最近这次针对区块链技术。而在早期，中央领导层如邓小平，曾提到"科学技术是第一生产力"，江泽民提出实施"科教兴国"战略。相对来说，本届中央政府在技术创新领域的集中学习，越来越具体化和专业化，如何看待这个现象？

朱嘉明：好事。这是历史潮流。在不久的未来，全球范围内，专业化政治家会逐渐遭到淘汰。也就是说，政治家不仅需要懂得经济，还需要懂得科学技术。因为，科学技术会日益强烈地影响经济生活和政治生活。

2. "区块链创造了一个'新型金融市场'，中国有望成为最终赢家"

王峰：第二问，我们再回到区块链技术的创新。创新推动社会进步，也导致社会财富重新分配。我认为互联网技术提供了信息民主。比如再小的公司和团体也可以很容易地注册一个广域网的域名网址，开展合法的信息服务，这在改革开放初期是不敢想象的。

新技术的发展对初创公司越来越有利。过去二十年的互联网创新创业潮，全面推动了中国信息化整体水平，也让一部分从事互联网服务的人获得了足够大的财富。而今天的区块链技术，是否有很大的可能性会加快金融民主化进程，创造出一个新的时代？

朱嘉明："新的时代"是一个大概念，需要太多的历史条件。所以，我没有能力回答区块链技术是否可以创造一个"新的时代"。但是，区块链技术将会加快金融普惠化进程，应该是毫无疑义的。

王峰：热潮初启，全面拥抱区块链技术，能否让中国在全球化金融市场竞争中赢得一个大超车的机会？为此，您认为中国还应该做好什么准备？

朱嘉明：目前，世界金融市场竞争分成两大类型：其一，传统全球化金融市场。在这个市场中，中国至今企望在竞争中取得优势，但实现"大超车"依然是相当困难的。例如，在这个市场中，在可以预见的未来，美元霸权依然存在，世界金融资源分配不合理的状况也难以改变。其二，新型金融市场。区块链创造了一个与传统全球金融市场平行的"新型金融市场"。虽然新型金融市场还处于微小和脆弱的阶段，但是，潜力很大，增长速度极快。随着这个市场的发展和发育，中国有可能成为领跑者，甚至影响规则制定，在竞争中占据先发优势，最终成为新金融领域的赢家。

至于中国最大的准备应该是什么？我的回答是，人才、人才、人才。

王峰：此前，甚至直到现在，很多人仍然将区块链、大数据、物联网、云计算和人工智能等新技术词汇放在一起说。在我看来，大数据和云计算是互联网强大到一个阶段的自然递归。但是，区块链、物联网和人工智能要得到根本提升，还有很长的技术黑夜要去探索。无论是算法算力，还是通用化的标准协议，都有需要解决的难题。在您看来，如果仅仅从经济学的角度看，区块链技术的创新意义对比以上其他技术词汇会有哪些不同？有人讲，区块链技术可以被比作重塑生产关系的技术。

朱嘉明：我在前面已经说过，区块链是一个集群概念，天然包括大数据、云计算和人工智能。至于"物联网"，则属于区块链的一种应用。

关于区块链技术重塑生产关系的说法，"生产关系"是历史唯物主义的一个重要概念，对应的是"生产力"。而区块链不仅涉及社会经济组织、社会制度，甚至涉及诸如"企业""公司"组织的改变，绝非"生产关系"四个字可以概括的。借用历史唯物主义的概念，区块链本身也是一种独特的生产力。

我在这里特别想强调：虽然区块链原理和技术源远流长，但是，依然处于相当早期的阶段。区块链的潜力和张力仍然巨大，它所改变的不仅是金融生态，还有全方位的社会体系，为人们思考和讨论多年的、当代世界正在经历的"大转型"提供了前所未有的技术工具，甚至基础结构。

3. "区块链将导致新型金融部门产生，推动金融业整体性进步"

王峰：第三问，人类历史上重大的技术突破，无论是蒸汽机、电力，还是原子能、计算机、空间技术和生物工程等，大部分技术解决的是效率问题，甚至人类已经将技术应用于解决对时间和空间的探索问题，比如有人已经在探索永生和下一个生存空间。但回头看，从来没有一门技术是专门解决信用问题的。区块链技术的出现，是应运而生。

过去往往是来自国家政府的财力和军力为信用背书。至少也是大型商业组织的规模来决定信用。但是，比特币用一套算法和一篇论文就获取了这样的信用。

区块链技术融合了分布式存储、点对点通信、密码学及共识机制，在专业上跨越了计算机科学、密码学和社会学等多个学科。作为跨学科思想的提倡者，您是在什么时候注意到区块链在解决信用问题方面的能力的？这个围绕信用所产生的技术，将可以产生哪些应用，解决当下哪些最棘手的问题？

朱嘉明：比特币诞生的时候，我在维也纳大学任教。其中一门课程是"货币历史"，比特币自然被纳入课程。讲比特币，不得不讲区块链。

比特币是从讲"点对点"的支付模式开始的，其前提是技术互信机制，以及支持互信机制的"共识算法"和"智能合约"。换句话说，因为"共识算法"和"智能合约"，区块链可以实现信用体系。

从理论上说，区块链的应用范围是无限大的。所以，罗列区块链的应用场景没有太大价值。人类经济活动，古今中外都与市场不可分割，而市场行为的基础是信用。所以，今天任何与信用结合的技术，都有利于市场经济的演进，有利于丰富人类经济活动的方式，自然具有无限宽广的应用空间。

王峰：信用是金融活动的基础，金融业是全球经济竞争的皇冠，区块链对金融行业的冲击会越来越大，改变也会越来越明显。虽然很多人尚在麻木之中。有一句话我非常喜欢："区块链正在改写古老的金融体系。"这是一个国外做DeFi（分布式金融服务）的企业家对我说的一句话。信用被算法技术改写后，区块链在金融领域的创新非常活跃。

仅仅从技术角度看，区块链将会导致金融业多大程度的开放？比如一家商业组织不用走传统审批流程，用区块链技术手段就可以发行数字资产。仅仅在以太坊世界里，就已经涌现出大量的DeFi应用，如去中心化的借贷服务。

朱嘉明：对于金融业而言，区块链技术不仅仅是个"开放"问题，更为重要的是，区块链技术将导致新型金融部门产生，推动金融业整体性进步。

王峰： 作为数字资产研究院创始人和学术与技术委员会主任，您能否再向我们简要谈谈数字资产研究院成立的背景是什么，都做了哪些研究和分析？我们希望能多听到您的一些思考和分析。

朱嘉明： 数字资产研究院成立的时间并不长，是2018年春天。但是，数字资产研究院酝酿和非正式运行的时间可以追溯到2012年，那时研究院的发起者已经参与比特币研究，出版比特币专著，在台湾大学、逢甲大学开授数字货币课程，并通过台湾阳明山"未来学社"宣传区块链。

在研究院正式成立之后，主要做了三类工作：

（1）学术思想的拓展。组织召开了区块链与数学、经济学、法学、量子科学的相关会议，尽可能将区块链研究科学与相关专业深层结合。

（2）开创具有超前意义的自主项目。例如开发之中的时间银行、东盟国家稳定币。

（3）探讨区块链中长期发展的方向和趋势。

4. "央行数字货币与公链的关系相当复杂"

王峰： 第四问，直接谈谈数字货币吧，这是很多人关心的焦点。很多人提及数字货币，往往理解为比特币，但是实际上，随着央行数字货币以及Libra的声音越来越响，公众开始注意到，同为"数字货币"有了彼和此的差异。

过去几个月时间，Libra和央行数字货币（DC/EP）成为新闻舆论关注的焦点，中美数字货币大战似乎山雨欲来。10月28日，全国人大前财政经济委员会副主任委员、中国国际经济交流中心副理事长黄奇帆表示，目前央行数字货币的研究已经有五六年，趋于成熟，中国人民银行很可能是全球第一个推出数字货币的央行。

您觉得，国家在当下阶段推出央行数字货币的考虑因素有哪些？

朱嘉明：这个问题这样问是很难回答的，但还是可以设想可能影响央行数字货币团队的主要因素：

（1）海外一些国家对央行数字货币的探讨和实践。

（2）国内对央行数字货币的需求。到2017年9月，中国国内的数字货币生态已经发生了很大的改变，此后，民间的数字货币窗口基本被关闭，所以央行的数字货币压力是很大的。

（3）Libra、IBM、USDT等各种类型的稳定币的构想与实践，对央行数字货币的团队产生的挑战，也会在技术和试验层面提供参考经验。

（4）更大的一个问题是，人民币如何进一步国际化。改变传统人民币国际化的模式，需要央行数字货币。

王峰：假设我们把锚定国家法币的数字货币狭义理解为目前技术圈所指的稳定币，各国都在以国家法币为基础创造数字货币。一个是Facebook这个美国大型商业互联网公司所推出的Libra货币体系，另一个是中国国家央行数字货币，已经摆在全球数字货币市场的牌桌上了。

两种货币都算是锚定国家法币的稳定币。虽然Libra提出所谓的锚定一篮子多国法定货币，但终究是美国的大型商业企业，美元一定会在其中占有非常重要的比重。

您是否可以透露一下您的研究，对Libra这道"西餐"和DC/EP这道"中餐"在各自产品架构设计和国际市场竞争机会上进行SWOT分析，孰优孰劣？谁赢谁输？

朱嘉明：Libra和DC/EP，彼此之间有着不同的思路和不同的架构模式，很难比较孰优孰劣。进一步说，到目前为止，Libra和DC/EP都处于构想阶段和试验阶段，并没有真正落地。没有实践的检验，任何比较都为时过早。退一步而言，Libra 和 DC/EP 即使落地了，判定彼此优势也要很长一段时间。

王峰： 从中美之间现有互联网的布局来看，我们的困难是打不出去，他们的困难是打不进来。直到今天，中国鲜有大型互联网公司在全球化拓展中有明显进展，腾讯、阿里巴巴虽然在支付方面非常领先，但依然只有中国本地市场的优势。当然，抖音的海外版 TikTok 风靡全球、小米和传音手机分别在印度和非洲市场受到热捧，但与 Facebook 相比，中国公司依旧困难重重。过去几十年，中国全球贸易中人民币结算的比重微乎其微，人民币国际化进程障碍重重，阻力巨大。中国必须找到有效的新办法。您如何看待中国发展央行数字货币对于人民币走向国际化带来的新机会？

朱嘉明： 央行的人民币数字化，有助于在人民币国际化方面的技术和制度创新，在新的形态下，给人民币国际化带来了新的机会。

王峰： 区块链和互联网不一样。拿公有链为例，任何一个公有链无论大小，都没有国界，中国可以通过公链把社区、投资者和用户发展到世界各地。今天的区块链技术虽然远远不如互联网产业发展成熟，但公链天生国际化。

如果大力发展区块链包括公链等生态，您认为是否有利于推动央行数字货币的普及？我大胆推测，纯粹基于技术，公有链的虚拟资产在流通过程中，将与央行数字货币产生锚定的关系，大量的区块链数字资产可能更有利于人民币在全球的落地生根？

朱嘉明： 央行数字货币与公链的关系相当复杂。原则上说，如果公链得到发展，技术进一步突破，有利于去中心化的节点模式的推广，为央行数字货币的普及创造一个更好的前提。央行发行数字货币需要全民共识，这是典型的公链特征。但是，央行发行数字货币的中心化要求，却是私有链特征，此外，银行的层级设计，还要吸纳联盟链的某些技术和思想。所以，央行发行的数字货币的区块链更像一种混合的区块链，至少是一个需要重新定义的"公链"，在技术和实践方面，还有太多的路要走。

提出以央行数字货币做"锚"，并通过公链派生出虚拟资产，在逻辑上似乎存在问题：央行发行的数字货币是以央行的传统主权货币作为"锚"，确切地说，是以主权货币的黄金和外汇储备为"锚"。也就是说，现在的央行数字货币本身还需要"锚"，所以难以成为数字资产的"锚"。

支持虚拟资产流通的区块链，可能是公有链，也可能是联盟链和私有链。如果虚拟资产需要"锚"，说到底，应该等同支撑数字货币的"锚"。在可以预见的未来，在虚拟资产和数字货币之间，还需要真实的价值基础。例如，中国央行的数字货币，其实是法币的一种形态，其背后是传统人民币的价值基础，比如，支撑着人民币价值基础的外汇储备。

至于区块链数字货币的增加和扩大，是否会有利于人民币在全球的落地和生根，两者之间没有必然的因果关系。因为人民币在全球的落地和生根取决于太多的因素，地缘政治就是其中之一。

王峰： 再说说另一个形态的数字货币。可以说，比特币启蒙了数字货币，有趣的问题是，在Libra和央行数字货币的竞争下，比特币还能够实现最初做世界货币的愿景吗？

朱嘉明： 在当今世界，既有世界货币之名，又有世界货币之实的货币，尚未产生。比特币具备世界货币之名，却没有世界货币之实。美元具有世界货币之实，扮演了世界货币的角色，但它毕竟是美国的主权货币。为什么比特币有世界货币之名，而没有世界货币之实，根本原因是比特币规模过小。

数字货币依然处于早期阶段。数字货币世界，继续处于爆炸和膨胀过程，在爆炸和膨胀过程中，有更多的数字货币加入进来，但这并不能够改变比特币已经和继续所处于的地位。现在，不论是央行还是Libra，还没有真正走向市场，竞争还没有发生。即使这样的竞争发生了，也很难影响比特币，因为比特币在数字货币体系中有着独特地位。

5. "数字经济领域中的数字资产和数字货币没有明显界限"

王峰： 第五问，上周五，2019年11月1日，是比特币白皮书《比特币：一种点对点电子现金系统》正式发表11周年。比特币在过去的11年时间里，取得了很多社会认同，一些主流的商业机构也陆续加入进来。但是，鉴于我们刚才的讨论，一旦国家启动数字法币DC/EP，我觉得"数字货币"这个词可能需要重新定义，一部分人曾经担心民间搞数字货币是有很大风险的，比如去年有人提出用"通证"来替代。在中国现实的主流政治和商业语境里，把比特币定义成"数字货币"是否合时宜？

朱嘉明： 在传统经济中，货币和资产是有明确的界线的。但是，在数字经济领域中，数字资产和数字货币没有明显的界线。具体到数字货币世界，比特币所代表的是原生态的数字货币。数字货币和传统货币的重大差别是，数字货币本身就具备数字资产的特性，更接近凯恩斯关于货币具有支付、投机、存储功能的描述。

如何定义数字资产，现在并不容易，因为现实经济生活中的数字资产还在发育和成长。但是，可以参考和借用传统资产的概念，将数字资产定义为可以增值、可以交易的一种新型财富形态，包括纯粹数字化的资产和被数字化的资产。例如毕加索的画可以是一张传统的有价值的艺术品，同时也可以成为被数字化的资产。至于数据本身，则属于原生态的一种数字资产。

回到中国现实主流的政策和商业语境中,比特币更接近为一种独特的数字货币,因为法律上没有合法性。但是,在日本其货币性质具有合法性,在美国则强调其数字资产特征。这样的情况还会长期继续下去,并不影响比特币在数字货币世界的地位。

王峰: 我注意到,您在过去的表述中,也常常将比特币称为数字货币。上次的莫干山会议间歇,有代表就提出央行的数字货币才可以称作数字货币,一旦央行数字货币出台,民间的这些东西都很难立足。基于长远的考虑,我们今天是否应该把比特币、以太坊等重新定义为数字资产呢?这可能是一个非常棘手和敏感的问题。我希望这里和您讨论一下。

朱嘉明: 这个问题刚才已经回答了,在数字经济领域中,数字资产和数字货币没有明显的界线。还可以换一个思路:或许我们需要重新定义"数字货币",超越传统"货币"概念的框架和束缚。也就是说,数字货币的"此货币",并非是传统货币的"彼货币"。如此,进入货币哲学的高度。

王峰: 公众对于"炒币"明显带有负面看法,可能来自对数字货币的理解和认知误区。没有办法,近现代社会几百年来,人们很难接受非国家化货币。哈耶克那一套思想仍然在书中搁置到落灰,大部分人也很难理解。如果比特币这些资产能够得到合法的认可,中国有句成语叫"顾名思义",我们还是应该进一步对社会清晰界定什么是数字资产,什么是数字货币。我认为数字资产研究院应该推动一下。我担心,如果数字资产的定义不清晰,甚至会破坏区块链对金融赋能的作用。

朱嘉明: 我前面已经说过,在可以预见的未来,很难清晰定义数字资产,因为数字资产的概念需要与经济生活中数字资产的发展同步。现在,从法律意义上界定数字资产还需要相当长的时间。但是,这种情况并不影响区块链对金融的赋能作用。

6. "数字资产化和资产数字化的发展都很重要"

王峰：第六问，从纯技术的角度看，区块链解决了金融普惠化的问题，区块链技术让数字资产的发行变得越来越容易，人人可以利用智能合约技术发行数字资产，各种资产可以在多节点的数据网络上记录、确认和转移交易。这就像互联网技术解决了信息民主化的问题，赋予我们人人可以注册域名、成立个人网站的权利。

可以从两个方面讨论。一方面，如果把比特币、以太坊等原生数字资产理解为数字化资产，在我看来，今天的数字资产仍仅仅处于原生数字资产的启蒙阶段。未来一定会出现更好的比特币、更好的以太坊。另一方面，将庞大的实体经济资产映射到数字资产，将造就巨大的新兴数字资产机会，我们可以称之为"资产数字化"。

那么，属于数字资产的机会，是先大力发展数字化资产，比如发展和完善比特币及以太坊这样的原生数字资产，还是先着重发展资产数字化——比如鼓励STO？今天我们应该重新提出，STO是否可以讨论？

朱嘉明：从理论上说，这是两个平行世界，即数字世界和现实世界。数字资产是数字世界的原生产物，资产数字化是现实世界在数字世界的映射。两个世界的发展都很重要，不存在孰重孰轻的问题。然而在现实经济实践中，存在三条线路：（1）新型数字化资产的产生和发展；（2）传统资产的被数字化；（3）新型数字化资产和被数字化资产的融合，或者混合。

7. "未来数字金融的目标是实现互惠金融"

王峰：第七问，习总书记提到了数字金融。其实，国内很早就提出了"数字金融"的概念，比较简洁的定义是这样的：数字金融是指通过互联网及信息技术手段与传统金融服务业态相结合的新一代金融服务。如今，数字金融领域中国走在了世界前列，以互联网移动支付为例，中国比大部分发达国家还要领先。网上就有种说法，把高铁、扫码支付、共享单车和网购比作中国的"新四大发明"。

习总书记讲话中提出了区块链技术应用已延伸到数字金融领域。您是如何理解数字金融的？区块链技术对数字金融的创新能起到哪些推动作用？

朱嘉明： 在传统的货币理论中，金融是一个比货币更大的概念，因为包含着货币、金融机构、金融制度。区块链技术对于数字金融，不仅提供了新的金融"基础结构"，而且可以影响其金融体系的方方面面，例如刺激和改变"会计体系"、商业银行机制、货币供给模式、金融资产形态、货币政策。

王峰： 一部分人士已经看到了区块链技术对于传统金融行业的挑战。在刚刚举办的外滩金融峰会上，全国政协委员、中国证监会原主席肖钢从证券业角度发表了看待区块链的观点，引人注意："随着区块链技术在金融行业的应用不断深入，将来一定还会出现数字银行、数字投行、数字资产交易所，甚至还会出现类似于传统券商、做市商、评级和研究机构这些类似的机构。"

肖钢所提到的这些内容，实际上几乎包括了现有或者说传统金融业的每一个细分模块。而据我所知，今天全球的区块链从业者中，以上的服务都能找到对应的企业。比如专业从事比特币交易、DeFi以及Staking的机构，全球至少上千家，且大部分处于监管政策出台之前的技术摸索中。

当年您曾为中国改革开放建言献策，现在憧憬即将到来的数字金融发展图景，您有什么具体的建议吗？

朱嘉明：未来数字金融主要特征是形成新的金融生态，支撑这个新生态的是两点：(1)克服金融资源的国家绝对垄断模式，实现金融资源主权向人民的逐渐回归；(2)解决金融资源的霸权，改变世界性金融资源长期分配不均的问题。这样的金融生态目标是实现互惠金融，也是消除人类的不平等和贫穷的重要根源。

8."当务之急是对法学法律体系进行整体性升级"

王峰：第八问，虽然肖钢已经非常完整地描绘了整个数字金融图景，但他也表达了担忧："这些机构既有金融属性，又有科技属性，甚至还有无政府主义的属性，该如何监管，是一个前无古人的命题，全世界金融监管部门都面临着考验。"我不知道前国家邮电局局长看见电子邮件出来的时候，是什么样的反应。但是肖主席的担忧，足以让我们看到监管和新技术在彼此博弈中的难题。

习总书记在报告中也提到了数字资产交易。事实上，很多年轻人都把比特币、以太坊等数字资产看成是人生中最好的投资。在CoinMarketCap的排名上，世界前十大数字资产交易所，大概有一半都是从中国生长起来的。

如果政府进一步支持数字资产，交易将进一步活跃。目前在全球各国，数字资产、数字金融相关的监管都相对滞后，尽管在美国，Coinbase已经拿到了合规数字资产交易所相关牌照，新加坡也出台了部分数字资产相关监管政策，但是中国国内的监管政策却迟迟不见出台，甚至缺乏一定的讨论。

今天摆在我们面前的挑战是，中国明年能否尽快出台数字资产相关监管细则？未来数字资产交易是否会有非国有化企业的一席之地？纯粹学术问题。

朱嘉明：中国制定数字资产相关监管细则，涉及传统法律升级、技术层面实现、协调国际合作等多方面的工作。归根结底，需要解决的问题是数字经济、数字资产和数字货币对现存法学和法律体系带来的根本性挑战。

数字经济、数字资产和数字货币具备主体多元化、科学技术含量高、膨胀速度快、颠覆性强、对社会渗透与影响多元化的特征。相较于数字经济和数字货币的现状和趋势，法学法律体系则呈现出了四个基本状态：

（1）全新问题，法律空白。

（2）难以跟上数字经济和数字货币的发展速度，严重滞后。彼此之间的差距不是缩小而是继续扩大。

（3）过度反应。对一些事情错误应对，矫枉过正，包括现在对Libra的反应也是如此。

（4）法学和法律体系没有一支学术力量能整体性、理性或者及时应对这样的局面。

造成法律和数字经济、数字资产、数字货币失衡的主要原因，是知识体系、信息构成、专业领域严重不对称。法律法学体系和数字经济时代下的经济活动从来没有像今天这样严重不对称。法律特征与数字经济和数字货币的技术特征差异太大，导致非均衡发展。此外，更重要的一点是，身处其中的政府机构、经济实体、科技人员和参与民众并不存在横向连续沟通的关系。这是独特的历史现象，也可以说是法律史上从来没有出现过的一种局面。

因此，当务之急不是建立监管的细则，而是对法学法律体系进行整体性的升级。眼前的工作至少包括：

（1）归纳数字经济及数字货币导致的经济社会关系和法律观念更新问题。如此，可以填补刚才所说的"法律空白"。

（2）梳理法律和数字经济及数字货币严重不对称的现实。

（3）提炼法律如何适应数字经济及数字货币急速发展的主要领域。

（4）借鉴国内外数字经济及数字货币治理中成功的经验和失败的教训。我们还是有很多案例。

至于未来数字资产交易的参与主体结构，取决于太多不确定的因素，最终取决于相关技术的发展和制度的设计和运行。

9."未来将发展出对区块链'解释权'的争夺"

王峰：第九问，虽然比特币11年前就出现了，但时至今日大多数人其实并不理解区块链是怎么回事。事实上，社会上对于区块链的误解非常多，主要体现在两点：（1）区块链就是比特币，比特币就是区块链，将区块链的理解狭义化；（2）区块链无用论，仅仅用作炒作数字货币；在TPS得到提高之前，区块链干不了什么。您认为，社会大众对区块链产生误解的原因是什么？

朱嘉明：现在，社会大众对区块链的理解和认知还有太多的误区。其根源在于区块链的"技术黑箱"特性。在控制论中，通常把所不知的区域或系统称为"黑箱"。现代高科技拥有普遍的"黑箱特性"，社会大众在使用高科技的同时，并不能够了解其背后的科学原理和技术构造。例如，最常见的智能手机对于社会大众而言，就是一个"技术黑箱"。区块链和其他高科技相比，更是"技术黑箱"。

这是因为，一般的高科技，能够通过这样或那样的方式感知和判断。例如，一般人都可以感受到智能手机的种种功能和性能，于是可以使用它。但是，区块链是一种基础设施，看不见摸不着，不能用任何方式感受到它的存在。一般人在使用区块链服务或者产品的时候，很难察觉到利用了区块链技术。

区块链的基因是代码。区块链的作用是取代人的作用，但是对代码有话语权的却是程序员。现在，区块链在技术上还没有发展到以数学算法决定区块链性能和效率的历史阶段。可以预见，区块链未来将发生一系列标准、规划和"解释权"的争夺。

王峰：您在一篇演讲中提到，数字货币已经成为当今世界非常重要的复杂经济现象，需要用全新思维来理解，去应对它所带来的挑战。数字货币的多基源、多因素、多维度、多元化将极大丰富复杂科学，而我们身边非常多的人往往用传统的，甚至用互联网应用的惯性思维来理解所谓区块链应用，片面理解数字货币及数字资产。比如区块链能否再做一个打车应用、一个更好的网络游戏等论调，屡见不鲜。站在一个更高的历史角度上看，您对今天的年轻人理解变化有哪些建议？您身边的"90后"年轻人又给了您什么样的帮助？

朱嘉明：90后是幸运的一代，他们将是一个大转型历史的目击者、参与者，甚至是主导者。他们最需要的是学会持续学习和建立跨学科知识体系。他们对我的帮助是巨大的，我不断从他们身上感触到历史和时代的演进在加速，使得我在这样的年龄还可以与时俱进。

10. "数字经济转型催生新的资本和财富模式"

王峰：第十问，您在一次公开演讲中提到，2020年代最重要的选择是制度+科技创新，其中包括共享经济、绿色经济、合作经济、社会企业。2020年代的货币经济的目标是普惠金融。关于货币经济现状，需要强调的四点是：货币金融霸权和垄断走向终结、货币金融科技革命走向成熟、货币金融资源分配趋于平等化、货币金融体系呈现多元化。

我尤其注意到，您提及了现有货币金融资源分配不平等这一问题，您认为其中的主要历史成因是什么？

朱嘉明：何谓"金融资源不平等"？主要是指各类金融资源，特别是货币资源的产生、分配，包括银行、基金在内的金融机构，以及资本市场和货币市场的分布和社会分布上的不平等。可以归纳为：

（1）美元是世界货币资源的主体；美联储，以及华尔街代表的传统金融资本力量，以强大的财富为基础，长期主导货币金融资本的主要走向。

（2）世界金融机构、资本和货币市场主要分布在发达市场国家，新兴市场国家有所改善。

（3）在发达国家和发展中国家之间、在各种类型国家内部，人均货币和金融资源的差距甚大，而且不断扩大。

（4）世界跨国公司凭借不断增长的金融力量以及与商业银行的紧密合作，成为金融危机之后的最大受益者。

（5）国际货币基金组织、国际清算银行以及《巴塞尔协议》及各类世界性金融合作组织，例如SWIFT和Ripple协议，有效地影响着金融体系的规则与秩序。此外，还有金融科技和创新成果分享的失衡。

造成"金融资源不平等"的原因主要有历史与制度原因：包括布雷顿森林会议制度恶化、世界浮动汇率制度缺陷的扩大、广场协议的负面后果；美元依然维系着世界主要的，甚至是绝对"储备货币"的地位；各国政府对金融资源的垄断能力的普遍性强化，货币政策的非中性化；全球金融危机的机制复杂化，金融危机常态化。特别要强调，2008年的世界金融危机影响极为深刻，至今还没有完结，至少导致了零利率时代，甚至负利率时代的到来。

王峰： 我们不妨追溯历史，现代文明社会为改善这种资源不平等曾经做过哪些努力？有过哪些经验和教训？

朱嘉明： 在过去数十年间，面对全球性的金融资源不平等现象和后果，人们不断提出解决方案，并开始各种尝试和试验。大体存在"自上而下"和"自下而上"两大类。"自上而下"的方案和试验，最成功的是欧元发行和欧元区的建立。欧元的存在和发育，有利于改变美元的垄断地位，有利于世界货币体系的平衡，抑制全球金融资源的失衡。此外，2008年世界金融危机后，中国当时的货币金融主管王岐山和周小川提出"超主权货币"，但是，该方案并没被广泛接受和实施。

"自下而上"的方案和实践则相当丰富，包括：发展金融和"金融深化"思想的提出；社区货币实践；"穷人银行""时间银行"、众筹和P2P借贷实验；"茶党运动"和"占领华尔街运动"；比特币和其他加密数字货币的问世。其实，还不止这些主张、运动和实验。有一点是肯定的：人们的最终目的是改变金融资源的严重不平等，而严重不平等的背后则是金融资源的垄断。

王峰：过于强调金融资源分配平等，会不会仅仅是数字经济时代的乌托邦空想呢？您是否担心，即使数字金融市场开放导致社会财富重新分配，仍然会产生新的甚至是更大的分配差距？

朱嘉明：数字金融市场开放后社会财富重新分配，确实发生了巨大的分配差距。从1961年开始的数字经济的几何级增长，产生巨大财富能量，在推动社会进步的同时，使世界面临着一种前所未有的新的不平等。这种不平等，要比衣食住行等基于物质生产和物质财富的不平等更富有挑战性。最近一两年，传统资本大量涌入区块链和加密数字货币领域，加剧了对原来生态的侵蚀，以及与追求财富分配模式趋于公平的初衷的背离。

但是，我们需要注意到，任何一次经济转型，都会导致财富再分配，并伴随着大规模的"割韭菜"现象。古今中外，莫不如此。只是，在人类经济史上，大转型次数是相当有限的。但是，在过去几十年，科技进步加快，对经济影响加剧，如今出现了转型频率提高的趋势，而且一个转型刺激和孕育了另一个转型。

在数字经济的转型中，自然产生新的资本和新的财富模式。财富爆炸的周期随之变短。以纳斯达克为例,在其进入股票市场早期就创造了四个与数字经济有关的亿万富翁。今天,以英国区块链经济创造财富的速度来看,制造一个以十亿欧元为基本线的财富拥有者,大约不过五年时间。值得肯定的是,这样的新财富模式导致新人成为资本拥有者,总比财富永远被老家族控制为好。

进一步说,如果新产生的增量资本的增长速度远远超过存量资本的增长速度,是历史进步。在数字经济时代,两次大爆炸不是线性过程,而是非线性过程。最后沉积下来的增量资本,远远大于存量资本。这意味着世界拥有资本的群体发生了改变,资本新的拥有者是一代新人。人类的财富主体正在向1980后、1990后和2000后这三代人转移。Facebook无论存在多少问题,毕竟代表的是一个存在改革空间的未来模式。这非常值得深入观察和探讨。

2–19　数字货币与"实事求是"[①]

1. 迎接"分析性思维"和"算法思维"融合的时代[②]

大卫·沃勒（David Waller）的文章《训练您团队的代码思维》（Train Your People to Think in Code），刊登于麻省理工学院商学院学刊《麻省理工学院斯隆管理评论》（*MIT Sloan Management Review*），文章虽然不长，但是，很可能是近来最值得阅读和思考的文章。该文提出了"To Think in Code"的观念，以及如何和为什么将"分析性思维"和"算法思维"相结合的时代性的和根本性的挑战，不懂和不会"算法思维"将是日益残缺不全的思维。进一步思考，"算法思维"将逐渐侵蚀"分析性思维"。现在想一想，维特根斯坦是尝试将两类思维相结合的先驱，他的"数学哲学"的历史价值是被低估的。

2. 加密数字货币和区块链的新格局

（1）原本所谓的"链圈"和"币圈"已经得到了相当的巩固和发展：规模和基本动态。

（2）带动了正规军。传统企业的全方面介入。比如IBM。

（3）导致各国政府采取了实际上的竞争政策。在没有完全清楚的情况下，怕付出代价。中美俄三国全面拥抱投入。俄总统普京发表年度国

[①] 本文系作者于不同时期为所推荐的书籍、文章所作的推荐语。
[②] 本文系作者于2019年9月8日为大卫·沃勒《训练您团队的代码思维》一文所作的推荐语。

情咨文阐述俄科技发展新理念,提出全球正在积累巨大的技术潜力,这将推动技术突变,技术落后和技术依赖意味着牺牲国家的安全和经济潜力。强调建立俄罗斯本国的数字平台,与全球信息空间兼容,包括使用区块链技术推动生产进程、金融服务和物流的重组。

(4)应用得到了全方位的拓展。金融领域为主,涉及传统产业、治理和政治实验。动态里面有一个很重要的结论:从星星之火到燎原之势之后,向社会的层面蔓延。

3.法定数字货币与非法定数字货币的历史与未来[①]

未来会有两大类四种形态的货币。一是政府法定货币,又可以分为非数字和数字型法定货币。法定货币不会全部转变为数字型的,而会是一种并存的状态;二是非法定数字货币,又会出现中心化的非法定数字货币和非中心化的非法定数字货币。

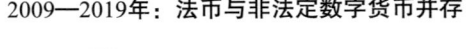

2009—2019年:法币与非法定数字货币并存

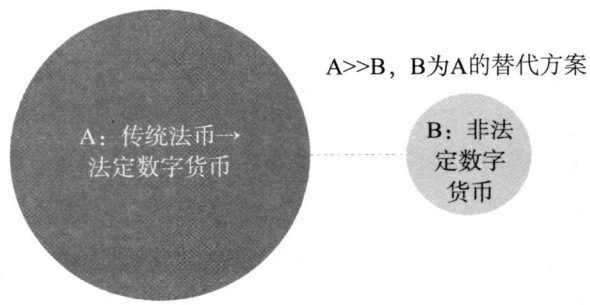

———————

① 本文系作者于2019年3月29日与区块链项目投资人菲利普·约翰逊(Philip Johnson)谈话时的发言。

2019—2025年：法币与非法定数字货币相互融合

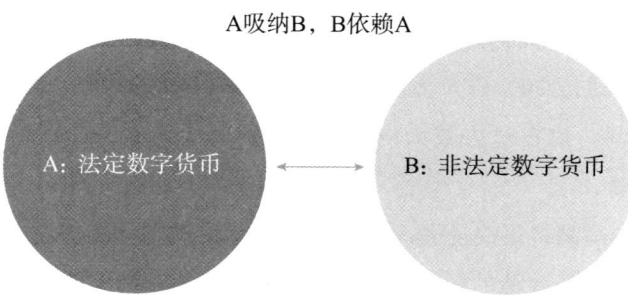

2025—2030年：法币与非法定数字货币发生交叉

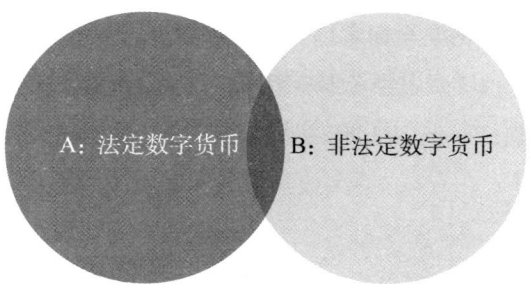

2030年以后：非法定数字货币主导世界

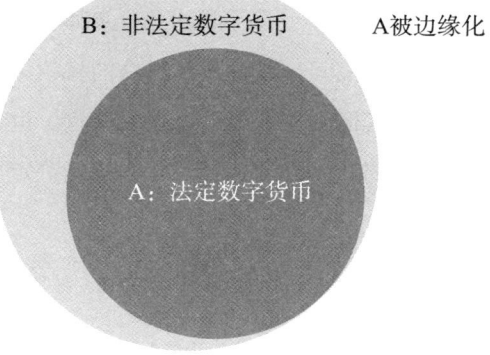

4.应该以怎样的态度面对Libra的冲击[①]

在过去的一周内,在全球范围内最具有冲击力的事件,莫过于Libra白皮书的公布,以及该白皮书所反映的Libra的构想、实施和路径。在中文世界,也在过去数天内,迅速形成了关于Libra的思考、评论、讨论的高潮。

这样的高潮将很快过去,但是Libra对世界政治、经济,特别是货币金融制度、地缘政治的影响,以及世界性社会公正转型的影响,其实刚刚开始。这无疑是一个始终需要关注的长程性历史过程。

所以,对Libra的冲击应该持有的态度是:理性的而不是感性的;开放的而不是保守的;科学的而不是臆想的;审慎的而不是轻率的。

为此,最重要的是全面掌握Libra的相关信息、资料和形成正确的分析框架和方法。由零壹财经·零壹智库、数字资产研究院发布的《货币互联网的超级实验:Facebook Libra解析》是一个认真的和实事求是的尝试。

5.美元霸权和稳定币[②]

(1)"美元霸权"难以成为学术概念。"美元霸权"从未有过严格界定,并有长期性政治元素影响,属于某种约定俗成的概念。文章从国际结算、资产储备和外汇交易三个方面论证美元在世界货币体系的主导地位,但是,不宜冠之以"霸权"。除了以上三个基本指标之外,美元真正的影响力在于对世界各国民间,或者数代民众的持续影响。在可以预见的将来,没有任何一种其他主权货币可以做到这点。世界各国民众所存有的美元总量是被低估的。简言之:美元并非仅仅决定于美联储。美元

[①] 本文系作者于2019年6月25日为零壹财经和数字资产研究院联合发布的《货币互联网的超级实验:Facebook Libra解析》一文所作的序言。
[②] 本文系作者于2020年5月4日对曹胜熙《数字稳定币与国际货币体系演化》一文的反馈。

具有"主权货币"和"超主权货币"两重属性。支持美元信用的三要素：政府、企业和民间。

（2）数字稳定货币已经超越了"货币"内涵。数字货币，无论是比特币，还是未来成为现实的 Libra 2.0，或者法定数字货币，尽管都使用"货币"二字，其实再也不是古典意义上的货币。如同"信用货币"根本不再是"金本位"的货币一样。人们受教科书上的"货币"定义影响过深。这就是所谓"白马非马"的问题。不得不注意，与中文相比，英文有关货币的词汇非常丰富。例如：money；coin（bitcoin）；currency（digital currency）；fiat money；legal tender。

（3）数字货币是一种"边缘革命"。数字货币的诞生，从根本上说，是因为后工业时代，进而信息时代和数字经济时代到来后，开始形成不同经济形态"板块"，非常近似地球板块运动学说所描述的情景，在不同经济形态"板块"之间形成新边缘地带，这就是比特币和其他数字货币应运而生的"外生环境"。所以，需要超越传统的国家、政府、市场的思维，否则，难以理解数字货币的发展空间。

6.反对货币阴谋论[①]

（1）在货币历史中，不乏政治因素的作用，甚至有时政治因素起到关键与主导作用。但是，混淆货币史和政治史的界限，甚至以为可以用后者解释前者，至少不符合真实货币历史，是一种浅薄。

（2）将货币问题高度政治化，也是挑战数代经济学家关于货币理论研究的辛苦与智慧。不应该认为，绝大多数经济学家没有看到货币与政治的关系。

---

① 本文系作者于 2020 年 2 月 2 日针对微信群"数字经济公社"中出现的关于货币与阴谋论的讨论所作的发言。

（3）维护学术立场和学术尊严，以谦卑的态度对待一切有思想性贡献的先行者，继往开来，才是知识人，也应该是经济学人的本分和品格所在。

7.不要把冷战思维引入货币竞争[①]

吴桐的这篇文章，是花了功夫和符合学术研究规范的好文。只是建议方法论考虑：在全球范围内央行数字货币（CBDC）尚未有真正的落地案例的前提下，如何比较其与中国央行法定数字货币（DC/EP）在理论和技术层面的差异？特别是，DC/EP与区块链范式的偏差在哪里？在未来的试验和运行中，这样的偏差是否存在放大效应？经济制度与CBDC的模式选择存在相关性。显然，发达市场经济下的CBDC与新兴市场国家的CBDC究竟有哪些不同，值得探讨。还有一个问题，在没有约束的条件下，将"冷战"思维与概念引入数字货币学术研究领域的做法，值得谨慎考虑。

在区块链、数字货币、数字经济的理论思考与实践的过程中，我去年归纳了如下几个"主义"：原教旨主义、修正主义、实用主义，现在还要补充一个泛政治化主义。确切地说，这四个"主义"是四个"倾向"。这些倾向都存在片面性。

[①] 本文系作者于2020年5月15日为吴桐的《法定数字货币的理论基础与运行机制》一文所作的推荐语。

2-20　数字货币对古典货币理论和新货币理论的挑战[①]

1. 数字货币与既有的货币经济理论的怪异关系

经济学有多么久远，货币经济思想几乎就有多么久远。即使从亚当·斯密（Adam Smith）的《国富论》（*The Wealth of Nations*）算起，也有250年了。如果说，古典货币经济理论起源于费雪的《价值和价格理论的数学研究》（*Mathematical Investigations in the Theory of Value and Prices*），到现在也已120年有余。至于凯恩斯货币理论，距今总有80年。至于现代货币理论，如果以美国经济学家海曼·明斯基（Hyman Minsky）1986年出版的代表作《稳定不稳定的经济》（*Stabilizing An Unstable Economy*）作为历史节点，或者以1998年兰德尔（Randall Wray）出版《解读现代货币》（*Understanding Modern Money*）作为里程碑，前后30年左右。

由于2008年比特币的诞生，加之今年夏天Libra白皮书的公布、央行法定数字货币的研发，数字货币获得不断加快的发展，如今已经成为货币经济中必须正视的新现象。现在的世界货币体系是无数个圈构成一组更加复杂的圈。见下图：[②]

[①] 本文系作者于2019年8月10日在中国政法大学举办的"《Libra：一种金融创新实验》读书论坛暨新书发布会"上的发言要点。
[②] 资料来源：国际清算银行、花旗研究公司。

BIS"货币之花"

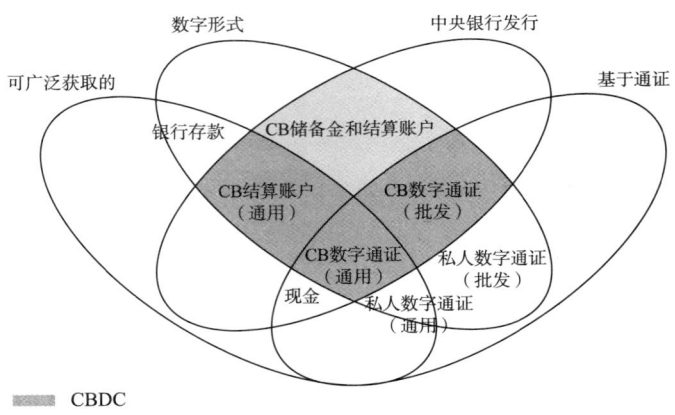

注：CB代表中央银行，CBDC代表中央银行数字货币

数字货币的形成与发展，最初是以互联网作为基础结构的。互联网不仅改变了传统现金的交易方式，而且改变了人们对于传统银行制度的认知，甚至改变了M_1、M_2、M_3货币供给的场景。很多穷国本来没有形成所谓的现代银行制度，但是，却因为进入互联网时代，可以直接跳跃到非现金交易时代。

现在，数字货币与既有的货币经济理论的关系是相当怪异的：（1）既有货币理论，从古典货币理论、凯恩斯货币理论到现代货币理论，都没有可能和来不及将数字货币，以及支持数字货币的新基础设施纳入视野，使其成为研究对象；（2）数字货币自身尚未形成理论体系；（3）人们却要用既有的货币理论去解读既有货币理论从未思考过的数字货币现象。

2.数字货币对既有货币理论提出怎样的挑战？

到目前为止，货币经济思想的发展经历了传统货币数量论、现代货币数量论、凯恩斯主义的货币理论和现代新货币经济学四个基本阶段。这些货币经济理论所关注的基本问题没有根本性的不同，无非是货币定义、货币起源、货币职能、货币需求与供给的均衡关系等等。它们之间的差别在于如何解释这些问题和如何加以实证性地证明。在过去一二百年中，不同的货币理论之间的争论从未停止。

在现阶段，数字货币现象对现存货币理论构成的整体性挑战，或者说对于货币经济学家的挑战，主要集中在如下课题：

2.1 货币起源

迄今的货币起源理论主要有：（1）"一般等价物"说。人类经济从自给自足阶段进入物物交换阶段，必然会产生具有"一般等价物"功能的实物货币。例如，最有代表性且流通地域广泛的古代实物货币是"贝"。马克思是这个学说的代表人物。（2）"自发秩序"说。门格尔（Carl Menger）主张货币是人类行为的结果，而非设计的产物。（3）"债务和债权"说。货币价值来自其借据的性质中所包含的权利，而非其实物价值。重商主义、斯密、克纳普（Georg Knapp）、凯恩斯都持有这种理论。（4）"国定货币学"说。现代货币理论提出，货币是政府债务的一种，价值来自国家的征税权。（5）"存款货币创造货币供给"说。在信用货币制度下，存款货币的创造是货币供给过程中的一个极其重要的环节，关系到货币供给量的形成、扩张或收缩。所有这些货币起源学说，都是以传统货币为对象的，没有包括数字货币。发轫于比特币的数字货币，相比较人类历史上的任何货币形态，完全属于新物种。这是以科学、数学为深层原理，以区块链和互联网为基础，人为设计出来的"货币"。

2.2 瓦尔拉斯一般均衡理论

1874年，法国经济学家瓦尔拉斯（Léon Walras）构建了后人所谓的"一般均衡理论"（General Equilibrium Theory）。该理论基于对交换、生产过程和资本积累的考察建立一般均衡模型。瓦尔拉斯进而将一般均衡理论由实物经济推广到货币经济，考察货币交换和货币窖藏的作用，进而推导出他的"货币和流通理论"。但是，根据瓦尔拉斯一般均衡模型，在商品的供给给定的情况下，其需求决定于商品之间的相对价格而不是其本身的货币价格。所以，瓦尔拉斯均衡只是实物均衡，而不是货币交换的均衡。进一步说，在瓦尔拉斯货币供给与货币需求相等的模型中，货币是没有效用的货币存量，不是必不可缺的部分，而是可有可无的添加物。尽管如此，瓦尔拉斯的一般均衡模型，还是提出了实物经济均衡、货币供求均衡，以及实物经济和货币经济均衡的模型框架。这样的思想和模型，得到了后来的经济学家的改进和发展，形成现代一般均衡理论。①但是，数字货币的产生，不仅打破了原本货币总需求和总供给的均衡关系，也打破了实体经济和货币经济的均衡关系。特别是，数字货币从诞生到发展，几乎不存在与实体经济的对应性。

2.3 货币的中性和非中性

萨伊（Jean-Baptiste Say）于1803年在他的《政治经济学概论》（*A Treatise on Political Economy*）中系统提出和阐述了著名的"萨伊定律"（Say's Law）。该定律最主要的内涵是：一种产品的生产给另一种产品创造了需求；货币交换的实质是产品与产品之间的交换。也就是说，实物经济的供给是最为重要的，局部的产品失调可以通过价格来调节，而货币的功能仅仅局限在对产品价格水平的影响。也就是说，"萨伊定律"隐喻了"货币中性"（Money Neutrality）思想。后来是维克塞尔（Knut Wicksell）明确提出了"货币中性"的概念，其含义是指在实体经济的分析中，需要

---

① 这些经济学家至少包括：维尔弗雷多·帕累托（Vilfredo Pareto）、约翰·希克斯、冯·诺伊曼、保罗·萨缪尔森（Paul A. Samuelson）、肯尼斯·约瑟夫·阿罗（Kenneth J. Arrow）、罗拉尔·德布鲁（Gerard Debreu）及莱昂内尔·麦肯齐（Lionel Mckenzie）。

消除货币的干扰因素,因为货币对于实体经济不会发生实质性影响。"货币中性"与"货币非中性"的分歧,涉及古典"两分法",基本观点是货币经济与实体经济处于两分的状态,货币属于名义变量,与产出等实际变量之间没有必然联系。在凯恩斯革命之前,与"两分法"有着理论渊源的"货币中性"处于主流地位。凯恩斯革命之后,形成"货币非中性"的见解:货币增发会刺激实体经济增长和产出增加。现在,讨论货币已经绕不开"货币中性"和"货币非中性"问题,要害就是赞同还是反对货币供给增加;对经济的影响仅限于价格水平,还是货币本身存在价值,成为影响整个经济结构和经济增长,甚至制度性变化的变量?多数学者赞成货币短期非中性,长期趋于中性的观点。数字货币历史短暂和规模有限,尚无法提供对实体经济价格的影响,以及对经济结构和经济增长影响的实证分析证据。但是,数字货币正在影响现行的货币体系,形成对微观和宏观经济的影响。数字货币更具有"货币非中性"特质。例如,根据Libra白皮书,Libra显然是非中性的,绝不是一个中性的形态出现在未来的货币体系里。

2.4 内生货币 VS 外生货币

在货币经济思想和理论史上,先有"内生货币"(Endogenous Currencies)概念,后有"外生货币"(Exogenous Currencies)概念。1960年,美国斯坦福大学的约翰·G.格利(John G. Gurley)和爱德华·S.肖在《金融理论中的货币》(*Money in a Theory of Finance*)一书中首先提出"内生货币"概念。"内生货币"就是政府在购买国内私人部门发行的初级债券(直接证券)时所发行的货币(如中央银行在公开市场购买企业债券时支付的货币)。因此,"内生货币"持有者对政府的债权,与私人部门对政府的债务是相互抵消的关系,对整个私人部门来说"内生货币"不能算一种净资产。之后,"内生货币"的内涵与外延颇受争议,并产生了对应"内生货币"的"外生货币"概念。"外生货币"与"内生货币"的根本性区别逐渐聚焦为两点：（1）货币供给是否是货币当局所能决定？也就是说货币供给是一个内生变量还是外生变量？外生论认为货币当局可以决定货币供给，货币供给是外生变量；内生论认为货币当局不能决定货币供给，货币供给属于纯粹经济因素影响而自行变化的变量，即货币供给是内生变量。（2）货币政策是否有效？外生论持肯定立场，认为货币当局能通过对货币供给的调节来有效地影响经济进程，而内生论相反，认为货币当局对货币政策的调节作用有很大的局限性。如果按照"内生货币"和"外生货币"的概念衡量数字货币，可以发现：原生态的数字货币，例如比特币、以太币，与货币当局没有关系，对货币供给的影响是外生变量；而法定数字货币则为货币当局发行，对于货币供给的影响则应属于内生变量。

2.5 货币幻觉

费雪是传统货币数量说鼻祖。费雪在1928年提出"货币幻觉"（Monetary Illusion）理论，该理论揭示的是人们混淆名义货币和实质货币价值的差别，只对货币名义价值有感觉和做出反应，却忽视实际购买力变化的一种心理错觉。若要消除"货币幻觉"，获得货币的真实价值，需要扣除"通货膨胀"和"名义汇率"的影响。因为财富是通过名义货币显现的，所以，"货币幻觉"导致"财富幻觉"。[①]数字货币，从比特币到其他两千余种的各类数字货币，与生俱来就有"虚拟"特征，并不存在所谓的"名义价值"和"实质价值"的差别，甚至可以称之为"虚拟货

---

① 值得注意的是，"货币幻觉"得到了脑科学家的实验证明。2009年3月《美国国家科学院院刊》（*Proceedings of the National Academy of Sciences of the United States of America*）报道：德国波恩大学和美国加州理工学院的研究者通过大脑扫描仪观察到人脑部分决策回路有发生货币幻觉的迹象。如果受试者获得一笔金额更大的钱，即使因为物价上涨，多出来的这部分钱并没有带来更大的购买力，颅内前额叶皮层部分区域的活动也会异常明显，反映在大脑扫描图上。一系列日趋复杂的研究还显示，大脑中枢跟恐惧和贪婪这两种与投资相关的原始动机有关。

币"。但是，数字货币又是一种真实的财富形态，通常的通货膨胀和汇率波动影响极为有限。现在，如果将比特币视为世界货币之一，其市场价值规模在世界货币中名列第12，排在俄罗斯货币之前。也就是说，数字货币所刺激的"货币幻觉"，其实属于真实的感觉。

2.6 最优货币量

米尔顿·弗里德曼在经济学中的重要贡献是提出了"现代货币数量论"，论证通货膨胀起源于"太多的货币追逐太少的商品"。所以，政府最重要的职能是通过控制货币增长来遏制通胀。为了有效控制货币增长，弗里德曼主张"最优币量"（The Optimum Quantity of Money）。他1969年出版的著作《最优货币量》系统描述了"最优货币量"的结构和机制。该理论一方面影响了世界各国央行货币政策的选择，另一方面，在近六十年的时间内，几乎没有国家央行严格实现了"最优货币量"。因为没有办法确定一个衡量合理货币需求与供给的数量尺度，也几乎没有可能割断政府对货币政策的影响和干预，货币需求与供给的均衡不但难以实现，且两者的失衡将成为未来经济的持续存在的重要现象。2008年世界金融危机之后的货币宽松政策的实施，也证明了"最优货币量"与货币金融现实的分裂。在这样的货币经济的宏观背景下，数字货币已经在传统货币供给中成为新的变量，而且会成为日益活跃和主要的变量。特别是，数字货币的供给就是需求。弗里德曼是2006年去世的，他没有机会看到2008年的世界金融危机和比特币代表的数字货币的出现。[1]

---

[1] 弗里德曼对中国有着浓厚的兴趣，先后于1980年、1988年、1993年来华访问。在三次访华中，弗里德曼得以近距离观察中国从计划经济体制、非货币经济向市场经济和货币经济的转型。弗里德曼在自传中写道："对中国的三次访问是我一生中最神奇的经历之一……"

2.7 货币需求动机理论和"流动性陷阱"假说

自从凯恩斯的《就业、利息和货币通论》出版,引发凯恩斯革命,其影响持续至今。但是,凯恩斯对货币思想和理论的贡献还是被低估的。凯恩斯突破了费雪代表的传统货币数量理论的束缚,从人们持有货币的动机出发,提出了新的货币交易理论。按照凯恩斯的分析,人们的持币动机包括交易动机、预防动机、投机动机,进而推导出流动性偏好理论。凯恩斯将他的货币需求思想纳入他的宏观经济体系,又提出了"流动性陷阱"(Liquidity Trap)假说:货币需求是利率的函数。人们持有货币出于预防动机,偏好以货币的形式保持财富,由此推导出货币数量增加到一定程度的时候,相应的利息率下降开始停滞,会出现"流动性陷阱",其后果就是投资不足。

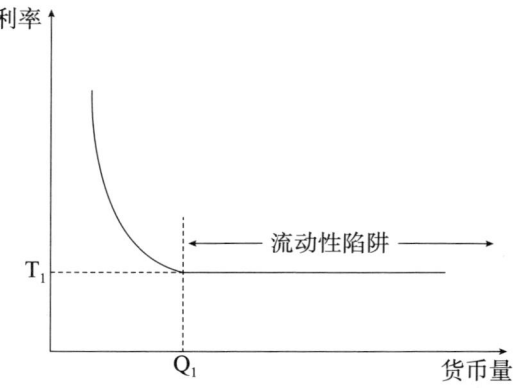

1930年代以来的世界经济史证明,货币需求动机理论和"流动性陷阱"假说是成立的。在2008年世界金融危机之后的十余年中,因为货币供给呈现无限扩张,即使在利息趋于零的情况下,依然不足以刺激经济,"流动性陷阱"成为普遍现象。现在,数字货币产生了。数字货币种类之所以扩张和规模得以增长,是因为数字货币的特性符合凯恩斯的三个持币动机。数字货币相较于传统货币具有可替代性。至于数字货币是加剧还是缓和"流动性陷阱",还需要观察。

2.8 IS-LM模型

英国经济学家约翰·希克斯和美国经济学家汉森在凯恩斯宏观经济理论基础上,建立了描述产品市场和货币经济之间相互联系的理论结构,即"希克斯—汉森模型",简称IS-LM模型。

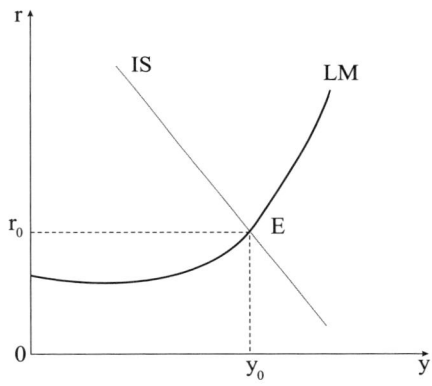

IS(Investment-Saving)是投资—储蓄曲线,LM(Liquidity preference-Money supply)是流动性偏好—货币供给曲线。产品市场和货币经济的真实情况是:一方面,国民收入决定于消费、投资、政府支出和进出口差额。但是,投资受制于利率水平,而利率水平决定于货币市场,于是,货币市场影响产品市场。另一方面,基于产品市场的国民收入又会影响货币需求和货币经济,进而影响利率。但是,不论IS曲线,还是LM曲线,或者实体经济和货币经济,最终都决定于利率水平。当数字货币出现之后,数字货币是否可以对IS-LM模型有所影响?理论上的回答是肯定的。数字货币随着规模增长,不仅对流动性偏好发生直接影响,干扰货币供给,还会影响储蓄结构,间接影响投资。在这里,并没有考虑数字货币未来是否存在利率的问题,如果存在的话,具有利率优势的数字货币势必影响基于传统货币的利率机制。

2.9 哈恩难题

1965年,英国经济学家弗兰克·哈恩(Frank Horace Hahn)提出了"哈恩难题"(Hahn's Problem):为什么没有内在价值的纸币在与商品和劳务相交换的过程中会具有正的价值?之后,德国经济学家赫维格(M.F.Hellwig)提出了"修正的哈恩难题":为什么在实际生活中的价值储藏手段很多,其中相当一部分有着比货币更高的收益率,而没有内在价值的纸币在与商品和劳务交换时会具有正价值?从哈恩到赫维格的难题,代表了经济学家对货币理论的微观基础的质疑。事实上,不论是"哈恩难题",还是"修正的哈恩难题",所说的纸币就是法币,直接指向法币的价值本质。法币本身不存在价值,法币之所以呈现出价值,完全因为政府的所谓信用。新货币理论超脱既有的货币理论框架,否认当代纸币是自然演进的产物,而是法律限制或政府强制的结果。现在,如果加入数字货币因素,就形成对待"哈恩难题"的另一种思路:不需要探讨为什么没有内在价值的纸币在商品和劳务交换中产生价值,而是创造出基于技术的比特币,或者其他数字货币,去逐渐替代政府的法币。数字货币和政府发行的法币的根本差别是价值的不同:前者的价值基础是代码和算法,而后者是政府和法律的意志。

2.10 "不附息的法偿货币"

新货币理论的代表人物之一尤金·法马(Eugene Fama)于1980年在《货币经济学》杂志上发表了一篇题为《金融理论中的银行业》的文章,设想了一种不需要使用货币的竞争性支付体系,称其为"纯粹的记账交易系统"(pure accounting system of exchange)。在这种系统中,交易可以完全避免现金的媒介，可以"由政府垄断发行一种不附息的法偿货币"，社会可以用这种法偿货币的单位作为"计价商品"。1983年6月，法马在《货币经济学》杂志发表的一篇题为《金融中介和价格水平控制》的论文，再次提出外在货币对于维持账户交易系统是不必要的，外在货币也只是商品中的一种，如果有它存在，可以用它作为"计价品"，但没有它也完全可以。法马关于"不附息的法偿货币"（non-interest-bearing fiat money）或者"计价商品"的主张，代表了新货币理论的如下思潮：不仅主张取消"货币"在经济理论中的独特地位，而且主张在现实经济活动中取消"货币"，实行一种精密的物物交换。[①]但是，近四十年过去，法马和新货币理论的主张并没有实现，依然属于某种思想实验。主要原因是，精密物物交换取代货币交换经济，需要复杂的制度和技术条件。在这方面，法马和新货币理论并没有更为深入的研究和实验。恰恰2008年之后的数字货币，以及基于数字货币的通证，本质上就是"计价商品"。如果Libra的设计得以实施，Libra几乎就只是美元或其他法偿货币单位的"计价商品"。至于央行法定数字货币，更是具有成为"不附息的法偿货币"的基础。

结论

人类的货币史在经济史中处于核心位置，因为实体经济和产业部门的演变，最终都取决于货币、金融和资本的参与模式。因此，以货币经济作为对象的货币理论吸引了无数的智慧，形成了系统的货币思想理论体系。遗憾的是，正如新货币学派所说，货币至今还是一个难以说清楚的和具有争议的概念，以致如果什么人声称可以说清楚货币，这个人一

[①] 一般用"BHF"来描述新货币经济学，"BHF"由三个经济学家的名字首字母组成：罗伯特·霍尔（Robert E. Hall）和龙金·法马（Eugene Fama）。

定会被认为是无知狂妄。

进入2010年代之后，数字货币迅速"嵌入"传统货币经济体系，一方面加剧传统货币经济原本存在的危机，一方面又为传统货币经济注入了新的生命力。在现实货币金融活动和经济生活中，物理货币和虚拟货币并存的"新复本位制"，主权货币和非主权货币并存的"双轨制"，将同时并存。

所以，现存的货币理论，从新古典到凯恩斯，再到新货币理论，都不足以反映这样的新货币经济生态。今天所谈的数字货币与现存货币理论的九个问题，提供了货币思想和理论与货币经济脱节的证明。货币理论的未来，需要将数字纳入研究视野，甚至是将其作为最为主要的研究对象，因为传统货币理论方法已经没有可能解释数字货币现象。可以肯定的是，货币经济学家不清楚的问题很多，并不妨碍货币存在和货币的演化；无论是货币经济的现实，还是货币理论的现状，都在向更为多元化的方向转型。

第三编　数字经济

3-1 认知数字经济时代①

人类文明有多久,其经济活动就有多久。后来有了科学技术,不过是相对于经济活动的一条平行线。直到工业革命,经济活动和科学技术的两条平行线有了前所未有的交集。不过,这样的交集,并非常态。在大部分场景之下,经济活动和科学技术之间还处于若即若离的状态。

第二次世界大战之后,科学技术和经济活动的关系开始发生根本性改变。经济活动和科学技术之间的平行线不仅相互逼近,而且频繁相交。所以,在1950年代之后,人们曾经将某种科学技术与所处的历史阶段联系在一起,有过"原子能时代""计算机时代""纳米时代"的提法。熊彼特是比较系统地探讨过经济活动和科学技术之间关系的经济学家,他所提出的"创新"理论,就是经济活动和科学技术趋于融合的模式。遗憾的是,熊彼特已经去世整整七十年,其思想仅仅被不断阐述,却没有得以发展。托夫勒(Alvin Toffler)等所谓的"未来学者",虽然敏锐地观察到科学技术对经济生活日益剧烈的影响和改变,但是没有构成理论,其影响力是短暂的。

1990年代之后的二十年,因为IT革命成功,互联网和移动互联网成为全球经济的新基础结构,人类经济生态发生前所未有的改变。几乎同时,大数据、云计算扑面而来,人工智能再次登堂入室。2008年,比特币横空出世,数字货币在十余年间形成气候。到了21世纪第二个十年的中后期,不论是经济学家,还是银行家、科学家、企业家,达成"共

---

① 本文系作者于2020年3月5日为"数字经济和科技丛书"撰写的总序。

识",将所有这些经济和科技相互影响所形成的新经济称之为"数字经济"。而且,"数字经济"概念替代了"信息经济""知识经济"。

为什么"数字经济"得以成为广泛"共识"?因为人类经济活动最终都可以被"数字化",或者基于"数字化"展开。当乔布斯完成音乐"数字化"并得以传播,意味着没有不可以"数字化"的产品和产业,"数字化"迅速覆盖了艺术、文化、教育领域,并且呈现出主导观念和信息经济、实体经济、货币和资本经济的态势。

在"数字经济"的背后,是"数字技术",是"硬"技术和"软"技术体系。所谓的"摩尔定律",就是解释支撑"数字技术"的芯片演进的规律。而"软"技术,主要是似乎没有止境的各类软件开发。现在,量子计算和量子计算机正在加速发展,很可能将全方位改变现阶段的"数字经济"。2020年,霍尼韦尔国际公司(Honeywell International)宣布在近期推出世界上最强大的量子计算机,其技术和非技术意义都不可低估。因为推动"数字化"的是"算法"技术和"算法"工程。

2020年,数字资产研究院开始组织撰写和出版"数字经济和科技丛书",根本目的是与作者和读者一起,观察、记录和认知数字时代的经济、技术、思想、财富模式、人与人的关系,以及社会结构全方位改变的历史进程。这样的历史过程必定是波澜跌宕的,激动人心的。希望通过这套丛书,以数字经济和科技为主线,形成适应新的社会经济系统的思想和理论。

3-2　数字经济六十年：从"奇点"到"大爆炸"[①]

在开始今晚的讲座之前，我首先提出人类经济史上的一个新问题：人类经济形态是逐渐演变和进化而来，还是也如同自然界一样，存在着突变现象？据我所知，经济史学家至今尚未系统地提出这个问题。

我的回答是：人类经济发展史既存在演变和进化的经济形态，也存在着突变的经济形态。人们所熟知的第一产业、第二产业、第三产业，甚至第四产业的形成与发展，本质上是一个演进模式。其中的第一产业的出现，与人类学会劳动和制造工具几乎同步。所谓的现代加工工业，是从手工业演进过来的，而手工业原本在人类早期经济活动中就存在。工业革命并不属于"突变"。至于第三产业服务业，自古有之，服务业源于家庭分工，是与人类经济生活最早期的存在相联系的。这样自然演进而来的经济形态的最基本特征是什么？是基于物质性资源的经济活动，受制于资源的有限性，包括土地、人力和资本。数千年来，人们已经非常熟悉这样的经济存在模式，已经习惯在这样的经济成长过程中生活、创造。随着人类文明进步，这些经济形态依然会不断地演进。

但是，至少从1960年代开始，人类创造了另一类经济，这类经济与传统的经济形态没有必然的、直接的关系，也与原来的经济发展过程没有直接的相关性。这类经济不必以传统的生产要素作为前提，而是无中生有。数字经济，就属于这类经济形态。人类产生数字经济并没有必然

[①] 本文系作者于2019年4月15日在清华大学 x-lab 公开课第三期第三讲的讲座发言。

性，但是它却产生了。

与传统的非数字经济相比较，数字经济产生过程是奇特的。它的起始点不是物质，不是劳动和生产，而是思想。我把这样的思想，能够导致一种新经济形态的思想称为"奇点"。所以，才有今天晚上的这个题目：数字经济六十年：从"奇点"到"大爆炸"。当然，刺激我选择这样题目的另一个原因是，最近天文界拍到了"黑洞"，激发更多的专业人士探讨"黑洞""奇点"和宇宙大爆炸之间存在着某种关系。下面讲六个问题。

1.数字经济：第一次大爆炸

今天人们所熟悉，甚至早已经被"庸俗化"的数字经济是从一个纯粹思想"奇点"，一个完美至极的"奇点"开始，有着清楚的时间、地点、人物、思想内容。

时间：1961年6月24日　　地点：麻省理工学院

人物：博士候选人伦纳德·克兰罗克（Leonard Kleinrock）

思想内容：《大型通信网络中的信息流通》（Information Flow in Large Communication Nets）：人类历史上第一次提出"分组交换"（packet-switching）理论。

在克兰罗克提交他的博士论文之前，世界上早已经存在着两种东西：（1）信息，信息存在得实在是太久；（2）所谓的通信方式。以当时的美国为例，AT&T已经是很大的公司了，支撑着庞大的世界通信网络。但是，不论电报和电话的信息传送都是有限的。电话超载，就会发生占线、忙音。显然，解决信息的通信问题，需要新思路。例如，是否有办法对大规模信息进行分解，通过一种网络的形态发送出去，之后再把解构的信息重新组合起来。克兰罗克的天才之处是不仅提出了这样的问题，而且论证了他的解决方案，将信息变成很多Packet，通过网络传播出去，再重新组合。

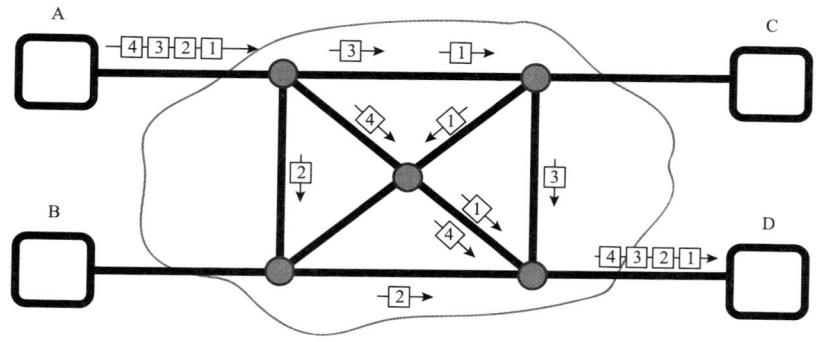

数据报分组交换

克兰罗克提出分组交换的思想时,年仅27岁。关于克兰罗克的贡献,后人存在一定争议。但是,我还是坚决认为,正是克兰罗克的博士论文创造了数字经济的第一个"奇点"。1964年,克兰罗克第一部著作《通信网络》出版,发展了分组交换的思想。

后来的历史证明:源于克兰罗克的一个思想"奇点"所导致的几轮大爆炸,持续了半个世纪。第一轮周期从1961年至1969年,前后8年时间,主要体现在思想性爆炸,证明克兰罗克的想法是可以实践的。标志性事件发生在1969年,通过阿帕网(ARPANet)实现了在加州大学洛杉矶分校、斯坦福大学、加州大学圣巴巴拉分校和犹他大学四大节点的联网成功,人类社会从此进入了网络时代,奠基了数字经济的基础结构。

之后,第一次数字经济大爆炸又经历了若干轮。

1970年代至1980年代,互联网突飞猛进。1970年代,全球开始铺设支撑互联网的电缆,连接世界,形成了支持数字经济的物理学基础设施。在这个时期,还发生了一些具有历史里程碑意义的事件:E-mail "@" 的诞生、传输控制协议(Transmission Control Protocol,TCP)的发展;最早注册的域名Symbolics.com引发的 ".com" 浪潮;Microsoft Windows带来的冲击;1989年,万维网(World Wide Web, www)以及超文本传输协议(Hyper Text Transfer Protocol,HTTP)规则的形成。

进入1990年代,奇点继续爆炸,模式变了。人们突然发现,所谓的互联网很快突破基于个人之间联系的E-mail阶段,基于互联网的数字经济实体如雨后春笋。1990年代我主要在波士顿,目睹了以下公司的出现:1990年:Archie,第一家网络搜索引擎;1994年:网景(Netscape)和雅虎(Yahoo!);1995年:亚马逊(Amazon)、海淘(eBay)和阿尔塔维斯塔(AltaVista);1998年:谷歌(Google)。在中国,1998年腾讯(Tencent)诞生,1999年阿里巴巴(Alibaba)诞生。从此以后,数字经济不再是非自觉的演进,这些新的经济实体成为弄潮儿,开始主导数字经济的爆炸过程。

2000年至2010年代,以社交平台为代表的新型数字经济实体纷纷登上历史舞台:2001年的维基百科(Wikipedia);2003年的支付宝(Alipay);2004年的脸书(Facebook);2005年的YouTube;2006年的推特(Twitter);2007年的Iphone;2009年的优步(Uber);2013年的微信(WeChat)。不仅如此,新的经济模型或者新的商业模式出现了。其中Uber模式具有显而易见的创新特征。

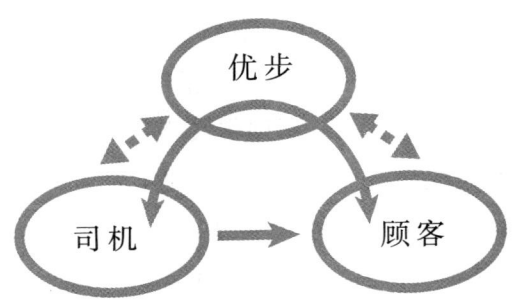

最能映射数字经济第一次大爆炸的,无疑是近年来人们经常提到的两个定律:摩尔定律(Moore's Law)和梅特卡夫定律(Metcalfe's Law)。摩

尔定律由英特尔（Intel）创始人之一戈登·摩尔（Gordon Moore）于1965年提出，原本描述的是在价格不变情况下，集成电路可容纳的元器件的数目，约每隔18—24个月便会增加一倍，性能也将提升一倍。这一摩尔定律揭示了信息技术进步的速度。1995年，摩尔在《经济学人》杂志上撰文写道："令我最为担心的是成本的增加……这是另一条指数曲线。"他的这一说法被称为摩尔第二定律。

梅特卡夫定律的核心内容是：网络的价值等于网络节点数的平方，网络的价值与联网用户数的平方成正比。或者说，梅特卡夫定律揭示了互联网的价值随着用户数量的增长而呈算术级数增长或二次方程式的增长的规则。梅特卡夫定律的提出者是乔治·吉尔德（George Gilder），时间是1993年，用以纪念和肯定计算机网络先驱、3Com公司的创始人罗伯特·梅特卡夫（Robert Metcalfe）。根据梅特卡夫定律，一个网络的用户数目越多，那么整个网络和该网络内的每台计算机的价值也就越大，即网络的价值$V=K \times N^2$（K为价值系数，N为用户数量）。1990年代以来，互联网不仅呈现了这种超乎寻常的指数增长趋势，而且爆炸性地向经济和社会各个领域进行广泛的渗透和扩张。

值得强调的是：1990年代在数字经济的爆炸性组织过程中，发生了华尔街、风险资本和硅谷的"完美"结合。曾经名不见经传的、并不为传统资本以为然的纳斯达克主宰着这个资本市场。

纳斯达克从1971年开始创建，指数为100点。进入1990年代，纳斯达克进入长达十年的黄金时代，1991年为500点，1998年之后加速度，至2000年3月9日达到5000点。但是，几天之后的2000年3月13日，互联网泡沫破裂，纳斯达克上市的企业有500家破产，40%退市，80%的跌幅超过80%，蒸发了3万亿美金。尽管如此，泡沫之后，存活下来的数字经济进入发展新阶段。

在2000年互联网泡沫破裂之后的第八年，2008年爆发了一场全球性的金融危机，波及传统经济部门和新兴数字经济产业。这场危机的影响是深刻而持久的。在危机过后的2012年，发生了占领华尔街运动，挑战华尔街和纳斯达克所代表的资本和技术的结合。美国民众意识到：IT规模和数字经济膨胀的受益者仅仅是极少数人，在造就一批新富人的同时，还造成新的不平等，产生了新的财富分配问题。

总之，通过回顾1961—2008年的数字经济的第一次大爆炸过程，不仅不是牵强的，而且是符合历史真实过程的：数字经济确实起源于一个思想，一篇博士论文。自1961年之后，数字经济形成一波接一波的爆炸，直到2008年世界金融危机，完成了一个周期。

2.数字经济：第二次大爆炸

第二个"奇点"，也有时间、地点、人物，也是从一篇文章开始的。

时间：2008年11月1日

地点：一个网站：metzdowd.com，cryptography info page（密码学邮件组列表）

人物：中本聪

思想内容：《比特币：一种点对点电子现金系统》

相比较1961年克兰罗克的数十页博士论文，中本聪在2008年关于比特币的论文篇幅要短很多，不过若干个页码。但是，结果是一样的，因为这篇比特币的论文，引发了数字经济的另一类持续大爆炸，改变了人们关于财富的认知惯性。在这个意义上说，两次大爆炸的"奇点"有着惊人相似之处：都是来自一个思想，形式都是论文，物质形态的重量都可以忽略不计。

如果说，中本聪的论文与克兰罗克论文问世之时有什么差别？那就是，克兰罗克的论文没有货币价值效用，而中本聪的论文很快就催生了第一个区块链和第一枚比特币。后来的故事人们就知道了，比特币的价格虽有起起伏伏，至今比特币的价格依然等于数千美元。

比特币第一次交易时，400比特币兑换1美元（相当于1枚比特币的价格为0.0025美元，或0.17元人民币）。

高度	Tx 计数	尺寸（B）	奖励	时间	区块混淆（哈希）函数地址	难度
571700	1955	1079083	12.5+0.1499^{8157} BTC	2019-04-15 15:12:57	000000000000000000102b0b0fe3573c1a3e7956215a25d6380ca1aa803228e6	17.41T/6.39T
571682	2199	1046483	12.5+0.1424^{1513} BTC	2019-04-15 12:12:07	000000000000000000065de9eb3abc9e968270100dc22923404f4dbefe0a9f95	44.21T/6.39T
571674	2991	1274696	12.5+0.0452^{9076} BTC	2019-04-15 10:45:07	0000000000000000003b48ea95522e68e380fae34d270ab2d9f58c1056a32ca	75.96T/6.39T
571627	3172	1300987	12.5+0.6063^{8612} BTC	2019-04-15 23:49:00	00000000000000000026fse266a5dee8303584b4f3c62d92e7eb77959c654a5d	7.22T/6.39T

2017年12月17日，比特币的最高价格是19873美元；市值达到3328.27亿美元。今天（2019年4月15日）比特币价格是5183.3美元（跌幅：73.92%），市值是914.64亿美元（跌幅：72.52%）。

现在比特币值多少钱并不重要，主要的是比特币发源于一个想法、一篇文章，不管背后有多么漫长和艰辛的发展过程。相较于1961年克兰罗克论文引发的爆炸过程，中本聪的比特币文章所引发的爆炸，在时间上短得多，爆炸的当量大得多。

中本聪文章所引发的数字经济第二轮大爆炸，发生在2013—2014年，始作俑者是当时20岁左右的维塔利克·布特林（Vitalik Buterin），爆炸的结果是以太坊的诞生。以太坊成为一个开源和具有智能合约的公共区块链平台，或者说是"下一代加密货币与去中心化应用平台"。

2014年以太坊ICO众筹成功，以太币成为第二大加密数字货币。以太坊最高价格时间发生在2017年12月17日，价格是1431美元，市值达到1388.25亿美元。今天（2019年4月15日）以太币价格是168.2美元，市值为177.76亿美元。

布特林创立以太坊，是自2008年开始的加密数字货币历史中的大事件，构成了规模，刺激了区块链应用氛围扩张。因为比特币和以太币，世界范围内的加密数字货币数量呈现爆炸性增长。

截至今天（2019年4月15日），排前15名的加密数字货币名称和市值如下：

加密数字货币市值排名

排名	名称	简写	中文	市值	价格	流通供给量	交易量（24小时）
1	Bitcoin	BTC	比特币	$91,497,473,557	$5186.12	17,646,162	$10,838,389,039
2	Ethereum	ETH	以太坊	$17,787,835,501	$168.34	105,665,017	$5,071,503,393
3	XRP	XRP	瑞波币	$13,752,766,816	$0.329076	41,792,108,527	$804,005,230
4	Bitcoin Cash	BCH	比特币现金	$5,329,053,807	$300.58	17,729,213	$1,259,697,425
5	Litecoin	LTC	莱特币	$5,101,886,030	$83.16	61,347,009	$2,482,422,521
6	EOS	EOS	柚子	$5,060,978,702	$5.58	906,245,118	$2,246,413,758
7	Binance Coin	BNB	币安币	$2,750,199,503	$19.48	141,175,490	$186,863,823
8	Tether	USDT	泰达币	$2,433,420,145	$1.01	2,418,629,656	$10,612,421,636
9	Stellar	XLM	恒星币	$2,282,347,688	$0.118238	19,302,935,738	$237,176,036
10	Cardano	ADA	卡尔达诺	$2,205,222,153	$0.085055	25,927,070,538	$74,216,648
11	TRON	TRX	波长币	$1,794,632,931	$0.026913	66,682,072,191	$320,704,448
12	Bitcoin SV	BSV	比特币XV	$1,283,921,956	$72.43	17,727,136	$107,707,769

续表

排名	名称	简写	中文	市值	价格	流通供给量	交易量（24小时）
13	Monero	XMR	门罗币	$1,127,559,186	$66.64	16,919,888	$116,192,652
14	Dash	DASH	达世币	$1,086,160,628	$124.11	8,751,511	$255,806,298
15	IOTA	MIOTA	埃欧塔	$876,405,356	$0.315307	2,779,530,283	$15,224,789

现在没有必要讨论排前15名的加密数字货币的价值是否稳定。可以肯定的是，前15名加密数字货币的整体性消失是一个小概率事件。如果以世界各国的GDP作为参照系，在2018年1月加密数字的总市值达到历史最高点，总额8300多亿美元。这个数字接近当年荷兰和沙特阿拉伯的GDP。世界上GDP超过8000亿美元的国家不超过20个。今天（2019年4月15日）加密数字货币总市值严重缩水，总额是1769亿美元。即使这个数字，还是接近卡塔尔、阿尔及利亚、哈萨克斯坦等国的GDP。换一个思路，因为加密数字货币的所有者人口有限，所以，人均加密数字货币的市值会显著高于可比国家的人均GDP。

需要指出，数字货币得以诞生和发展，与区块链思想和技术有着重大的相关性。或者说，数字货币有着强大和不断完善的技术支持，其核心技术就是区块链。今年美国有本新书《区块链经济学》(*Blockchain Economics*)，作者有五位之多，确有翻译成中文的价值。[①] 下面是该书第131页上的两张图片：一张展现2015—2017年短短几年间，区块链钱包是以怎样的速度增长起来的；另一张展现的是2015—2017年的区块链市值规模扩张。

---

① Melanie Swan et al.: *Blockchain Economics* (World Scientific, 2019).

区块链钱包的数量

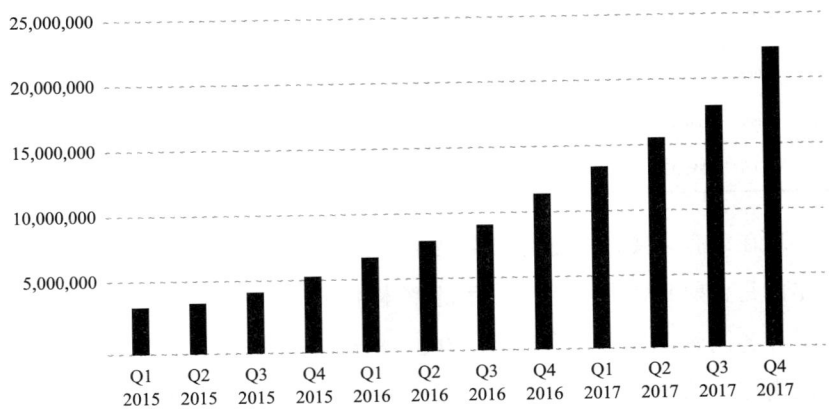

从2008年的中本聪文章至今,比特币所推动的另类财富历史不过十年光景。几年前,我在接受《亚洲周刊》采访时说过:加密数字货币已经不是星星之火,正在构成燎原之势。几年过去,这个势头已经难以逆转。

现在,重新回到我在今天演讲开始所言:人类有两种财富形态,一种是伴随人类自然出现的,它以线性方程模式演化和进步;还有一种是"无中生有",以非线性模式发展。这种"无中生有"的财富形态全部历史不足六十年。所以,我们不得不接受这样的事实:在这个世界上有一批人,他们不依靠传统模式,创造的另类财富模式很可能代表人类经济形态的一种替代方案。

3. 数字经济"两次爆炸"的叠加

现在我们要讨论更有意思的话题:自1960年代的第一次数字经济大爆炸,与2008年因为比特币诞生所引发的第二次数字经济大爆炸,已经和正在产生"叠加"效应,导致新的爆炸。我们现在处在两个大爆炸的交界点。我画了这样一个图:

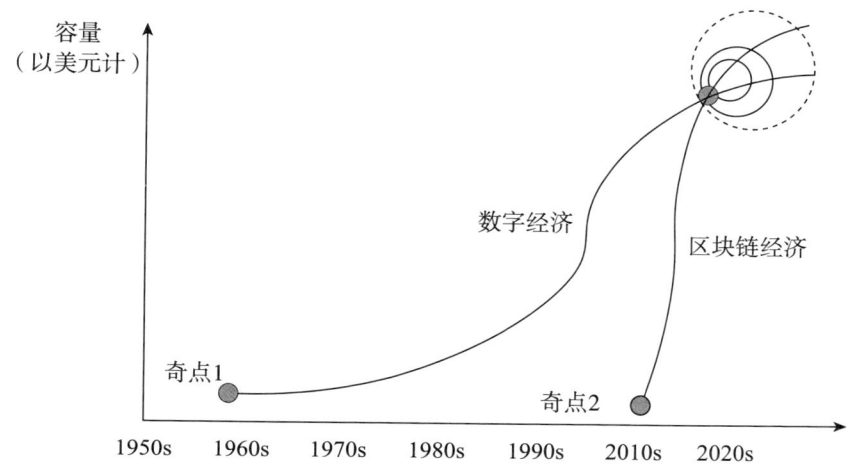

在图中,我将数字经济分成两个类型:奇点1是基于信息通信技术(ICT)革命产生出来的数字经济,反映的大概是1960—2010年代的大趋势。只是在2000年前后该曲线应该有所下降,更符合历史。奇点2,是源发于比特币的数字经济新戏台,斜率是非常符合实情的。

值得注意和研究的是:两条曲线在什么时候相交,为什么相交,相交的特征是什么?现在很清楚,相交时间是2017年,ICO成为相交的主要形式。数字经济发展到了自我发展新金融货币工具,改造资本模式的历史阶段。从此,数字经济开始形成臻于完整产业链和价值,并向新经济形态的转型。

我们现在处于这样一个时刻:两类数字经济爆炸的叠加尚在进行之中,继续产生巨大的能量,还难以进行数量分析。不过,爆炸叠加对GDP的贡献率显著,是没有争议的。

4.重新定义数字经济

关于如何定义"数字经济",并非一件简单的工作。根据文献搜索,从1996年开始,直到2018年,有相当多的学者企图对数字经济给出定义。

有一个学者唐·泰普斯科特（Don Tapscott），在1996年就试图对数字经济下定义。据说最近，他跟他儿子合作，又写了关于区块链的专著。

在维基百科上，数字经济被定义为基于IT革命和ICT革命，或者基于IT技术和ICT技术支撑的经济活动。这显而易见是不够的。定义数字经济的困难，主要因为数字经济的结构、机制、规模和技术基础的演变不断加速度，并高度影响和带动经济组织、经济制度，甚至商业模式的改变。简言之，数字经济属于极为动态化和日趋复杂化的概念。不仅如此，传统经济的理念已经难以适应数字经济。例如，数字经济的生产要素和成本理念已经和传统经济渐行渐远，甚至大相径庭。

如果将数字经济形成的"奇点"追溯到1960年代初，现在已过去了近六十年，一个甲子。在此期间，数字经济的概念不断扩张。见下图：

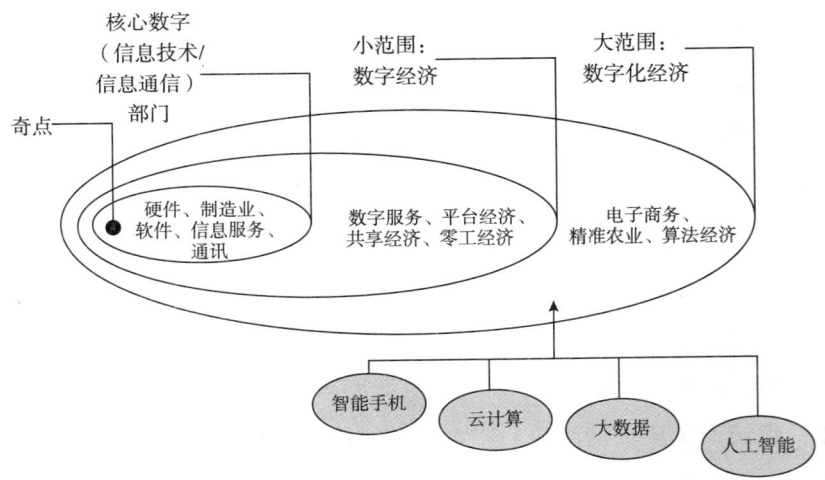

在上图中，最左侧的点和线代表"奇点"和早期扩展；小圈是数字经济初期的技术基础；中圈内属于狭义数字经济；大圈之内则是被数字经济改造的经济，代表的是广义数字经济范围。人们现在正处于从狭义数字经济向广义数字经济的转折时刻。

进一步说，在1990年代，还是比较容易区分数字经济和非数字经济的边界，如今，做这样的区分愈来愈困难。比如说，工业4.0到底属于传统加工业的升级版，还是已经属于数字经济？在这样的时刻，分配制度、就业制度都会发生变化。

总之，在过去的半个世纪，数字经济完成了从在传统经济中微不足道，转变为占据半壁江山。如今，数字经济开始进入改造传统经济的历史新阶段。大趋势是：一方面数字经济规模扩张，一方面传统经济数字化；距离一种全新经济覆盖传统经济的"日全食"状态，已经为期不远。

5.数字经济对当代经济转型产生深刻的影响

在过去半个多世纪，数字经济对当代经济体系的影响是深刻的和持续的。（1）改变了产业结构。直接刺激了第四、第五，甚至第N产业，丰富了基础结构的形态，导致产业结构复杂化。（2）改变了加工工业的技术基础。最近，经济合作与发展组织（OECD）提出数字经济的报告，主要以欧盟15国、日本、韩国、美国、中国和中国台湾地区这六个经济体为对象，展示ICT对加工工业和服务业的影响，特别是芯片产业的至关紧要的地位。（3）数字经济已经构成了新的生态体系。从ICT到知识产业、金融保险、零售，一直到传统加工工业，最后一个是健康产业，并可以看到数字化过程对产业的影响长度和未来趋势。（4）改变企业形态。一方面，改造传统企业，以适应数字经济转型；另一方面，创造出适应数字经济，特别是适应区块链的新兴企业。现在，任何一个企业都需要实现数字化，甚至"算法"（algorithm）的转型，否则难以协调大数据处理。AI的介入，以及区块链嵌入，最终保证企业可以在日益发展的空间和时间维度中生存。（5）数字资产支撑了世界GDP增长。在世界范围内，数字经济对GDP贡献率达到50%以上。（6）改变商业模式和"商业周期"。（7）改变就业形态。相对灵活的就业模式产生。所谓的零工经济（Gig Economy）就是在这样的背景下形成的。最近，人们关注和讨论的"加班996，生病ICU"问题，属于零工经济的一种极端现象。（8）改变国际贸易结构。中美贸易摩擦，根源在于中国优势是传统产业，美国优势是数字经济。数字经济更多的是与知识产权紧密结合。因此，美国将知识产权置于极为重要地位。从长远看，中美贸易的平衡，最终是要寻求两国在数字经济领域的平衡。

除此之外，数字经济改变了货币体系和资本市场。因为比特币和以太币的出现，刺激了数百种加密数字货币走向市场，证明哈耶克的非货币化可以变成现实。与此同时，数字货币开始倒逼世界上愈来愈多的国家政府研究和创造法定加密数字货币。现在，变革后布雷顿森林会议时代的国际金融制度和秩序，已经越来越不可能忽视法定和非法定的加密数字货币。今天有两个消息与此相关：其一，IMF推出加密数字货币；其二，釜山被选为韩国加密数字货币的自由特区。

结论与展望：重塑未来的人类、国家、社会和商业

我希望通过今天的讲座，传播这样的思想、逻辑和事实：今天的数字经济规模可观，却是一种"横空出世"的"无中生有"的经济，发源于思想"奇点"。按照宇宙大爆炸的理论，宇宙是从一个相当于纽扣大小的奇点开始的。这样的说法并不严格，只是一个比喻。无论如何，"奇点"需要具备三个条件：小，质量极重，密度极高。数字经济的思想"奇点"完全符合这三个标准。

因为数字货币和数字经济的发展，货币、资本、金融的传统模式和边界正在加速改变。在这方面，需要摈弃传统"精英"意识。这是因为：

数字经济中的主体发生了改变：（1）科学家；（2）工程师；（3）企业家；（4）政府。我没有强调资本的地位，因为资本在数字经济的过程中的重要性，相较于科学技术的地位是相对下降的。倒退几十年，有谁

会预见到，这个世界最终决定于Code，决定于算法？

决定数字经济趋势的是"四化"：（1）信息化；（2）全球化；（3）网络化；（4）区块链化。

数字经济正在展现四个S趋势：（1）速度（speed）不断加快；（2）产业领域（scope）不断拓展；（3）可持续（sustainability）。

在2020年代即将来临的历史时期，思考数字经济，需要同时考虑到资源、过程、结构和商业模型等基本方面，避免盲人摸象。

3-3　数学思维·数字技术·数字经济[①]
——我们正在进入需要数学语言和数学思维才能认知经济与生活的时代

在我正式进入主题之前，我对于今天的总题目——"后疫情时代：数字经济与全球影响"——里的"后"字，提出我的看法。"后"字常常使人们联想到"后冷战时代""后全球化时代""后人类时代"，我认为，现在讨论"后疫情时代"为时过早，因为判断现在的疫情结束的时间是相当困难的。所以，我这里提出"长疫情时代"概念。究竟多长很难说，但是，人们可以相对容易根据不同指标，形成诸如第一、第二、第三阶段的共识。例如，如果定义疫情从暴发到大规模传播是"第一阶段"，现在从世界范围内看，这一阶段大体已经过去。在过去的三四个月中，在世界范围内，人们对疫情经历了从极端关注，到比较关注，再到趋向麻木的过程。这说明，人们正在逐渐接受与"新冠病毒"长期共存的"长疫情时代"。当然，究竟"后"更准确，还是"长"更准确？还是要看事实。

在过去几个月，世界并没有停止运转。其中，有三件事情对历史影响深远，也与我今天所讲的有直接关系：（1）3月份，以美国为代表的多国股市频繁熔断；4月21日，国际原油期货价格出现负数。（2）中国央行数字货币（DC/EP）开始进行试验，Libra也提出了2.0白皮书。（3）几天前马斯克的SpaceX又发射了420颗卫星，并提出挑战5G的不是6G，

[①] 本文系作者根据2020年4月26日在"云上思想"研讨会暨No.90智酷沙龙上的发言补充修订而成。

而是他所代表的技术思路。

这说明,即使在疫情长期存在的情况下,现代社会还要维持运行。不仅要回归常态,而且需要发展、转型与进步。我们需要广阔视野与历史感。正是在这样的历史前提下,我今天选择讲"数学思维、数字技术、数字经济",并探讨这三者之间的关系。

1.数学概念和数学思维

自疫情开始以来,一系列数学概念以前所未有的速度从各个方面涌入到疫情和经济生活之中,并且潜移默化地改变着人们的话语体系和思维方式。这些数学概念包括:

1.1 主要数学概念

1.1.1 指数(Mathematical Index)。

(1)"指数"和新冠病毒疫情。描述和理解新冠病毒疫情的严重性和传播速度,需要通过"指数函数"概念。[①]3月份以来,新冠病毒在全球扩散,证明新冠病毒具有指数效应。当然,指数函数不过是描述诸如此次疫情的相对简单数学工具之一,一般的传染病数学模型还要涉及至少常微分方程、偏微分方程和差分方程等高等数学工具。

(2)"指数"和资本市场。在3月9日、11日、16日和18日,美国股市发生四次熔断。所谓"熔断",是指基于道琼斯指数、标普500指数和纳斯达克指数的股票价格指数跌幅超过7%,股市暂停交易。所以,只有认识美国股市指数结构,才能从专业层次理解美国股市的熔断现象。

---

① 中国复旦大学常务副校长、生命学院教授、博士生导师金力在3月初提出一个估算新冠肺炎感染人数的简单数学线性模型,并发明了一个简单的计算公式:$\log_7(Nt+34)=0.051 \times t+2.075$。证明感染人数大约呈现为指数增长,每19天感染人数增长10倍。信息来源:medrxiv网站,2020年3月2日。

1.1.2 0（Zero）。在数学发展史中，0具有里程碑意义，是含义丰富的数学概念。近年来，特别是疫情期间，0成为被普遍使用的数学概念：0边际成本、0利率、0增长、人口0增长、新冠疫情感染0增长，不一而足。经济学家没有能力跟随和诠释0现象。

1.1.3 负数（Negative）。现在，负数概念正在颠覆人们的经济常识。（1）GDP呈现"负增长"。（2）负利率常态化。负利率即存款利率为负值。2016年1月，日本央行宣布将采取-0.1%的利率，成为亚洲首个实施负利率的国家。实行负利率的还有欧共体国家。欧洲央行自2019年8月起，将隔夜存款利率从-0.4%调为-0.5%。（3）4月21日，5月WTI原油期货每桶结算价跌落55.90美元，跌幅305.97%，收报-37.63美元/桶，历史上首次收于负值。这意味着，将油运送到炼油厂或存储的成本，已经超过了石油本身的价格。历史上，战争不仅会使经济活动停止，而且对财富加以破坏，导致经济存量和流量出现负数现象。现在，在和平时代也可能发生同样的情景。

1.1.4 极限（Mathematical Limit）。在现实经济中，存在两个"极限"：一个是首先由罗马俱乐部提出的"增长的极限"；另一个是现在这个世界所能承受的"灾难极限"。对于后者，研究不够。马克思曾经说过："任何一个民族，如果停止劳动，不用说一年，就是几个星期，也要死亡。"此次疫情证明，不论发达国家，还是新兴市场国家，其经济承受能力远远超过人们的预期和判断。现在有一种人类进入"存量经济主导时代"的说法，存量与承受力有关联性，属于可以计算出来的数学问题。

1.1.5 概率（Probability）和数理统计（Mathematical Statistics）。理解此次疫情，涉及以概率论为理论基础，对受随机因素影响的不确定性现象进行观测、试验、获取样本、提取信息，最终形成包括参数、分布、相关性的数理统计模型。托马斯·谢林（Thomas Schelling）通过研究冷战时期对苏联进行核轰炸模型中美国飞行员的生命价值，提出

"统计学意义上的生命价值",因此获得2005年诺贝尔经济学奖。当下疫情时期的"群体免疫",背后其实是统计学原理。至于美国股市的熔断,为什么以7%作为极限,源于概率论。在概率论中解释随机过程的"鞅"(Martingale)的概念和方法,对于认知金融衍生产品(Financial Derivative)很有价值。

1.1.6 纳什均衡(Nash Equilibrium)。因为疫情和经济的急剧变幻,导致世界不同利益集团的博弈,于是产生了对纳什均衡的重新理解。而纳什均衡,或者博弈理论背后的数学基础,是"概率分布",是对基数的理解。

1.1.7 复数(Complex Number)。讨论和理解实体经济、物理形态经济和观念经济、信息经济、数字经济的平行关系,需要引用"复数"概念。前者可以理解为"实数",后者可以理解为"虚数"。约十年之前,林左鸣先生团队研究虚拟经济的努力和在学术上的成果,值得肯定。团队中有一位宋可为先生,于2009年发表了一篇文章《虚数对广义虚拟经济理论研究的启示》,系统探讨了复数和虚拟经济的对应关系,并且提出广义虚拟经济价值公式。①这篇文章至今仍具有启发性。

1.1.8 集论(Set Theory)。当代世界高度复杂和高度不确定性,所有的复杂和不确定现象,都可以理解为"一个或多个确定的元素所构成的整体",或者可以对所有的变化理解为处于"集合"状态"元素"作用的结果。特别是,现实生活中,正在出现更多的"模糊集",因为其中的"元素"很可能处于不清晰状态。疫情作为一个"集合"的概念,其中包括了太多尚不清楚的"元素",必然影响整体判断。经济、政治和社会

---

① 宋可为公式如下:$V = K \times f(N, T)$,其中 N 表示人口,T 表示发展历史,K 表示社会制度,V 表示提出的广义虚拟经济价值。参看晓林、秀生主编:《广义虚拟经济论文集1》,航空工业出版社,2008年,第187—192页。

情况也是如此。这一切证明了数学的"集论"正在显现出前所未有的影响力。

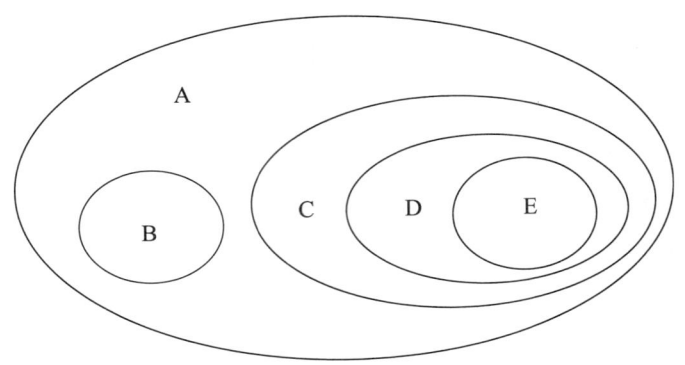

1.2 数学思维

前面所罗列的大部分数学概念，并不艰深，属于初等数学范畴。但是，也触及某些高等数学概念，例如数学分析、概率统计等等。唯有通过这些数学概念、数学语言，方可以形成数学思维，进而对现在的经济现象做出描述和分析。数学思维最重要的特征是对所要描述和分析对象的数量、构造、时空变化、逻辑关系和信息方式等，提供系统、抽象、严谨、精确的方法，维系和支持人类的想象、归纳、演绎和综合能力，以及高级心理活动的演变。

人类从来没有像今天这样，经济和社会领域的纷纭复杂现象最终体现为需要通过数学概念表达和理解的"大数据"。当下，没有指数的意识，没有"幂"认知，就没有办法理解疫情的严重性，以及对人类生存的威胁和未来的可能趋势。如果没有数学基本训练，已经无法理解现代货币金融，例如"对冲基金"的原理。也就是说，当人类进入大数据时代，意味着人类进入基于数学思维认知经济与生活的时代，或者说进入了没有数学语言和对于数学关系的思维能力，已经无法认知经济与生活的时代。

1.3 "疫情时代的不可能三角"

在这里,我试图借助数学思维,借助"蒙代尔不可能三角"(也称之为"蒙代尔三元悖论")的启发,提出"疫情时代的不可能三角"(Epidemic Situation Impossible Trinity),见下图:①

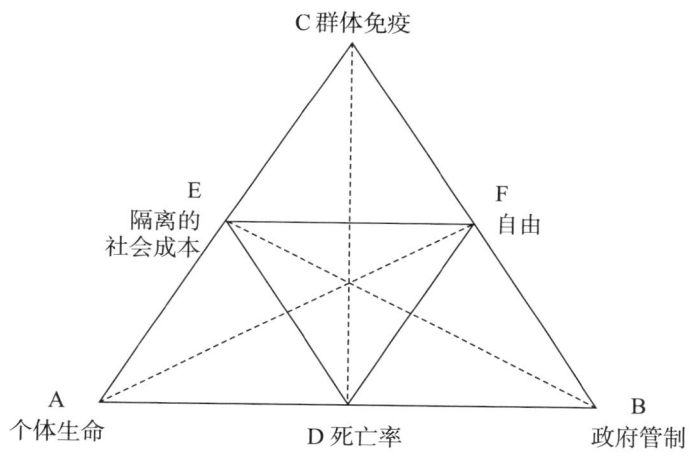

"疫情时代的不可能三角"所要说明的是疫情过程中的基本困境:难以同时实现个人生命价值(对应的是个体自由)、群体免疫(对应的是高死亡率)、政府管制(对应的是严格隔离)。更深刻的分析是:在疫情状态下,维系社会效益和社会成本的关系失衡。如果从人文的态度出发,尊重每一个生命价值,社会经济总成本难以为继;而要控制社会成本,就要全方位压缩个体自由空间;如果选择群体免疫,则导致高死亡率。

第一部分小结:今天的数学语言与生活息息相关,唯有引入更多的数学语言和思维,方可以避免交流和逻辑困境。所以,需要通过数学语

---

① 本图请崔巍教授绘制。

言改造我们的话语体系。

2.数字技术

即使以战后作为历史重要节点，数学作为科学发展的主导的时代早已过去，进入发展和突破的缓慢时期。但是，数字技术却进入了长达半个世纪以上的黄金时期。数学思维，必须有相应的数字技术，或者算法技术的支持。前文所说的新的经济现象、数学语言表达的东西，都必须有新的技术支持。所谓数字技术包含"软技术"与"硬技术"，两者互相融合，甚至存在重叠，其界限是动态的。先是从计算机到互联网的IT革命，之后是大数据、云计算和AI。

2.1 "软技术"方面

"软技术"范围广泛。早期等同于"软件"（Software），其中最重要的组成部分是"计算机语言"，即"编程语言"，进而与大数据结合，包括数据挖掘、储存和分析，以及机器学习。简言之，以非人力为主的算法活动都属于数字技术的"软技术"，其特定专业人员包括程序员和算法工程师。

2.1.1 "云计算"（Cloud Computing）。云计算，又称为网格计算，经过过去十余年的发展，已经相对成熟和获得广泛应用，其主要特点是通过网络"云"将巨大的数据计算处理程序分解成无数个小程序，然后，通过多部服务器组成的系统进行处理和分析这些小程序，得到结果并返回给用户。通过云技术，实现对大数据采集、存储、计算、处理和拓展。

2.1.2 "矩阵计算"（Matrix Computation）。这里所指的"矩阵计算"，不再是传统的、非人工智能的、以英特尔CPU芯片支持的矩阵计算，而是指基于人工智能和机器学习实现的深度神经网络计算的超大规模矩算。这样的矩阵计算正在取代现有的传统计算，实现智能系统、实时分析、AI推理、机器人等数据驱动的实时或近乎实时的相关计算。有一种说法：

2030年企业将把42%的成本用于矩阵计算。①1999年好莱坞推出电影《黑客帝国》(*Matrix*),之后是第二部《黑客帝国2:重装上阵》(*Matrix Reloaded*)、第三部《黑客帝国3:矩阵革命》(*Matrix Revolutions*),核心内容是人工智能和矩阵计算的结合如何颠覆和取代传统计算模式。

2.1.3 "量子计算"(Quantum Computation)。量子算法与经典算法有着本质差别,因为量子算法融入诸如量子的相干性、叠加性、并行性、纠缠性、波函数塌缩等量子力学的很多特征,因而显著提高计算效率。"最为典型的量子算法有:Shor算法(质因数分解),QEA算法(组合优化求解),Grover算法(量子搜索算法)等。这些量子算法可能处理的问题不同,但都是采用了量子力学物理性质进行计算。"②至于量子计算的信息单位称之为量子位(Qubit,全称是Quantum Bit),与常规计算机的信息单元以0和1体现的二进制不同,可以体现为0,或者1,或者0和1并存状态。比较经典计算,量子计算的有效性表现为:有能力避免经典算法随着数据量的增加而导致巨量时间消耗的情况。

2.2 "硬技术"方面

数字技术的"硬技术"方面,涉及领域广泛,几乎可以囊括IT产业的所有部门。但是,主要类别集中在以下几个领域:

2.2.1 芯片技术(Microchip Technology)。芯片是经过很多道复杂的设计工序之后所产生的一种完整工业产品,是微电路、微芯片、集成电路的载体。而现代计算、信息交流、制造体系和交通系统,特别是互联网,全都依赖于集成电路。芯片主要用于计算机主机板CPU,芯片的设

---

① 《矩阵计算与AI革命:20年前〈黑客帝国〉的预言成真》,"云科技时代"自媒体发布,2020年4月25日。
② 参看量子客:"量子算法"(https://www.qtumist.com/post/3147)。

计和高精度决定CPU的功能。在过去几十年,芯片主要垄断在英特尔、Arm及其结盟公司手中。2010年在美国成立的RISC-V基金会,坚持开源、精简、不受国际政治干扰的原则,正在改变芯片产业生态,吸引了包括Google、阿里巴巴、三星、华为、英伟达(NVIDIA)、西部数据(Western Digital)等全球五百多家企业参与研发,每年芯片出货量达到百万颗,很可能导致在CPU领域形成英特尔(x86)、Arm、RISC-V三分天下的格局。如果说集成电路带来数字革命,说到底是"芯片"的不断革命,不断以"摩尔定律"与"梅特卡夫定律"体现的革命。梅特卡夫定律就是网络发展的指数描述,芯片的发展完全符合这个数学模型。未来芯片的巨大发展空间是人脑芯片和生物领域。

2.2.2 通信技术(Communication Technology)。(1)移动通信网络。目前,移动通信技术正处在从4G向5G的过渡阶段,语音通信将会逐渐被数据通信所取代。(2)卫星。卫星通信不受气候和自然地理的条件限制,其成本低于长距离电缆通信。马斯克星链计划极为值得关注,将1.2万枚卫星发射到地球上空550千米处的近地轨道,形成卫星通信体系,会深刻地改变世界。所以,马斯克说,颠覆5G的不是6G,而是卫星通信。(3)量子通信(Quantum Communication)。量子通信是基于量子力学原理,以量子态为信息载体的一种通信形式,可以完成经典通信所不能完成的任务。量子通信被认为是可以实现安全传输信息的通信方式。

2.2.3 AI技术(Artificial Intelligence)。AI技术被定义为研究、开发用于模拟、延伸和扩展人类智能的技术科学,主要目标是使机器能够胜任一些通常需要人类智能才能完成的复杂工作。人工智能的技术范围广泛,包括机器学习、计算机视觉,等等。

2.2.4 量子计算机(Quantum Computer)。量子计算机是一种通过量子力学规律以实现数学和逻辑运算、处理和储存信息能力的物理系统。量子计算机以量子态为记忆单元和信息储存形式,以量子动力学演化为信息传递与加工基础的量子通信与量子计算。在量子计算机中，其硬件的各种元件的尺寸达到原子或分子的量级。根据外媒报道，2019年9月IBM宣称，将很快为其IBM Q Network的客户提供53-qubit量子计算机。2020年3月4日，创建于1890年代的霍尼韦尔公司在量子计算中提出了新的目标：2025年将使整个计算能力提高到10万倍以上。

第二部分小结：2020年代将是数字技术综合性发展，而且发展速度进一步加速的历史时期。数字技术不仅可以实践越来越多的数学模型，而且为数字经济提供日益完整的技术基础。

3.数字经济

"数字经济"是现在被普遍使用的四个字，但是，很多人对数字经济的解读基本停留在初级水平。如果不理解人类经济生活已经数学化、数字化，不理解数学技术，当然没有能力理解数字经济。数字经济，可以定义为使用数学思维，基于数字技术和算法技术的经济活动。广义理解数字经济，则是一种包括数字货币、数字资产、数字财富和生产方式的新经济形态。

3.1 数字货币

2008年比特币的诞生，标志着数字货币时代的来临。在过去十余年间，数字货币经历了爆炸性发展，数字货币市场上所交易的数字货币规模虽然有限，但是种类已经有数千种之多。铸币权垄断的时代已经开始改变。2019年6月至2020年4月，Libra先后推出1.0版和2.0版白皮书；2020年4月，中国央行启动央行数字货币（DC/EP）试验，都属于数字货币历史上的里程碑事件。

包括央行数字法币在内的更多数字化稳定币的出现和流通，是数字经济发展的必要条件。没有数字货币的数字经济和没有数字经济的数字货币，都是不可思议的。换句话说，不处在数字经济环境之下的数字货币，没有数字货币作为主要媒介的数字经济，都是不可能的。因此数字货币就成为是否能够实现数字经济的最重要的途径和前提。

3.2 数字资产和数字财富

在数字经济形成与发展过程中，数据的生产要素贡献比重不断增加，进而成为具有价值的资产。数字资产的确权，加之与数字货币的结合，推动数字资产积累和转化为数字财富。

3.3 数字产业模式

数字经济产业化，主要通过三条路径：

3.3.1 原生态数字经济产业。主要是指出生于互联网的产业。例如亚马逊、阿里巴巴、Facebook、抖音等社交平台。

3.3.2 转型之后的数字经济产业。例如，数字化的音乐、电影和出版业；Uber和滴滴打车。

3.3.3 数字经济和传统经济混合产业。原本的传统实体经济，通过数字技术完成部分或者整体改造，实现数字化转型。例如石油与煤炭的资源产业的数字化。

3.4 数字制度

现在数字技术一方面不断地创造着新型的数字企业、行业和产业，另一方面正在扩展对传统实体经济的改造。在数字产业这个过程中，会产生以建立数字经济架构为主业的新型公司，推动数字经济的规模化发展。经济活动中的人流、物流、现金流与信息流的数字化在相互影响和全面加速。实现在任何时间、任何地点，人、机、物互联互通的物联网（IOT）进程远远快于人们原有的预期。Arm曾经预测，2017—2035年，全球将增加近乎天文数字的1万亿台物联网设备。

IOT所改变的不仅仅是人们的生活和生产方式，而且会推动传统经济制度，包括市场机制、企业制度、市场竞争模式，甚至法律体系的改变和改革。因为现存的经济制度形成于工业革命进程的历史背景，与工厂生产、雇佣劳动、公司、跨国公司制度相适应，而IOT则提供了共享经济、个体就业和新型经济组织的物理前提。

因为数字经济的形成与发展，人类会进入到一个新的平行世界，即数字经济、观念经济和信息经济与传统实体经济并存的世界。方兴未艾的区块链将是这个平行世界的桥梁。不仅如此，区块链还是消除人们之间"信任赤字"，重建信任的基础结构。区块链是21世纪以来最特殊的创新，包括软技术与硬技术，其基础同样是数学，例如哈希函数，以及作为数学重要分支的密码学。

结论：迎接数字文明

2019年冬天开始的全球疫情，是一个悲剧性的历史事件，成千上万的生命逝去，成千上万的家庭破碎。但是，我们还要发现：在疫情过程中，世界的进步并没有停止。疫情加快了全世界的数字化进程，人们更换语言，改变传统思维模式，学习使用数学概念，接受数字思维，拓宽视野。人类的数字文明进程加快。

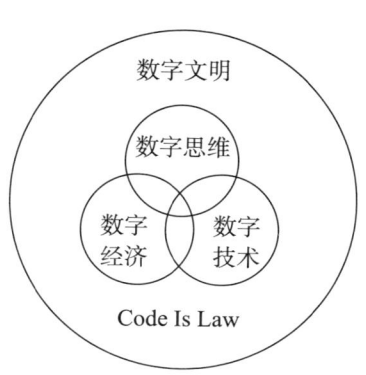

集哲学家和数学家于一身的罗素曾经说过:"数学,如果我们正确地看它,它不但拥有真理,而且拥有至高的美。"数学家哈代(Godfrey Harold Hardy)也说过近似的话:"数学家的模式同画家和诗人的模式一样,它们一定是美的;数学概念就像颜料和水彩,一定会通过某种和谐的方式组合在一起。"[1]所以,未来的数字文明会显现强烈的真理与美的特征。

---

[1] 转引自:戴维·欧瑞尔(David Orrell)著《科学之美》,第 xv 页,电子工业出版社,2015 年。

3-4 构成平行世界的数字经济和实体经济[①]

上次到南宁是1979年12月,来参加全国货币银行改革研讨会议。转眼近四十年过去,今天再到南宁感触良多。我大概讲四个问题。

1. 实体经济VS数字经济和平行世界的形成

自人类文明开始,人类经济活动主要发生在开发和加工物质资源的领域,形成了第一和第二产业。工业革命和工业化促进现代加工业的形成与发展,将工业品的生产和加工推到历史最高水平。后来居上的第三产业,或者所谓的服务业,本质上依然是第一和第二产业的延伸。以传统三次产业所对应的人类经济形态,即是物质经济形态。在物质经济形态下,需要能源和交通产业作为基础结构。自20世纪后期,GDP和人均GDP逐渐成为衡量物质生产增长的最重要指标。

但是,自1970年代初,人们开始观察到,工业社会开始走向临界,科学技术和知识开始改变传统的经济形态。1973年,美国经济学家贝尔在奥地利萨尔茨堡提出了后工业化社会的概念,[②]开始了思考新经济的先河。在后来的半个世纪中,因为IT革命、互联网兴起,大数据、云计算和AI技术开发,一个有别于传统物质经济形态的"新"经济逐渐得以形成和发展。人们将这个"新"经济形态称之为"知识经济""信息经

[①] 本文系作者于2018年5月16日在广西南宁东盟产业园的发言。
[②] 美国经济学家丹尼尔·贝尔在1973年发表的《后工业化社会的来临》一书中,首次提出了人类社会发展的"三阶段论",即前工业社会、工业社会、后工业社会。

济""互联网经济""平台经济",还有"虚拟经济"和"观念经济"。①最近几年,因为数字化对经济的影响深化,"数字经济"概念开始流行。"数字经济"概念更为宽广,可以涵盖其他"新"经济概念。因为,"知识""信息""互联网""平台""虚拟"和"观念",最终都可以实现为"数字"也就是"code"描述和表达。

进入2010年代末期,一个传统的物质经济和数字经济的平行格局趋于形成。一方面,历史悠久的传统物质经济,仍旧是保障人类生存的基本经济形态,需要全天候运营,为亿万民众提供就业机会,获得收入,养家糊口,需要实现可持续发展。在今天,处于饥寒交迫和物质生活资料绝对匮乏的人口越来越少;另一方面,科技和创新推动形成的"数字经济"因为高度数字化,具有易于切割、组合、流动特征,全面崛起,形成了新的产业群,在世界发达国家里正在走向与传统经济"平分秋色"。

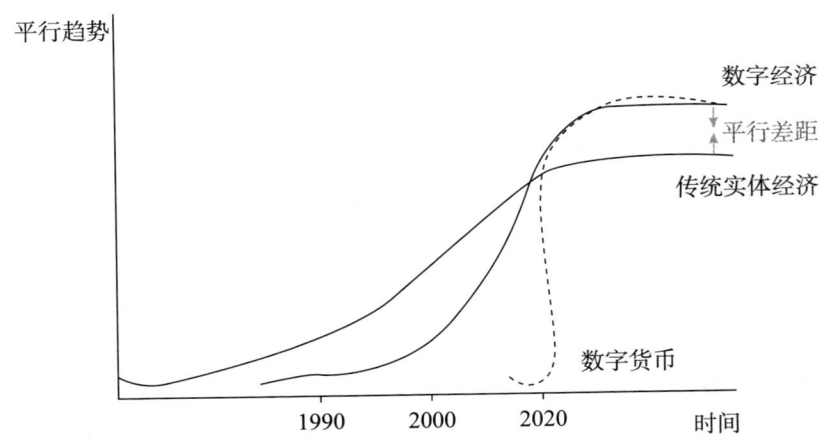

比较处于平行状态的传统经济和数字经济,可以发现如下几个明显的差别:(1)传统经济受制于宏观和微观的差别,成本约束显著,总需

---

① 本文作者和黄江南是"观念经济"的提出者。

求、总供给的关系刚性强；数字经济打通宏观和微观，总需求、总供给的关系弹性大。（2）传统经济具有日益增强的生产能力，伴随劳动生产率的提高，劳动密集型行业减少，可以用非常有限的人力维系78亿人类基本生存的物质资料；相反，因为数字经济的扩张，开始创造不断增加的就业机会。（3）传统经济活动存在于相对稳定的"时空"，而数字经济活动是多维度的，突破牛顿经典物理学的空间。前几年沃尔特·艾萨德（Walter Isard）所著《区位与空间经济》一书，提供了现代经济活动的空间模式。例如，农业受春夏秋冬和土地的约束，思想和艺术生产不受时空改变的影响。（4）传统经济和数字经济的生产要素不同，信息和数据不是传统经济的生产要素，却是数字经济的要素。（5）传统经济的机制导致产能过剩、产品过剩和资本过剩，经济危机正在常态化；典型的数字经济危机还没有案例。（6）传统经济和数字经济的"资本"的内涵、机制、功能和地位都发生改变。今年是马克思两百周年诞辰。马克思所研究的资本是工业经济时代的资本。在数字经济时代，知识、智能、信息、数据都成为资本。数字流动性最强，不受时空限制，可以随时交易，这是资本的基本观念的革命。（7）传统经济和数字经济具有不同的财富结构和衡量财富的尺度。

特别需要指出，传统经济和数字经济处于非均衡的发展状态。数字经济受信息爆炸和知识爆炸的直接影响，全面加速。

2.数字货币对数字经济的赋能

2008年末，以中本聪关于比特币的文章《比特币：一种点对点电子现金系统》作为标志性事件，数字货币正式走上历史舞台。中本聪是谁一直有争议，其实没有太大意义。认为创造比特币的中本聪是一个团队，属于比较合理的推测。这是一支有着共同理念和科学训练有素的团队，具有将数学、密码学、计算机科学、信息学，甚至货币金融原理加以综合和创新的能力。

中本聪团队凭借技术、智力和脑力的长期积聚，还有想象力，在2008年那个特殊的时点上，创造了比特币，一种崭新的数字货币形态。现在2018年5月，比特币的历史不过9年而已，已经并正在形成不断放大的影响。现在比特币的市场价值是惊人的，比特币的市场成交价格超过8000美元，成交额为60多亿美元。[①]而中本聪团队为创造比特币所支付的可以数量化的直接成本，例如耗能成本，相当有限，甚至可以说是微乎其微。也就是说，比特币的产生没有消耗任何原材料和物资资源，几乎是零能源消耗，却形成了改变历史的冲击波和颠覆力量。

比特币是数字货币，至少是数字资产。但是，比特币价值的实现需要通过市场交易，并通过美元价格加以显示。即便如此，并不可能全面反映比特币的真实价值：（1）比特币具有强大的繁衍基因。以太坊和数不胜数的各种山寨币就是证明。（2）比特币和因为比特币所产生的数字货币，对形成货币体系的效应。（3）伴随比特币和数字货币所产生的新业态和产业链。（4）数字货币对数字经济的"赋能"，数字经济因为数字货币获得更大的发展空间。数字货币和数字经济将进入不可分割和相互作用的状态。在不久的将来，没有数字货币作为媒介和价值尺度的数字经济和没有数字经济作为基础的数字货币，都是不可想象的。

上述四点，很难做出一个定量的结论。但是，无论比特币和数字货币的价值怎样继续波动，其价值的持续上升是趋势。

表象上看，比特币和数字货币是基于技术的新型货币形态。但这不是说比特币没有人文主义的底蕴。其中不难看出哈耶克在《货币的非国家化》里的思想的影响。哈耶克认为，当代货币就是法币信用货币，法币信用货币的物理形态是基本没有技术价值的纸币，国家是法币的主体，

---

① 2018年5月16日比特币的市场成交价格为8508.43美元，成交额为67.60亿美元。

决定货币发行的数量。民众没有可能改变政治体制，没有可能挑战国家对货币的垄断，不存在对货币发行数量的话语权。事实证明，基于国家威权的法币，本质上都是一种通货膨胀式的货币。所以，哈耶克主张货币非国家化和货币竞争。但是，哈耶克时代不存在实现货币非国家化的技术条件和社会条件。2008年，比特币做到了。

3.区块链VS平行世界

区块链是怎么产生的？好像是横空出世，如同《西游记》的孙悟空，其实不然。因为区块链是支撑比特币的技术，自2009年1月3日第一个序号为0的创世区块诞生，得以被关注。之后，区块链技术显示了它的独立特征，因为可以广泛应用于产业和社会组织活动之中，故得以广泛传播。

其实，区块链的原理和技术早于比特币。比特币对区块链基本上是"拿来主义"。当然，有这种"拿来主义"的意识和能力，已经了不起了。说到底，区块链本质是数学、密码学、计算机科学等学科的一种集合形态。例如，支持区块链技术的哈希函数、梅克尔树，追根溯源，就是数论和微分方程。当然，区块链最终需要硬技术基础：计算机、互联网，还有其他智能工具。而硬技术的核心是"芯片"。没有这样的硬技术，区块链也只能是一种构想。进一步说，区块链集合了自1950—2010年代IT革命、密码学和数学，以及互联网的成功。区块链是个集大成者。

在现实中，区块链是建立在数学科学、计算机基础上的一种框架和应用空间。从本质上讲，它是一个共享数据库，存储于其中的数据或信息具有去中心化、分布式存储、共识机制、不可篡改、全程留痕、可以追溯、集体维护、公开透明等特点。

但是，区块链本身看不见，摸不着。区块链的价值需要通过应用载体得以实现。比特币就是区块链的一种载体。如果希望区块链的效应可以像一般技术那样，可以随时随地表演，那是不可能的。所以，认知区块链复杂体系，不仅需要"形而下"的技术常识，也需要"形而上"的思维方式。

区块链应用场景很多。现在人们所讨论的区块链尚处于早期阶段，还有极大的发展空间。在区块链发展过程中，会逐渐形成区块链自身和被区块链改造的产业群。区块链的最大价值在于：（1）形成数字经济的基础结构。数字经济的生产要素是大数据，大数据的采集、存储和加工需要区块链技术。（2）成为数字经济和传统实体经济平行世界的桥梁。唯有区块链可以打通两种经济形态，将有价值的资产数字化，并与交易平台结合实现价值流动。从长程看，区块链最终拉近两种经济形态之间的距离和实现相交。（3）改变自农耕时代至工业时代的人类经济组织形式。设想一群人来到《鲁滨孙漂流记》里的那个与世隔绝的海岛上，如果一切从零开始，为了维系"岛民"可持续生产和交换活动，避免不公平分配和利益冲突，最佳选择是根据区块链原理和规则组织非中心化的社区。

4. 追溯数字经济的奠基人

数字经济并非传统实体经济的自然演变结果。数字经济的形成与发展，源于第二次世界大战之后的科学技术进步。其中，与数字经济具有直接关系的是控制论、信息论和计算机科学。追溯数字经济的奠基人，包括：

4.1 维纳。维纳于1948年出版《控制论》，提出了系统的控制论理论。维纳控制论使用的cybernetics一词，很可能来自1834年法国物理学家安培（André-Marie Ampère）的一篇论述科学哲理的文章，该文将管理国家的科学称为"控制论"，并将希腊文译成法语"cybernetigue"。在维纳的控制论中，"控制"原理就是控制信息，一切信息传递都是为了控制，进而任何控制又都有赖于信息反馈来实现。在控制论中，信息反馈是极其重要的概念。所谓的信息反馈，就是由控制系统把信息输送出去，再将其作用结果返送回来，并对信息再输出发生影响，以期达到制约作用和预期的目的。控制论系统包括四个基本特征：（1）要有一个预定的稳定状态或平衡状态；（2）从外部环境到系统内部有一种信息的传递；（3）这种系统具有一种专门设计用来校正行动的装置；（4）这种系统为了在不断变化的环境中维持自身的稳定，内部都具有自动调节的机制。控制系统是一种动态系统。区块链技术的重要特征是通过分布式存储、节点的反馈机制、保障信息不可篡改、永久性存储、算法的智能合约，实现对信息的有效控制。所以，区块链的原理显然符合维纳的控制论原理。也因此，数字经济的基础结构包括了控制论的基因，这是传统实体经济所不具备的。

4.2 冯·诺伊曼。冯·诺伊曼是20世纪最重要的数学家，在现代计算机和博弈论等领域建树卓绝。冯·诺伊曼一生著作很多，其中的《计算机与人脑》（1958）和《博弈论与经济行为》（1944）影响深远。冯·诺伊曼最大的成就是奠定了整个计算机的基本原理，揭示了计算机和数学之间的关系，是主张计算机只能采取二进制的关键性人物。冯·诺伊曼提出计算机的三个基本原理：（1）计算机由控制器、运算器、存储器、输入设备、输出设备五大部分组成。（2）程序和数据以二进制代码形式不加区别地存放在存储器中，存放位置由地址确定。（3）控制器根据存放在存储器中的指令序列（程序）进行工作，并由一个程序计数器控制指令的执行。所以，符合冯·诺伊曼体系结构的计算机，必须具有输入数据和程序、记忆数据和程序、完成数据加工处理、控制程序执行、输出处理结果的硬件系统。如果没有冯·诺伊曼，不知道计算机科学还要落后多久。毫无疑义，没有冯·诺伊曼所奠定的计算机科学，就没有IT革命和互联网，当然也就不可能出现数字经济。数字经济的整个基石就是二进制的计算机语言。

4.3 香农。香农是数学家,更是信息论的创始人。一般来说,信息有三种存在形态:自在信息、自为信息和再生信息。香农信息论贡献在于,用数学公式严格定义信息的量,反映了信息表达形式在统计方面的性质。不仅如此,香农提出"信息熵"的概念:"信息熵不仅定量衡量了信息的大小,同时为信息编码提供了理论上的最优值:实用的编码平均码长的理论下界就是信息熵,即信息熵为数据压缩的极限",为信息论和数字通信奠定了基础。到了1948年,因为晶体管的发明,成为信息时代具有里程碑意义的一年。时年32岁的克劳德·香农提出以比特"用于测量信息的单位"。在香农思想中,信息和长度、重量这些物理属性一样,是种可以测量和规范的东西。香农一生并没有大部头的著作,但是,他的几篇论文《继电器与开关电路的符号分析》(1938)、《通信的数学原理》(1948)、《噪声下的通信》(1949),足以奠定他在信息论领域的权威地位。香农的信息论包括三大定理:(1)可变长无失真信源编码定理;(2)有噪信道编码定理;(3)保失真度准则下的有失真信源编码定理。香农严格证明了信道带宽限制了比特率的增加,信道容量取决于系统信噪比以及编码技术种类的关系。1949年,香农发表《保密系统的通信理论》一文,开创用信息论研究密码学的新思路。"以概率统计的角度,对消息源、密钥源、接收和截获的消息进行数学描述和分析,香农深刻揭示了冗余度在密码中的作用,用不确定性和唯一解距离来度量密码体制的保密性,深入阐明了密码系统、完善保密性、纯密码、理论保密性和实际保密性等重要概念,从而大大深化了人们对于保密学的理解"。[①]在过去五六十年之后,香农的信息论,以及关于信息论和密码学关系的研究,完全没有过时。现在的区块链和数字经济的本质是信息经济,所以都需要香农所重建的信息论作为主要的理论基础。

---

① 参看科言君:《香农的信息论究竟牛在哪里?——怀念香农百年诞辰》。

4.4 图灵。图灵身兼数学家、逻辑学家、计算机科学家和人工智能科学家。图灵最有代表性的学术成果是《论数字计算在决断难题中的应用》(1936)、《机器能思考吗?》(1950)。1936年,图灵提出著名的图灵机模型,即一种自动机的数学模型,为现代计算机的逻辑工作方式奠定了基础。图灵建构了现代计算机技术的基础。1946年,图灵发表论文阐述存储程序计算机的设计。他的成就与研究离散变量自动电子计算机的冯·诺伊曼同期。图灵的自动计算机与诺伊曼的离散变量自动电子计算机都采用了二进制,都以"内存储存程序以运行计算机"打破了那个时代的旧有概念。在人工智能方面,图灵提出了一种用于判定机器是否具有智能的实验方法。乔布斯是图灵的崇拜者。关于苹果公司的标识是被咬了一口的苹果,有N种解释,很可能是为了纪念图灵吃毒苹果自杀的悲剧。[①]从广义数字技术历史维度看,图灵在数学、逻辑、计算机和人工智能方面的理论和实验,都为后来数字经济的形成和发展提供了不可替代的基石。

从对维纳、诺伊曼、香农、图灵的划时代贡献的简单回顾,不难得出这样的结论:是他们奠定了数字经济的控制论和信息论的理论基础,提供了支持数字经济的基本技术方向,以及作为硬技术的计算机原理与构造,创造了表达数字经济的全新话语体系。其中,信息是数字经济的核心所在。所以信息论地位至关紧要。见下图:[②]

---

① 苹果公司标识的设计者、麦肯纳创意总监罗勃·简诺夫(Rob Janoff)在采访中说:"品牌设计之后没有任何特别之处,仅仅是我喜欢而已。关于被咬了一口的实际含义其实就是这么普通,不过还是很高兴能有如此之多有意思的'巧合'(巧合是针对苹果标志含义的各种传言)。"参看《苹果公司"被咬了一口的苹果"作为 logo 的由来》(http://baijiahao.baidu.com/s?id=1604655631481025402)。
② 参看科言君:《香农的信息论究竟牛在哪里?——怀念香农百年诞辰》。

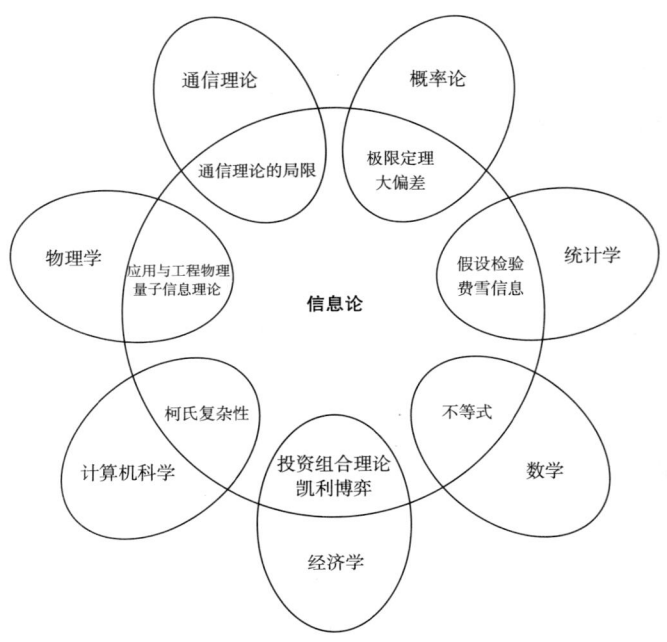

很难说传统实体经济和新生数字经济的平行状态什么时候会被完全打破。但是，新生数字经济通过区块链正在不断地影响和侵蚀传统经济的领地。如同北方民族不断扩大对罗马帝国的侵入，罗马帝国虽然还具有绝地反击的实力，但是其最终的衰落是不可避免的。新生数字经济终究会完成对传统经济的数字化改造。那个时刻，意味着传统实体经济和新生数字经济的平行状态的完结。

3-5 数字经济、区块链与法[①]

作为会议的发起者和组织者,我仅谈谈召开这个会议的原因、会议内容安排和会议意义。

1.关于会议初衷:改变数字经济和法律体系的失衡

今年是互联网诞生五十周年,又是比特币诞生十周年。在过去半个世纪,特别是最近十年,数字经济完成了从形成、发展到构成新型经济形态的过程。那么,如何定义数字经济呢?数字经济是以IT技术、区块链技术以及其他新兴技术为基础,以互联网为平台,以大数据处理为主要特征的产业形态。因为数字经济具有创造社会资源配置的特征,相比较传统业态,属于升级最快的产业。因为比特币和其他数字货币的几乎呈几何级数的成长,影响了现存的货币金融体系,最终推动了数字经济的发展。

现在,数字经济已经成为支持经济增长的日益重要的组成部分,形成了传统实体经济和数字经济并存的局面。或者说传统实体经济和数字经济成为平行世界。中国信息通信研究院研究显示,2018年中国数字经济规模达到31.3万亿元,按可比口径计算,名义增长20.9%,占GDP比重为34.8%。

但是,现在的法学理论和法律体系,都没有形成与数字经济匹配的

[①] 本文系作者于2019年10月20日在数字资产研究院举办的"区块链与法座谈会"上的发言。

局面。数字经济和数字货币发展速度与法律思想、制度和服务的滞后所形成差距,不是缩小而是继续扩大。现在需要法律界、经济学界、产业界结合在一起,改变这样的局面。这就是此次会议的背景和初衷。

2.关于造成法律和数字经济失衡主要原因

数字经济和数字货币有主体多元化、科学技术含量高、膨胀速度快、颠覆性强、对社会渗透与影响多层次化的特征,导致相对保守的传统法律思想和法律体制处于被动局面。以下几个原因导致法律和数字经济失衡:(1)法律法学体系的知识体系和教育体系主要形成于工业革命时代,没有能够于信息时代做出主导和积极的补充和革新。法律法学体系和数字经济时代下的经济活动从来没有像今天这样严重不对称。(2)传统法律法学体系的科技含量相当有限,而数字经济,特别是数字货币的技术含量极高,彼此的技术差异太大,导致非均衡发展。(3)高等院校的法律学科和法学研究机构滞后,既懂得数字经济又有法律专业训练的人才短缺。(4)相关法律的制定,需要法律界、科技界、经济实体和政府主管机构的协作,对已有的案例作深入探讨。其中,政府的作用尤其重要,例如政府部门是最多数据资源的掌握者。实现这样的协作,存在体制性和技术性困难。

3.关于数字经济领域亟待法律解决的问题

数字经济领域需要法律解决的问题很多,最为突出和急迫的问题主要是两大类:(1)数据类。数据应该是与土地、劳动力、资本、技术等传统要素并列的生产要素,不仅正在成为共识,而且不断在经济实践中得以证明。现在需要法律到位,回答是否具有私法意义上的权利属性,厘清在数据的市场化过程中数据产生者、控制者、使用者、分析者对数据资源的权益,或者说数据链各个环节的确权,提出关于数据确权的法律制度框架。2017年6月1日起施行的《中华人民共和国网络安全法》，已经不足以适应大数据规模膨胀和结构复杂化趋势，体现在生产、采集、存储、加工、分析、服务的分工细化。此外，数据安全和个人信息保护难度日益增大。中国需要加快数字经济时代数据立法的进程。2018年，欧盟《通用数据保护条例》（General Data Protection Regulation，GDPR）被认为是关于个人数据保护的最为严格法律文件，具有借鉴价值。[①]（2）数字金融类。在世界范围内，数字经济领域中发展最快的是数字金融，核心问题是如何规范数字化资产和资产数字化、数字资产交易、数字货币的分类和监管。现有货币金融领域的法律和法规都存在补充和升级的需求。在这方面已经有历史教训。例如，2017年在中国兴起的ICO，不仅是金融监管跟不上，而且相关法律严重缺位，最后是中国人民银行等7部委发布了《关于防范代币发行融资风险的公告》，叫停国内所有通证融资项目和新用户注册，采取限期关闭境内数字货币交易所等强制性措施，打击了以ICO为名的金融诈骗，恢复金融秩序。整个2017年的ICO风潮，还有2018年的STO讨论，都存在法律明显滞后的情况。Libra白皮书虽然属于国际性事件，但是对法律制度如何跟上数字货币和数字经济的发展构成了更为严重的挑战。中国不会例外。还有，伴随央行法定数字货币的推行，无疑需要法律的跟进。

4.关于会议涉及的主要课题

大概是这样几个方面：（1）梳理解决法律如何适应数字经济及数字货币急速发展的基本问题，缓和法律思想、制度和服务与数字经济和数

---

① 欧盟基于《通用数据保护条例》框架，已经与美国、日本、瑞士、加拿大等国订立"数据流动"适当性决议；依据这一协议约定，欧盟成员国和欧洲经济区（EEA）成员国以及美国、日本、瑞士、加拿大等国形成国际数据自由流动区域。"数据流动"适当性决议的签订无疑有助于参与协议国家的企业降低数据合规成本。

字货币严重不对称的情况。(2)评估数字经济及数字货币、新经济社会关系对法律体系的影响。现在数字经济及数字货币的影响范围广泛,涉及商法、民法、经济法、国际法等。如何推动法学观念更新？数字经济和数字货币势必丰富法律体系概念和专业术语。(3)将对于传统经济的法律原则移植到数字经济和数字货币领域。现在数字经济中所遇到的垄断情况日益严重。少数几家互联网平台企业通过各种垄断手段,占据社会公众产生的数据资源,且成为常态化,严重阻碍了数字经济发展。对此,应根据数字经济领域的新型垄断现象修订《反垄断法》,从根本上解决数字经济领域的垄断趋势。(4)中国法律体系与国际法律体系的关系。数字经济及数字货币具有天然的超越主权的特征,不仅对于中国,对世界法律体系也是全新课题,需要全方位和及时地借鉴国际处理相关案例的经验。(5)建立未来适应数字经济时代的法律体系的"基础设施"。法律体系要引入高技术、硬技术、区块链,需要建立自身的大数据体系。

5.关于会议的成果

此次会议形成三个成果是比较现实的:(1)建立关注研究和在司法领域实践数字经济和法紧密结合的群体和社区。希望今天与会者都能够参与。(2)形成会议纪要。这个纪要反映会议所形成的基本共识,包括会议认为需要讨论,但来不及讨论或者没有能力深入讨论的问题。(3)酝酿倡议2020年在北京召开规模较大的、专业性更强的数字经济、数字货币和法的国际会议方案。

我的结语是:因为数字经济的兴起和发展,现存的法学和法律体系面临着自工业革命以来最大的结构性变革压力,最终完成Code Is Law的转型。

3-6　判断与预测全球经济趋势[①]

前面的韦森教授、于百程和黄江南的发言,各有侧重。韦森教授提出现在的金融危机是否可能引发全面"萧条"问题,或者说,当下资本市场领域的困境是不是意味着"衰退"的到来。零壹财经于百程的发言,提出在进入到数字经济时代之后,资本市场的危机和先前的非数字经济时代的危机有什么差别。黄江南的发言重点是:解释当下的金融危机、股市波动,需要置于从工业经济和物质经济向观念经济全面转型的大背景之下。

我今天谈话的题目是"认知世界经济的时间框架与尺度",还有一个副标题,"兼谈预测与判断全球经济趋势的困难所在"。我的核心思想是,面对当下的各类危机,包括金融危机,以及未来趋势,每个人都会根据自己的处境、自己设定的时空边界,以及自己的利益结构来判断和认识。所以,人们的认知差异巨大。为此,需要讨论人们认知和理解世界的时间框架和尺度。

1.关于"时间框架"

在大多数情况下,人们讨论问题的时候,常常发生自觉或不自觉地不断改变时间概念的问题。所以,为了避免陷入时间概念的悖论和混乱,形成时间框架的共识是讨论一切问题的前提。

[①] 本文系作者于 2020 年 3 月 13 日在数字资产研究院与零壹智库联合举办的"全球金融市场大震荡"为主题的线上闭门研讨会上的发言。

基准时间、历史时间、抽象时间和社会心理时间,则是支撑时间框架的四个支柱:(1)基准时间,即基于日历时间和数学时间为单位的时间,很容易测算。基准时间,可以理解为牛顿时间和马克思的劳动时间的重合,工业时代物质产品耐用性时间程度对经济周期影响显著。(2)历史时间。例如产业革命、经济结构演变、科技进步、气候变迁,以及经济发展动力的变化,都属于历史时间。历史时间是相对长程的、动态的,如果没有历史时间维度,人们很难把所处的时点、所遇到的经济现象置于历史性的动态状态之中。(3)抽象时间。思想文化、社会制度和政治制度都构成了一种抽象时间。抽象时间是深层的、隐蔽的,难以用数学和模型表达。(4)社会心理时间。社会心理时间并非是每个人心理时间的总和,本质上是社会主体对经济生活目标,或者是对江南刚才所讲的"希望"目标的预期时间。社会心理时间对每个人会构成极大的潜在影响。当然,社会心理也好,个人心理也好,对时间的理解和判断跟真实时间永远有差距。但是,信息社会正在改变社会心理时间的模式。

今天,认知世界经济的危机、演变和趋势,确实需要同时使用基准时间、历史时间和抽象时间,否则很多问题都说不清楚。因为科技进步,信息时代的到来,经济和生活的数字化,导致时间框架不断改变。牛顿时间,马克思的劳动时间或者工业生产的时间,其重要性在下降,而所谓的历史时间、社会心理时间的影响力不断上升。

进入经济领域,理解宏观经济活动一定会触及不同的时间概念,就会涉及时间"群"的概念。最重要的是生产时间、资本时间、商业周期时间、经济发展阶段时间或者时代时间五种基本类型的时间:(1)生产时间。例如,工业社会的耐用物质产品的生产时间。(2)资本与投资时间。(3)经济周期。例如,传统商业周期大约4年左右;"朱格拉周期"一般在十年左右;康德拉季耶夫的六十年周期,即长周期。(4)经济发展阶段。罗斯托(Walt Rostow)提出了经济发展的基本阶段,需要以"百年"

作为单位。（5）"时代"概念。例如，"工业时代""后工业时代""信息时代"，以及"数字经济时代"。在英文中，时代和时间（time）在很多时候是通用的，中文语境则是分开的。

2. 关于"时间尺度"

讨论所有的金融危机、货币危机、当下的经济危机或者经济波动，都会涉及所谓的时间尺度的问题。

关于时间尺度问题，有三个方面最为重要：（1）所面对和处于的经济状况究竟是长期的，还是短期的？（2）如果是长期的，到底有多长；如果是短期的，到底有多短？（3）时间过程的速度，即动态思考。其核心是快还是慢？快有多快，慢有多慢？影响快慢的基本要素是什么？

进一步，在讨论长期与短期的问题时，还会涉及探讨到底其背后的原因属于偶然性的，还是必然性的？是外生变量，还是内生变量所决定的？至于速度，决定于结构性的因素，还是单一的现象影响？

在现代社会，时间尺度之间常常会发生严重的错位，很难找到一个单一的尺度来衡量现实世界的经济现象。所以，在分析任何经济现象的时候，不得不同时诉诸不同的时间尺度，这种不同时间尺度的衡量很容易导致错位，形成结构性的混乱。为此，人们寻求所谓的"指数"方法。但是，到目前为止，所有的"指数"都存在这样或那样的局限性，包括"恐慌指数"。

3. 历次危机的比较：差异与规律

基于前面说的时间框架和时间尺度，可以比较2020年当下的危机与发生在1929年、1987年、1997年、2008年的危机。为了寻找它们之间重大的差异，我提出八个主要比较指标：（1）时点。有黑色星期一、黑色星期四、黑色星期五。很是神秘。（2）直接诱发因素。（3）扩散速度。（4）扩散强度。（5）持续时间。（6）影响区域。（7）扩散的机制和模式。（8）主要后果。1929年的危机直接或间接导致了第二次世界大战。

从上面八个方面比较的话，会找到经济危机或者金融危机的若干趋势：（1）诱发的元素越来越多元化，开始从单一化向多方面转化。（2）突发因素和偶然性因素的地位上升，非线性特征被强化。2020年危机与新冠疫情有关，等于病毒与全球宏观经济发生了共振。（3）扩散的速度加快。（4）周期性缩短。2008年世界金融危机不过持续了一年左右的时间。（5）一方面对实体经济影响力衰弱，一方面对全球产业链和价值链影响增强。（6）政府反应和应对能力增强，政府财政政策作用继续有效。（7）国际合作方式增多。（8）对民众个人生活影响力度减弱。（9）全球经济承受能力大为增强。

这种情况证明，因为时间框架和时间尺度效应的存在，导致过去股市危机或者资本市场危机剧烈性得到分散和发散，减少了传统的冲击力度和强度。

4.为什么未来的因素会影响现在？

现在的问题是：究竟是长程与未来决定现在，还是现在决定影响长程与未来？如将历史时间、抽象时间、社会心理时间引入到对现实全球经济的分析，很容易接受长程与未来决定现在，而不是现在决定影响长程与未来。也就是说，今天看到的危机，更多是由未来的因素所影响和决定的。例如，正在形成的"数字经济"或"观念经济"，已经开始影响传统的经济制度、产业结构和市场机制。

2020年2月29日至3月6日的《经济学人》杂志的封面题目就是"新冠病毒的全球化"（It's Going Global）。可以肯定的是，人类"以邻为壑"的时代确实在走向结束。未来因素对当下的影响力集中在这样几个方面：（1）全世界的经济制度正走向趋同化，福利制度在蔓延和进化。（2）是机构，而不再是个人影响资本市场。1987年那场股市危机，还有若干个人自杀。现在已经很少听到因为股市崩盘导致个人自杀的案例。这是因为股市的主体早已从个人转变为机构。（3）资本经济周期影响普遍下降，而科学技术开始改变和影响经济周期。（4）全球化的积极和消极的两面性越来越充分地显现，但是，全球化仍然难以逆转。

在这样的情况下，显然不可能完全依赖过去对经济危机或者金融危机、股市危机的经验，来分析和理解现在所呈现和经历的股市和资本危机。

5.背离"帕累托改进"的历史趋势

在经济学历史上，存在一个"帕累托改进"（Pareto Improvement）理论。[①]但是，至少从20世纪中后期开始，一次次的经济和金融危机的发生，特别是1997年亚洲金融危机和2008年世界金融危机表明，全球经济不仅没有呈现逼近"帕累托改进"，而且显而易见在背离"帕累托改进"。

人们原以为进入信息时代和大数据时代以后，增强了经济的预测能力，特别是危机的预测能力，但是，事实证明这样的判断是过于乐观的。人类正处在急剧背离"帕累托改进"的大趋势之下，这是一个每个人都感到唯有"不确定"是"确定"的时代；一个从微观到宏观，从个人到国家"计划不如变化"的时代；一个"心理波动重于物理波动"的时代；一个"东方与西方没有界限"的时代；一个"解构"远远快于"建构"的时代。

结论

人类未来所经历的危机不但常态化，更加眼花缭乱，而且频率增加，周期变短，对实体经济和民众的生活影响力有时增强，有时削弱。人类

---

① 该理论提出者为意大利经济学家、社会学家维尔弗雷多·帕累托。

社会结构的改变，制度的转型将持续进行。人们常说的资本主义制度，其实是在特定的历史维度中，物质、财富在时间和空间里不断改变的一种过程，说到底，是一种"时间运动"。在这样的大背景下，需要引入一个新时间框架，包括前面所说的基准时间、历史时间、抽象时间和社会心理时间的理念，以及这几类时间之间的关联性，并同时考虑在这样时间结构下的广义"空间经济"。

因为处于这样的时代，所有的经济学家不应该为不能够预测未来而蒙羞，因为经济学过去讨论的经济活动均衡状态已经被非均衡所彻底替代。

3–7　对现代化脆弱性的反思[①]

为什么选择"现代化的脆弱和现代性的反思"这个主题？是希望将人们目前对抗"新冠肺炎之灾"的过程置于更大的历史视野下加以认知和讨论。这其实是一个大题目，不同学科训练的学者可以有不同的阐述角度。我主要是从经济学家的角度切入。我做了必要的功课，提纲多次更改。根据我准备的提纲，包括了以下七个问题：

1. 如何对现代化过程的脆弱性加以分类？

在当代世界，人们都目睹和经历过现代化过程，都会看到和承认现代化的双重性：既存在正面、积极和强大的一面，也存在负面、消极，特别是脆弱的一面。

这就涉及现代化的脆弱是怎样表现的，如何在方法上对其脆弱性加以分类，尽管这样的分类很可能是比较粗糙的。我把它分成技术的脆弱性、基础设施的脆弱性、制度的脆弱性、管理的脆弱性。

（1）技术的脆弱性：在日常生活中或者是高科技层面上，相关事例俯拾皆是。例如，马车代表着前现代化，飞行器代表着现代化。飞行器相比较于马车，尽管在承载能力和速度方面有优势，其太多方面的脆弱性是显而易见的。

（2）基础设施的脆弱性：可以比较传统驿站、邮政系统和现代互联

[①] 本文系作者于 2020 年 2 月 14 日在零壹财经·零壹智库与数字资产研究院、苇草智酷联合举办的以"现代化的脆弱和现代性的反思"为主题的线上沙龙活动中的主旨演讲。

网系统。互联网的优势很多，但是，互联网可能遭受计算机病毒的侵袭，或者海底电缆受到破坏，都会导致大面积的、甚至整体性的瘫痪。这些都是互联网中挥之不去的威胁。所以，互联网需要极高的成本加以保护。传统驿站和邮政系统也会遭受破坏和攻击，但是难以发生整体性瘫痪。

（3）制度的脆弱性：举一个例子，一个封闭的农贸市场和全球的资本市场相比，后者一定比前者脆弱。因为支持一个封闭的农贸市场的制度，买方和卖方的数量和交易模式一目了然，即使关闭，损失可以控制；而支持全球资本市场的制度不可能一目了然，一旦发生任何闪失，都可能造成危机，后果不堪设想。1995年，一个普通的证券交易员导致拥有230年历史、资本实力强大的英国巴林银行倒闭，引发东京股市英镑对马克的汇率跌至近两年最低点，伦敦股市也出现暴跌，纽约道琼斯指数下降了29个百分点。这个事件证明，资本市场的成熟制度不足以消除其脆弱性。

（4）管理的脆弱性：最明显的例子，对一个乡村的管理和对一个大都市的管理，是完全不同的。对于现代都市的管理，从公共卫生、城市交通到商品供给，充满了脆弱环节。又如对一个"现代前"作坊的管理和一个现代工厂的管理，后者存在着明显的脆弱性：生产线的脆弱性远远高于单一机械和机器的脆弱性。

2.为什么现代化会持续地伴随着脆弱性？

现在需要回答为什么在现代化过程中，会持续地伴随着脆弱性？这是和现代化包含的特定属性联系在一起的。现代化的如下属性势必带来脆弱性：

（1）现代化与系统性。所谓系统性可以分解为整体性、结构性、互联性、有序性和动态性等。其中，最重要的是整体和不可分割的特征，牵一发而动全身。

（2）现代化与复杂性。现代化过程就是复杂化范式演化的过程。复杂范式的核心是排斥中心化控制，超越传统组织模式，形成多元化主体的自组织。于是，中心化组织和非中心化自组织之间会形成失衡关系。

（3）现代化与耦合性。耦合性既有电子科学中所说的狭义耦合性，也有技术、经济和社会范围内的广义的耦合性，形成数据、介质等各种耦合的集合。

（4）现代化与放大性。时空交叉，人与社会以及不同的体系交叉，多元渗透、溢出，从一个体系到另一个体系的传递，形成放大机制。

（5）现代化与加速性。今天，世界是全球性的，不论物质创造、技术进步、精神创造，都呈现为指数级增长。所谓的摩尔定律和梅特卡夫定律的存在，就是证明。人类早已告别各类事情的变化以世纪为单位的时代，进入以月甚至以天为单位计量变化的时代。

更值得注意的是，人们面对以上的现代化属性的认知、反应、选择和决策的能力是滞后的。进一步说，由于现代化超越经验，甚至超越人们的"理性"，所以在人的自身能力和人所主导和推动的现代化之间，存在差距。这种差距加剧和凸显了所谓现代化的脆弱性。

3. 现代化与社会（经济和产业部门）的脆弱性是怎样关联的？

在经济发展的不同阶段，在具有优势的产业部门与相对劣势和脆弱的部门之间，存在"此消彼长"的关系。如果将现代性和产业结构的演变结合在一起，看得就很清楚。第一、第二、第三产业的结构性演进，先是第二产业相对于第一产业的比重提高，之后是第三产业相对于第一和第二产业的比重提高，之后形成短期的均衡。但是，很快发生失衡，并形成新的脆弱部门和行业。

以中国第三产业为例：目前第三产业对国民经济的贡献已经接近60%。也就是说，按照三次产业的比重而言，中国已经进入到准发达国家的水平。但是，如果深入分析中国第三产业本身的结构，不难发现与发达国家的差距。因为，中国的健康医疗产业在第三产业中的比重偏低，属于第三产业中的脆弱行业和短板行业。

总之，经济发展会导致旧的脆弱部门和行业让位给新的脆弱部门和行业，在改变旧的平衡之后，形成新的不平衡，显现出产业结构中的脆弱部分或者短板部分。在中国现阶段，特别是在此次对抗"新冠肺炎之灾"的过程中，充分显现了健康和医疗产业的脆弱性。

4.为什么医疗行业成为脆弱行业？

健康医疗行业自古有之，作为一个产业则是现代社会，特别是20世纪后半期现代化过程中的事情。这是因为，当人类基本上解决马斯洛的第一层次的生命基本需求之后，原本被温饱问题所掩盖的健康、生命质量、生命长度，开始成为人类的第一刚需。这个转变从发达国家开始，之后蔓延到发展中国家，现在是全球性的。这是从宏观的角度上来讲。

如果从经济学的需求和供给两个方面分析，可以更为清楚地看到健康医疗行业何以成为世界性的脆弱行业。

健康医疗行业的需求，是全人类、高频率、超地域的需求，而且是与人口同步增长且稳定扩张的一种需求。中国14亿人口，每年人均看病次数是5.8次，5.8次乘以10多亿人口，这是一个天文数字的、巨大的需求，而且是会继续扩张的需求。

健康医疗行业的供给，需要巨额的资本投入，科学技术含量极高，并有公权力介入，所以是国家和教育、科研、企业以及金融保险机构相协调的复杂系统。支撑医疗产业的供给方面，和其他浅层次的第三产业相比，是完全不同的，例如和餐饮业是完全不同的。

因此，在医疗行业中，从需求方面而言，是无限增加的个体以无穷增长的速度的一个集合；而从供给方面而言，则是由多方面复杂系统的协调才能满足。其脆弱本原来自需求和供给的错位。

可以把今天的真实世界理解成两个世界：一个是健康世界，一个是非健康世界；或者存在两个人群：一个是健康人群，一个是非健康人群。只有用健康和非健康的划分，才能彻底超越制度、社会等级、性别、年龄、教育、文化的局限。所谓的健康医疗行业，就是实现这两个世界和两个群体的均衡关系的行业。

5. 为什么现代化与福利制度走向融合？

为什么现代化与福利制度走向融合？这是因为医疗行业的发展既是现代化的重要组成部分，又是福利制度的前提。医疗行业成为推进或者逼近现代化与福利化、福利制度融合的最大动力。在现代经济学中，福利制度是重要研究对象。福利制度包含着很多内容，但是，几乎所有国家都把公共卫生健康问题、解决民众疾病问题，作为福利社会的第一项内容。北欧国家或者是欧盟国家的福利制度，首先体现在看病不要钱，保证医疗资源供给的足够和医疗资源分配的公正。美国不属于福利国家，而是典型的市场制度国家。但是，如何在美国建立全民医疗保障制度，推动医疗制度改革，已经成为美国国内政治的核心问题。美国前总统奥巴马推出旨在"广覆盖"和"低成本"的医改方案，最终目的是为美国全民提供"可以负担得起"的医疗保险。但是，随着特朗普成为美国总统，奥巴马的医改方案搁浅。可以肯定，医疗保险制度的改革，势必是美国政治家和政府继续面对的最大现实课题。从经济学的立场看，不论是福利国家，还是非福利国家，健康医疗行业的现代化以及与福利制度的结合程度，最终取决于一个国家医疗行业占GDP的比重到底有多大。根据世界银行提供的2016年资料，世界卫生组织分析，世界医疗行业占GDP的比重分类是：高收入国家的比重是12.59%，中上等收入国家是5.85%，中等收入国家是5.42%，低收入国家是5.38%。中国当时的统计数字是4.98%。一些资料表明，在过去三年中，中国的这个比重已经上升到了6%。无论如何，这个数字需要更新，需要更加精确。但是，有一个现象是值得注意的，就是医疗行业在GDP中的比重超过10%以上的国家中，除了美国、德国、丹麦、瑞士、葡萄牙、法国等发达国家之外，还包括利比里亚、塞拉利昂、布隆迪、东帝汶、波斯尼亚、哥斯达黎加、博茨瓦纳等发展中国家，甚至是处于非洲地区的低收入国家。

全世界会存在这样一个趋势：医疗产业现代化和医疗制度福利化。不论是医疗产业现代化，还是医疗制度福利化，都需要扩大医疗科学研究和教育机构。将公共卫生系统作为现代社会基础结构的组成部分，需要国家主导的持续和大规模投资。为此，需要以医疗产业作为推动力，实现向福利社会的转型。

6. 为什么当下抗击"新冠肺炎之灾"可能提供全面转型的历史契机？

此次抗击"新冠肺炎之灾"，加速健康医疗产业现代化，可能推动和逼近现代化与福利化的融合，催化全民福利经济的到来。为什么强调转型，因为自"非典"之后，"风险社会"走向常态化。2013年，一位叫胡百精的人士撰写了一篇文章，题目是《风险社会、对话主义与重建现代性："非典"以来中国公共关系发展的语境与路径》，提出这样一个观点："非典昭示了现代性危机和风险社会到来。"

可以将此次抗击"新冠肺炎之灾"作为化被动为主动的全面转型的契机。具体说：（1）产业转型：将健康医疗产业作为第三产业的核心产业。它涉及教育、科研、政府、市场所有的行业，当然会引起一系列产业链的根本性变化。（2）医疗卫生体系转型。（3）制度转型：加快全面医保、准福利社会步伐，实现医疗资源合理分配。（4）空间转型：改变超大都市化趋势，缓和都市圈继续扩张态势，改变都市管理模式。与2003年对抗"非典"比较，需要注意到在2003年的中国，人均GDP是

1200—1300美元，现在的人均GDP超过了1万美元。这样的变化，为中国完成这样的转型提供了前所未有的物质基础。

7.为何当下需要反思"现代性"？

关于"现代性"的反思，并非新问题。在1980年代，西方哲学界就有过以法国的福柯为代表和以德国的哈贝马斯为代表的争论。应该说，他们的争论至今还有巨大的历史意义和现实意义。今天，没有必要回顾他们的争论，比较他们主要的争论焦点和如何阐述各自的立场。但是，我还是引用哈贝马斯的一个观点：现代性是一个没有完成的工程。

因为人类至今没有超越现代性的历史过程。而在这个过程中，人的问题依然是核心问题。

长久以来，从来是从两个方面探讨人的问题：（1）在人的思想、人所存在的社会、人所存在的经济制度中探讨人，于是产生了人文主义，包括经济学、社会学、政治学在内的所谓社会科学，并形成了各式各样的政治的和社会的改革运动。（2）对人本身的探讨，包括人的身体和人的心理。其中第二个方面正变得愈来愈主要，因为在人类现代化的过程中，其出发点和落脚点都不可能超越对人本身的认知和改造。

对于人的本身的认知和改造，集中体现在对人的生命质量、生命长度的关注。于是，产生了现代医学科学、现代公共卫生治理、健康产业。此外，还有现代心理研究与治疗。在这个过程中，医学、医疗产业与第三产业的其他产业有相当大的差别。虽然人是医疗技术实施的对象，又是医疗服务的载体，但是，人是有知觉和主动要求的，可能此时是病人，彼时就是健康人。一般来说，人处于疾病状态下所耗费的个人、家庭和社会资源，会显著超过在健康状态下的。所以，医疗世界是人类社会中包藏的一个复杂的世界。

在福柯和哈贝马斯的争论中，有关于如何看待人的理性和非理性，理性和非理性到底处于怎样的位置，个人和集体的关系等问题。但是在21世纪的今天，不论福柯还是哈贝马斯，都不会反对所有的人都有权利要求和追求成为"健康人"。过去经济学有所谓"理性人"和"经济人"的假设，现在"健康人"概念更为重要。没有健康、健康自主权和生命质量，何以讨论理性与非理性、经济和非经济？

因此，现代性工程的主要内容，现代性的核心问题，是每个人应该享有在健康、医疗、获取医疗资源方面的平等，不应该因为社会等级和背景的差异而得到不同的医疗条件。2003年的"非典"和现在的"新冠病毒"威胁那么多人的生命安全，所以，如何增加全社会医疗资源的供给，实现全社会医疗资源的平等享用，保证每个民众可以受到同等的医疗待遇，应该成为现代社会最重要的指标。在今天，没人有勇气断言，此次"新冠肺炎"是病毒威胁人类健康的最后一次。病毒在进化，正在成为常识，所以，如何针对现代化形成的各种脆弱和风险，改变医疗健康部门的系统性脆弱现状，实现福利社会和现代社会的融合，已经成为世界各国刻不容缓的社会工程。总之，希望各位在人类命运的历史背景下，审视现代化的脆弱性和反思现代性。

3-8 互联网文明对中国制度转型的意义[①]

人类文明形态的趋同性和稳定性并非是绝对的。人类历史几千年，绝大多数时段是在延续着以往的发展轨迹，在平淡、无奈、沉闷和保守中度过。但是，却有少数一些时段，人们的生存、生活和思维形态发生根本性改变，原来的轨迹中断，进入新的轨迹，即人类文明形态发生"转型"。当下方兴未艾的互联网技术革命，已经成为推动整个人类的文明形态转型的引擎，并从根本上影响着各个国家的经济和政治制度的选择。

自上个世纪末，中国开始频繁使用"社会主义初级阶段"概念定义其制度性质和发展阶段。近年来，"制度转型"成为中国一个广为流行的关键词，解释中国在经济、政治和社会方面的种种新现象。本文力求回答的是互联网时代人类文明转型和中国现行的制度转型之间的相互关系。

1.文明形态转型、思想文化形态转型和制度形态转型

支撑人类历史的主要是文明形态、思想文化形态和制度形态。文明形态是最根本的，其次是思想文化形态，再次是制度形态。这是因为文明形态就是人类生存和生活方式，即民众为了衣食住行的日常生产和生活。一般来说，文明形态的演变过程是渐进的，具有超越空间限制的趋同性和稳定性。思想文化形态是活跃的和多元的，即使在人类生存和生活方式没有明显改变的情况下，思想文化形态也会发生突破。例如，漫长的中国农耕社会里，思想文化并没有停滞，时有不同程度的改变和进

[①] 本文系作者于2014年2月为《文化纵横》2014年02期撰文。

步。至于制度形态,主要是指经济制度和政治制度的演变,因为需要改变现实利益结构,所以通常和战争、革命等暴力形式的介入联系在一起。

但是,人类文明形态的趋同性和稳定性并非是绝对的。导致人类生存和生活方式发生改变的因素,分为"外生"和人们非预期、"内生"和人们预期的两大类。

人类文明形态受到"外生"的和人们非预期因素影响的事例俯拾皆是,如地理环境和气候变化等。至于影响人类的文明形态的"内生"和人们预期因素的事例,集中表现为技术进步和创新。因为技术进步和创新是人类的自觉和主动行为。自中世纪以来,最重要的技术进步和创新有三次:(1)第一次是18世纪的工业革命。蒸汽机发明、机器革命和动力革命彻底完结了中世纪。(2)第二次是20世纪中叶以原子能和卫星为代表的能源和空间革命。原子能开辟了新能源,卫星实现了空间突破。人类利用能源和空间的范围得到巨大拓展。(3)第三次是正在发生的互联网革命。经过两次世界大战和冷战,世界不断走向破碎和分裂,人类需要理性和公正地组合全球经济力量、思想力量和文化力量。在这样的历史时刻,发生互联网技术革命,为人类提供了一种新的方法联络、新的信息基础结构,人类自觉和主动地解构和再建自己文明形态的意愿成为可能。

为什么技术进步和创新的意义如此之大?因为技术进步和创新最终可以改变人类获取和分配资源的方式,为经济制度和政治制度的转型提供最重要的前提和基础。

经济学家熊彼特提出了系统的技术创新理论。熊彼特认为,唯有通过技术创新,方可以破坏旧的经济结构和创造新的结构,实现"产业突变"和促进经济发展,最终改变的都是人们生存的时空状态,或者说是人们的社会组织的时空范式。也就是说,相比较经济和政治制度,因技术创新改变的产业结构和生产方式更重要,是一种新的产业结构和生产方式引发一种新的经济和政治制度，而不是一个新的经济和政治制度决定新的产业结构和生产方式。工业革命所建立的传统的工业体系支撑着传统资本主义经济制度。美国著名电影《飘》，其副标题是"文化随之飘逝"，通过浪漫的爱情故事和充满暴力的南北战争，告诉观众的是南北战争不仅解放黑奴，而且彻底改变了美国文化、历史的传承，具有创新能力的北方工业文明战胜了丧失创新能力的南方农业文明，最终在北美确立以工业资本和权力融合的制度。20世纪后期，因为信息产业革命和后工业产业体系的形成，逼迫传统资本主义制度开始了至少近四分之一以上世纪的持续转型。

相比经济和政治制度形态，思想文化形态常常更重要。这是因为：思想是个体行为，理所当然地享有和身体一样的自由权利，从来是改变经济制度和政治制度的最重要起因。人类历史上不论有多少次经济和政治制度的改变，人类还是形成了共同的核心价值观念。例如，正义、自由、平等、博爱。不论是佛教、基督教、伊斯兰教，还是儒家学说，都以维护人类的共同价值观作为基本特征。可以说，思想文化最终影响和改变着制度的选择和转型。人类的文明和历史基于人类的思想，"一切历史都是思想史"。

当下的中国思想界和学术界在解释中国的制度转型方面，很受西方的"制度学派"和"历史学派"的影响。"制度学派"强调的是市场为核心经济要素，以及国家的、法律的、社会的、伦理的、历史的等非市场因素对历史演变的作用。中国化的"制度学派"倾向自由主义。"历史学派"则强调每一种经济制度和特定历史条件和文化背景的关系，支持每一个民族和国家的独特性。

事实上，在人类文明形态的演变中和大历史面前，"制度学派"和"历史学派"的学说都有太大的局限性，甚至苍白。如本文前面所说，究竟是地理气候、生态环境、猪马牛羊、玉米、茶叶、煤炭石油、机器，还是市场、国家、暴力、政治、法律、伦理对人类生存和生活形态的影响更根本、更深远？究竟人类文明的趋势是"趋同""聚合"，还是"分散""分解"？毫无疑义，是地理气候、生态环境、猪马牛羊、玉米、茶叶、煤炭石油、机器。道理并不复杂，人类的经济和政治制度无论发生怎样的变化，地理气候、生态环境、猪马牛羊、玉米、茶叶、煤炭石油、机器的地位几乎是永恒的。至于人类文明的大势所趋，显现的是"趋同""聚合"，而不是"分散""分解"，这在市场经济制度方面尤其明显。特别需要指出，科学技术创新并非是完全受制于人类的被动工具，它本身具有生命力，存在着自我演进能力和不受控制的欲望，最终决定着人类的经济和政治制度的转型。

2.互联网时代下的文明形态转型

在人类历史上，文明形态转型、思想文化形态转型和制度形态转型经常是分离的。但是，却有极少的时间里，文明形态转型、思想文化形态转型和制度形态转型同时发生，交互作用。伴随互联网技术革命，现在正处于这样的时刻。

如果说工业革命颠覆的是支撑人类文明的动力基础，这次互联网革命则是有史以来在现行法令无法管束的无政府状态下的最大规模实验。网络改变了传统的思想文化形态的每个层面，包括日常生活琐事、身份认同、人际关系和国家政治事件，导致世界变小，变得扁平，造成全球范围内的多元化和去中心化，群体之间更加平等。互联网文明推动的是在更加个人主义的基础上建立新的社会秩序，而不再是主要依赖国家、民族、宗教的传统组织，这势必加速现存的社会组织、政治和经济组织的淘汰和调整。在历史上，可以与互联网革命媲美的就是德国人约翰内斯·谷登堡（Johannes Gutenberg）在1445年发明的活字印刷技术创新和在欧洲迅速传播，成就了文艺复兴、宗教改革、启蒙时代和科学革命等运动，并为实现现代知识的大众传播提供历史性的物质基础。

尽管不断加速和扩张的互联网技术革命已经进行了二三十年，持续地改变着人类文明的时空秩序的基础结构，但仍普遍存在人们对互联网革命的历史性后果估计过低的现象。但是，这种情况正在改变。越来越多的人开始承认，全球范围内数十亿"网民"所推动的全方位"大众化"，正成为不可逆转的世界新潮流。其中，最有代表性的是"大众化"的九个方面：

2.1 信息资源大众化。自2008年以来，至少有四个标志性"创新事件"值得注意。（1）云计算。IBM、雅虎等大公司在世界各地建立云计算中心。虽然云计算存在能源消耗巨大等问题，但是，云计算的出现使得人类可以快速和大规模地制造、处理和分享信息。人类多少年的不平等，归根结底是在信息、财富和教育三角构成关系中的不平等，任何人只要在三角关系中缺位，就难以进入社会主体和主流。如今作为物理过程的云计算提供了人类平等享有信息的可能性。（2）大数据。简单来说，大数据就是人人创造数据，人人分享数据，人人消费数据，数据成为日益重要的资产。可以想象，可能在三十年后，甚至可能用不了那么长时间，全世界所有民主国家的总统，从他出生时有多少斤重、他的DNA、性取向等都不用去搜索和追溯，直接就有数据。（3）以iPhone为代表的智能手机的普及，也就是移动数据终端的普及。现在借助智能手机，人类已经进入彼此交流的三个A状态，即Anytime（任何时间）、Anywhere（任何地点）、Anyway（任何途径）。（4）"微信"。"微信"可以定义为以"个人本位"为基础的即时发消息、传文件和图片、留言和视频聊天的通信软件。最有代表性的是中国"微信"和"美国版微信"（WhatsApp），实现了用户数量的持续迅速增加，形成数以万计的横向的和互相交叉的小团体，成功地吸引了年轻一代的注意力。在"微信"面前，人们似乎只有两种选择，或者加入进来，或者自我放逐。微信技术所进一步推动的商业、经济、政治、文化和生活信息爆炸，导致任何政府和少数人对信息的垄断和控制日益困难。

2.2 教育大众化。受教育权利，特别是高等教育，曾经是一种特权。如今，教育正在成为公共资源，大部分知识几乎都可以在网上获得。美国名牌大学名教授的课程全部上网。公开课可以全球共享。2012年10月，《时代周刊》发表题为《大学已死，大学永存》的深度报道，以互联网为基础的开放网络课程（Massive Open Online Courses，MOOC）代表教育资源分配不均衡正在被改变，教育资源显示出民主化和大众化的趋势。MOOC对现有的大学教育体系的冲击是强烈的，甚至具有颠覆性。2013年，《美国国家利益》（*The American Interest*）杂志预测："未来50年内，美国4500所大学将会消失一半。"现在最难做的职业是老师，学生逼迫老师讲出有原创性的思想。思想是信息源，不等于信息。在中国，作为开放网络课程（MOOC）平台的"果壳网"，目前有近2万名学习者，"果壳网"组织学员们在23个城市举办了见面会。相对于中国庞大的人口基数，2万名学习者极其微小，但是，在中国潜力巨大，绝对不可低估。

2.3 传播媒体大众化。互联网技术革命，特别是移动互联网的技术突破，彻底改变了传统传播方式的速度局限和地域限制，以及单向性的和广播式的舆论传媒渠道，创立高速和便捷的传播渠道。传播媒体的大众化、平民化、交互性，甚至每个人都可以成为一个自媒体，导致传统传播媒体的神秘性和尊严的削弱。与传统传播媒体相联系的政治、艺术和体育的明星偶像地位也急速下降。

2.4 语言大众化。互联网革命导致了民众全面创造一套新的语言系统，不再注重修辞和文法，反规则、碎片化、自由、无拘无束、嘲讽、质疑等成为常态风格，解构现有的语法规则和话语结构。不仅如此，网络语言已经走下网络，全方位地进入人们生活，渗透到一些年轻人的日常交际用语中，甚至影响着大众媒体的语言表达方式。在中国，此次互联网所推动的语言大众化,不是自上而下的,而是自下而上的,是民众带动精英,其规模和后果,都会超过五四运动的白话文变革和1958年的文字改革。

2.5 物质和文化消费大众化。现在,尽管存在贫富和收入差别,但是,人们在日常物质和文化消费领域的差别正在急剧缩小。在中国,绝大多数的民众已经解决了温饱问题,其中越来越多的民众可以拥有汽车等各种主要耐用消费品,甚至住房。在基本物质消费方面,希望显著有别于他人已经相当困难,强而为之的往往是浅薄的暴发户。同时,包括歌曲、影视和旅游在内的文化消费迅速普及,成为一般民众消费领域和欲求领域的组成部分。人们在文化消费中获得了某种潜意识的满足。

2.6 技术大众化。互联网提供了可以迅速学习、理解和普及相当数量实用技术的可能性:只要通过搜索引擎,不难发现、阅读和下载智能手机、计算机、家居、汽车、医疗医药,甚至高尖端技术的足够资料,传统的技术学习的专业化壁垒被打破,学习时间减少,学习地点没有限制。如果被英国《经济学人》杂志肯定的"将推动实现第三次工业革命"的三维打印机普及到民众生活中,将会加速更多技术的大众化过程。

2.7 资本和投资大众化。互联网技术革命大幅降低了信息不对称和交易成本,刺激了互联网金融的产生,加速了资本和投资大众化,主要体现为三个方面:(1)移动支付替代由传统商业银行运营的支付业务。例如,在肯尼亚,手机支付系统M-Pesa的汇款业务已超过其国内所有金融机构的总和,而且延伸到存贷款等基本金融服务。(2)"人人贷"替代传统存贷款业务。(3)众筹融资替代传统证券业务。通过集中大众的资金、能力和渠道,为小企业或个人的创业和发展提供资金援助。小企业通过众筹融资获得股权资本,这使得众筹融资替代部分传统证券业务成为可能。加之互联网不断降低民众进入股市和基金的技术性障碍,有利于实现人人将储蓄转化为投资、人人当资本家的愿望,逐渐改变现存的金融生态。

2.8 货币形式大众化。长期以来,国家因为控制货币发行,持续增发货币,导致通货膨胀和人民财富贬值,最终绑架了国民,逼迫一代又一代的民众拼命为国家打工。经济学家哈耶克凭借强大的理论逻辑和对现实的透彻认知,提出货币非国家化的主张,其途径是私人发行货币,货币竞争。而货币竞争可以保证币值稳定。货币主义的代表人物弗里德曼,肯定哈耶克的理想层面,但是在理性层面,则认为哈耶克的货币非国家化没有现实性,唯一可行的选择是通过影响政府的货币政策来有限度地制约国家力量。弗里德曼由此陷入了悖论:如果货币政策要通过政府来实现,凭什么政府可以不将自己的利益影响货币政策本身?2008年,世界金融危机爆发,人们在政府和央行制造的金融危机给自己所造成的损失面前无可奈何,几乎没有什么人还会对"货币非国家化"抱有希望。然而,就是在这个时刻,一个重要历史时刻的开关悄然打开。一位名叫中本聪的人提出了关于"比特币"的设想,而且很快演变为世界范围内千万人独立发掘"比特币"的实践,进而使得"比特币"所有者实现了在一种没有政治和政府干扰,自己"私有财产"处于不可侵犯、不可冻结和不可追踪的状态,在完全以信任为基础的自由体系中拥有和享用货币财富。总之,"比特币"和其他的类同货币(Ripple, Litecoin, Peercoin, Dogecoin, Nxt, Catcoin)证明人类的智慧不仅可以结束货币国家化的大一统形态,而且可以创造一个不需要依赖国家法币体系,通过个人选择货币、个人拥有货币主权和成为货币财富的主人,进而形成依靠自我信用运转的世界。

2.9 民主大众化。当国家的规模发展到一定程度,因为技术和成本的限制,直接民主制度被认为是不切实际而遭到废弃,除了个别国家和地区,大多数现代国家会选择代议制民主。但是,代议制民主正在面临越来越深刻的挑战,这不是因为民主制度的原理有问题,而是因为代议制是精英主导民主制度。因为互联网革命,极大地降低了直接民主的制度成本,为直接民主提供了技术可能性,民众直接拥有政治资源和参与政治生活是一个很大的趋势。所以,代议制民主和正在迅速发展的大众直接民主之间存在的矛盾在不断激化。成熟的民主国家已经认识到,越来越多的大众直接参与必定是民主制度的一个演进方向,并正在寻求在原本的代议制和直接民主之间建立新的平衡关系。例如,2012年台湾地区年轻人创建了"g0v.tw",即"台湾零时政府"网络社群,其主要功能是通过信息透明化监督政府,甚至提出"拆政府原地重建"的激烈口号,最终实现不断改善台湾的公民环境和改造社会的目标。伴随"台湾零时政府"影响的扩大,政府部门、媒体与学校也开始试图在了解"台湾零时政府"的想法及目标的同时,开始与其全面对话,建立积极的互动关系。

如果说上述九个方面的大众化是事实,说明人类正在开始拥有创造信息和分享信息的权力,实现世代追求而未能做到的民智自我开发,通过多元化的自组织改变日常的经济和政治生活,以及推动经济和政治制度的转型。说到底,人类在改变文明存在的时空范式的同时,人类本身正在发生改变。当人类发生改变,制度转型就是一种自然结果。

3. 中国正在进行时的制度转型特点

因为互联网主导的文明形态转型,中国的社会关系正在从纵向结构主导转向横向结构主导,形成由民众创建的自下而上的新系统,已经构成对原本由精英控制的自上而下的官僚系统的日益深刻的压力。以下主要通过讨论中国民众的生活方式、思想方式、财富管理方式,以及政府治理方式的改变,说明中国正在进行时的制度转型特征。

3.1 生活方式。虽然中国存在着日益严重的贫富差距,但是,在中国人均GDP超过1000美元之后,进入生活方式现代化的拐点,从一个温饱型社会走向一个小康型社会,迅速完成了从一个以生活必需品为中心走向以耐用消费品为中心的生活方式转变。因为全球化和互联网技术革命的作用，中国在普及电视机、洗衣机、空调等耐用消费品之后，家用小汽车、贷款买房正在大规模地进入普通民众的家庭。此外，快餐连锁、购物中心、名牌店、时尚、选秀、旅游业成为中国大众生活的组成部分。如今，智能手机已不是信息时代的奢侈品，而是大众的必需品，民众对信息工具的廉价占有及享用全方位地改变了人们的生活方式。例如，中国民众的网络购物很快替代了逛街购物。有资料称：中国民众约七成每周至少网购一次，是欧洲消费者的近四倍、美国和英国消费者的近两倍。这说明，中国人接受这种新事物的速度和意愿已经超过了传统的发达国家，也超过了那些比中国更早使用互联网的社会。在今天的中国，新的年轻群体正在成为掌握和运作网络资源的社会群体。如何看待中国民众生活方式的改变？一方面，民众沉湎于追求物质丰盛、功利社交、名牌消费，金钱、物质和流行时尚的结合，可能导致奢侈之风以至道德下降。另一方面，没有生活方式的改变，哪里有文明形态的改变，制度转型自然也没有任何社会基础。中国在计划经济时代，民众生活方式是和贫穷紧密联系的，这样的生活方式和当时的制度是兼容的。如今急剧改变的生活方式不可避免地诉求与之适应的政治制度。

3.2 思想方式。人类大脑思想，从来需要建立在知识和信息基础上的推理、联想和创新。网络打破了知识和信息资源的垄断，提供了一个随时开放的、平面的、便捷的、提供知识和信息的巨大图书馆，人们可以随时随地搜寻自己所需要的知识或信息。所以，人们的思想方式开始变革，思想精英已经难以左右民众的思想生产，大众开始参与思想生产，思想方式走向开放、个性化互动和透明，形成人们思想自主延伸的交流环境和氛围。其结果是社会建立了对思想产品多元化的审视角度和评价体系，刺激和激发人们独立心智和思想能力的发育和成长。在快速进入网络时代的中国，主流教育机构所提供的知识和官方媒体所提供的信息比重不断降低，正统意识形态影响力逐渐减弱，民众思想被禁锢的基础已经瓦解。人们从睡眼惺忪，到通勤车上、地铁站里、快餐店旁，移动数据网络和新媒体在持续地提供着知识和信息资源，唯恐错过什么消息，时时保持一种待命状态。民众记忆方式发生变化，选择记忆向重要信息点和信息获取路径倾斜。特别值得提及的是，互联网文化艺术产品，包括教育课程、影视、音乐，在给人们带来文化和艺术体验的同时，也在渗透和影响人们的思想方式。互联网文化从来是国际化和全球化的，将多种文化、多民族的生活景象连接在一起。这是一个非常有文化张力的时代。国际化的互联网文化，不论是韩剧还是时尚传媒，都有着价值观念取向。面对大众思想方式的剧烈改变，有人忧虑人们失去独立认知能力，集体思维代替个人思维，思维感性化和简单化，理性思维能力下降，以及思想大师稀缺。这些忧虑不无道理，却忽视了思维方式改变的民众本身所具有的重大历史进步意义。

3.3 财富管理方式。长期以来，中国民众不仅普遍贫穷，而且自己所有的货币财富积蓄不得不存入银行。在通货膨胀率高于银行存款利率的情况下，民众的银行存款被迫缩水和贬值。近年来，互联网金融的发展，焕发了民众的财富主权意识。过去财富控制在政府的金融机构手中，现在通过互联网金融，主权开始回到民众手中。最有象征意义的是"余额宝"的横空出世。2013年6月13日，以阿里巴巴集团先前创建的"支付宝"支付平台，提供一项全新的余额增值服务，即通过"余额宝"的简单、安全、快速在线服务，用户将钱从"支付宝"转入"余额宝"，进行货币基金的购买，钱由基金管理，收益是投资收益，与"支付宝"区隔。用户存留在"支付宝"的资金不仅能拿到"投资收益"，且收益高于银行活期存款利息。在"余额宝"创建的6天内，用户数突破100万。2014年2月底，"余额宝"用户数突破8100万，这个数量甚至超过了A股股民的数量。"余额宝"用户数快速超越A股市场投资者人数，对资金流入股市带来压力，为A股市场敲响了警钟。此外，"余额宝"构成对传统商业银行的挑战。"余额宝"的历史意义是，开始改变中国民众因为资本数额有限和投资成本过高，少有直接投资机会的历史，提供了低成本、低门槛、资本流动性好的投资模式，激发了民众的财富主权意识。最近因为"余额宝"引发的大论战，"要把百姓逼成经济学家"。

3.4 政府治理方式。在中国，互联网的产生和普及，导致一个公共空间的兴起和持续扩展，超越传统的行政管理方法或手段，进而倒逼政府治理方式的改变。互联网导致的公共空间，主要体现在"舆论"空间。在过去数年里，网络"舆论"形态快速变化，几年前，博客很有市场，之后微博几乎替代博客。政府一度忧虑微博的"大V"对舆论影响力过大。然而，微信又导致微博式微。微博是一个纵向关系——粉丝和大V，微信则是一个平等关系，是一个个朋友圈，形成圈套圈的微信群。微信推动"粉丝"时代让渡给"屌丝"时代，"大V"时代其实正悄然而去。在上述的转变过程中，网络舆论的大众化、快速化和深层次化是大势所趋。例如，网络舆论对反腐，对治理环境污染，对城镇化等经济政策，以及对国际战略，都构成了越来越大的影响力，甚至导致一种全民性的共识。例如，是网络舆论最终推动全社会就雾霾形成的原因和后果达成共识。对此，政府的舆论治理方式，只能走向开明和宽容。

在中国，中国的知识分子，不论是倾向自由主义，还是倾向保守主义，过于熟悉中国通过战争、革命、暴力实现改朝换代的历史，加之法国大革命和俄国十月革命历史的影响，对制度转型模式的看法僵化和少有新思维。古今中外的历史一再证明：经济和政治制度转型，没有那么深奥。革命、战争、暴力所影响的历史和对政治制度的作用，在短时间内是强烈的。但是，因为通过革命、战争、暴力无法真正改变人类生存的时空范式，并不可能造成人类文明系统的变革。即使发生了政治制度的变革，也只具有形式意义。

真正意义上的政治和权力体系的变革，利益结构的调整，不一定需要"疾风暴雨"的冲突，可以通过潜移默化的悄然方式实现。经济学家克鲁格曼提出一个"核心—边缘"理论：人们在空间经济活动中，不断地创造核心和制造边缘。在这样的大视角中，一个旧的文明系统的衰亡，新的系统替代旧的系统，并不一定要以挑战破坏旧的系统为前提，更大的可能性是旧的系统被逐渐忽视和边缘化。人们可以这样或那样解读罗马帝国的衰亡，但是，最没有争议的历史事实是，罗马帝国不是被打败的，而是被新的文明形态所抛弃，只是抛弃的过程非常残忍。当下中国，制度转型已经开始，转型模式不是显现为人们通常想象的"政治改革"和"宪政民主"，而是体现在人民日常生活方式和经济运行方式的持续改变；制度转型的动力不是来自意识形态的争论和不同思潮的讨论，而是来自民众拥有了信息力量和民间自组织能力。这样的制度转型正在超越自由主义和保守主义的思想框架，颠覆所谓"右派"和"左派"将"政权"和"政治"在制度转型中的地位和作用绝对化的传统观念。

4. 互联网时代的公共政策

布坎南无疑是当代最有影响的政治学家。1962年，布坎南的代表著作《计算共识》(*The Calculus of Consent*)出版，那时互联网革命尚未到来。在他2013年去世的时候，互联网触发的信息革命，已经彻底改变了所有国家的制度环境。

布坎南创建的"公共选择学派"的主张和方法可以归纳为：公共选择的前提是个人作为决策者、选择者与行动者，公共选择过程并不排除追求个人物质利益。一般民主过程的多数规则，以及"一致同意规则"存在缺陷。例如，多数主义规则很可能侵犯产权原则。所以，不可以多数人，或者以法律程序剥夺任何一个人的基本权利。一个成熟的自由社会需要通过公共服务组织的小规模化，以求扩大公众自由选择的范围和方便程度，提高效率，实现政治代表性和体现地方自治。

布坎南没有足够的时间研究互联网时代对公共选择理论的影响。不论布坎南所说的"个人"还是"多数人"，其实还是工业生产为中心时代的"人"，具有工业文明的社会性。但是，互联网改变了"人"本身。"人的现代性"的内涵发生了重要改变。从根本上说，互联网的历史意义早已经超越互联网自身，不仅克服了民众参与公共选择的技术障碍，使人类"网民"化，并且创造了依存于互联网的新人类。对互联网持悲观论的人们常常忽视或遗忘这个事实。

互联网时代已经和继续改变着过去的以权力为基础的不公平的社会契约体系，完结国家绝对权威下的层层契约结构。现在，一种人与人之间的平等契约关系开始全面展现。当这样的契约成为社会主体的时候，以国家、政府和权力为基础的不平等的社会契约就会弱化。卢梭在1762年所描述的"社会契约"终于有了实现的可能性。

互联网时代将有力推动公众政策选择模式的转型。在民主制度国家，政府本来就不得不屈服于民众的要求，公共政策不再是政府至上政策，而是向民众倾斜的政策。民主制度的公共政策的形成过程，包括公共目标、边界和结构，以及实现公共利益的方案的法律法规、行政规定或命令，都呈现为民意直接主导的趋势。政府唯有企望通过民众参与的辩论，吸引更多民众实现成功的政治和经济制度的转型，改善其民主制度的主体。民众参与公共政策的程度高，不仅分享社会效益，也承担了社会成本。换句话说，一个开放的和吸纳民众参与的政治和经济制度，可以有效降低公共政策选择的社会成本，提高社会效益，有利于经济成长。2013年10月，英国通过法令保障公司员工拥有公司股份，加快人人都当股东和人民资本主义的历史步伐，就是民众对公共政策强有力影响的结果。还例如，奥地利16岁青年就有投票权，公民在年龄跨度上加大，使得公共选择空间扩大，公共政策结构复杂化，张力增加。

2012年,美国有一本影响很大的书,《国家为什么会失败》,作者是德隆·阿西莫格鲁(Daron Acemoglu)和詹姆斯·罗宾逊(James A. Robinson)。这本书在总结古今中外不少国家失败的历史经验和教训之后,得出这样一个结论:"繁荣富裕不是设计出来的",不可依赖聪明睿智的领袖人物。这个结论同样适用于中国制度转型和历史进步的本质。

3-9 金融—科技的一体化[①]

为了今天的研讨会，我写了一段话："人类已经迈入计算和数字经济时代的门槛，不仅互联网，而且区块链成为广义基础设施的组成部分。起源于农耕社会，完成于工业社会的金融制度和金融体系已经和正在从理念、形态和机制上转型。其中，最大的推动力就是科学技术。长期被资本绝对控制的金融，正在让位于可以颠覆和改造金融的科学技术，程序员、数学家和其他科学家对未来金融的影响正在超过金融家。FinTech和TechFin的边界正在消失，金融与科技'一体化'加速，人类期望平等创作分享货币金融资源的崭新历史时期正在来临。"

这段话，集中了我今天发言的核心思想。我的发言题目是《金融—科技的一体化》，发言分为五个要点：（1）21世纪以来金融与科技融合的历史图像；（2）金融科技与科技金融融合的两种模式；（3）区块链对金融—科技融合的主要贡献；（4）金融—科技"一体化"的未来趋势；（5）结论。

1. 21世纪以来金融与科技融合的历史图像

如果把21世纪以来的最主要事件做一个排列，科学技术的突破性发展无疑最为重要。21世纪前二十年的科学技术进步，对现存经济、社会和政治的结构和体制的改变，实属人类历史上前所未有。其中，尤以金融和科技的融合最值得关注。

[①] 本文系作者于2019年11月24日在横琴第二届"粤港澳金融发展论坛"上的会议发言。

1.1 金融和科技融合的基本动力。主要是三种动力：（1）金融自身的演变产生对科技的需求；（2）科技发展给金融创造新的供给；（3）金融与科技的各自发展的两条曲线不断地相交。

1.2 金融和科技融合的历史阶段。2000年之后，金融与科技的关系跨越了互联网阶段、智能移动手机阶段，现在进入到数字阶段。

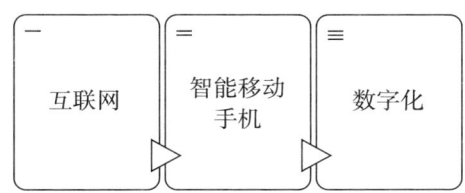

1.3 金融与科技融合的主要结果。金融与科技融合的主要结果是交易成本的降低和金融运行效率的提高，同时催生了全新的金融产品。非现金化的电子货币，就是进入民间生活的"新"金融产品。如果放大眼界，会发现科技和金融在彼此影响、相互渗透和相互融合的过程中，科技占有相当大的主导地位。

1.4 金融产业正在成为科技密集型产业。（1）科技发展对金融体系构成了持续压力，即使在20世纪中后期，金融科技化的压力也没有那么明显。但是，进入21世纪之后，与日俱增。（2）金融科技化的压力根源于：科技和金融作为两种人类经济和社会活动的形态，其发展的速度是不均匀的，科技的发展速度远远快于金融转型和发展的速度。（3）更重要的是，科学技术每天都在改变着传统金融的外部环境。

2.金融科技与科技金融融合的两种模式

金融与科技的融合最终形成了两种模式：FinTech 和 TechFin。一般的观念并没有把 FinTech 和 TechFin 两者进行区别。但是，两者之间有非常大的差别。认识和理解这种差别，对于理解科技和金融两者间的关系至关紧要。

2.1 FinTech。FinTech可以定义为传统金融机构,包含传统银行和非银行金融机构,所主导推动的是自身与科学技术的结合。下图是世界范围内使用区块链技术的部分银行和金融机构名单。[①]

世界范围内使用区块链技术的前30家银行和金融机构的名单	
01.七十七银行	16.英格兰银行
02.永旺银行	17.印度尼西亚银行
03.AK银行	18.岩手银行
04.秋田银行	19.卢米银行
05.澳新银行	20.名古屋银行
06.青森银行	21.农业信贷
07.拉杰赫银行	22.瑞士信贷
08.足利银行	23.跨河银行
09.ATB财务	24.墨西哥发卡机构Cuallix
10.同心银行	25.第四银行
11.阿波银行	26.大和银行
12.西班牙外换银行	27.星展银行
13.佐法尔银行	28.德勤
14.美国银行	29.明讯银行
15.美银美林	30.爱媛银行

上表证明,区块链进入金融体系加持金融和科技的融合,已经不再是趋势,而是正在发生的事情。现在比较的不是做和没做的区别,而是谁走得更远,谁做得更好。

在FinTeach潮流中,开放银行具有典型意义。开放银行是一种传统银行主导的,通过吸纳从互联网开始的一系列科学技术进步的成果,对传统银行制度进行变革的FinTech。它具有相当大的革命意义,是金融科

[①] 资料来源:https://medium.com/predict/comprehensive-list-of-banks-using-blockchain-technology-dc39ce5b6573.

技的典型。开放银行的架构见下图：①

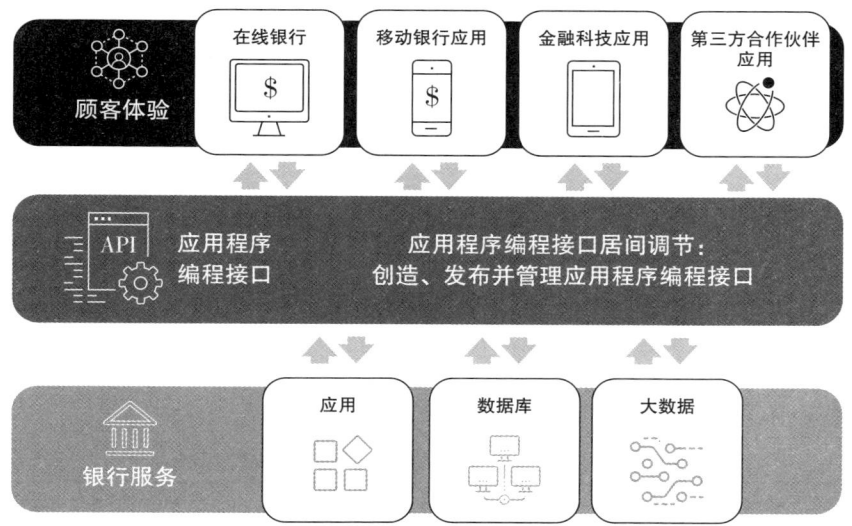

通过上图的"开放银行"架构，可以看到如何利用应用程序编程接口（Application Programming Interface，API），通过互联网实现传统银行和其他金融资源、产业资源进行结合，并为终端的消费者提供服务。这样的机制使得银行主体和终端直接融合，导致了银行主体的变化，进而改造了传统银行的基本形态和服务模式。

社会、市场和消费者正在成为推动银行业科技化、促进金融—科技结合的最重要的动力。传统金融体系重点转型领域集中在支付系统的科技改造方面。支付系统是从银行到用户，包括机构用户和个体用户的最直接的功能体现。在世界主要国家民众对于FinTech的接受程度上，中国名列第一。也就是说，中国在这样的历史过程中，有一个巨大的历史机遇，因为中国推动传统金融进行技术改造有着巨大的动力。

---

① 资料来源：https://boomi.com/resource/open-banking-psd2-new-api-economy/.

2.2 TechFin。所谓TechFin，特指一些不是由传统金融领域的机构，而以非金融机构主导的金融—科技融合，通过科技手段进入和主导金融产业。这些年来，金融业以外的非传统金融机构进入了金融产业，不仅创造了金融资源的流量，而且也影响和改变了原来金融资源的存量。TechFin的经济实体主要分成两类，一类是互联网公司，另一类是金融科技公司。特别是互联网公司，它们在诞生的时候，和金融没有什么直接关系，但是，腾讯、阿里、百度、京东、网易、滴滴等，几乎所有互联网公司现在都直接或间接地进入到金融领域，无一例外染指金融版图，这种情况值得重视。截至2017年的数据显示，排名前二十的互联网公司中，有18家从事金融业务。见下表：①

中国二十大互联网公司金融业务情况（新金融琅琊榜 制表）

公司名称	金融业务
腾讯	微众银行；和泰人寿、众安保险；理财通；财付通（微信支付）、腾讯征信
阿里	蚂蚁金服（网商银行；国泰产险、众安保险；天弘基金；蚂蚁财富；支付宝；花呗、借呗；芝麻信用；网金社）
百度	百度金融（百信银行；百度钱包；百度理财；有钱花；百金交）
京东	京东金融（京东支付、京东白条、京东金条、京保贝、京东众筹、京东财富）
网易	网易理财、网易支付、立马理财、网易有钱、网易小贷
新浪/微博	新浪支付、微财富、房金所、操盘宝
小米	小米支付、新网银行、小米理财、小米小贷
滴滴	融资租赁、汽车分期、滴滴保险
奇虎360	360金融（你财富、私银家、360淘金、360借条）
58同城	58钱柜、58贷款、长银五八消费金融公司
美团	美团小贷、美团支付、吉林亿联银行
携程	携程金服、携程小贷、拿去花、上海尚诚消费金融股份有限公司（筹）
搜狐	狐狸金服（搜易贷、狐狸慧赚、小狐分期）
今日头条	无

---

① 资料来源：新金融琅琊榜。

续表

公司名称	金融业务
苏宁云商	苏宁金融（苏宁银行、苏宁消费金融、易付宝、任性付、苏宁众筹、苏宁基金）
乐视网	乐视金融（乐视小贷、乐视保险经纪、基金销售、乐乐花）
唯品会	唯品金融（唯品会支付、唯品宝、唯品花）
陌陌	无
汽车之家	汽车金融（贷款、保险）

2.3 FinTech和TechFin的垄断与竞争的差别。FinTech和TechFin是两类完全不同的金融企业，尽管都融合了金融和科技，但固有优势不同，依据的资源不同，竞争的模式也不一样。这样的现象出现在一个非常特殊的历史阶段，严格说，仅仅只有10到15年的历史。于是，金融产业的内部竞争模式发生改变。

根据金融科技投资公司H2 Ventures和毕马威会计师事务所（KPMG）最新的"FinTech100排名"，全球金融科技百强之中，有支付和交易类27家、贷款类15家、财富和经纪类19家、保险科技类17家、新兴银行（Neobanks）9家、多元类（Multi's，提供多种产品和服务的金融科技公司）13家。[①]

关注金融科技，不能不重视投资对于金融—科技融合的作用。至少在过去的十年里，大量的资本，特别是风险投资（Venture Capital），以极快的增长速度投入金融科技。有的是直接对传统金融体系的科技化进行投资，有的是注入互联网企业或者金融科技企业。大多数FinTech新创公司的投资者是典型的硅谷创投公司，而大多数TechFin背后的投资者为主权基金，例如新加坡政府投资公司（GIC）、纽约KKR或黑石集团（Blackstone）等私募股权基金。下图展现2013—2018年，FinTech吸纳资本的巨大力量：柱

---

① 参看全球企业动态：《2019年全球金融科技100强榜单》（https://xueqiu.com/6140821506/135339412）。

体代表投资金额的绝对值，折线代表对应投资的项目数量。①

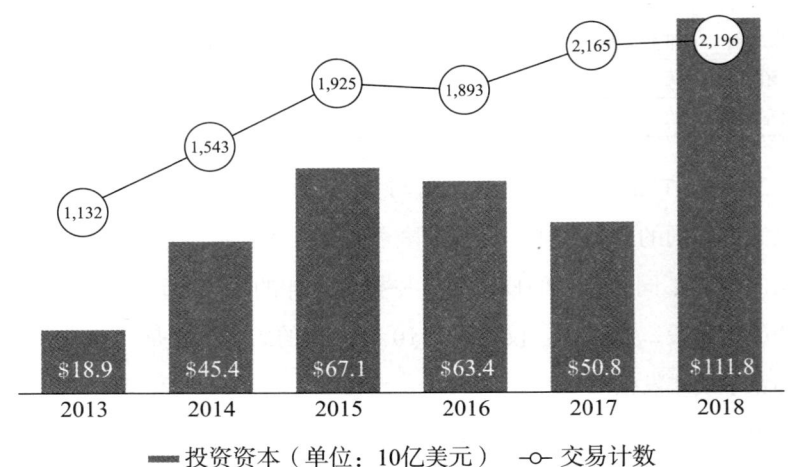

2013—2018年金融科技中总投资活动（风投、私募和并购）

至于金融科技企业在全球地理空间上的分布，主要集中在北美、欧洲和中国。

3.区块链对金融—科技融合的主要贡献

区块链技术与金融产业有着天然的、从底层设计到制度逻辑的关系。在2000年，或者甚至前推几年，人们讨论金融科技的时候，区块链并没有进入场景。今天讨论金融科技，必须把区块链作为一个非常重要的元素，甚至作为一个背景加以思考。区块链与金融科技是一个双向影响的关系。区块链天生就具备改造金融行业的基因。如果把区块链的应用场景理解成一个饼，占比最高的应用场景就是金融，占30%。但是其

---

① 资料来源：KPMG, "The Pulse of FinTech 2018-Biannual Global Analysis of Investment in FinTech" (https://assets.kpmg/content/dam/kpmg/xx/pdf/2019/02/the-pulse-of-fintech-2018.pdf).

他70%的应用场景，例如加工工业、供应链金融、政府治理、公共产品等，也都和金融有着直接或间接的关系。所以，区块链在金融领域的应用场景占比绝不止30%。下图反映的是区块链应用领域的分布：①

运用区块链的部门

- 7%其他
- 3%制造
- 3%能源与公用事业
- 4%专业服务
- 6%技术服务
- 6%通用
- 8%媒体、娱乐和游戏
- 8%医疗
- 12%保险
- 13%政府与公共产品
- 30%银行与金融

3.1 创造数字货币。2008年之后，区块链进入到金融科技领域的最重要后果是带来了数字货币，如今已经形成：（1）非主权数字货币。例如，比特币、以太币到各类稳定币。（2）央行数字货币。例如，中国央行法定数字货币（DC/EP）。（3）众多类型的通证。因为数字货币种类和规模的扩展，逐渐形成以数字货币为主线的数字货币产业链。最近做数字货币矿机的嘉楠科技完成了上市，就是证明。

3.2 整合金融—科技体系的基础结构。因为大数据与AI更高效配置金融资源，资产数字确权的推进，数字资产的使用、交易、流转相关技术密切的持续创新，实现更为精准的风控；资产数字化大势所趋更重要

---

① 资料来源：www.jbs.cam.ac.uk/faculty-research/centres/alternative-finance/publications/global-blockchain/#.Wms8Zrptypo.

的影响是，区块链的介入使得原本已经与金融结合的各类科技得到全面的整合，调整了它们的功能和作用，完善和改进了金融科技的基础结构。

3.3 注入金融—科技融合的新机制。新机制涉及：会计制度改革，结束复式记账；法律与监管，金融监管—区块链技术将传统反馈式监管转变为前馈式监管；基于数字化的市场与政府关系，改善支付模式，更好地了解用户，穿透到每个行为。最终改善金融活动的透明度，实现金融活动从定性到定量、从滞后到即时、从局部到全息的转型。

下图显示，区块链和智能合约如何影响具有数百年历史、作为传统金融活动核心支撑的复式记账体系（Double Entry Bookkeeping），带来了重大的革新作用。[①]

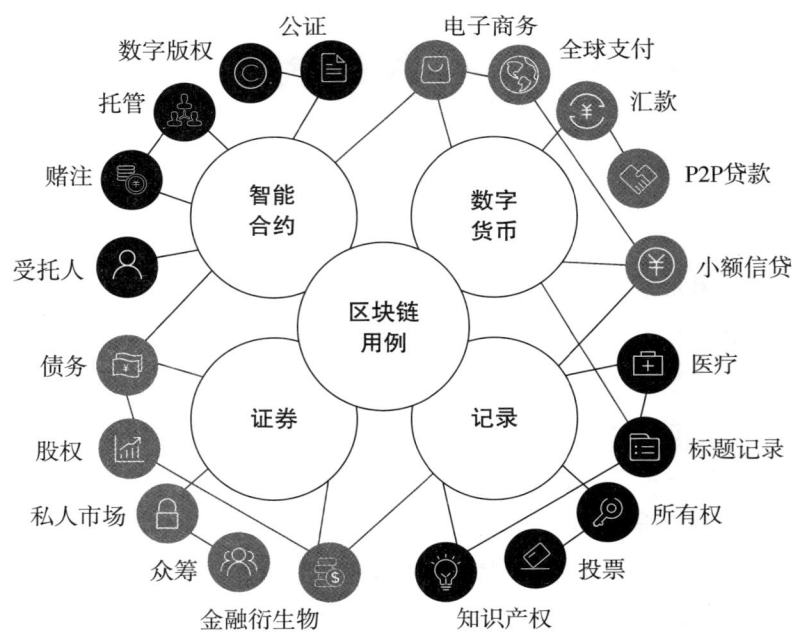

[①] 资料来源：Theodore Krintas, "Will Blockchain Technology 'End' Double Entry System?" (https://www.linkedin.com/pulse/blockchain-technology-end-double-entry-system-theodore-krintas/).

4. 金融—科技"一体化"的未来趋势

4.1 FinTech 和 TechFin 界限日趋模糊。由传统银行和传统非银行金融机构主导的 FinTech，与由金融科技公司和互联网公司所主导的 TechFin，到今天，这两个潮流汇集在一起，形成了一个彻底改变传统金融的生态体系和企业集群。这个企业集群中，有很多大家熟悉的中国企业，例如蚂蚁金服。

4.2 金融产业的新生态。主体多样化正在打破传统金融机构的垄断地位。现在的金融产业的新生态主要表现为金融机构的多元化，打破了传统金融机构对金融资源和金融分配的垄断。

4.3 改变金融资源存量和增量的分配失衡。现在，因为金融资源存量和增量的分配制度，贫富差距继续扩大。如果以住房作为指标，处于零或者负住房资产的家庭数量不断增加，特别是年轻一代的资产净值持续缩小。

因为科技进步，金融—科技的融合、金融对科技的依赖程度不断加强，有可能提供改变金融资源存量与增量分配的模式，在一定程度上解决金融资源分配不平等的状态。

结论

未来金融是被科技和算法改造的金融。金融对科技的影响，以及两者的融合，是越来越强烈的大趋势。拒绝和不能与科技结合的金融，将会被逐渐、日益加速淘汰。未来金融的基本特征正在清晰：（1）智能金融。我们已经每天都能够在日常生活中体验智能化的金融。（2）稳定金融。稳定主要是指减少金融的波动、货币的波动、利息的波动。甚至有可能在金融科技高度发展的情况下，创造一种新的金融架构机制，能够有效缓解，甚至在一定程度上控制金融危机。这在理论和技术上不是没有可能。（3）安全金融。从国家层面来讲,金融科技的竞争将是国家竞争的重要前沿。(4)普惠金融。实现金融资源分配合理,减缓贫富差距的扩大。(5)可持续金融。可持续金融有利于保护环境,开发人力资源,是实现可持续发展的重要支点。见下图:

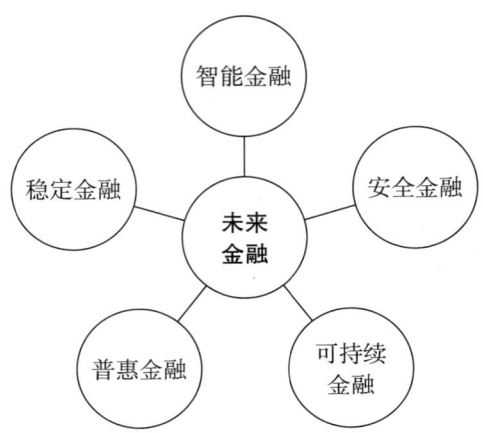

总的来讲,未来金融是数字经济和共享经济的重要组成部分,共享经济将不只是一种理想和一种乌托邦,将成为一种具有现实意义的前景。

3–10　科技：正在改变经济增长的周期与模式[①]

进入21世纪，科技革命加速，对经济增长产生前所未有的影响力。所以，在经济学领域，需要重新审视经济增长理论，推动经济增长理论更新。今天我所讲的题目是："科技：正在改变经济增长的周期与模式"。

1. 从"哈罗德—多马经济增长模型"到"新古典经济增长模型"

在经济学史上，经济学家将经济增长问题纳入视野，并构建了经济增长模型，并不是很久远的事，是1940年代中后期的事情。

工业革命可以追溯到两三百年前，但是，直到第二次世界大战之后，工业化才在全球获得实质性的进展，属于工业革命之后的工业化黄金时代。恰恰是在这样的历史时期，形成了所谓的"新古典经济增长理论"。奠定现代经济增长理论的经济学家是哈罗德（Roy Harrod）和多马（Evsey David Domar），他们分别提出原理相同的经济增长模型。到了1946年，他们分别提出的增长模式被命名为"哈罗德—多马经济增长模型"。

"哈罗德—多马经济增长模型"的原理是：经济增长的本源取决于储蓄，储蓄导致投资的增加，投资的增加扩展资本的存量，资本的存量导致了经济增长，经济增长导致人们收入的增加，收入的增加又增加储蓄。逻辑上是循环思维，属于"闭环"论证。见下图：

[①] 本文基于作者于2019年12月21日在"《哈佛商业评论》2019新增长大会"上的会议发言修订。

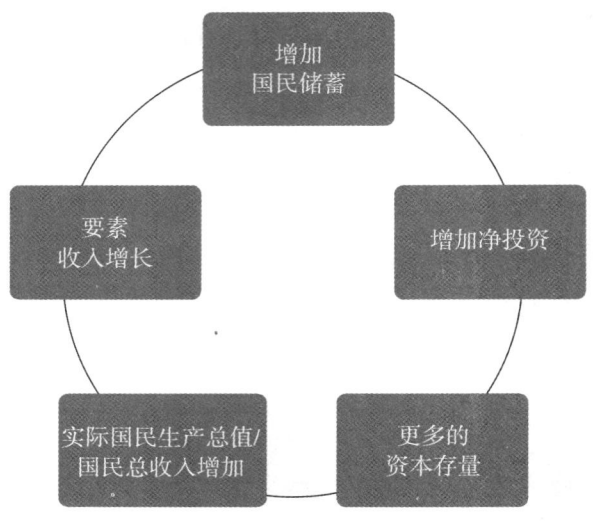

哈罗德—多马经济增长模型

"哈罗德—多马经济增长模型"的数学公式是$G=S/V$。这个公式中包括了三个宏观经济变量：经济增长率，用G表示；储蓄率，用S表示；资本—产出比率，用V表示。从公式中可以看出：一国的经济增长率与该国的储蓄率成正比，与该国的资本—产出比率成反比。决定增长的根本变量是储蓄和资本之间的关系。这正是"哈罗德—多马经济增长模型"的局限性所在，即经济增长完全决定于资本的贡献。没有资本就没有增长，自然不能实现充分就业。

到了1956年，罗伯特·默顿·索洛（Robert Merton Solow）提出"新古典经济增长模型"（Neoclassical Growth Model）：（1）基本假设和分析方法基于新古典经济学思路。（2）假设包括，全社会只生产一种产品；生产要素之间可以相互替代；生产的规模收益不变；储蓄率不变；不存在技术进步；人口增长率不变。（3）新古典模型的假设条件增加了"生产的规模收益不变"，有效劳动的增长率是外生给定的。新古典模型并没有对这种差异给予充分解释。

结论是：因为资本积累机制的递减规律，除非存在外生的人口增长或技术进步，否则经济不可能实现持续增长。索洛经济增长模型与储蓄率变化关系见下图：

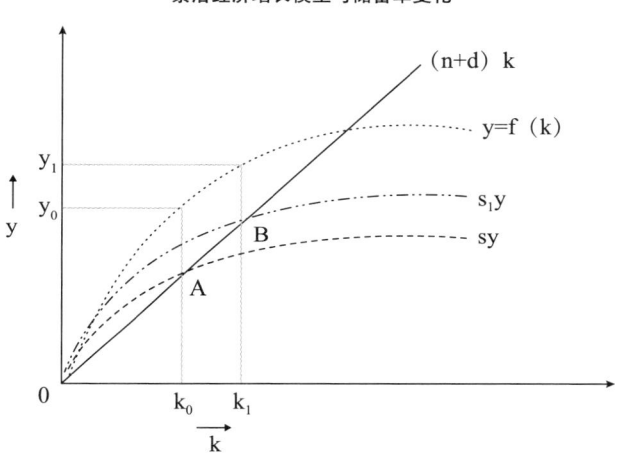

索洛经济增长模型与储蓄率变化

图中的变量还是储蓄率、资本和增长率。纵轴是增长率，横轴是资本。当资本从 K_0 增加到 K_1，最终影响了增长率从 A 点上升到 B 点。所以，索洛的"新古典经济增长模型"基本没有超越"哈罗德—多马经济增长模型"。

从哈罗德、多马到索洛，他们的经济增长理论都是基于对 1940 年代后半期和 1950 年代世界发达国家工业化的观察和认知。在那个时期，西方经济进入战后繁荣阶段，资本对经济增长的影响力非常大。作为当时的经济学家，能够提出基本符合当时经济现实的增长理论和模型，并没有太大的失误，值得肯定。

2.信息社会、后工业化社会和内生增长理论

到了 1980 年代，世界发达国家进入后工业化社会和信息社会。经

济增长的结构和机制发生了革命性的变化。不论是"哈罗德—多马经济增长模型",还是"新古典经济增长模型",都不再可能反映新的经济增长现实。正是在这样的历史背景下,产生了"内生增长理论",代表人物是罗默(Paul M. Romer)。罗默在1986年建立了"内生经济增长模型",把知识完整纳入经济和技术体系,使其作为经济增长的内生变量。罗默正是因为建立了"内生经济增长模型",于2018年与气候变化经济学的开拓者威廉·诺德豪斯(William D. Nordhaus)共同获得了诺贝尔经济学奖。

罗默的"内生经济增长模型"包括四个要素,即除了古典经济学中的资本和劳动外,又加上了人力资本和新思想。

在1980年代,还有一位经济学家罗伯特·卢卡斯(Robert Emerson Lucas),也参与纠正"新古典经济增长模型"的局限性,通过内生的技术因素解释经济增长。这是很大的转变。

"内生经济增长模型"为里程碑,标志着科学技术的进步完全和彻底地进入了经济学家的视野,并且和经济增长联系在一起。没有科学技术作为增长要素的经济增长已经不再存在。这是一个非常大的变化。今天人们讨论的所有经济增长的主题,例如科学技术对经济增长的溢出效应,都是以罗默和卢卡斯的"内生经济增长模型"作为框架的。

3.内生增长理论面临新的挑战

自1980年代至今,又过去了三四十年。1980年代的科学技术水平和现在的科技发展水平不可同日而语。在1980年代,互联网经济不过刚刚起步,如今已经是数字经济时代。所以,不仅哈罗德—多马模型、新古典模型过时,而且内生增长理论也面临一系列挑战。

3.1 支持经济增长的要素发生改变。例如,大数据。不要说在索洛时代,即使在罗默和卢卡斯的时代,大数据也没有进入经济学家的视野。

在过去三四十年中，互联网的发展推动了大数据、云计算的崛起，大数据本身已经成为新兴产业。现在，对于大数据已成为生产要素，几乎不存在争议。

3.2 经济结构发生根本性改变。在1980年代，人们讨论经济结构、产业结构，基本上还基于三次产业框架。如今，第三产业的内涵需要扩大，金融业成为第三产业最重要的组成部分。三次产业框架明显不足以概括经济结构。科学技术需要纳入产业体系。所以，经济学界提出了增加第四产业的主张。对于基础结构的理解，也需要改变。互联网，甚至区块链，都应该属于新的基础结构。

3.3 科学技术彻底摆脱"科技中性"外衣。现在，科学技术以前所未有的能量在膨胀，它自身的生命力已经突破经济制度和人类对它的限制。所以，科技已经不仅仅是经济活动中的内生变量，而且正在成为经济活动中的主导性变量。

3.4 工业革命时代的商业周期规律被打破。在工业社会，经济周期决定工业产品供给与需求的均衡和非均衡。工业革命时代的经济周期基本就是所谓的商业周期。商业周期包括繁荣、衰退、萧条、复苏四个清晰的阶段。现在，科技进步已经打破了传统的商业周期，导致经济周期推迟，甚至紊乱。根本原因是，科技改变了影响经济周期的机制。

3.5 科技主导下的经济增长不再是简单的线性增长。科技对经济日益增加影响力，成为经济活动的内生变量，改变了经济制度、市场条件，最终改变了经济增长系统机制，所以，经济增长呈现的是非线性模式。衡量工业社会增长的GDP越来越不适用于衡量数字经济社会的经济增长。

3.6 超越罗斯托的经济发展阶段理论框架。经济学家罗斯托在1960年代初写过一本书，书名是《经济增长的阶段》(*The Stages of Economic Growth*)。在这本书中，经济增长分成了五个基本阶段。到了

1970年代，增加到六个阶段。①其中的第三个阶段是"经济起飞阶段"，第六个阶段是"高质量消费阶段"。我们现在看到，不仅发达市场经济国家，即使绝大多数新兴市场国家，也已经超越了罗斯托的经济发展阶段理论框架。

4.熊彼特创新理论为什么开始过时？

讨论科技对经济增长、经济周期和经济发展阶段的影响，需要重新评估约瑟夫·熊彼特的创新理论。

在熊彼特的创新理论中，"创造性破坏"（德语：Schöpferische Zerstörung）是核心思想。"创造性破坏"描述的是工业化过程中多次重复出现的突变现象，即来自内部的创新因素彻底改变原有的经济结构，创造出新的经济结构。在马克思经济理论中，这一概念更广泛地指资本主义下财富累积和消灭的关联过程。

如果分解熊彼特的创新理论，可以将他所说的创新理解为生产要素和生产条件发生"新组合"和形成"新生产体系"的过程。这种"新组合"和"新生产体系"包括五种情况：（1）采用一种新产品或一种产品的新特征；（2）采用一种新的生产方法；（3）开辟一个新市场；（4）掠取或控制原材料或半制成品的一种新的供应来源；（5）实现任何一种工业的新的组织。因此"创新"不是一个技术概念，而是一个经济概念：它严格区别于技术发明，而是把现成的技术革新引入经济组织，形成新的经济能力。从"一"出发，然后它才会扩散，形成创新效果。从21世纪以来的创新现实出发，可以发现熊彼特的创新理论体系的局限性是相

---

① 1971年，罗斯托的《政治和成长阶段》（*Politics and the Stages of Growth*）描述的六个阶段依次是：（1）传统社会阶段；（2）准备起飞阶段；（3）起飞阶段；（4）走向成熟阶段；（5）大众消费阶段；（6）高质量消费阶段。

当明显的：

4.1 熊彼特是从单一产品、单一市场出发的，强调的是一种平面的科技扩展或者溢出。熊彼特在他的历史条件下没有可能观察到科技集群现象和效应。所以，他的创新增长是一种线性的增长、线性的演进。而今天科技基本是以集群式的方式存在。例如大数据、云计算、人工智能越来越不可分割。科技发展多维化，已经难以单独和一种产品或一个行业联系在一起。所以，现在的经济增长是非线性的，存在经济增长的断裂，也存在爆发式的增长。见下图：

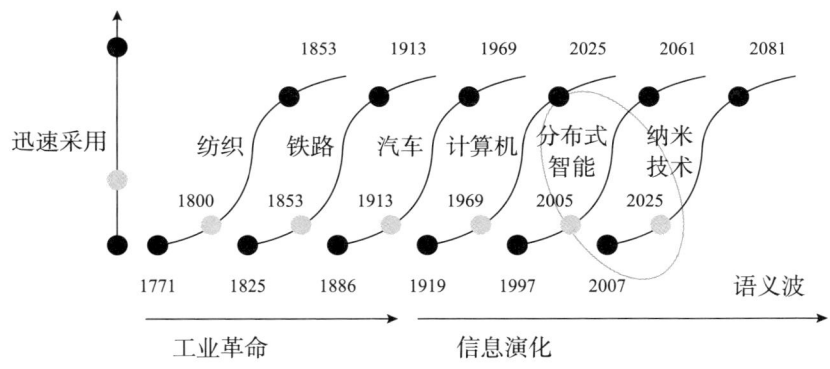

上图比较了工业革命时代和信息时代的创新差别，工业革命时代的创新常态是单一型的，信息时代的创新常态是集群型的。

4.2 熊彼特的创新主体是企业家。现在企业家仅仅是创新主体之一，甚至越来越不可能占据主导地位，国家、科学家都在成为创新的主体。企业的创新地位从长远观点来讲，因为科学技术的变化，不是在上升而是相对在下降。

以下是熊彼特的"科技模式"和2020年的"科技模式"的对比：

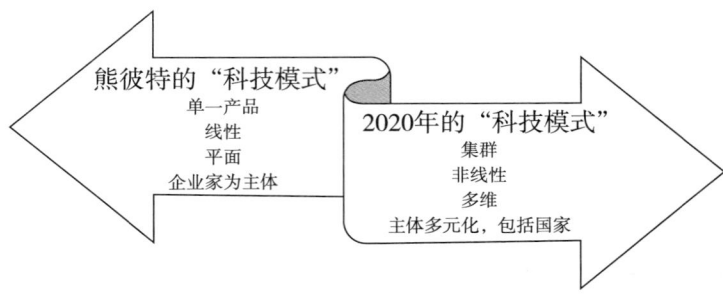

结论

在工业革命早期、牛顿时代,科技和经济是有距离的,属于基本没有直接相关性的两个主体。到了二次世界大战之后,科学技术和经济已经出现非常显著的结合,但是经济主宰和影响科技。1980年代以后,情况发生很大变化,进入罗默时代和卢卡斯时代的时候,科学和技术之间实现前所未有的融合。

在过去的八十年左右的时间里,经济和科技的关系已经经历四个阶段。见下图:

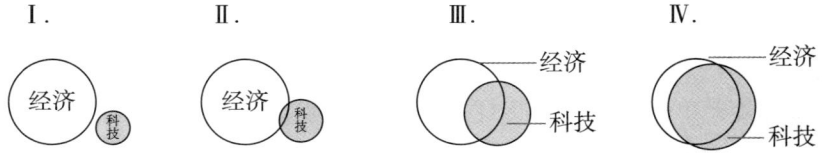

"哈罗德—多马经济增长模型"是基于上图的第Ⅰ阶段;索洛的"新古典经济增长模型"反映了第Ⅱ阶段的到来;罗默和卢卡斯的"内生增长理论"则是对第Ⅲ阶段的回应。至于熊彼特的创新理论,是以第Ⅰ和第Ⅱ阶段为经济和历史前提的。

现在进入了第Ⅳ阶段,即科学主导经济增长和发展的阶段。在这个阶段,为什么不确定成为常态?主要原因是科技已经形成特殊"意志"和"生命力",人们没有可能像在工业时代预测工业发展那样预测科技的发展模式。也就是说，人类从来没有像今天这样，在科学技术发展面前如此被动，因为科技和经济是不同的两类社会状态，人类可以主宰经济，但是很难主宰以为可以主宰的科技。所以，资本和投资的地位大为下降。资本从过去主宰科技进步，影响科技进步，正在变成臣服科技进步，资本的力量在科技面前开始衰退。

我在几个场合都进过，2019年有哪三件事情值得重视：（1）5月份、11月份、12月份，马斯克向离地球400公里的上空发射上千枚卫星，这个事情还没有结束；（2）6月份，Libra 1.0白皮书发布；（3）10月份，Google发布的一款专业量子计算机投入使用。这三件事情属于指标性的历史事件，其意义在于让人们在不确定的时代看到科技发展的可能方向。相对于经济活动，科学技术的中性时代已经成为过去。

我在1988年出版过一本书：《论非均衡增长》，提出了一个增长构造，将技术创新与进步放在非常重要的位置。我还是很肯定自己。见下图：①

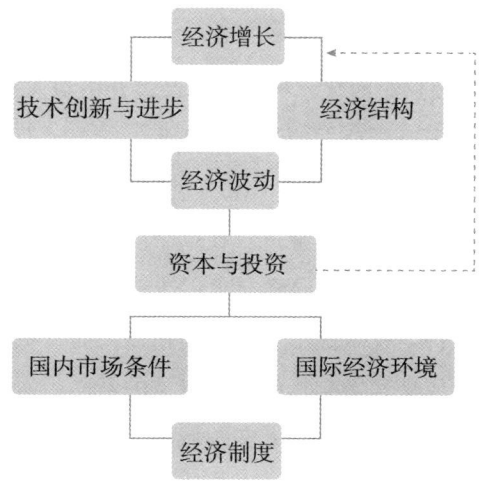

---

① 朱嘉明：《论非均衡增长》，上海三联书店，1988年，第6页。

3-11　科技VS人文[①]

本期《文化纵横》以"科技VS人文"作为封面选题，并刊登了相关的四篇文章。这个选题和相关文章，源于这样一种认识、判断，甚至是共识：一方面，人工智能引发社会焦虑，另一方面，包括哲学和伦理在内的人文反思能力衰落，与科学技术的进步形成鲜明反差，这种科技和人文的失衡"构成了现代性危机的重要表征之一"。

问题是，上述这种人文落后于科技导致"现代性危机"，或者是对"人类文明"形成巨大挑战的逻辑和结论本身是值得讨论的。

第一，科技和人文的对等和并列关系，早已悄然结束。迄今，人类社会中的科技和人文的关系大概经历了四个阶段：第一个阶段是古希腊时期，科技与人文基本重合。人文学家基本上就是科学家。第二个阶段是文艺复兴时代。在这个时代，科学技术已经开始与人文知识体系分离，但是，科学技术尚未形成独立的学科和体系。这个时期的精英，横跨科学技术和人文两个领域是可能的。第三个阶段是工业革命的狂飙时代，科学技术发生前所未有的突飞猛进。在这个阶段，虽然科学技术的演进令人眼花缭乱，但是人文领域同样充满创造精神。第四个阶段是20世纪中后期至今，不仅科学技术疆土不断高速拓展，而且每个学科和领域都持续性革命，并形成交叉影响。相比较科技的新面貌，人文领域全面滞后，不少学科甚至停滞不前。与人文领域休戚相关的意识形态，早已经变得苍白、浅薄和丧失张力。在这个阶段，一方面，科技的边界不断延

[①] 本文系作者于2017年11月19日为《文化纵横》杂志撰写的文章。

伸，侵蚀人文领域，另一方面，人文领域里越来越多的学科必须诉诸各类科学技术新工具。所以，真正的现实是，人文领域正在被纳入广义的科技领域，早已失去了和科学技术平起平坐的资格。

今天，固守人文主义思想，是一个非常悲哀的事情。更为严重的是，人文科学的生命力正在退化。在当代，人们消耗在人文领域的时间、精力和兴趣，都在不可避免地减少，不可避免地"小众化"。

第二，究竟什么是正在来临的"现代性危机"？人们关注和讨论所谓的"现代性危机"已经很久了。这一讨论过程中，在这个地球上，发达国家从工业社会转入后工业社会，进而进入到所谓的信息社会和人工智能社会。期间，科学技术的发展、科学技术的专业化程度，不是以月，而是以天的速度延伸。于是：（1）人类的绝大多数，已经被排斥到科学技术的主流之外。传统的科普方式，不足以解决民众科学技术知识的严重匮乏。（2）自爱因斯坦之后，人类已经无法记忆拥有重大成就的科学家，因为科学本身的分工急剧精细化、细微化，再也没有这样全方位影响科学技术的科学家了。（3）科技领域内的鸿沟不断加大，不再具有同时处于生物科学前沿和电子科学前沿的科学家，任何学科的高端专业人员，离开自己的专业范围都难以克服基本无知状态。（4）科学技术正在成为社会演进的核心，资本、人力资源和其他资源都只能围绕着所谓的科技进步。（5）科技垄断，正在成为人类社会最强大的垄断。

这样局面的发生，源于科学技术的自我意识、自我意志和自我逻辑的发育和成长，这绝非科学家和工程师们所能控制和驾驭的。越来越多的工程师们，已经进入到"知其然，不知其所以然"的时代，因为基础科学的基础不再稳定。

整个商业社会，正在越来越彻底地与人文领域分离，全面导向和依附于处于爆炸状态的科学技术。创新不过是连接科学技术和商业与经济活动的一个桥梁。

人类在历史上从未像今天这样，在科学技术面前，处于如此被动的状态。人类原以为，正在实现从"无知"到"已知"，岂知，"已知"又很快堕入新的"无知"。新的混沌笼罩着人类文明，传统文明和当代混沌发生重叠。人们在混沌中振奋，在混沌中绝望，在混沌中徘徊。所以，人类面临的不再是"文明危机"，而是"文明形态"的改变。

第三，中国的"科技VS人文"。基本事实是：在现代科学技术领域、科学技术哲学领域，中国长期处于落后局面。这种情况，现在开始改变，但是，并没有彻底扭转。各个人文社会学科，距离现代化和本土化还有漫长的距离。所以，对于中国而言，如果存在科学与人文关系失衡，是另外一个层次的失衡：一方面需要加速科技与人文现代化，另一方面，需要寻求符合历史潮流和文明走向的科技与人文的平衡模式。

为此，中国需要思考知识体系的革命。当务之急是结束文理过早分科的教育体制，使所有青少年都要在接受专科和高等教育之前，完成科学技术的基础训练，以在日后成为具有人文精神的科技人。在中国，到了抑制知识分子的人文主义情结，更确切地说是源远流长的"文人"情结的时候了。

19世纪到20世纪，是"人类中心主义"时代，与其价值体系相关的人文必然受到尊崇。进入21世纪，"人类中心主义"全面动摇，机器崛起，科学技术处于主导地位，赛博格人正在走来，在这样的"后人类时代"，不复存在没有科技工具和方法的人文，不复存在没有遭到科技浸透的人文，也不复存在与人文隔绝的科技，传统人文正在异化中升华。

3-12　新技术革命：人文危机，抑或文明转型①

与会者回顾了历史上的"科玄论战"，如今八九十年过去了。在2010年代的末期重新讨论科学和人文的关系，到底有哪些具有根本意义的特点？我认为：在"科玄论战"的时代，中国还是一个农业国，世界性工业化远远没有完成，人文主义处于主导地位。现在，世界进入了信息化和数字化时代。科学成为影响历史的最为强大的变量。否定"人类中心主义"的"后人类主义"的影响力不断扩大。我下面以"后人类主义"观念作为基础，就科技与人文关系谈四个问题：

第一，"后人类"需要正视和面对《弗兰肯斯坦》（即《科学怪人》）中的科学怪人和《狂人日记》中的狂人。2018年有两件事值得纪念。其一，雪莱夫人第一部影响力很大的科幻小说《弗兰肯斯坦》出版二百周年。此时此刻，英国最大的文化盛事就是纪念雪莱夫人的《弗兰肯斯坦》。雪莱夫人这本书之所以二百年来经久不衰，是因为不断地被改编为电影、戏剧，不断地被解读。最主要的一点是雪莱夫人这本书最早提出了人文与科技的关系问题，触及了人们今天所讨论和关注的"后人类"的主题。在中国知识界，《弗兰肯斯坦》的历史价值长期被低估，试图通过阶级斗争的理论解读《弗兰肯斯坦》。其二，鲁迅的《狂人日记》发表一百周年，它不仅挽救了《新青年》杂志，刺激和推动了白话文运动，最重要的是，鲁迅这本书揭示了一百年前中国人文世界的危机所在。提及雪莱夫人的《弗兰肯斯坦》和鲁迅的《狂人日记》，是为了形象地表达人类其实需要

---

① 本文系作者于2018年4月22日在"《文化纵横》研讨会"上所作的会议发言。

正视原本不熟悉的科学怪人和有精神偏执的狂人。这正巧也是一个科学和人文面临的新问题。

第二,"后人类"的要害在哪里?"后人类"的要害是重构科学与人文的关系模式。一百年前的1920年代,科学技术的演变基本是在原有的人文、社会和制度框架中进行,科技仅仅是影响经济的一个因素。一百年后的2020年代,科学技术的变化与发展已经突破和改变了人文科学的传统框架。也就是说,科学可以改变经济、政治和社会框架。科技正在成为影响经济发展的绝对因素。没有科技介入的现代经济是不可思议的。最近,仅仅一个芯片居然牵动了世界大国之间的关系,甚至影响一个国家的国民经济体系。说明了什么?说明芯片研发原本隶属于过去的社会体系、经济体系,但现在,它正在主导和改变经济体系。

第三,科学技术可以改变和改造人本身。一百年前,科学技术没有办法改变人本身;一百年后,可以清楚地和强烈地感知到,科技已经并将越来越深入地改变人类。曾经的我们已经变得面目全非。这种改变包括:(1)人类生活和工作的模式的改变。人们将不再是五天工作制,而是两天工作制,绝大多数人类的时间将在虚无和娱乐中混过去,劳动已经不再是人类最重要的东西。(2)人类生命体的改变。生物工程、基因编辑、人工智能技术都在对人类实施彻头彻尾的改变。(3)智能机器人的出现。总之,不论是狭义的,还是广义的人类概念,都已经改变,而且会继续改变。《银翼杀手2049》里的人类正在向我们走来。

第四,科学进步创造了"后人类"语言体系。现在人文学科的话语体系过分陈旧,不足以表达对"后人类"时代的描述。自从1970年代法国哲学实现对传统人文科学的突破之后,或者说,在结构主义、后现代主义之后,人文学者已经很难提出激动人心的东西。不仅如此,人文学科的概念也变得越来越模糊、越来越说不清。比如使用最频繁的"改革",如何解释这个词?几乎因人而异。相反的,在科技领域,每天都会产生出新的概念。例如"区块链""通证经济"。无论我们对此赞成与否，人类语言需要革命性创新。未来，以Code为基本元素的计算机语言将高度普及化，改变传统人文语言的模糊性特征。语言走向机器化、算法化、精准化，进而刺激思想的丰富，改变人类曾经为人文主义主导的思维模式。

第五，"人文主义危机"的积极意义。至少自文艺复兴以来所形成的人文主义，从哲学、经济学到艺术和美学，全面危机。人文主义中原来相对稳定的概念、理论和范式的基础，都发生不同程度的动摇。也因为人文主义的危机，基于人文体系的经济、政治和社会结构，甚至文明体系，都在发生变化。逆转人文主义的危机几乎没有可能。因此，需要重新认知人文主义的危机，将这样的危机视为观念、价值观和文明的转型。人类需要整体性转型，重建经济、政治、社会和文化结构。如果进入"人文主义危机"的深层结构，势必触及人类的终极问题，宗教问题亦将不可回避。那将是另外更为专业和复杂的课题。

最后要说的是：在过去三四十年间，人们关于"后人类主义"的讨论，具有相当的启蒙和启发意义。到了现在，关于"后人类"的很多思想已经开始显得陈旧了。原本具有新意的东西，当开始普及和对公众产生影响的时候，它又过时了。所以，我们有责任推动"后人类主义"的与时俱进。

3–13　金融危机十周年：回顾与思考[①]

2008年金融危机距今已十年，但其引发的全球政治、经济和社会效应远未终结。后金融危机十年，给予中国的启示，不只是经济层面的危机意识，最为重要的，是需要借助危机激发新的思考。当前国际金融生态正处在剧烈变动的时期，特别是以比特币、区块链为代表的新金融工具的诞生，对当前世界的金融安全和治理构成巨大挑战。面对这些新的历史变量，我们需要以开放的、建设的、综合的视角，超越旧有的理论框架和制度框架，站在一个新的历史位置，洞悉时代发展的趋势。

21世纪以来，堪称重大历史性事件的莫过于"9·11"事件和2008年金融危机。两相比较，它们的共同之处是深刻地影响了世界历史的走向。前者彻底改变了自第二次世界大战之后建立起来的世界政治秩序，恐怖主义成为国际关系中新的因素；后者不仅影响了各国货币政策的选择，而且改变了整个世界货币金融的生态系统。它们的不同之处则在于，前者发生在政治领域，导致直接的生命和心理伤害，后者发生在经济领域，导致财富和财产损失；前者是个别的、有组织、有目的的攻击行为，后者是总体的系统性风险；前者有可能防范，后者则难以控制。

由此可见，2008年世界金融危机的根源、发生机制和扩散模式的复杂程度，甚至超越恐怖主义袭击。2008年11月初，英国女王访问了伦敦经济学院，这是自1920年女王祖父乔治五世访问伦敦经济学院之后，英国国王或女王首次对该校的访问。女王问在场的经济学家："为

[①] 本文系作者于2018年6月7日为《文化纵横》2018年6月刊撰写的文章。

什么没人注意到会发生这场金融危机?"① 经济学家无言以对。据《福布斯》(Forbes)杂志:当时女王全部的财富是3.2亿英镑,其中1亿英镑用于股市投资,在金融危机中损失2500万英镑。4年之后的2012年12月,女王访问英格兰银行。该银行首席经济学家苏吉特·卡帕迪亚(Sujit Kapadia)告诉女王,他可以回答女王在伦敦经济学院提出的问题:金融危机近似于地震和流行性感冒,其预测是相当困难的。他请女王放宽心,银行界将避免另一次金融危机。显然,苏吉特·卡帕迪亚并没有回答2008年金融危机的原因。所以,女王最后说:"预见金融危机很可能不是一件易事。"②

可以说,关于2008年世界金融危机是否可以预见或预期,至今没有定论。

1."金融危机":趋于常态化

自工业革命以来,工业化国家出现了日益明显的经济周期,这个经济周期也叫作商业周期。经济危机基本上就是商业周期危机。1929年到1930年代初的大萧条,是一次典型的、大规模的和破坏性极大的商业危机。这场危机的起源是所谓"生产过剩",或者是凯恩斯所说的"有效需求不足"。整个危机是从实体经济部门传导到货币金融经济部门,再反作用于实体经济部门的过程。

但是,第二次世界大战以后,让人们心有余悸的"大萧条"式的危机,并没有再发生过。自1970年代初,伴随布雷顿森林体系的完结,经济危机更多是来自货币金融领域的危机,而不是实体经济的危机。在这样的经济现象的背后是:(1)原来的商业周期越来越不明显,资本周期运动

---

① 英文原文为:Why did nobody notice it?
② 英文原文为:Perhaps it is difficult to foresee (a financial crisis).

拉长，经典意义上的商业周期不复存在；（2）政府通过"凯恩斯主义"的政策工具，对商业周期的影响能力日益强化；（3）货币金融市场蓬勃发展，货币金融经济逐渐成长为相对独立的经济，货币金融经济的规模也大于实体经济的规模；（4）进入1920年代后，世界呈现出由金融经济主导的趋势——货币金融经济带动实体经济，而不是相反；（5）既存在实体经济部门和货币金融经济部门的失衡，也存在货币金融部门自身的失衡。

在货币金融经济急剧膨胀的过程中，由于其复杂性、国际性、技术性、流动性，以及政府监管能力滞后，金融危机日益频繁，局部的、小规模的、短期的金融危机成为一种新的经济现象。1997年亚洲金融危机、2008年世界金融危机，不过是典型案例。人们以为，货币金融危机是可以加以分类的，例如有货币危机、债务危机、银行危机、次贷危机等类型，但实际的货币金融危机从来不是单纯的，而是混合、并发的。债务危机、流动性危机和信用危机，几乎是同时发生的。

值得注意的是，虽然1997年亚洲金融危机和2008年世界金融危机并没有演变成当时人们以为和预期的那种模式，例如再现1929年式的大萧条，其周期也比预期的时间要短，但是，1997年的亚洲金融危机改写了亚洲，特别是东亚、东北亚和东南亚的经济版图；而2008年的世界金融危机，则改变和继续影响着世界金融生态体系。

2. "国际货币体系"：在稳定表象下的解体

1944年，布雷顿森林会议确定了当代的国际货币体系。27年之后（1971年），尼克松关闭美元的黄金窗口，标志着国际货币体系进入后布雷顿森林货币体系时代。从1971年到现在，后布雷顿森林货币体系基本上是稳定的。任何政府和经济组织要想改变这个货币体系，都是相当困难的。

后布雷顿森林货币体系时代的最重要特征是美元摆脱与黄金固定兑换率的约束，自由汇率取代固定汇率制度。从此，世界各国政府对"主权货币"具有绝对权力，建立在国家信用基础上的"法币"或者"主权货币"地位大为上升。而黄金在世界货币体系中的地位全面削弱，对某些国家来说，甚至只有象征意义。于是，各国货币的价值不仅取决于自身经济状态，而且体现为与美元的汇率。这样，美元的升值与贬值，势必影响世界各国货币的价值。

所以，进入后布雷顿森林货币体系时代的美元对"国际货币体系"的影响力不是削弱，而是强化了。

3. "国际金融秩序"：走向脆弱的平衡

自布雷顿森林会议之后，支撑国际金融秩序的主要是世界银行、国际货币基金组织，以及国际清算银行等国际性金融组织。

国际货币基金组织的章程就属于金融秩序的规范，其基本职责是确保全球金融制度的稳定性和运作，其基本手段是监察各国汇率和贸易情况，提供必要的技术和资金协助，以促进国际间货币合作，维系成员国之间的稳定汇率关系，以及国际收支平衡。支撑国际货币基金组织的则是1969年设立的"特别提款权"。当会员国在短期国际收支困难时，该基金可以提供必要帮助。但历史一再证明，国际货币基金组织的表现与其宗旨差距很大。1980年代以来，国际货币基金组织对超过100个国家所经历的银行体系危机反应严重滞后，特别是对1997年亚洲金融危机和2008年世界金融危机。所以，改革国际货币基金组织已经成为共识。在2008年金融危机之后，中国提出了"超主权货币"的概念，即"创造一种与主权国家脱钩，并能保持币值长期稳定的国际储备货币"，实现对现有国际货币体系的改革。①但是，中国的努力并没有达到预期的结果，仅

---

① 参看周小川：《关于改革国际货币体系的思考》(http://www.pbc.gov.cn/hanglingdao/128697/128719/128772/2847833/index.html)。

仅有限地增加了人民币在特别提款权的比重而已。

国际清算银行也是支撑国际金融秩序的重要机构，该银行在1988年制定和之后多次修订的《巴塞尔协议》，通过最低风险资本要求、资本充足率监管和内部评估过程的市场监管，帮助银行体系改进风险管理体系，实现同时识别和避免当前与未来的信用风险。但是，它在2008年世界金融危机面前也是束手无策。所以，2010年的《巴塞尔协议III》，提高了商业银行资本充足率，并增加了所谓防护缓冲资本和反周期准备资本。不仅如此，它还计划引入杠杆比率、流动杠杆比率和净稳定资金比率，以降低银行系统的流动性风险，加强抵御金融风险的能力。

必须看到，自2008年世界金融危机之后，不论是国际货币基金组织，还是国际清算银行，对国际既有秩序的影响力不断下降，最大的努力也不过是"亡羊补牢"。其根本原因在于现行国际货币体系的内在缺陷和系统性风险，而且这种缺陷和风险在不断增长。原有法规与实际脱节，而重新制定法规受到太多条件的制约。更需要关注的原因是：金融市场呈现多元化和自主化，欧元区扩大和成熟，新兴市场国家的经济实力全面膨胀，其主权货币都在成长壮大，中国的人民币具有代表性。

在这样的情况下，维护世界金融秩序不得不主要依靠G20，或者是主要工业国家的财长会议。但是，这两种方式的约束性相当有限，只能达到某种脆弱的平衡，而且成本愈来愈高。国际货币体系的平衡机制已经日趋脆弱，且存在解体的迹象。所以，现在需要G20和更多国家协商，探讨设立维护世界货币金融秩序的新型机构，以补充国际货币基金组织、国际清算银行等现行国际金融机构的先天不足的可行性。这样的新型国际金融机构，应该具有超越主权国家央行、主权基金，以及超级跨国公司的利益格局，并具有制定国际性货币金融治理法规，规范和引导金融创新的基本功能。

4. "货币政策": 边际效益递减

自1970年代进入后布雷顿森林货币体系时代之后,世界各国央行,特别是美联储的货币政策地位显著提高,甚至被过度夸大。这种情况自1980年代开始出现改变货币政策的边际效用递减的迹象。

2008年世界金融危机是一个试金石,至少证明美联储的"货币政策"存在两个致命问题:(1)对整个危机没有预见性,丧失了缓解危机的最佳时机;(2)当危机国际化之后,实施"货币宽松政策"存在严重缺陷。伯南克(Ben S.Bernanke)将利率降至1%,为投资者和机构提供了一种前所未有的借贷激励,加剧了房地产泡沫,刺激了股市和债市。

为什么货币政策的边际效用呈现递减?其基本原因是货币政策无法适应:(1)货币金融经济发育和膨胀过快;(2)货币金融经济结构的复杂化,影响金融变量不断增加;(3)货币金融经济国际化程度深化;(4)货币金融经济的技术创新;(5)中央银行和其他有关部门的协调成本过高;(6)货币政策、财政政策和产业政策难以"一体化"。所以,传统的货币政策工具及其组合,诸如改变存款准备金率、调整再贴现率,都难以达到预期效果。经济体对于货币政策的工具及其组合,已经有了"耐药性"。2008年金融危机之后,随着绝大多数国家先后采取货币宽松政策,加之普遍实施低利息甚至零利息、负利息政策,货币资本从短缺资源变成一定程度的过剩资源,主要经济部门对货币政策的敏感程度下降,货币政策影响的周期延长,货币政策的效益被其他经济政策的效益所抵消。

当货币资本的稀缺程度发生根本改变之后,其存量和流量都有大规模增长,这是使得货币政策边际效益递减的根本原因。

5. "通货膨胀": 新的部门分布

从理论上说,通货膨胀有别于货币贬值,通货膨胀主要是指一个国家范围内的货币价值下降,而货币贬值则指一个国家货币在国际市场上的价值降低。在实际经济生活中,一个国家的货币在国内没有发生通货膨胀,但在国际上却可能发生贬值,或在国内发生通货膨胀的情况下,在国际上却可能升值。也就是说,国内通货膨胀与国际货币贬值可能呈不同比例。通货膨胀首先造成民众痛苦指数上升:居民实际收入水平下降,其分配效应伤害低收入者的养老金、保险金等基本福利,却增加高收入者收益,加剧贫富差距。

但是,上述典型通货膨胀现象已经逐渐改变,特别是在2008年世界金融危机之后,表现得尤其显著。虽然,世界主要国家先后都实行了货币宽松政策,M_2(广义货币供应量)急剧增长,达到一倍甚至两倍于GDP的情况,却没有发生关系民生的物价飙升,CPI增长低于M_2的增长速度。

合理解释这种现象的思路是:(1)政府干预民生领域(衣食住行、通信)物价;(2)在货币宽松的前提下,实体经济部门产出增大,供给增加;(3)货币资本流入到资产领域,主要是房地产市场、股权市场、债权市场、艺术品收藏市场。也就是说,2008年以来,货币宽松政策的效果主要不是反映在与民众消费相关的部门,而是反映在投资部门,导致资本价格下降,以及资本投资规模的增长。以著名互联网公司在纳斯达克上市为例——从亚马逊(1997)、Google(2004)、Facebook(2012)到阿里巴巴(2014),IPO价格直线上升,意味着资本在贬值。在中国,乐视、摩拜、滴滴打车,动辄几亿、几十亿、上百亿的融资也是证明。至于与高科技创新相关的融资,其数量级更是不断创造新高。当然,因为经济体系的关联性,流入资产领域的资本,不仅会导致资产名义价格的上升,而且最终还会传导到最终消费品部门,波及民众生活水平和质量。可以肯定的是,如果这种现象持续下去,势必改变投资的生态系统,造成广大民众和投资的彻底分离,使得资本部门和消费部门进一步分离。

6."股票市场"：资本市场地位的显著下降

17世纪初荷兰人在阿姆斯特丹创建股票市场，100多年后，美国人基于《梧桐树协议》建立了华尔街股票市场。400余年来，股票市场遍布主要发达国家，支撑了资本主义的发育和成长。其中，华尔街不仅是全世界的资本中心、金融中心，而且是财富象征。2010年，福克斯电影公司制作出剧情片《华尔街：金钱永不眠》(*Wall Street：Money Never Sleeps*)。"金钱永不眠"道出了华尔街的本质。

尽管股票市场充满投机和危机，但股市的规模不断扩大，股票市场结构不断复杂化，股票市场运行全球化。进入20世纪末期，作为实行"社会主义制度"的中国，也建立了股票市场。1990年代，股票市场和IT革命结合，发展到前所未有的巅峰。股票市场蓬勃发展，带动了投资银行业的繁荣。自1970年代至2008年世界金融危机爆发，也是投资银行的黄金时代。

但是，2008年的世界金融危机成为重要分水岭。从此，不论是股票市场，还是投资银行业，开始不可逆转地衰落。其标志性事件是2008年9月15日雷曼兄弟公司宣告破产。那天，对华尔街来说是名副其实的"黑色星期一"，道琼斯指数创"9·11"事件以来单日最大下跌点数与跌幅。国际金融市场随之剧烈动荡，全球股市大幅下跌。正因为此，2008年世界金融危机还有"金融海啸"的称谓。此次金融危机之后，美国五大投资银行中，只有高盛和摩根士丹利得以幸存，美林和贝尔斯登被收购，雷曼兄弟公司不复存在。

只有超越对股票市场的惯性依赖，正视自2008年世界金融危机以来的股票市场结构和体系的演变，才可理解为什么世界股票市场在资本市场地位下降。可以肯定的是，进入21世纪之后，最重要的经济结构和体系演变包括：（1）股票市场的主体日益机构化，民众大面积地退出股票市场;(2)股票市场追逐的是新兴产业,甚至是"概念";(3)二级市场与一级市场显著脱离,进入二级市场的企业并非一级市场的优秀企业;(4)上市企业的业绩表现不尽人意。最近在中国,上百家企业中止IPO审查,是值得重视的征兆;(5)互联网金融的发展、各种"众筹"模式的产生与发展。

最近,网上流传的《马斯克"怒怼"巴菲特,股神已经被时代抛弃了?》一文指出:在马斯克和巴菲特对传统经济部门是否要修建对传统经济具有保护意义的"护城河"的争论的背后,其实是两种完全不同的投资理念和思考方式的PK。尽管华尔街对马斯克继续不以为然,但是,马斯克在广大消费者心中拥有很高的人气,拥有数量巨大的粉丝支持他和他的伟大梦想。① 几乎可以断言,时间与历史正在倒向马斯克代表的投资理念与模式,而被称为"股神"的巴菲特的奇迹和神话,正在成为绝响。

在这样的历史大转型背景下,2011年9月至11月的"占领华尔街运动"的历史意义不可低估,虽然这个运动没有达到其自身的预期目标,但是,华尔街的风光岁月从此不再。

7. "金融深化":传统模式已经过时

这也是一种历史巧合。1973年,美国经济学家E.S.肖出版了《经济发展中的金融深化》;S.R.麦金农出版了《经济发展中的货币和资本》。这两本书分别从"金融抑制"和"金融深化"的角度,论证金融自由化政策对于发展中国家经济发展的必要性。这两位经济学家主张:政府应放弃对金融市场和金融体系的过度干预,放松对利率和汇率的严格管制,发展多种金融工具和金融市场,使得利率和汇率能够反映资金供求和外汇供求的对比变化,从而改变金融资源配置效率低下的情况,最终刺激

---

① 新闻来源:http://www.techweb.com.cn/ucweb/news/id/2663656.

储蓄、投资和经济的全方位增长。

遗憾的是，因为1997年亚洲金融危机和2008年世界金融危机，绝大多数新兴市场国家的政府强化了对货币部门和金融市场的干预程度。这种情况也不同程度地发生在发达国家。也就是说，现实经济与金融自由化和金融市场化之间，呈现出若即若离的趋势，曾经一度影响力极大的金融深化和金融抑制理论，甚至遭到遗忘。

其实，金融自由化的全球性逆转，除了政府干预全面强化之外，还有更为深刻的原因：在货币金融领域，兼并重组一波接一波，使垄断不断加强。2008年的世界金融危机，为各类金融中介的兼并重组提供了历史机遇。例如，中小规模的商业银行或者被兼并重组，或者只能惨淡经营。而金融垄断和政府力量的结盟，必然导致金融抑制。所以，如何重新启动金融深化的历史进程是个严肃的课题。

8. "金融创新"：突破传统金融体系边界

按照一般定义，金融创新特指对现有金融制度改革，创造新的金融工具，发掘和创造现有金融体制和金融工具无法实现的潜力。金融创新的种类可分为：金融制度创新、金融机构创新、金融市场创新、金融资源创新、金融管理创新、金融产品创新，以及金融科技创新。

从布雷顿森林会议到1970年代初，所谓金融创新乏善可陈。进入后布雷顿森林货币体系时代，即从1970年代至2000年前后，金融创新主要集中在金融衍生工具（financial derivative）的创造和应用。所谓金融衍生工具是以货币、债券、股票等传统金融工具为基础而衍化和派生的，以杠杆和信用交易为特征，以期货合约、期权合约、远期合同和互换合同为主要形式的金融工具。其中，期权定价模型等衍生工具估价模型和技术取得突破并有显著进展。金融衍生工具的创新，最终影响了传统货币定义、货币划分、货币数量、货币流通速度，甚至货币乘数法则。但是，金融衍生工具或产品具有与生俱来的跨期性、杠杆性、联动性，以及不确定性或高风险性。

金融衍生工具的创造和发展，以及供给量增加的基本原因是：（1）1970年代的高通货膨胀率以及浮动汇率制度，强化了规避通货膨胀、利率和汇率等风险的需求；（2）各国政府逐渐放松金融管制；（3）通信技术、信息技术的进步，降低了实施套期保值、套利和其他风险管理策略的成本；（4）金融业竞争日益加剧，促使金融机构进行金融创新。

在货币金融领域，最早利用金融衍生工具的代表人物是乔治·索罗斯（George Soros）。他引领了在外汇市场形成之后的一系列创新。但是，在此期间却发生了与金融衍生工具有关的英国巴林银行的破产，以及美国加州橘县财政破产的历史性事件。

2008年的金融危机，在很大程度上终止了金融衍生工具继续创新的势头，传统金融创新呈现显而易见的颓势。但是，金融创新并没有停止，而是另辟蹊径。几乎在2008年世界金融危机的同时，互联网金融全面崛起，在经历了"网上银行、第三方支付、个人贷款、众筹"的阶段之后，全面进入传统金融业务的核心领域，将金融创新推进到新的历史阶段。

意义更大的金融创新是2008年比特币的诞生，以及支持比特币的区块链技术的开拓与发展，它们创造了超越传统金融体系的另外一种货币金融生态。从此之后，世界进入传统金融创新和基于区块链的货币金融创新并存的时代。最近，据美国消费者新闻与商业频道（Consumer News and Business Channel, CNBC）报道：纳斯达克计划在2018年10月成为首个拓展数字资产交易的全球主流证券交易所。如果这个消息最终变成现实，那将是值得高度关注的"金融创新"事件。[①]

---

① 新闻来源：https://www.cnbc.com/2018/04/25/nasdaq-is-open-to-becoming-cryptocurrency-exchange-ceo-says.html.

9. "金融安全":成为日益复杂的经济、技术和社会工程

1997年的亚洲金融危机和2008年世界金融危机,唤起世界各国的金融安全意识,并将金融安全提高到国家安全的高度。应该说,重视金融安全,加强货币金融部门的治理,是一种全球性趋势。

2008年世界金融危机的教训很多,其中之一是一些国家高估了这场危机的严重性,做出了过度反应。中国政府在2008年11月启动了4万亿的救市计划。即使十年后,如何评价这个计划的后果仍然莫衷一是。但可以肯定的是,这个计划是造成中国后来产能过剩的主要原因。

从货币金融部门的现实出发,在思考未来金融安全的时候,正确理解和实现货币金融安全,需要考虑三个基本关系:(1)金融安全、治理与金融市场化、金融竞争的关系。如果没有一个有生命力的金融制度,那么经济发展势必会受到影响。金融安全最终以失去经济发展为代价是事与愿违的。(2)金融安全和治理、金融主权与金融市场开放的关系。金融国际化是现代金融的基本特点。一个国家的金融安全选择的标准,和世界金融市场的开放需要协调。(3)金融安全、治理与金融技术进步的关系。技术进步和创新是即时发生的,而金融安全的措施则常常是滞后的。所以,需要避免金融安全措施的滞后影响金融技术进步和创新。

近年,不乏经济学人提出2008年世界金融危机将卷土重来的预测。基本理由是主要国家央行可能犯同样的错误,目前已经出现了众多相同危机的迹象,形成直接触发危机的因素和内在的基础性因素,以及国际环境。其实,货币金融危机的历史证明,简单重复是罕见的现象。预测未来的货币金融危机时,需要考虑到如下几点:(1)金融危机的模式会继续变异,2008年世界金融危机之后"影子银行"就是一种变异;(2)与金融危机紧密相连的各类机构和个人组成的复杂利益链条的延伸;(3)产业部门间和国际间传导机制的日益复杂性。

结论

2008年金融危机后的这十年，是全球货币金融体系剧烈演变的十年，出现了新的症候群、生态。当我们思考货币金融经济的未来趋势时，需要以开放的、建设的、综合的视角，站在一个新的历史位置，超越旧有的理论框架和制度框架，解析货币金融制度自我发育和继续膨胀的结构与机制，理解货币金融部门与其他经济部门的复杂关系。未来货币金融经济的进一步复杂化、技术化和国际化不可避免。

3-14　2008—2018年：数字货币诞生、IMF改革、茶党运动和占领华尔街的历史逻辑[①]

今天是2018年9月15日，星期六。十年前的今天，2008年9月15日，星期一，全球最有影响力的雷曼兄弟宣布倒闭，标志着2008年全球金融危机全面蔓延。今天会议的主题是"信任重建——全球金融危机十周年回顾与展望"。我的发言集中在2008年全球金融危机与IMF改革方案、茶党运动、占领华尔街和数字货币的历史逻辑。

1. 在2008年全球金融危机冲击下，世界究竟有哪些反应和对策？

在2008年全球金融危机冲击下，世界上发生了四类不同的历史事件，它们没有宣传是对金融危机的反应，彼此之间并不存在任何直接关系，却存在某种历史逻辑关系。

1.1　比特币"横空出世"。2008年的11月，一篇署名中本聪的论文《比特币：一种点对点式的电子现金系统》，刊登在一个由密码朋克主持的网站上。谁也没有想到这样一篇小小的论文居然影响了世界金融形态的新走向。该文的主体是讨论一种基于区块链技术的、摆脱第三方影响和控制的点对点支付方式。2009年，中本聪发布了首个比特币软件，正式启动了比特币金融系统。为什么不早不晚，仅仅在世界金融危机之后的数个星期，比特币得以诞生？因为具备了三个条件：（1）技术。经过

[①] 本文系作者于2018年9月15日在"信任重建——全球金融危机十周年回顾与展望"主题学术研讨会上的主旨演讲。

密码朋克一二十年的探讨，形成支持比特币的应用数学、密码学、互联网技术和区块链技术进入成熟阶段。（2）思想。哈耶克的非国家化思想，在相当的范围内，形成了信仰者。（3）2008年金融危机对民众利益的深度伤害。造成金融危机的根本原因是以信用货币为基础，货币金融资源绝对垄断，财富分配制度的不合理。中本聪的比特币涉及包含了民众拥有货币权，分享铸币税，重建财富主权的理念。

1.2 "超主权国际储备货币"方案。2009年的3月27日，即在G20峰会前几天，当时的中国央行行长周小川，当时的副总理王岐山发表了文章，提出"超主权国际储备货币"方案：为了解决世界金融秩序的非稳定状态，需要发行一个不由任何主权国家所控制的"超主权储备货币"，建立一个稳定世界金融秩序的货币基础。①中国的"超主权储备货币"方案，反映了中国金融央行界就如何从根本上解决世界性货币资源分配严重失衡的超前性思路，代表了新兴市场国家的利益。当时，这个方案在国际社会没有得到应有的重视。IMF总裁卡恩只是说中国的"超主权储备货币"建议具有"合理性"。对"超主权储备货币"持支持态度的世界级经济学家有限，诺贝尔经济学奖获得者斯蒂格里茨是其中一位。这个方案最终被束之高阁。此外，于2008年11月在巴西召开的"金砖四国"会议，呼吁改革国际金融体系，使之能够正确反映世界经济的新变化。之后于2009年6月在莫斯科举行的"金砖四国"会议，再次提出改革"特别提款权"制度。所以这些年来，只是推动了IMF的有限改革，提高了中国的特别提款权的比重，中国成为继美国、日本之后的IMF第三大股东国。

1.3 "茶党"运动。"茶党"运动兴起于2009年4月15日，这是美国交税日。"茶党"运动的"茶党"并不是一个政党，这是一个没有领袖，

---

① 参看周小川：《关于改革国际货币体系的思考》，《金融时报》2009年3月21日。

没有中心组织,没有明确纲领的一次运动,是一场参与者众多和形式松散的右翼保守主义社会运动。茶党运动的主体是将自己视为从事生产的公民的美国中下层中产阶级,是自认为被上下两个阶层压榨的社会群体。茶党主张"大市场、小政府",反对大企业和金融精英阶层,尤其反对官僚与大资本的勾结;在社会价值层面,主张维护传统价值。"茶党"运动与2008年发源于美国的金融危机有着直接关系,这场经济动荡导致了美国中下层中产阶级的全面恐慌。在当时的背景下,这一运动直接针对的是奥巴马刚刚上台的加税政策。直接后果是动摇了民主党的政治和社会基础,有助于特朗普当选美国总统。

1.4 "占领华尔街"行动。2011年9月17日,上千名示威者聚集在美国纽约曼哈顿,试图占领华尔街,开启了"占领华尔街"运动。进入到11月,"占领华尔街"抗议活动呈现升级趋势,演变为席卷全美的群众性社会运动,波及除了中国的世界上主要国家和城市。最后在美国政府采取强制清场下,归于沉寂。"占领华尔街"抗议者的主体是中下阶层民众,其中很多人没有工作。"占领华尔街"的群体是草根阶层,他们为社会贡献最大,却仅仅分享到1%的社会财富,更是全球化和2008年金融危机的最大伤害人群。所以,他们不仅争取就业,而且抗议社会的不公,针对严重的贫富差距,提出了"我们都是99%"的口号,倡导选择一天不消费,抵制被资本控制消费和权力控制民众的社会。这场运动对美国的政治格局产生了深远影响。

1.5 回顾和比较在2008年世界金融危机下的上述四个历史事件,会有哪些新的发现?(1)比特币代表的是以密码朋克运动为基础的新型技术派。他们从提出在互联网时代必须保护人民的隐私开始,最终形成与政府,特别是政府通过央行所控制的法币体系的分离思潮和构想。在他们看来,是政府和政治家决定中央银行信用货币发行数量。(2)"超主权储备货币"方案代表的是金融央行界精英的超前思想,直接触动现存世界货币金融体系的基石,导致世界货币金融利益的再分配。(3)发生于美国本土的"茶党"运动和"占领华尔街"行动,存在相当的差别。前者是美国中产阶级运动,诉求局限于反对民主党的税收改革政策。后者则是传统的自下而上的典型街头运动,所反对的是资本高度集中化、极富之人占据的财富和造成的不平等,具有极大的号召力和发展空间。(4)十年之后,相比较"超主权储备货币"主张、"茶党"运动和"占领华尔街"运动,唯有比特币具有持续性意义,形成事实上的比特币运动或者区块链运动,产生日益扩大和深入的影响,从星星之火变成不可逆的态势。因为,比特币与密码朋克运动、计算机开源运动,以及黑客群体有着千丝万缕历史联系。

2.过去十年,全球货币金融体系发生怎样的演变?

在过去十年,全球货币金融体系的重大演变,集中在以下四个方面:

2.1 全球货币体系发生结构性变化。以国家信用货币为基础的当代全球货币体系,形成于1944年的布雷顿森林会议。之后,尼克松在1971年宣布关闭美元的黄金窗口,进入以"浮动汇率"为重要特征的"后"布雷顿森林会议阶段。在这个阶段,石油危机导致了"石油美元"的产生。总的来说,直到2008年世界金融危机之前,全球货币体系经历大约四十年的稳定时期。在2008年之后的十年,全球货币体系的结构性变化表现为两个方面:(1)新兴市场经济规模的急剧扩张,在世界GDP中的比重提高,新兴市场国家的货币体系的影响力相应扩大,影响传统货币需求结构。(2)比特币所代表的数字货币的出现和迅速发展,导致全球货币体系发生了结构性的改变,形成基于传统国家信用的主权货币和基于区块链技术的数字货币并存,进而形成非中性化的原生态数字货币和中心化的稳定币,甚至央行法定数字货币并存的新结构。

2.2 各国货币政策演变。2008年金融危机,直接引发几乎所有发达市场经济国家源于萧条恐惧症,先后实施货币宽松政策。实施货币宽松政策在避免金融危机深化方面具有积极效果,但是,大规模地增加货币投放数量,普遍的流动性过剩,最终传导到利率水平的下降。不仅出现零利率,甚至呈现名义负利率现象。在北欧国家,甚至出现银行给贷款方补贴利率的情况。在传统货币政策中,利率的调整几乎是核心手段,现在走向失灵。货币供给和需求的可控失衡转变为严重的不可控失衡,低利率,甚至零利率常态化,不可避免地影响和干扰资本市场和债券市场、外汇市场,甚至经济增长预期。结果是,传统货币体系下的原本稳定和互动的利率、汇率和货币供给总量之间的关系,发生根本性改变。世界主要国家究竟释放了多少货币量,特别是再因为乘数法则产生多大的影响,至今都难以拿出比较接近事实的数据。如保罗·都铎·琼斯[①]说:"我们正在目睹巨大的货币通胀——各种形式的货币空前膨胀,这在发达国家前所未有。"这样的情况证明,包括美联储在内的央行,进一步丧失其独立地位,货币政策不再是经典意义的货币政策,发生货币政策与财政政策的混合,导致了货币政策效益的下降。对财政政策具有极大倾向性的新货币理论的影响不断扩大。

2.3 全球性金融科技化。金融科技,即通过科技手段改造传统金融产业。过去十年,因为互联网、大数据、云计算、人工智能、移动互联网,以及区块链技术的发展,有效地推动了与大数据有天然联系的金融产业与科技的结合,一方面,以传统金融机构主导的金融/科技融合(FinTech),例如开放央行;另一方面,以非金融机构主导的金融/科技融合(TechFin),主要是科技企业和互联网企业的金融化,形成诸如技术含量较高的量化的金融科技新业态,全面改变传统金融服务方式。金融产业在中国正在成为科技密集型产业,金融科技化进展显著。蚂蚁金服集

---

① 保罗·都铎·琼斯(Paul Tudor Jones)是美国 Tudor Investment Corporation 的创始人。

团属于物联网企业实现金融转型的典范。蚂蚁金服、腾讯等科技企业都推出电子支付工具，加速了人民币数字化的进程。在资本市场，形成"金融科技"板块。2017年中国央行成立了金融科技委员会，酝酿金融科技发展规划，有助于中国金融科技化的进程。在这十年中，数字货币的科技也开始全面渗透到传统货币金融领域。金融科技化冲击了传统商业银行的服务模式，大量物理性的线下柜台被撤销。

2.4 传统资本市场模式势衰。在过去的十年，全球股票市场没有呈现人们原本以为的大危机之后的复苏和繁荣。股市表现良好的年份，远远多于表现糟糕的年份。例如，2010年5月，全球股市市值蒸发5万亿美元；2011年，全球股市市值缩水近6.3万亿美元；2016年，全球股市普遍出现大幅度下跌；在2018年过去的三个季度，全球股市表现令人失望，如果第四季度没有奇迹发生，全球股市市值缩水的结局是不可改变的。解读在过去全球股市的剧烈波动和危机的常态化，确实有不同的直接原因。今年，美联储加息和贸易冲突显然对资本市场发生负面影响。但是，深层结构性原因是通过IPO方式，通过对大众的融资支持公司的传统资本主义模式难以为继。特别是在全球贫富差距日益严重、中产阶级萎缩的情况下，更是如此。在这样的大势下，华尔街和投资银行的黄金时代不复存在和势衰成为不可避免的。在中国，2015年和2016年，反复多次爆发全国性股灾。今年，中美贸易摩擦升级，人民币贬值，股市资金短缺，没有利好政策，再加上制度性原因，预期不乐观。

3.全球金融货币体系的未来趋势

这里的未来，不是指长程未来，而是近中期的未来。如果以五年的时间作为尺度，可以用"解构"和"重构"并存概括金融货币体系的走向。所谓"解构"是指传统货币金融的组织、市场和工具都面临改革或者创新；所谓"重构"主要是指因为金融科技的深化，特别是数字经济的因素，形成新形态的货币金融生态。"解构"和"重构"的并存，意味着在货币金融领域的演进是渐近式，而不是颠覆性的突变式。

具体地说，以下几个因素对近中期全球金融货币体系的"重构"产生持续的影响：（1）科学技术是否会发生具有革命性的突破？例如，生物工程、纳米技术和量子技术。因为科技革命的发展直接影响产业体系，未来金融将是数字经济和共享经济的重要组成部分，科技金融竞争将是国家竞争的前沿。在这样的环境下，大数据与AI更高效配置金融资源，实现更为精准的风控。（2）数字经济规模的扩张速度。数字经济带动数字资本和资产的形成。数字资产确权和资产数字化大势所趋。数字经济构成与传统实体经济的平行世界。（3）数字货币的升级和繁衍。刚刚过去的9月10日，美国纽约金融服务部同时批准了两种基于以太坊发行的稳定币，分别为Gemini公司发行的GUSD和Paxos公司发行的PSD。这意味着在美国将允许私人金融机构交易和美元对应的接受政府管制的数字货币。这件事值得关注，很可能对美国乃至世界金融货币生态产生长远影响。（4）货币政策的调整空间。数字经济和数字货币时代已经开始，没有任何一个政府可以控制数千种数字货币和上万个数字货币交易平台。①各国的货币政策存在怎样的调整空间？

还有一年多，将是2020年代。在传统货币金融体系的"解构"和"重构"的互动过程中，科学家、企业家、工程师、银行家和政府将加强协调，逐渐形成两种货币信用体系：建立在政府基础上的传统法币体系和基于区块链技术的数字货币体系，或者是基于算法的货币体系。区块链使用场景和数字货币定义将会趋于清晰。数字货币体系因为以技术为基础，很可能比政府和政治支撑的货币更具有稳定性。

---

① 据2018年7月23日出版的《财经》杂志，截至2018年7月中旬，全球共有11844家数字货币交易所。

在2008年金融危机发生的时候,几乎没有人预见到十年之后会怎么样。在传统货币金融界,更没有人能够想象可以产生以区块链技术为基础的比特币,并且形成气候。所以,真实的历史过程远比人们以为的和想象的更为精彩、更深刻。所以,我们每个人都要不断学习和解放思想,迎接人类世界的新的经济范式。

3–15　走向衰落的华尔街、硅谷、WTO和IMF①

今天的演讲，我选了四个具有历史象征性的符号：华尔街代表的是资本，硅谷代表的是科技和风险资本的结合，WTO代表的是全球化世界经济秩序框架，IMF代表的是世界金融秩序。

1. 华尔街②

华尔街是现代资本的象征。华尔街从1792年到现在200多年历史，有过极端辉煌的过去。在华尔街的历史上，洛克菲勒家族和摩根家族都曾经叱咤风云。华尔街创造了太多的财富传奇故事。2011年上映的电影《华尔街之狼》(*The Wolf of Wall Street*)，讲述华尔街股票经纪人乔丹·贝尔福特（Jordan Belfort）的故事，三分钟内赚取1200万美元，31岁时就拥有亿万家产。

然而，华尔街已经和继续衰落，华尔街的辉煌正在急速褪色。以纳斯达克指数来看，华尔街在2000年达到最高峰，然后开始衰落。IT产业的泡沫化改变了支撑华尔街的技术基础。

之后，2008年的次贷危机引发的全球性金融危机，则改变了支撑华尔街的制度基础。2008年8月15日，曾经是美国第四大投资银行的雷曼

---

① 本文系作者于2019年12月20日在零壹财经·零壹智库主办的"2020数字科技年会暨零壹财经新金融年会"上所作的发言。
② 1980年代中期，本书作者第一次来到纽约，做的第一件事情就是从哥伦比亚大学步行到华尔街，用了近三个小时。因为本书作者那时参与中国经济体制改革，需要理解资本市场，首先需要对华尔街有个实感。

兄弟破产，记录了这样的时刻。

导致华尔街衰落的原因是非常深刻的。根本原因在于，支持华尔街的企业、科技、资本，难以再按照原本的方式继续组合下去。传统资本模式承受着越来越多的改变压力，然而，它自身已经丧失了实现改变的内在机制和新生力量。这也正是对2008年爆发全球金融危机的解读。

因为华尔街，美国的贫富差距加剧。2011年发生的占领华尔街运动，是具有历史意义的经典运动，作为财富和资本象征的华尔街从此走向衰退，而且是不可逆转的衰退。

华尔街的启示是：资本市场和金融机构本身都正在面临从技术到体制的内部和外部压力。资本交易市场和金融机构在空间上高度集中的模式，不仅在继续衰落，而且很可能在不那么久的未来，终究走入历史。所以，"普惠金融"概念得以传播。

2. 硅谷

硅谷是科技与资本完美结合的象征。在硅谷，技术、文化、资本，曾经实现了有效的，甚至完美的结合。硅谷聚集着全世界最有创造性的科技公司。如果把硅谷产生的GDP聚合在一起，相当于世界第十九大经济体。

但是，在过去的十余年间，硅谷开始陷入"中年危机"而不能自拔。在这个危机的背后是：崛起于硅谷的一般的互联网技术价值，正在逐渐消失，硅谷代表的高科技已经和正在沦为普通科技。问题是，硅谷却没有可能通过自身改革，实现从互联网为主要产业的技术体系向硬技术和更新、更高科技基地的转变。

其实，硅谷衰落的征兆早已经出现。2016年7月，美国威瑞森（Verizon）电信以48亿美元收购雅虎核心资产，是硅谷衰落的标志性事件。如今，惠普和苹果公司都面临与衰败抗争的压力。因为高成本导致创新动力严重不足，代表和影响硅谷的股市长期处于低迷状态。人才大量流失，向西雅图、温哥华、洛杉矶，甚至新兴市场国家迁移，硅谷开始分散化。在硅谷实现的科技和风投的结合已经彻底破裂。

与硅谷衰落形成对比的是，以马斯克为代表的黑科技军团全面崛起，他们充满想象力，着眼于实现科幻小说中所提出的"硬科技"，关注人类命运。所有这些，与硅谷缺乏想象力和对解决人类基本生存问题关心不够的形象形成了强烈反差。

硅谷的衰落给我们哪些启示呢？昨天的硬科技可能在几年之后变成软科技，昨天的高科技可能在几年之后变成低科技，这是科技变化最大的特征和生命力。人类在科技所具有的自身发育、成长与转型的内在机制面前，变得愈来愈被动，甚至有可能失去主导权和控制权。而改变这种被动状态，是现代科技进步和经济发展的前提性挑战。

那么哪些科技属于"硬科技"，且对人类未来发展产生直接的影响？至少包括：人工智能，航天航空，生物技术（含基因技术、脑科学），光电芯片，信息技术（含量子科学、区块链、物联网、大数据），纳米和新材料，新能源，智能制造。

3. WTO

1995年，全球化进入高潮阶段，WTO（世界贸易组织）正式开始运作。WTO的前身是1947年签订的《关税及贸易总协定》。截至2020年5月，WTO有164个成员、24个观察员。在1995年，WTO与世界银行、国际货币基金组织一起，构成世界经济体制的"三大支柱"。中国于2001年12月加入WTO。之前，WTO热席卷中国，很多大学设立了WTO研究机构，各种相关研究报告充斥市场。2013年，中国在加入WTO 12年之后，成为世界第一贸易大国。

但是，近年来，WTO已经和正在遭遇前所未有的挑战，其影响力不是在上升，而是在下降。为什么？如果解析WTO的基本结构，不难发现WTO在设计中的一个重大缺陷：WTO只适用于传统的、以物理形态产品为主的贸易，而不能适应当前世界贸易从实物贸易向服务贸易的转型。例如，知识产权贸易正在成为世界贸易中的重要组成部分，然而，WTO框架却无法为此进行根本性改革。

此外，在制度设计上，WTO无法适应新型市场国家，特别是中国在世界经济中的地位改变。也就是说，WTO制度严重滞后于世界经济发展的新格局，不能适应当下经济发展的新态势。其中，WTO是否承认中国的"市场经济地位"，成为最突出的问题。中国在2001年加入WTO，并未被承认市场经济地位。按照WTO规则，中国将在2016年底在全球范围自动获得市场经济地位。但是，根据美国、日本、加拿大等国的立场，WTO条款并不意味着中国"自动"获得市场经济地位。

中美贸易摩擦则进一步暴露了WTO的制度和运行机制存在的缺陷。作为世界贸易大国的美国和中国，都用各自的方式提出WTO的改革问题。2019年9月，特朗普提出：如果WTO不改革，美国就要退出这一组织。随后，中国商务部则提出WTO面临三大生存危机：（1）争端解决机制危机；（2）成员利用WTO规则中的安全例外条款，增加关税所造成的危机；（3）成员有悖WTO多边规则，而采用单边措施所形成的危机。所以，中国认为WTO需要必要的改革。

可以肯定的是，WTO在维护全球自由贸易方面，其权威性和有效性不断衰减，正在经历生死存亡的考验。WTO确实在衰落。

4. IMF

IMF（国际货币基金组织）诞生于1944年，在布雷顿森林会议后同世界银行一起成立。世界银行和IMF的区别是，前者最初主要解决战后重建国家的贷款问题，后来重点是解决发展中国家的长期发展项目的贷款问题；而后者则主要解决的是维持世界金融的稳定，尤其是在1971年之后，协调世界各国汇率，使之处于可控的范围之内。

IMF的设计框架存在根本性的缺陷：（1）在制度设计方面，IMF组织机构由美国及欧盟控制，最高职位长期在欧洲人手中，因而难以获得世界大多数国家的信任和尊重。（2）基金份额和投票权份额体制的相对稳定性和世界经济的实际演变与发展产生严重的脱节。特别是，在进入21世纪之后，中国所代表的新兴市场经济体在世界经济中的地位和在IMF中的地位是完全失衡的。（3）IMF金融货币资源不足，而获取金融货币资源的成本不断升高，目前贷款能力只有1万亿美元。

近年来，无论是世界银行还是IMF，对于如何改革世界货币金融制度，改变货币金融资源分配的严重不公平，推动实现"普惠金融"目标，没有发出任何有建设性、有价值和有影响力的声音。此外，无论是世界银行还是IMF，对于正在崛起的数字经济和数字货币缺乏关注，少有客观和科学的研究，甚至充满傲慢。这意味着IMF正在落伍。

结论

华尔街、硅谷、WTO和IMF正在衰落，而且，衰落的速度还在明显加快。华尔街、硅谷、WTO和IMF所代表的战后"资本—科技—贸易—货币"的结合体，以及所支撑的资本、科技、贸易和货币秩序，正在动摇，甚至呈现解体的征兆。华尔街、硅谷、WTO和IMF衰落的本质原因是，它们所构成的利益链条严重阻碍了改革和变革的可能性，无法适应资本、科技、贸易和货币的形态发生的改变。

最后，特别要强调：在华尔街、硅谷、WTO和IMF所面临的诸多的挑战中，科学技术的发展，特别是硬科技的发展，其实是最为重大的挑战，加速了华尔街、硅谷、WTO和IMF的衰落过程。这是当年制度设计者没有能力预料的，也是现在的决策者和主导者至今仍然低估的。

3-16 论"新中性利率"常态化[①]

1."金融危机"具有内在的"变异"能力

关于"金融危机"的概念和如何避免"金融危机"的问题,大家讲了很多年,但是,"金融危机"不但没有缓和,而且成为一种持续发生的现象。不仅如此,"危机"已经和正在继续发生着"变异"。2008年的世界金融危机就是一个典型案例。目前,对人类威胁最大的一种病毒是"埃博拉"。这种"埃博拉"是病毒"变异"的结果,生物界和医学界对其有很多办法,但是,只能控制,不可能消灭,也不可能阻止它的"变异"。如今,我们在"金融危机"的概念解读和机制分析方面,始终没有形成共识。事实上,"金融危机"是动态的变异概念。货币和金融是宏观经济体系的组成部分,但是,却存在自己的意志。关于政府追求金融稳定目标,强化监管,究竟能够在多大程度上影响和改变金融、货币自身的意志,永远是人类的挑战。因此,或许应该注意到:金融货币系统是动态的,是不断"变异"的,并且有着内在的意志和力量。

2.当代美国货币政策的基本历史阶段

1960年代之后的六七十年间,美国货币政策对世界各国央行货币政策始终产生至关紧要的影响,大体经历了三个时期:

[①] 本文为作者于2018年11月12日在中央财经大学举办的"第八届亚太经济与金融论坛"上的会议发言。

第一个时期，1960年代至1990年代初期，是美国央行以控制货币供给为中心目标的货币政策时期。在这个时期，弗里德曼货币主义应运而生，人们认为货币总量的供给增大和减少的影响是最重要的变量，唯有通过控制货币总量才能实现控制通货膨胀。第二个时期，1990年代初期至2008年金融危机。期间，美国货币政策发生了很大逆转，从以控制货币总量转向以利率为核心，形成"泰勒法则"（Taylor Rule）或"泰勒规则"的中性利率主导美国货币政策的时期。第三个时期，2008年之后的十年。政府一方面采取货币宽松政策，一方面采取"新中性利率"政策，形成增加货币量供给和实施低利率并行的历史时期。

1993年，泰勒提出所谓的"泰勒法则"，引进了若干新的变量。将实际利率和名义利率、实际通货膨胀率、预期的通货膨胀率、实际就业率目标变量放在一起，政府据此决定究竟采取怎样的利率政策。泰勒认为最好的利率政策就是"中性利率政策"或者"均衡利率"政策。在1990年代，美国货币政策追求两个理想目标：充分就业，以4.75%的失业率为上限目标；稳定价格，以2%的通货膨胀率为上限目标。应该认为，美国的上述目标是符合美国国情的。在1990年代，美国实现过相对长期的繁荣，如克林顿时代，基本接近了上述目标。

进一步说，任何一个社会若维持宏观经济增长，就不存在零通货膨胀的可能性。任何一个社会，所谓的充分就业并非意味着所有具备劳动能力的人都有工作。摩擦性失业、结构性失业和其他类型的失业都属于合理范围。几乎从1990年代直至2008年金融危机之前，除了美国外，世界上还有相当多的国家也接受了"泰勒法则"，将中性利率维持在4%左右。其背后隐含了"泰勒法则"和2008年金融危机，特别是所谓"次贷危机"的深层相关性。

3."新中性利率"替代"中性利率"

2008年金融危机之后,美国和世界主要国家都转型到以"货币供给宽松和新中性利率"为特征的全新货币政策,"泰勒法则"代表的中性利率时代结束。

关于"货币供给宽松政策"是比较容易理解的,而"新中性利率"的历史并不长久。2014年,克拉里达(Richard Clarida)提出了"新中性利率"理论,并对2008年金融危机之后六年的负利率或者零利率进行了实证分析,论证新利率的基本特点是低于3%,低于3%的名义利率减去实际的通货膨胀,利率趋零或变为负利率。简单说,"新中性利率"就是指实际零利率和负利率。2008年金融危机后,"新中性利率"很大程度上取代"泰勒法则"之下的"中性利率"。在过去的几年间,日本和北欧国家一度实行了名义利率,甚至负利率。

现在,很多人认为所谓的"新中性利率"不过是权宜之计。但是,距离克拉里达2014年的那篇文章又过去了四年,"新中性利率"主导的货币政策时代还没有结束的迹象。甚至越来越多的经济迹象显示,"新中性利率"存在常态化趋势。

4."新中性利率"和政府对货币金融的干预

值得注意和强调的是,金融危机所派生的"新中性利率"形成常态化,与政府对宏观经济,特别是货币金融经济的影响力最大密不可分。一方面,金融危机是对政府治理能力的挑战;另一方面,金融危机为政府深入干预货币金融体系和格局提供了更大的机会,强化了国家在实现"金融稳定"名义下治理货币金融制度和市场的能力。换句话说,"金融危机"越严重,越被夸大化,越常态化,意味着国家干预的能力越强大。

在现实经济中,所有国家和政府都要追求经济增长,或者GDP的增长率。自上个世纪末期开始，通货膨胀不再是世界的主要威胁，高通货膨胀时代完结。在低通货膨胀率的情况下，如何扩大就业，实现经济增长？选择空间和手段是有限的：实现经济增长，必须刺激投资；刺激投资，必须降低利率。总之，逻辑很清楚，为了就业，为了增长，为了投资，只有降低利率。而降低利率，意味着增加货币需求，增加货币需求，需要增加基础货币和货币供给，实现"流动性"扩张，自然导致"杠杆化"。在上述的循环中，最重要的节点就是"低利率"，就是"新中性利率"。

进入2010年代之后，"新中性利率"成为大势所趋，低成本的资本价格、低利率成为刚需，人们对低利率的依赖，需要有更多货币供给。低利率和刺激对货币的需求，互为因果。

政府对经济增长的忧虑和担心，导致唯有选择增加货币投放量，降低利率。政府通过实施所谓的"新中性利率"，使得利率和货币之间本来应该有的正面和反面的互动关系变为单一关系。在过去十年间，零利率和负利率确实成为所有国家维持经济增长和货币政策的核心所在。还有，宏观经济的核心依然是劳动生产率。劳动生产率的提高和降低与利率有直接相关性。当然，随着"新中性利率"主导地位的形成，与通货膨胀指数相关的国债收益率下降，资本金融收益率普遍下降成为大趋势。

最近，美国总统特朗普和美联储新主席杰罗姆·鲍威尔（Jerome Powell）冲突很大，主要集中在如何维持低利率，维持多少，维持多久。按照现在美联储的意向，2020年利率不会上升到3%，但特朗普认为过高。在美国，利率问题不仅成为货币金融问题的核心，也是政治问题，是支持低利率、零利率还是负利率？还是调高利率？在这里，基准利率是3%。

需要注意的是，实施"新中性利率"主导的货币政策导致了一个重要结果：货币政策和财政政策不再存在非常明确的界限，甚至难以分割。货币政策直接有财政政策的后果。如果通货膨胀率减去利率变成负数，人们都会从借款中得到资本收入,并成为受益者。其背后等同于政府对借款者进行"财政补贴",或者是对"存款人"变相"征税"。要知道,这是在有"铸币税"前提下的新经济现象。

5."新中性利率"对经济学的影响

"新中性利率"对经济学的影响是深刻的。2008年金融危机,以及世界主要经济体应对这场危机的手段,对以下传统经济理论产生了深刻影响:(1)经济学理论长期关于货币是中性还是非中性的争论走向终结。(2)费雪关于利息中性的观念被颠覆。(3)经济周期急剧改变,以及货币价值上升和下降的长期原因变得越来越复杂。现在不要轻易谈经济周期,因为经济周期紊乱,也不要轻易谈货币金融周期或者逆周期。(4)因为"新中性利率",传统经济学中的LS-LM曲线原理遭到动摇,因为不足以理解和解释今天的货币金融形势。

此外,在"新中性利率"背后,是新凯恩斯主义的复兴。这是变形的(混合型)货币财政政策。政府通过低利率和增加货币供给,通过刺激有效需求对宏观经济产生直接的影响和干预。

6.关注影响货币金融生态的新因素

2008年之后,世界的货币金融生态有根本性改变,传统货币理论和思想忽视了以下四个问题:(1)金融危机的"变异性"。主要因为货币金融内在的结构在不断改变,货币金融体系存在着内生演变的机制,具有"自我调节和自愈能力"。(2)"金融创新和金融科技"的成长。科技革命和经济结构的迅速膨胀和演变,使得金融体系既有相对独立性,又被经济结构和科技革命的演变所影响。不要低估区块链及其支撑的比特币代表的密码数字货币的发展,它们正在改变着传统货币金融生态。(3)个体金融活动对宏观金融的影响和作用。当利率过低时,所有居民没有存款欲望，相反都去借债。在中国，个人负债率突飞猛进就是证明。而银行基于居民存款的货币资源从宽裕转变为短缺状态，储蓄等于投资（S=I）的逻辑被改变，空白由政府提供补贴。现在，我们不应高估政治家、银行家和金融学家及基于传统思维的学者对新货币金融生态、新周期的判断、认知和预见的能力。过去，经济增长的压力主要在新兴市场国家。2008年金融危机后，所有国家都有经济增长压力，包括所有市场经济国家。所有国家都期望避免经济周期的萧条阶段，增长就是政治正确，为了增长"宁左勿右"。于是，整个世界正处于这样的怪圈中：增长需要低利率、高货币供给、高杠杆、高流动性。问题是，货币金融从微观到宏观的自身力量和政府选择博弈的复杂程度没有减少，而在提高。我属于谦卑派。现在，需要认真寻找货币金融世界的困境所在，并在这样的前提下寻求解决的理论和方案。

3-17　通货膨胀：是走向死亡？还是正在休眠？①
——正视全球宏观经济的一个重要现象

今天是以十分谦卑的态度参加"2019上海货币论坛——货币制度史与货币理论研讨会"。我从来认为，在货币理论和货币历史领域，怎样的知识、专业训练和智慧都是不够的，甚至微不足道。今天与大家分享和讨论的是：如何看待和解读在发达市场经济国家充分就业率和"低"通货膨胀率普遍并存的现象。

1. Is Inflation Dead？新问题，还是老问题？

不足一个月前，2019年4月22日出版的《彭博商业周刊》(*Bloomberg Businessweek*)的封面故事是"通货膨胀是否死亡？"（Is Inflation Dead？）② 而在纸版杂志里边，所用的题目则是"谁杀死通货膨胀？"（Who Kill Inflation？）到了网络版，题目又改变为"资本主义杀死通货膨胀？"（Did Capitalism Kill Inflation？）③

文章题目有差异，内容相同，开篇的文字很有吸引力："如若经济学

---

① 本文系作者于2019年5月18日在上海举行的"2019上海货币论坛——货币制度史与货币理论研讨会"上的发言。之后，作者根据发言记录，做了必要的补充和修订。因为本文属于研讨会性质的发言，文中数据并非作者直接采集，引用的图表，不是由作者本人绘制，基本来自公开文献。
② 参看"Is Inflation Dead?" Edited by Cristina Lindblad, *Bloomberg Businessweek* (Asia Edition), April 22, 2019.
③ 参看 Peter Coy, Matthew Boesler, Rich Miller and Craig Torres, "Did Capitalism Kill Inflation?" (https://www.bloomberg.com/news/articles/2019-04-17/did-capitalism-kill-inflation).

是文学，通货膨胀的何去何从就是一个引人入胜的悬疑故事。通胀是不是自然消失——比如由于经济疲软？它还是被央行利用高息政策作为谋杀工具绞杀了？抑或是它本就没死，只是蛰伏蓄势，伺机报复？"文章挑战"标准"宏观经济学的局限性，探讨了"通货膨胀"死亡的原因，包括全球化、老龄社会等因素，但是，更倾向"资本家杀死了通胀"，因为"低通胀较大程度上是全球化或自动化或去工会化或是三项综合的结果，其削弱了工人讨价还价以换取更高工资的权力"。①这样的分析，显而易见是不够的。

那么，如何对通货膨胀死亡给以定量的界定呢？文章提出：在失业率低于5.5%，即在基本实现充分就业的同时，名义通货膨胀率低于2.5%，此时通货膨胀处于死亡状态。其实，这样的数量界定，在经济学界已经是某种共识。根据一些经济学家的观点，如果每年物价上涨率达到2.5%，为不知不觉通货膨胀，就是所谓的低通货膨胀；如果每年物价上涨率低于2.5%，不能认为存在通货膨胀，也就是通货膨胀处于"死亡"状态。

在主要西方国家，关注和讨论通货膨胀是否死亡的问题并非始于近几年，至少可以追溯到1990年代中期，其间，不乏以"Is Inflation Dead？"作为题目的文章，相关文献逐渐增加。其背景是自1990年代中后期，美国代表的发达市场经济国家进入超低通货膨胀的历史拐点。以美国为例，如果以1970—2015年作为考察区间，唯有1990年代后半期呈现GDP增长率高于CPI波动率。

以曾经的世界第二大经济体日本为例，该国通货膨胀率持续下降也是开始于1996年，其深层原因是日本国内经济结构的改变，甚至可以追溯到1985年的《广场协定》的深远影响。

---

① 参看 Peter Coy, Matthew Boesler, Rich Miller and Craig Torres, "Did Capitalism Kill Inflation?" (https://www.bloomberg.com/news/articles/2019-04-17/did-capitalism-kill-inflation).

近年来，美国、欧洲国家和日本同时实现充分就业和低通货膨胀，且通货膨胀率低于人们想象的情况，不仅引起经济学界的思考，而且成为具有公共意义的话题，赞同通货膨胀死亡的看法处于主导地位。[①] 与此同时，也有不同意通货膨胀已经死亡的看法。有一篇文章，题目是：《也许通货膨胀没有死亡，因为一些重要公司宣布正在提高产品定价》（Maybe Inflation is not Dead as Many Major Companies Say They are Raising Prices），颇有新意。[②]

2. 1960年代以来的通货膨胀简史

从1940年代后半期至1950年代，美国继续战后"景气"与"繁荣"，英国和西欧国家、日本，则在战后重建的大背景下，实现了高增长、高就业、低通货膨胀。其中，西德和日本的"战后经济奇迹"为世人瞩目。这个时期，也是布雷顿森林体系的黄金时代。

2.1　1960年代。1960年代在当代的通货膨胀历史中占有特殊地位，是菲利普斯曲线（Phillips Curve）[③] 可以被证明和能够产生作用的时代。这是因为，在这个时期，北美和欧洲的宏观经济形势悄然改变。美国代表的发达国家政府开始面对增加就业和低通货膨胀的两难选择，两者不可兼得。以美国为例：在1960年代，国家重大经济决策的负责者，包括总统、国会和联邦储备银行，都不得不在低通胀和低失业率之间做出选

---

① 参看 Matt O'Brien, "Inflation is Dead: It's Below 1 Percent in the U.S., U.K., Europe, China, and Japan" (https://www.washingtonpost.com/news/wonk/wp/2015/02/13/i).
② 参看 Patti Domm Market Insider, "Maybe Inflation is not Dead as Many Major Companies Say They are Raising Prices", Apr. 24th, 2019.
③ 新西兰经济学家威廉·菲利普斯（Alban William Phillips）于1958年在《1861—1957年英国失业和货币工资变动率之间的关系》（*The Relation Between Unemployment and the Rate of Change of Money Wage Rates in the United Kingdom*，1861—1957）里首次提出菲利普斯曲线，用以表示失业与通货膨胀之间的交替关系。

择。如果企望通货膨胀率控制在2%至3%,就必须接受6%的失业率,如果企望失业率接近4%,就必须接受6%的通货膨胀率。

正是在这样的背景之下,美国经济学家萨缪尔森和索洛根据美国宏观经济数据,证实美国存在菲利普斯曲线所表示的交替关系,进而提出,可以将菲利普斯曲线原理用于宏观经济调节,通过紧缩或扩张的财政政策和货币政策,将通货膨胀和失业控制在社会可接受的水平。1960年代菲利普斯曲线所反映的美国政策选择,见下图:①

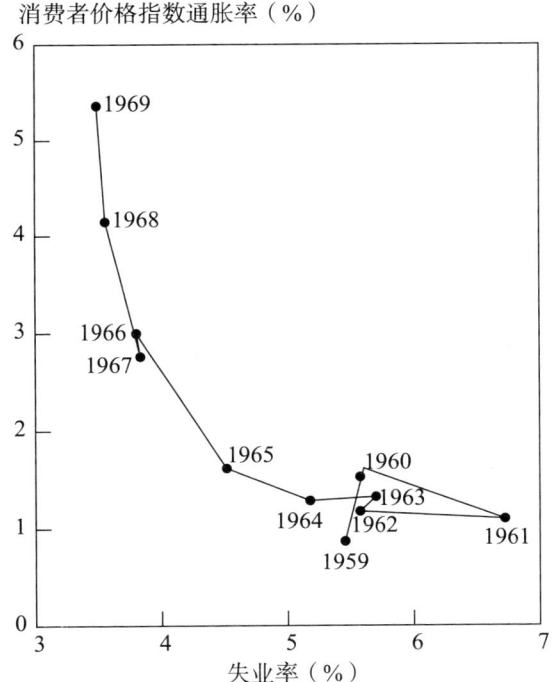

2.2 1970年代。在1970年代,世界经济体系和结构都发生了深刻改

---

① 资料来源:Roger E. Brinner, "Is Inflation Dead?", *New England Economic Review*, January/February 1999.

变。美国自1960年代末至1970年代初期，不仅深陷越战，而且发生了第一次滞胀。所谓滞胀，即低增长率和高失业率、高通货膨胀率同时存在。1971年8月15日，时任美国总统的尼克松宣布美元贬值和切断美元兑换黄金，这是世界现代货币金融历史中的大事。从此，布雷顿森林体系解构，世界进入所谓的"管制浮动汇率制度"（The Managed Float Exchange Rate System）时代，美元和其他西方国家货币竞相贬值，通货膨胀全球性蔓延，且趋于严重。不久，发生了1973—1974年的第一次石油危机，以及1978—1979年的第二次石油危机。石油危机导致原油价格暴涨，之后虽有回落，但是回归到危机之前已经不再可能。美国发生在1973—1975年的第二次滞胀，以及1978—1980年的第三次滞胀，与第一次和第二次石油危机有着明显的相关性。

2.3 1980年代。在美国第三次"滞胀"，特别是在失业率和通货膨胀率居高不下的背景下，里根当选为美国总统，提出了"里根主义"。1979—1984年，美元指标达到高峰。到了1980年代后期，情况完全发生改变。1980年代末期，常规的通货膨胀时代谢幕。1986—1989年，美国GDP维持了3.5%以上的增长，失业率下降，工资持续增长，通货膨胀率得到有效控制，1988年降落至1.46%。见下表：①

年份	GDP	失业率	工资增长率	通货膨胀率
1986	3.5%	6.6%	2.96%	4.67%
1987	3.5%	5.7%	6.37%	4.65%
1988	4.2%	5.3%	4.92%	1.46%
1989	3.7%	5.4%	3.95%	3.98%

---

① 资料来源：U.S. GDP by Year Compared to Recessions and Events, https://www.thebalance.com/us-gdp-by-year-3305543; U.S. Unemployment Rate History, https://www.thebalance.com/unemployment-rate-by-year-3305506; U.S. Inflation Rate by Year, https://www.multpl.com/inflation; National Average Wage Index, https://www.ssa.gov/oact/cola/AWI.html.

2.4 1990年代。1990年代,因为IT革命和互联网兴起的影响,全球经济发生深刻变革。最值得注意的是,美国1990年上半期失业率呈现降低趋势,并且彻底扭转了年轻人失业比重过高的局面。1995—1998年,美国失业率5.5%,名义工资通货膨胀率4.5%,实际工资通货膨胀率3.6%。

在1990年代,对美国通货膨胀水平影响最大的因素被认为是:失业率、进口价格、能源,以及其他辅助性的原因。其中,石油的相关性明显。事实上,科技因素是不可忽视的深层因素。1997—1998年间,以美国为代表的西方社会的经济转型开始。发达国家不仅完结了高通货膨胀时代,而且与传统意义上的低通货膨胀渐行渐远。所以,从1990年代中后期,学界就开始讨论通货膨胀是否死亡的问题。

2.5 2000年之后。2000年之后,虽然发生了2008年世界金融危机,但是,通货膨胀显而易见进入"死亡"状态。或者说,2008年世界金融危机是在通货膨胀率急剧下降、进入超低水平的背景下发生的。2007—2018年,主要发达国家的失业率呈现下降趋势。

在当代通货膨胀历史上,2014年和2015年是通货膨胀低落的关键年份。2014年的全球通货膨胀率是3.23%。[1]发达市场经济国家的通货膨胀率低于发展中国家,或者新兴市场经济国家。例如,美国0.8%,欧元区-0.17%,英国2.36%,日本2.34%。[2]进入2015年,全球通货膨胀率降低到2.77%。[3]其中,几乎所有发达市场经济国家的通货膨胀率都低于本国央行设定的目标,通货膨胀率低于1%,"通货膨胀死亡"进入常态。

---

[1] 资料来源:https://www.statista.com/statistics/256598/global-inflation-rate-compared-to-previous-year/.
[2] 资料来源:U.S. Inflation Calculator, https://www.usinflationcalculator.com/inflation/current-inflation-rates/; Inflation E.U., https://www.inflation.eu; U.K. Inflation Calculator, http://www.in2013dollars.com/2014-GBP-in-2018.
[3] 资料来源:https://www.statista.com/statistics/256598/global-inflation-rate-compared-to-previous-year/.

之后，通货膨胀率虽有回升，但是，最高没有超过3%。

3.传统经济理论：解释长期超低通货膨胀率时"失灵"

通货膨胀曾经是宏观经济学必须面对的重大课题。在传统经济学解释通货膨胀的主流理论中，最有代表性的是菲利普斯曲线、货币主义和新凯恩斯主义。但是，至少自1990年代中后期呈现的超低通货膨胀现象已经证明，菲利普斯曲线已经过时，不论是货币主义，还是新凯恩斯主义，都处于"失灵"境地。

3.1 菲利普斯曲线过时。菲利普斯曲线的核心思想是证明通货膨胀率与失业率存在交替关系，即通货膨胀率高时，失业率低；通货膨胀率低时，失业率高。如前所述，在1960年代，菲利普斯曲线被用于宏观经济政策。但是，到了1960年代末，菲利普斯曲线的局限性开始显露。米尔顿·弗里德曼和埃德蒙·菲尔普斯（Edmund S.Phelps）等人撰文批评菲利普斯曲线，否定通货膨胀与失业率在长期经济中存在相关性，并认为，政府利用菲利普斯曲线在通货膨胀和失业率之间进行权衡是危险的。埃德蒙·菲尔普斯获得2006年度诺贝尔经济学奖。自1980年中期以来，历史进一步证明了菲利普斯曲线的过时。

3.2 货币主义失灵。货币主义对通货膨胀的起因解释的原理，集中体现在以下公式：

$$P=\frac{D_C}{S_C}$$

公式背后的观念是：在消费品总供应量对消费品总需求量相对下降，或消费品总需求量对消费品总供应量相对上升时，一般消费品物价会随之提高。米尔顿·弗里德曼是货币主义的代表，他将通货膨胀的最根本原因归咎于货币供给量多于需求量，他最著名的论断是：通货膨胀是一定会到处发生的货币现象。［(Inflation is) always and everywhere a monetary phenomenon.〕之后，通货膨胀的经典定义是太多的货币对应过少的物品和服务。所以，联邦储备银行的工作是维持适度的货币供给数量，不能太多，也不可太少。但是，至少2008年世界金融危机之后，世界主要国家实施货币宽松政策而没有导致高通货膨胀的事实，证明了货币主义关于通货膨胀是货币现象结论的失灵。

3.3 新凯恩斯主义失灵。根据新凯恩斯主义，通货膨胀包括三种类型：（1）需求拉动型：通货膨胀起自因GDP产生的高需求与低失业，又称菲利普斯型通货膨胀；（2）成本推动型：今称"供给震荡型通货膨胀"（supply shock inflation），发生于油价突然提高时；（3）固有型通货膨胀（built-in inflation）：因合理预期引起，通常与物价／薪资螺旋（price/wage spiral）有关。工人希望持续提高薪资，其费用传递至产品成本与价格，形成恶性循环。固有型通货膨胀反映已发生的事件，被视为"残留型通货膨胀"，又称"惯性通货膨胀"，甚至是"结构性通货膨胀"。问题是，超低通货膨胀的现象，已经超越了这三种通货膨胀类型。

4. 后2008年世界金融危机时代启示录："QE革命"

4.1 "QE革命"带来的超低通货膨胀历史时期。2008年世界金融危机爆发之后，恐慌情绪一度成为主流，颇有一些经济学家认为此次危机的严重性超过1929年大萧条。针对海啸般的金融危机，美国率先实施了货币量化宽松政策（Quantitative Easing），简称QE。这个政策还有一个称谓：大规模资产购买（large-scale asset purchases）。在美国和欧元区实行QE政策之后，又有太多反对的声音，认为QE政策会导致高通货膨胀。之后的历史证明：因为QE，既没有重演1929年大萧条，也没有发生被夸大的高通货膨胀。恰恰相反，全球经济的主流是增长、高就业和低物价，世界进入低通货膨胀历史时期。以美国、英国、日本和欧元区为例：

美联储主席伯南克针对2007年开始的世界金融危机,以量化宽松手段应付,在实施三次后于2014年10月结束。最令人惊叹的是:美联储的三次QE,不仅有效扭转了2009年的通货紧缩,而且在2010—2013年间控制通货膨胀率在1%—2.5%之间。

值得注意的是,美国从2008年金融危机开始,直至2015年12月,坚持实施接近零利率政策。2015年12月,美联储宣布将联邦基金利率提高0.25个百分点,新的联邦基金目标利率将维持在0.25%—0.50%的区间。在过去两年,利率回升,并没对美国经济增长势头产生负面影响。2006—2018年美联储基金利率显示出在缓慢和轻微地提高。

欧洲央行实施全面量化宽松政策滞后于美国,起始于2015年1月,几次推延,结束于2018年12月。期间,每月购买资产的规模从600亿欧元一度上升到800亿欧元,2017年之后削减到300亿欧元。无论如何,欧元区的QE总规模是巨大的。期间,在QE计划下,欧洲央行的资产负债表规模一度膨胀至大约4.65万亿欧元,较2015年初增逾一倍,仅次于多年来向本国经济注资以抗击通缩的日本央行。

欧元区主要国家在实施QE之前的2014年,通货膨胀率已经低于1%。不仅如此,欧元区自2012年开始,包括在实施QE的过程中,坚持零利率和负利率,有效避免了欧元区经济衰落的压力,同时维系了超低通货膨胀率。英国同样以QE作为金融政策以减低金融危机影响。日本银行于2000年初实施QE以对付通缩。在2012年底开始实施的安倍经济学,实质上也是QE,对实现超低通货膨胀率影响显著。

总之,且不讲民众,即使经济学界主流也低估了QE的历史意义。QE击退了通缩威胁,北美、日本和欧元区的整体通胀符合各自央行接近2%的目标。

过去十年的世界经济演变证明,QE不仅代表了新思维,而且可以被称为与凯恩斯革命媲美的"QE革命"。这是因为,凯恩斯革命的核心内容是通过财政手段增加就业，刺激有效需求；"QE革命"则通过充分的货币供给，降低资本成本，刺激投资。这场"QE革命"彻底颠覆了后布雷顿森林会议体系的货币金融思维和模式。

4.2 "QE革命"的三种模式。2008年世界金融危机之后的"QE革命"，形成三种模式，导致货币与资本投资的分流：

模式Ⅰ：刺激传统产业投资，完善供应链，实现总供给和总需求的均衡，甚至总供给在增长速度和总量上都可以充分满足总需求的增加。从1990年代开始，伴随全球化，世界经济结构全面调整，中国成为世界制造业中心，降低了世界主要国家进口物品价格。斯蒂芬·摩尔（Stephen Moore）提出两个原因导致通货膨胀死亡：（1）因为更多的产出和更多的服务，供给足够大，物价自然跌落；（2）经济活动的生产能力可以满足需求。所以摩尔认为，低通货膨胀率的成因没那么复杂。只是主流经济学家们或者对低通货膨胀熟视无睹，或者抱着过时的经济学教条不放，或者将简单的问题复杂化。美联储的上百经济学家过于愚钝，看不明白经典意义的通货膨胀已经死亡的事实和原因，所以都应该予以解雇。

模式Ⅱ：广义资产部门吸纳货币和资本。广义资产部门包括股权资产、债券资产、不动产，以及艺术资产和观念资产，这些资产吸纳了在传统产业溢出过剩的货币和资本，推动资产价格上升。从美国三次QE与美国股票市场的关系看，QE显而易见地推动了美国股市。

进一步分析，在过去的十年间，世界范围的金融产品、黄金、不动产、艺术品和概念产品等资产已经成为通货膨胀真正的藏身之处。其结果是最终导致广义资产价格的上升，上升的指数最高达到400%，而与民众相关的CPI的上升指数极为低下。

模式Ⅲ：创造性的"破坏"。科技进步和创新，极大地刺激着资本和投资冲动。熊彼特是创造性破坏理论的提出者，该理论指出，科技进步的创造性破坏，或者创新，可以吸引巨大的资本和货币，成为吸纳货币的黑洞。当科技与资本结合,可能是大规模的"烧钱",但是,也存在得到超出传统投资的回报率的可能。1990年代以来,货币和资本涌入科技部门之后,确实改变了投资理念,推动了科技企业的发展,"硅谷"成为资本与科技结合的"典范"。最重要的是,科技在资本推动下,改造传统产业,创造新型产业,全方位提高劳动生产率,挤压劳动力市场,造成工资成本下降,物价受到抑制。例如,货币和资本进入互联网产业,增加了就业,刺激了工资上涨,但是,并没有因此拉高民众日常生活的物价水平。这样的经济现象,集中体现为风险资本的成长,以及风险资本带动IPO增长。

总体而言,"QE革命"的三种模式,导致了货币供给、资本和投资的分流,有效地消化了QE派生出来的流动性。其中,最重要的机制是实现了"低利率",甚至"负利率",资本成本前所未有地降低。见下图:

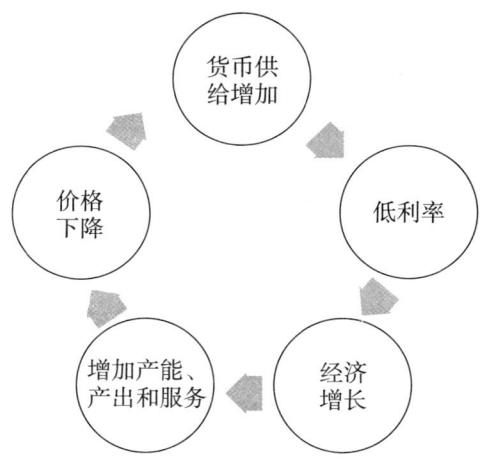

4.3 "QE革命"改变了通货膨胀的区域分布。根据对近年来通货膨胀率区域分布的分析,可以发现这样一个规律:越是市场经济成熟和经济发达的国家,通货膨胀率越低。反之,市场经济落后和经济不发达的国家,通货膨胀率高涨。2019年第一季度世界通货膨胀数据进一步证明这个发现：欧元区国家1.4%—1.5%；英国1.9%—2.1%；美国 1.5%—2.0%；日本 0.2%—0.9%。①金砖四国的巴西、俄国、印度和中国的通货膨胀率预期分别为4.94%、5.1%、2.92%、2.5%。通货膨胀率高于50%的国家是伊朗、阿根廷、朝鲜、南苏丹、津巴布韦和委内瑞拉，②其中委内瑞拉的通货膨胀率是天文数字。朝鲜属于管制经济，逻辑上其通货膨胀率是被缩小的，不可能反映隐蔽通货膨胀率。

如果以横轴代表市场经济发达程度，纵轴代表通货膨胀率，那么，发达市场经济国家如北美、欧元区国家和日本，位于横轴的右下角；而市场经济不发达和人均GDP低下的国家主要集中在左上角。至于金砖四国，则偏向右下角。见下图：

2019年通货膨胀区域分布

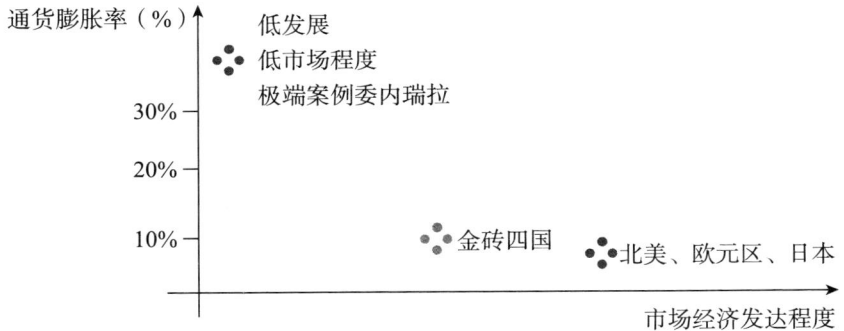

通货膨胀率的差别，即发达国家的低通货膨胀率和发展中国家的高通货膨胀率很可能长期存在下去。在这样的情况下，意味着在新兴市场国家，或者广义的发展中国家，较高的通货膨胀率继续成为社会再分配的手段，社会大多数民众受到伤害。

---

① 资料来源：https://tradingeconomics.com/articles/03012019101412.html.
② 资料来源：https://tradingeconomics.com/forecast/inflation-rate.

如果将通货膨胀的区域分布和产业部门分布结合在一起研究，还会有更为重要的发现。这不是本文所能完成的。

5.重新认知米哈尔·卡莱斯基

《彭博商业周刊》的文章提及了波兰经济学家米哈尔·卡莱斯基（Michal Kalecki），肯定了他基于马克思主义分析得出"通货膨胀是商业与劳力斗争的结果"的结论，现在的低通货膨胀率的深层原因是"物价／薪资螺旋"不再启动。顺便说一句，美国自由派民主党参议院议员伯尼·桑德斯和纽约州众议院议员亚历山德里亚·奥卡西奥—科特兹（Alexandria Ocasio-Cortez），很可能受过卡莱斯基思想的某种影响。

这样看待卡莱斯基的思想遗产是不够的。1933年，卡莱斯基发表了《经济周期概论》一书，基于动态经济的分析方法，提出了既有别于马克思，也不同于凯恩斯的"有效需求"理论，论证了为什么资本主义经济是需求决定的体系。在卡莱斯基经济思想中，阶级差别、垄断程度、产业结构、生产成本和价格水平构成决定分配的基本要素。时过境迁，但是，卡莱斯基经济思想对于理解现代经济仍然具有启发性。

自1990年代的全球化、世界科技革命成长和市场经济转型，尤其是2008年世界金融危机，对国民经济结构、垄断和竞争模式、货币金融制度、价格体系和机制产生了深刻影响。例如，进口别国价格低廉的商品和服务、信息通信技术持续发展人工智能以取代低技能劳工，导致发达国家低技能劳工的相对工资下降；另一方面，技术变革增加对相对稀缺的高技能工人的需求。人类社会正在出现新阶级、新型不平等、新型贫富差距。

在超低通货膨胀的历史时期，QE全球化，货币增加快于经济增长，资本成本降低，进而带动生产成本的全方位下降，产品和服务价格下降，原本的通货膨胀是商业和劳动力之间斗争的结果不复存在。社会最重要的阶级划分是资产拥有者和固定收入者（the Asset Class VS the Fixed Income Class），由此导致了新型不平等和新型贫富差距。这种新型不平等和新型贫富差距的基本特点是，"穷人"的生存底线，主要包括衣食住行和基本社会福利会持续有所改善，但是，贫富差距、基尼系数的扩大趋势远远超过工业时代。见下图：

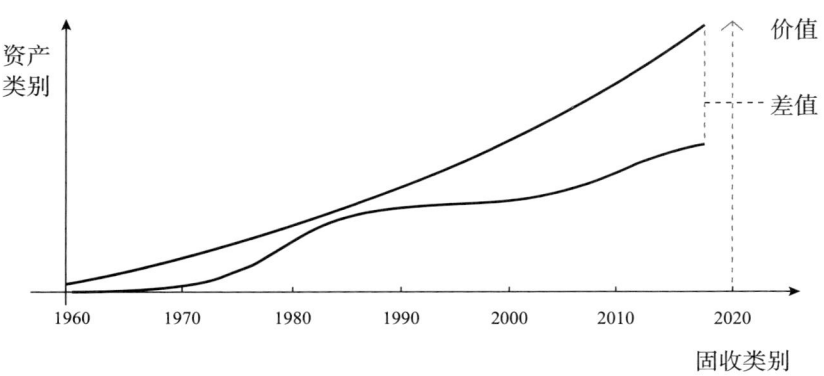

急剧变革的货币金融制度，导致形成了以债务人为主体的、处于上升状态的社会集团（the debtor class），他们一方面是一个通货膨胀债务禧年（免除债务）的受益者，另一方面，在现阶段的民主制度下，拥有日益强大的政治权利。

所以，传统意义的贫富差距正在消失。所谓贫穷，主要不是基本生存物质条件的匮乏，饥寒交迫逐渐成为极端现象。贫富差距更多表现为生命质量的差别，体现于健康、教育、话语权，以及生命的长度。

结论

自1990年代中后期，在主要发达国家出现的通货膨胀的死亡现象，以及2008年之后所发生的"QE革命"，意义重大：（1）货币主义被彻底"改造"：政府不再惧怕弗里德曼的"货币主义"，货币供给的增加，不一定必然导致通货膨胀。如果创造一个新的货币流向结构，就可以有效改变所谓过度"流动性"问题，且让投资分流消化货币总量；（2）凯恩斯主义已经被彻底"异化"：不再诉诸政府财政手段刺激"有效需求"，而是通过央行的宽松货币供给刺激供给增加；（3）进入供给引导需求的时代。

现在应该看得十分清楚：（1）低落通货膨胀是我们这个时代的主要挑战之一；[①]（2）"通货膨胀作为货币政策的指路明灯，在发达经济体几乎已经消失。"[②]（3）在未来的十至十五年，主要产业经济将受制于低通货膨胀和低利率。[③]

最后，我想说，现在如何评估低通货膨胀，甚至"零"通货膨胀，包括能够持续多久，对宏观经济的影响是正面，是负面，还是兼而有之，很可能还为时过早。有一种说法：通胀可能需要十年甚至更久的时间才能卷土重来。[④]所以，很可能要五年、十年，甚至更长时间之后，关于通货膨胀的分析和判断才会更加客观。当然，如何评判我称为"QE革命"的历史地位，也需要时间。历史上的凯恩斯革命，也是在凯恩斯思想得以广泛实践多年之后成为共识。

---

① 美联储主席鲍威尔于2019年3月20日所言。
② Peter Coy, Matthew Boesler, Rich Miller and Craig Torres, "Did Capitalism Kill Inflation?" (https://www.bloomberg.com/news/articles/2019-04-17/did-capitalism-kill-inflation).
③ 美国经济学家劳伦斯·萨默斯（Lawrence Summers）于2019年4月15日在彼得森国际经济研究所（Peterson Institute for International Economics）所言。
④ 同注释②。

3–18 财政政策和金融政策的一体化趋势[①]

2018年秋季莫干山会议讨论的主题是："科技、产业和财经政策的综合治理创新"，会议关注的重心是科技、创新与宏观经济的关系，特别是科技政策和产业政策的关系。2018年第四季度之后，中美贸易摩擦继续，财政形势和货币金融形势关联程度强化，莫干山研究院的关注重心转移到财政和金融领域，特别是财政和金融政策。从2018年秋季到2019年秋季，莫干山研究院试图对产业政策、科技政策、财政政策和金融政策形成全方位和系统性的探讨。下面就财政政策和金融政策一体化趋势谈几点看法：

第一，财政政策和金融政策的大环境。长期以来，不论是发达市场经济国家，还是新兴市场经济国家的财政政策和金融政策，都基于相对稳定的产业结构、经济体制和企业组织形态。但是，现在大环境在急速改变。因为科技革命、全球创新浪潮冲击、世界分工和竞争模式改变，整个世界的产业结构都在调整，经济制度都在转型。在2008年世界金融危机之后，如何让财政政策和货币政策应对国际大环境，成为世界性课题。其中，特别需要充分估计经济发展以来科技变革的趋势。例如，仅仅8K、5G、AI、量子技术，足以改变经济存在的形态。现在的科技发展、科学研究与实验发展，相比较20世纪，需要更大甚至超大的资源组合。在这样的大环境下，长期以来的财政政策和货币政策的产业思维模式需要调整。

---

① 本文系作者于2019年4月12日在北京"2019年春季莫干山会议"上的发言。

第二，财政政策和金融政策的交互影响新特征。从2018年第四季度开始，财政形势和金融形势对整个宏观经济的影响趋于强烈。甚至可以说，中国的宏观经济形势相当程度上取决于财政和货币的状况。例如，财政税收和货币供给的变化，成为判断国民经济的重要指标。这次会议上的"中国财政金融发生系统转变""财政金融搭配复杂化"的提法，都是对新态势的"破题"。在历史上，财政政策和货币政策的形成机制和功能差别是比较清楚的。中国1980年代对计划经济体制改革的早期，解决的重要问题就是严格财政部和央行的分工，改变财政和金融不过是政府两个口袋的计划经济观念。但是，现在的情况发生了极大改变，财政政策和货币政策功能相互渗透，彼此边界模糊化，财政政策和金融政策或者货币政策，出现了前所未有的混合政策模式趋向。这种新现象，对整个宏观经济产生深刻和长远影响。现在看，相比较于过去边界清楚的财政政策和货币政策，这种新现象对宏观经济的影响速度和溢出效益程度，要快得多和大得多。刚刚公布的第一季度贷款总额、M_2增长、融资规模，显示了"流动性"扩展的趋势，再配合以财政政策，势必对第二季度宏观经济产生巨大的拉升作用。

第三，财政政策和金融政策的空间比较。从世界发达市场经济国家的经验看，比较财政政策与货币政策的空间，财政政策小得多；比较财政政策与货币政策的刚性，财政政策大得多。所以，在2008年世界金融危机之后，美国、日本和欧元区国家在财政政策方面的作为乏善可陈，主要诉诸的是货币宽松和降低利率政策。在中国，中央政府在2008年底出台投资拉动政策，开始是2008年4季度的4000亿元，后来扩展到4万亿的投入。4万亿来自财政赤字国债和地方发债，更重要的是增加M_2的供给。从世界视角看，货币政策和财政政策确实存在混合、融合，甚至"一体化"趋势。唯有如此，两个政策才能更好发挥和实现重叠效果，拓展极大的改革和创新空间。

第四，财政政策和金融政策的效益与成本比较。任何政策都有所谓的"政策红利"和"政策成本"。广义成本包括可以计算的经济成本，还有社会成本和政治成本。值得强调的是，比较政策的效益与成本，需要增加时间维度。一般来说，财政政策的效果现象时间区间较短，也比较容易辨别。例如国家发行的不同周期的债券。而货币政策则需要相对长的时间区间。所以，在设计财政政策和货币政策的时候，需要纳入政策周期的理念。如果回顾过去三十年的历史，存在三个重要时间节点：1997年亚洲金融危机、2008年世界金融危机、2018年的中美贸易摩擦。中间间隔大体是十年。中国经济发生以十年为周期的显著波动和结构性调整。这是不是一种暗示，即中国新经济周期是以十年左右为一个周期呢？如果存在这样的可能性，财政政策和金融政策体系需要怎样的改变呢？今天的会议有一个观点值得注意：在选择一种政策的时候，如何判断和避免"政策陷阱"。这确实是个有意义的问题。因为，任何一个国家因为"政策陷阱"所付出和引申的成本都是难以计量的。在这方面，有太多的案例可以借鉴。

第五，财政政策和金融政策与"反垄断"问题。在中国，因为国企和民企的关系始终没有得以制度性的解决，形成国企的强势格局，强化企业和行业性垄断，始终影响向理性型市场经济的转型。当下，大数据垄断就是一个典型的大问题。当然，国内的垄断问题也可能发生在个别民企，主要集中在互联网企业。所以，怎样实现预防、控制和打破垄断，需要财政和金融政策的参与，实现财政和金融政策对中小企业倾斜。

第六，财政政策和金融政策有关的重要概念，以及很多技术层面的问题。例如：国债与基础货币、隐性和显性地方债务、税源税基、减税降费、内生和外生投资、通货膨胀新形态、个税、赤字口径、国债和资本市场、实际利率、汇率、风险要素平衡。今天，黄江南阐述的在"观念经济学"框架下的货币理论，值得关注，因为数字经济、观念经济都会影响，甚至改变传统的财政政策和金融政策的目标、结构和工具。

第七，支持财政政策和金融政策一体化的理论。财政政策和金融政策一体化是世界性趋势，因此也得到了理论性支持，"现代货币理论"（Modern Monetary Theory，MMT）最有代表性。所以，自2018年下半年以来，"现代货币理论"在中国经济学界形成了不可低估的冲击波。"现代货币理论"是一个庞杂的体系，其中最重要的是提出了有别于主流货币理论的思想，其观点是：政府为了推动经济增长，需要举债，而通过印钞举债是最好的途径；不用担心赤字，政府可以通过印钱来还债，因为主权政府在主权货币制度下不会破产。印钞的极限是避免通胀率失控。如果发生通胀失控，政府可以通过加税控制通胀。所以，财政政策的目标不是平衡，现代货币理论的支持者主张"功能财政"，财政政策的目标是实现充分就业。总之，MMT引发了不小的争论，但是，MMT对货币与财政政策协同的主张，也反映了未来货币政策的某种可能方向。

最后强调一点：在21世纪的全球化和经济开发的背景下，国家之间经济的正面和负面的影响，在很大程度上是通过国家之间的财政政策和金融政策相互影响实现的，跨国公司就是重要的连接实体。今天会议分析了中国经济自2018年第四季度下行，对美国、欧盟，以及日本和韩国的影响方式，国家之间财政政策和金融政策的关联性是不可忽视的因素。

总之，面对未来的经济，不要被自己过去的经验和观念所束缚，需要以国际的和历史的视野思考。这是希望所在。

附录：协调财政政策和货币政策的四个思想方法[①]

探讨财政政策和货币政策的协调，探讨宏观经济形势和财政政策及货币政策的关系，以及财政政策及货币政策的内涵和量化细节是必要的。但是，也需要思考协调财政政策和货币政策的相关思想方法。我主要提出四个思想方法问题：

第一，如何实现多目标的优化？在当前形势下，讨论货币政策和财政政策之间的协调，甚至一体化，涉及：（1）各自政策目标的选择；（2）两大政策目标的排列；（3）寻找基于两大政策多项目标的优化组合，也就是实现"帕累托"状态。见下图，横轴代表货币政策，竖轴代表财政政策，区间存在优化目标：

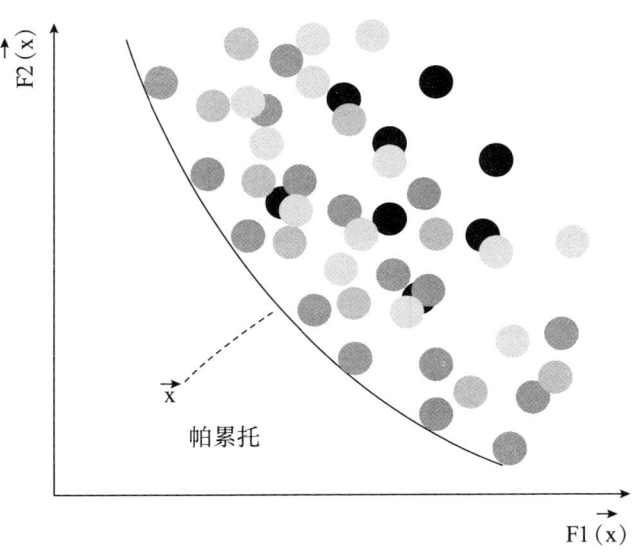

$f(X) = [f1(X), f2(X), \cdots, fK(X)]$

[①] 本文系作者于2020年4月28日参加"2020年春季莫干山会议"时的发言。本图源自公共网络，仅为配合文中思想，为读者提供直观效应。

需要注意的是,为了满足包括这两大政策的优化目标,需要确定核心和具有关键意义的目标。这样,就需要正视所谓的政策倾向问题:政策制定者和决策者究竟是更倾向和倚重财政政策,还是更倾向和倚重货币政策?在我看来,货币政策更为重要,因为M_2的供给数量的目标、利率水平的目标,对其他目标都具有直接和间接的影响。

第二,如何平衡多方博弈?"博弈"是一个被普遍使用的概念。任何政策的形成和落地,都存在相关利益群体之间的博弈。现实世界的复杂性在于:在任何一个国家,参与财政政策和货币政策博弈的群体都不是单一的,至少包括政府、企业、个人。见下图,假设存在X、Y、Z三个方面,可以发生不同的博弈组合:

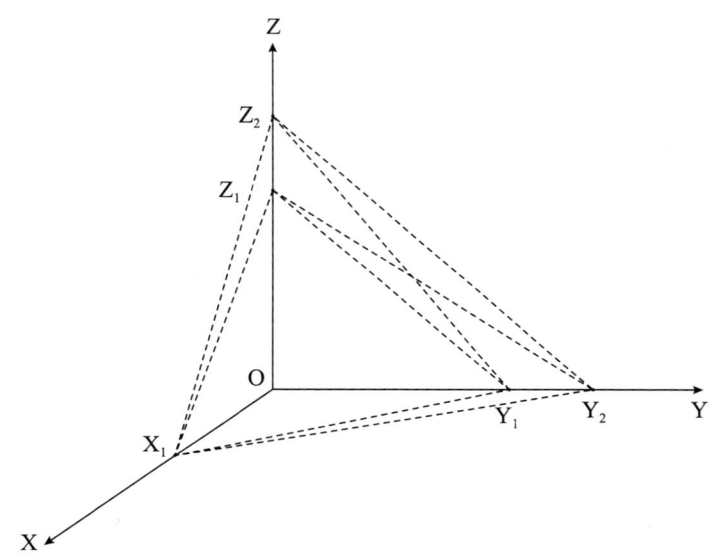

更为重要的是,受制于已经形成的全球化格局,还存在不同国家的财政政策和货币政策之间的博弈,以及诸如国际货币基金组织等国际货币金融机构参与的博弈。因此,任何一个主权国家的货币政策和财政政策,都不得不考虑其对全球经济秩序的影响,很难存在完全孤立于国际

社会的财政和货币政策。例如,新兴市场经济国家的财政和货币政策,就不得不评估发达市场经济国家的货币宽松政策和零利率,甚至负利率的影响程度和方式。

第三,如何看待政策滞后?进入21世纪之后,全球范围的经济和政治情况瞬间万变,有"黑天鹅"和"灰犀牛"现象,更有"蝴蝶效应"的常态化。比如此次的新冠疫情就具有相当的突发性。急剧变化的外部环境不仅导致为制定政策所提供的"窗口期"极短,而且导致政府和企业的战略和政策调整频率加快。以下三种可能性值得重视:(1)因为制定政策需要时间,当政策制定出来,还没有颁布和实施,"窗口期"已过;(2)"窗口期"没有过,但是政策实施滞后,与"窗口期"时间错位,严重影响政策效益;(3)政策实施是一个或长或短的过程,即使在"窗口期"内,却因为政策效益的显现过慢,人们因此失去耐心,甚至发生过早废弃既定政策的情况。

下图表现的是:货币贬值对"经常性账户"的影响的滞后性,以及全过程中的不同阶段。

国际收支中的经常收支

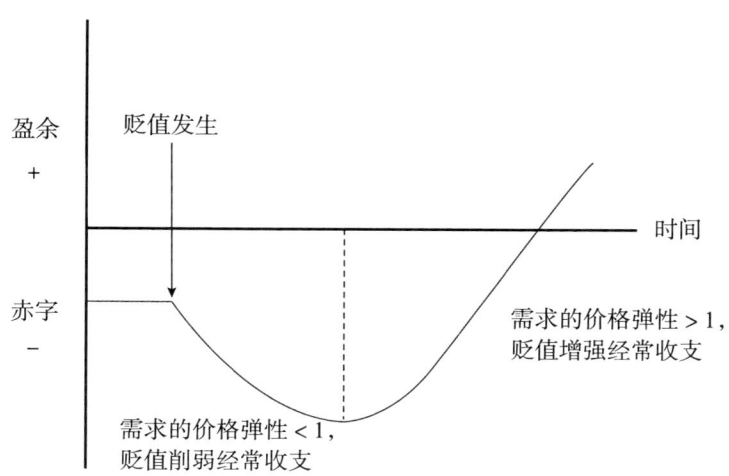

总之,制定财政和货币政策,都要针对外部环境迅速变化、"窗口期"转瞬即逝、政策实施过程的时间滞后等情况留有充分空间。

第四,如何处理政策的扭曲性?实施具有混合特征的财政政策和货币政策,是历史趋势。但是需要注意:无论政策选项多么接近优化目标,政策实施的结果都会存在不同程度的走样和扭曲。

造成这种情况的原因包括:(1)信息不对称,参与主体的"共识"基础发生变化;(2)形成新的利益格局和利益冲突;(3)为预期的外部元素"侵入"。还有,所谓的"逆周期""弯道超车"等策略性选择,也都会使得原本政策在实施过程中发生变异情况。

以上是我希望在讨论货币政策和财政政策融合过程中关注的四个思想方法。

3–19　历史不会熔断：大萧条与罗斯福新政九十年后的启示[①]

我今天发言的主标题是"历史不会熔断",副标题则是"大萧条与罗斯福新政九十年后的启示"。我使用了"熔断"这个概念,因为进入3月份之后,美国股市多次发生"熔断",成为资本市场的重要"风景线"。但是,历史从来是持续的,不可能发生"熔断"。

我的发言涉及以下五个方面:(1)精确化理解"大萧条与罗斯福新政"时段;(2)1929—1937年影响世界的三个历史人物;(3)从危机到新政的博弈主体及新的社会平衡;(4)大萧条和新政对中国的致命影响;(5)结论。

为了让发生在九十年前的那场大萧条更有场景感,我在这里引用熊彼特在当时所说的一句话:"人们感到脚下的大地尽在崩溃。"这句话不仅是对那个时刻的一种概括,而且至今还震撼人心。

1. "大萧条与罗斯福新政"的精确时段

理解和认知九十年前大萧条的发生和新政的历史背景,首先需要对当时美国的真实经济做一个简短的回顾。1920年代的美国,市场几乎笼罩在亢奋和繁荣的气氛之下。1920年代的美国人口是1.23亿,汽车、无线电和电冰箱已经走进千家万户。以汽车为例,1929年美国民众拥有汽

[①] 本文系作者于 2020 年 3 月 20 日在莫干山研究院携手莫干山大学联合举办的线上"莫干山讲堂"上的主题发言。

车2300万辆，如果每6个人乘坐一辆汽车，那么可以将全体美国民众载上公路。应该说，1920年代的美国，是工业化获得全方位发展、消费主义形成、信贷经济兴起的时代，是人类第一次体会到工业化带来丰富物质产品的时代。这就难怪，为什么在美国乃至全世界，直到危机爆发之前，没有人能够预见到危机的爆发。

后人一直寻求1929年大萧条背后的深刻原因。例如，美国在1920年代实施货币宽松政策是重要原因。其实，造成当时美国M_2急剧增长的原因很多。如果将历史镜头拉远，就会发现：当时美国的工业化过程并没有完成，美国也没有完成从一个半货币化的国家向货币化国家的转型，现代信用制度尚未完备。所以，就美国内在需求分析，1920年代M_2的急剧增长是必要的，有助于美国加速投资，实现工业化，并有助于货币化转型和建立现代信用制度。

现在回到大萧条和新政的精确时段：从1929年10月24日的那个黑色星期四开始，到罗斯福于1933年3月4日（星期六）宣誓就任美国总统，属于大萧条时期；从1933年3月4日（星期六）至罗斯福1937年1月20日（星期三）第二次就任美国总统，属于所谓新政时期。所以，从大萧条到罗斯福新政前后是七年时间。

值得指出的是，在罗斯福新政实施之前，美国事实上已经开始了还没有罗斯福主导的"罗斯福新政"，应该从1931年到1932年就开始了。那时的美国总统是胡佛（Herbert Clark Hoover）。因此，广义的新政和罗斯福新政是有差异的，新政和大萧条是有交叉时间点的。

我为什么如此追究从大萧条到新政的精确时段？是希望人们将大萧条到新政的时段置于第一次世界大战和第二次世界大战的更大背景下，这两次世界大战是理解大萧条和新政的历史坐标。第一次世界大战于1914年爆发，到1919年结束，第二次世界大战于1939年9月爆发，到1945年5月结束。我们不难发现一个时间巧合：1929年的大萧条发生在第一次世界大战结束和第二次世界大战开始之间的时间中点。如果将1931年日本占领中国东北作为第二次世界大战的前奏，在罗斯福实行新政之前，世界地缘政治格局已经开始形成。

简言之，我是主张在大历史、大世界格局背景下来理解大萧条和新政的。大萧条和新政的讨论，不可以与两次世界大战的背景相分离。恰恰相反，只有将两次大战因素纳入，大萧条和新政的复杂原因方可以有所头绪。导致1929年美国萧条的真正核心原因，其实是美国本身的工业化速度和世界一战后的重建之间，发生了经济资源错配，更严重的是经济资源与政治资源的错配。最严重的是，进入1920年代的美国工业化，一方面需要世界市场，需要欧洲国家成为受益者，特别是缓和德国的全面危机；另一方面，美国逐渐与战后新格局脱钩，走向了孤立主义，中断了美国走向欧洲和世界，让全球来分享美国工业化成果的历史时期。这就导致了美国急剧增加的货币供给、急剧增加的资本过剩、急剧增加的产能，在美国本土之内难以得以消化，最终发生了所谓"过剩性"危机和萧条。

总之，发生于两场战争中间点的萧条，仅仅通过美国自身的原因加以解释是不够的。1920年代美国的孤立主义是形成大萧条的直接的、甚至根本性的原因。第二次世界大战之后，美国实行"马歇尔计划"，显然吸取了这个历史教训。

2. 1929—1937年影响世界的三个历史人物

1929—1937年是20世纪极为重要的时段。其中包括了大萧条和新政时期。在这近十年间，有三个历史人物对20世纪后来的走向发生了不可替代的影响。这三个历史人物就是：罗斯福、希特勒和斯大林。因为第一次世界大战，19世纪主导的"放任自由资本主义时代"终结，发源于美国的大萧条将这三位历史人物推向世界舞台，他们通过美国、德国和苏联三个国家，创造了三种经济制度模式和三种社会转型方向。

第一，罗斯福新政模式。罗斯福之前的胡佛总统，不是没有意识到美国大萧条的严重性和内在主要成因，只是错过了挽救大萧条的最佳时机。当他开始行动的时候，民众特别是产业工人失去了耐心，进而丧失了中产阶级和精英的支持。但是，胡佛确实开启了政府通过财政手段全面干预经济的新政。历史将机会给了民主党，给了前纽约州长罗斯福。罗斯福最擅长的是利用1920年代兴起的有线广播网，让全国民众直接听到他的主张。那时美国的广播电台和广播已经完全普及。罗斯福直接向资产阶级，特别是垄断资产阶级宣战，换取了产业工人、农场主和底层民众的理解与支持。顺便请注意，美国总统选举与媒体进步休戚相关。1960年代的肯尼迪，是通过电视网当选美国总统的；2008年当选美国总统的奥巴马依赖的是互联网；之后的特朗普靠的是推特。

第二，希特勒的"国家社会主义"，也称为"民族社会主义"模式。在这个时期，历史上的时间有非常多的巧合。罗斯福第一次入主白宫的时间是1933年3月；在德国，86岁的兴登堡把权力交给希特勒的时间是1933年1月20日。之后，德国议会授予希特勒无限权力是在1933年3月。希特勒提出了"国家社会主义"，宣称恢复德国一战之前的繁荣，让每一个德国的劳动者获得就业和基本社会保障，都拥有房子、汽车、冰箱，甚至获得海外度假的机会，减少贫富差距。

第三，斯大林的"计划经济"模式。在列宁去世后的第三年，苏共召开第十五次代表大会，决议苏联从1928年至1933年实行发展国民经济的第一个五年计划。为此，斯大林于1929年彻底废弃了列宁制定的"新经济政策"，实行集体所有制和国家所有制，通过国家力量，在短时期内建立起对国民经济技术改造的基础，将苏联从一个农业国转变成为一个工业国。

以上三个模式的结果大相径庭。希特勒的"国家社会主义"随着第三帝国的覆灭而终结；斯大林的指令性计划经济模式因为苏联和东欧经济改革，特别是中国经济改革，已经被新的经济模式所替代；唯有罗斯福新政的"遗产"持续影响了美国战后的经济制度演变。

比较美国新政和斯大林计划经济，最经典的案例是比较两个水坝：其一，苏联于1929—1933年建设和完成的第聂伯河水电站，地点在乌克兰。在二战中，这里发生过惨烈的战争。其二，美国于1931年建设，至1936年完工的胡佛水坝，地点在内华达州和亚利桑那州的西北部交界处。

后来，还有1960年代的埃及阿斯旺水坝，以及1990年代至21世纪初期建成的中国三峡大坝。这四个水电站具有强烈的国家和制度的象征意义。

3. 从危机到新政的博弈主体及新的社会平衡

美国从大萧条到新政的全过程，没有发生剧烈的政治和社会冲突，更没有血腥动乱和政权更迭的危险。但是，从大萧条到新政的过程中，并非没有社会不同力量的博弈。

回过头来看，在这个历史特殊时期，博弈的主体包括：（1）罗斯福代表的政府与国家，以及背后的民主党；（2）公司，以及基于公司的工业家、企业家和银行家联盟；（3）产业工人及广大蓝领阶层；（4）中产阶级和知识分子阶层。

其中，罗斯福的作用是至关紧要的，其新政的成功之处是避免了因为大萧条导致的阶级对立演变为社会动乱，以致发生制度危机和政权危机。罗斯福创造了不同社会力量博弈规则。例如，1933年的《银行法》《全国工业复兴法》和1935年的《瓦格纳法案》，都属于所谓的博弈规则。最终，罗斯福实现了由政府、公司和工会三极构成的新的社会平衡。其中，最值得注意的是：自新政开始，一方面，公司获得了更大的发展空间,推动了美国进入公司式国家(corporate state)的历史进程;另一方面,美国工会的地位得到前所未有的提高。见下图:

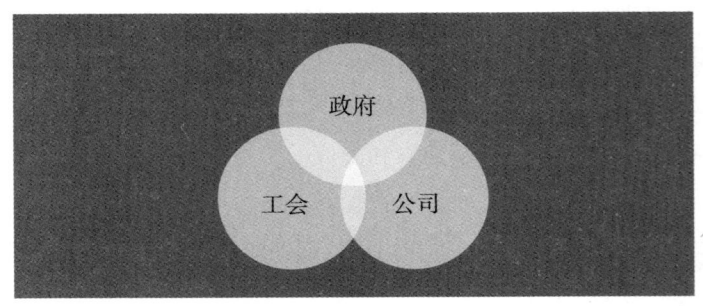

与上述平衡对应的是全社会的税收资源、福利资源、企业利润资源分配的调整。经过罗斯福新政,美国所达到的新的社会平衡有助于美国实现工业化和第二次世界大战的互动,奠定了美国战后成为超级大国的基础。

4.大萧条和新政对中国的致命影响

1927年,南京国民政府取代北洋政府,中华民国进入建立现代国家和新的社会的新的历史阶段。但是,仅仅两年之后,美国发生大萧条,继而世界性经济危机很快波及中国,并且对中国发生致命的影响。

在政治方面:美国大萧条于1930年春天传导到日本,日本对外贸易剧减,这对于高度依赖国外市场的日本经济打击极大。其后果是发生全面经济危机:企业倒闭,失业暴增,农民破产,国内股票下跌。最终,经济危机激化社会矛盾,引发政治危机,导致法西斯主义在日本的成形和蔓延。正是在这样的背景之下,发生了1931年的"九一八事变"。六年之后的"七七事变"开启了为期八年的"中日战争"。

在经济方面,中国货币制度是以白银为主体的"银两制度",形成了缓冲大萧条冲击的短期"防火墙"。但是,最终在世界危机不断深化的大环境下，中国政府不得不在1933年"废两改元"，接着针对罗斯福政府1934年公布的《白银收购法案》，为了挽救白银外流，又于1935年废除"银本位"制度，实施法币改革。

而大萧条席卷美国和欧洲的1929年，也是中国共产党和毛泽东的转折年。这年秋天，不满36岁的毛泽东在《采桑子·重阳》词中，发出"人生易老天难老"的感叹，用"万里霜"描述他当时真实的心境。到了冬天，毛泽东主持红四军工作，并在福建召开著名的"古田会议"。会议上，毛泽东重新当选为前敌委员会书记。仅仅二十年之后，中国共产党获得全国政权。

结论

九十年之后，我对于大萧条和新政的历史地位有六点总结：（1）终结了金本位制度，全方位走向信用货币制度，奠定了布雷顿森林会议体系的历史性前提；（2）自由主义时代在世界范围内结束，美国成为公司式国家；（3）凯恩斯主义替代了新古典主义，成为经济思想和经济政策主流；（4）挽救了资本主义，推动了工业时代向后工业时代的转型；（5）彻底改变了地缘政治，为第二次世界大战和冷战爆发提供了重要历史条件；（6）在全球范围内奠定了社会保障制度的基础。

3-20 观念经济学原理及其现实意义[①]

追溯起来，至少始自1990年代，在主要发达国家，经济发展以IT产业为火车头，在全球化的同时，已经并持续超越物质生产和三次产业的传统框架，一方面物质生产部门向海外转移，一方面非物质生产部门在本土全面崛起。非物质生产的价值总量大幅度超过物质生产的价值总量；从事非物质生产的人口全面超过从事物质生产的人口；经济高度知识化和智能化；基本实现了从物质生产部门为主向观念生产部门为主的转型、从工业社会向智能社会的转型，率先进入了后工业社会，或者信息时代。

在世界范围内，现代化内涵快速而剧烈地演变，不仅农牧时代基本消亡，工业时代也渐行渐远。一个国家的经济实力不是取决于有怎样的装备水平和物质产品生产能力，而是取决于这个国家创新团队的规模、观念产业发展的水平和观念财富的多寡。

经济学是一门历史科学，需要根据经济结构、经济制度和经济形态的演变而不断创新。迄今的各类传统经济学，说到底，都是工业革命以来形成和发展的经济学，即以物质生产、交换和消费为核心内容的经济学。恰恰这样的"传统经济学"已经不能适应迅速演变的真实经济世界。现在，到了用全新的经济学补充和替代传统经济学的历史时刻。本文提出"观念经济学"的基本概念和原理，就是适应观念产业发展和观念经济时代的一种努力。

[①] 本文系作者与黄江南在2014年7月30日"网易经济学家年会夏季论坛"所发布的论文的基础，后由作者加以修订和补充，刊登在2014年的《经济观察报》上。

1. 观念产品和观念产品价值

观念经济学的研究对象是观念经济，观念经济的主体是观念资源和观念资源转换的产品。

观念产品的定义：一般来说，观念产品主要不是以物质和物理形式，而是以信息和观念形式存在的产品。观念产品可以是精神产品，其价值基础源于观念属性，而非物理属性。例如，小麦是物质产品，文学作品则是观念产品。自古以来就存在观念产品，只不过在农业和工业时代，观念产品的数量和质量对国民经济影响有限。在现代信息社会，观念不仅是思维过程的一个系统集合体，包含着欲望、经验、知识和思想等基本要素，而且可以演绎成不同类型的观念产品，积聚为观念产业和不同的观念产品部门。它们渗透、影响，甚至改造着传统物质产品。

观念产品可以没有有形载体，例如古代传说、数学原理等等。但是，更多的观念产品需要有形载体。那些具有物理性质、承载观念的物体可称之为"载物"。载物可以是物质产品，如承载文字内容的纸张；可以是非生产的自然物，如承载情怀的秀丽山水；可以是服务过程，如戏剧和舞蹈表演。

在现实经济生活中，更多的产品是复合产品，即或者是物质产品注入了"观念"，或者是观念产品需要物质载体，形成物质产品与观念产品的复合产品。例如时装，是物质的布料与观念的设计、时尚元素的复合产品。

并非所有观念产品都有商业价值。只有当观念产品具有权利专属性和观念认同时，才具有商业价值。也就是说：第一，具有权利专属性，也就是非公共物品。牛顿定律是具有科学价值的观念产品，但是因为没有专属性，就没有商业价值。第二，具有观念的认同，也就是有人认同其价值并愿意付费。NBA是具有商业价值的观念产品，因为它得到广泛的价值认同。

观念产品分类：观念产品分为三种基本类型。第一类是资源形态的观念产品。例如，自然景观资源、传统文化资源、教育和科学技术资源，以及人力资源。旅游业是主要依赖自然景观的观念产品。第二类是加工形态的观念产品。例如，各类不断升级换代的"软件"。一般来说，实现第二类观念产品形态需要具有特定智力、禀赋、创造能力的团队。第三类是最终消费形态的观念产品。这类观念产品包括常态观念产品和特异观念产品。例如，包括广告、建筑、艺术、工艺品、设计、数码娱乐、电影、音乐、表演艺术、出版与印刷在内的文化创意产品都属于常态观念产品。而大众化"微乎产品"，小众化"奢侈产品"，用于炒作的"忽悠产品"，以及"虚拟产品"则属于典型的特异观念产品。

在现实观念经济中，特异性观念产品扮演日益重要的角色：（1）微乎观念产品。这类产品的载物成本低，观念附加值低，产品价格低，对人们的支付心理影响甚微，属于大众消费品。网络产品的主体属于微乎观念产品，其对国民经济的影响不可忽视；（2）奢侈观念产品。这类产品是必要产品之外的产品，与生存没有直接关系，包括纯观念的，也包括复合产品，有着物理和物质载体。例如爱马仕品牌产品、高档化妆品等。毒品是一种特定的奢侈产品。人们在消费毒品过程中，产生某种精神幻觉和快感，进而形成病态依赖。越是有依赖性的奢侈产品，越容易形成高价和高额利润；（3）忽悠观念产品。这类产品的载物成本很低，销售价很高，观念附加值很高。可以通过宣传、灌输，制造特定的观念，并创造很高的观念价格。然而，这种产品的观念价值往往是不稳定的，价格大起大落。忽悠观念产品又依载物特性分为三种：一是不可再生品，如古董；二是有限供应品，如和田玉和冬虫夏草；三是可无限供应又主动控制的产品，如茅台酒；（4）虚拟观念产品。例如，债券和股票。

观念产品的基本属性和特征：一般来说，观念产品的基本属性是相当明显的：精神性、内在性、差异性、独特性和唯一性，故不可重复、不可替代和不可复制。

与通常的物质产品相比较，可以罗列出观念产品这样一些具体特性：（1）与知识产权存在直接和间接关系；（2）个性化产品和服务；（3）使用价值和价值的非对称性；（4）可供生产性使用和消费性使用；（5）没有耐用和非耐用消费品的区分；（6）使用价值的不可度量；（7）生产的非指标化和无质量标准；（8）所需设备投资比重低下；（9）没有折旧；（10）产品升级换代机制不同；（11）低能耗、少污染；（12）产品的不可预测性；（13）传播快速而广泛；（14）产品销量体现价值；（15）产品消费或超前或滞后；（16）与消费者的欲望、敏感和情绪高度相关；（17）通过电视、广播、报刊和网络等媒介传播，基本不需要传统交通运输；（18）增加产出时，无须增加库存；（19）具有派生和延伸能力；（20）自我升值机制；（21）消费者容易形成依赖性和上瘾性。

观念产品价值难以用劳动时间衡量：在传统经济学中，劳动价值论是其中的重要学说。劳动价值论就是劳动时间价值论。用劳动时间作为尺度度量价值，符合资本主义工业化早期经济生产状况。那是在完全竞争市场条件下，在生产简单、同质、可替代的物质产品时，人们认同把简单劳动时间作为交易尺度。但是，对于观念经济，劳动价值论丧失了普遍意义。观念产品的价值，更能反映价值的本质。价值是人类的一种主观判断，离开人的主观认知，世界上并没有价值存在。

事实上，即使在古代，只要涉及观念产品，也绝不会以劳动时间，甚至劳动时间的倍数进行交易。因为观念产品的价值与劳动有关，却与劳动时间无比例关系。例如，王羲之书法《兰亭序》的价值与其书写时间长短没有关系。唐伯虎画作也是如此。简言之，劳动时间价值论只是衡量物质产品价值的尺度，简单物质产品的产出与劳动时间成正比，但在观念产品面前很难有统一的劳动时间尺度。

观念产品价格决定于"认同"程度：不论是物质产品，还是非物质产品，其市场价值取决于市场环境下经济活动主体的"认同"。对物质产品的"认同"相对简单；对观念产品的"认同"则相对复杂。观念产品的内在价值是不确定的，价格与价值是分离的。例如，对于石油产品，世界各国都有相同的价值认同，其价值是国际化的；而一个艺术产品，唯有大家认同方可形成商业价值。中国相声与中国文化相关，基本局限于本土和海外华人的认同，其价值是非国际化的。

观念"认同"的过程就是观念价值形成的过程。对观念价值"认同"的规律就是观念价值本身的规律。与对物质产品价值的"认同"相比，对观念产品价值的可能性进行客观的"量化"是完全不可能的，"认同"几乎完全来自主观性。一个初创的观念产品，因为人们认同程度低下，其价值可能被低估。但是，随着人们认同程度的上升，其价值会高涨。例如，凡·高同时代的人不会想到后人对凡·高画作的价值认同达到顶礼膜拜的程度。

物质产品的市场价值取决于供求双方对产品价值"认同"的均衡。观念产品市场价值的实现，则是消费者"认同"的规模对其影响更大。供给方的"认同"只有得到消费者的"认同"，其产品的潜在价值才可转化为实际的市场价格。例如，王菲、麦当娜的商业价值，来自听众的"认同"。即使有些歌手比她们唱得更好，因为没有被大众认同或足够认同，其产品就没有价格，或没有足够高的价格。

"认同"是一种主观现象。人们对观念产品价值的"认同"是多因素、多样性、多属性的，会因不同时间、不同环境、不同制度、不同国度、不同文化、不同心境、不同年龄，引致不同的价值认同。"认同"包括主动认同与被动认同。例如，人们对色彩的认同常常是主动的；而广告引发的认同则属被动认同。

在实际经济生活中，观念产品价值的"认同"主要是通过"关注"

与"体验"两个途径实现。所谓"关注"是消费者在心理、学习和信息的刺激下对特定产品产生的兴趣和注意力。所谓"体验"是消费者通过身体的特定部分对特定产品消费的经验过程。"关注"与"体验"互动，互为前提。

2.观念经济学的新"公理"

观念经济学不仅挑战，并且颠覆传统经济学的基本"公理"，构建新的理论基础和框架。

"有限竞争"VS"完全竞争"理论：传统经济学理论的假设前提是完全竞争的市场条件。而要实现完全市场竞争，物质产品生产，特别是必要物质产品生产，以及市场供应的产品必须是无差别的。而对于观念产品而言，因其具有异质性、差异性，甚至唯一性，必须受到产权保护，带有或多或少的"垄断"性质。因此，在观念生产领域，并不存在完全竞争的市场条件，即使存在竞争，也是有限竞争。

"边际效用递增"VS"边际效用递减"理论：依据传统边际价值论，消费的边际效用递减，由此构建供需曲线。边际效用理论建立在人类对物质产品的生理体验基础之上。但是，人类对观念产品的心理体验不是效用递减，而是效用递增。"粉丝"就是由反复多次消费所构成的群体。"粉丝"的每一次消费效用都高于最初消费的使用效用。"粉丝"形成原理在于，人们对一个观念产品的消费，需要一个培养、学习、养成的过程，其间包括不断加深认识、呼应、强化与认同，所以呈现的过程不是"边际效用递减"，而是"边际效用递增"的反复使用和消费过程。

"边际成本趋零"VS"边际成本递增"理论："边际成本递增"理论是传统经济学，特别是微观经济学的重要基石。然而，在观念经济中，观念产品生产的边际成本，在理论上可以为零。因为，观念产品在使用中，不仅不会损耗，而且可以反复使用，一次使用并不损害下一次使用价值。在许多场合，观念产品使用次数越多，价值越高。例如QQ和微信。观念产品的生产和消费证明"边际成本递增"理论的局限，以及改造和替代以物质生产为前提的传统厂商理论的必要性。

"区间策略价格"VS"唯一均衡价格"理论：均衡理论是传统经济学的核心理论。供给曲线和需求曲线的交点是"完美"的均衡价格，并被认为是唯一的，且可以最大化地满足生产者和消费者利益。供求曲线所呈现的是典型的物质产品的供需均衡状况。换一种说法，根据传统经济学，一物一价，先有价格，后有生产，任何进入市场的产品都有既定的价格作为参照，供给是价格的函数，价格决定供给量，价格上升，供给增长。传统物质产品存在价格收敛。对于观念经济产品而言，并不存在唯一的均衡价格。典型观念产品价格不是唯一的均衡价格。观念产品可以以零成本无限供给，因此供给量无法取决于价格。观念产品价格是观念认可度与观念认可人群的剩余这二者的函数。也就是说，观念认可度越高，这种观念产品的价格越高，持认可度的人群剩余越多，该种观念产品的价格就越有高的可能。反之，在相同价格下，就会取得更高的销售数量。供应商在价格上可以有多种选择，这样的定价被称为"策略定价"。"策略定价"需要考虑短期和长期因素、销售量结果差别、企业竞争力、公众评价和企业形象等因素，而不再是简单的供需两根曲线可以确定的。"策略定价"取决于决策者的智慧、眼光、价值取向和市场嗅觉等。近年来，"策略定价"典型的案例是360公司推翻此前杀毒软件的一切市场价格规矩，以零价格向市场提供产品，最终取得市场完胜。

3.观念经济学与宏观经济

物质产业部门和观念产业部门替代传统国民经济部门划分：传统的国民经济部门，主要有两种划分，消费资料和生产资料两大生产部门的划分，和三次产业的划分，都属于对物质生产部门的划分；因为观念经济的形成和发展，物质产品部门不再是国民经济的唯一部门，物质产业部门和观念产业部门构成国民经济的两大基本部门。观念产业部门可以定义为依靠人的智慧、技能和天赋，借助于文化、教育和高科技资源，通过具有知识产权的开发和运用，生产高附加值观念产品的产业。

全社会的生产和消费、储蓄和投资，首先发生在物质产业部门和观念产业部门内部，并且在两大产业部门之间形成交换和均衡关系。人类对物质产品的消费数量存在极限，或者说人类对物质产品的数量需求最终会达到极限。当代大部分国家的食物生产已经满足人民需要就是证明。当物质产品满足社会需要后，劳动生产率继续提高，在市场不接受产品总量增加时，物质生产部门的增长就走到了尽头，就会减少生产人员。物质生产部门"溢出"人员不可能在原本的物质部门就业，于是变为失业人口。而观念经济的形成和发展，一方面全面向物质生产渗透，向物质产品注入观念，向物质生产部门提供提高劳动生产率的效率型科技观念产品，把一般物质产品改造成为更高价值的复合产品；另一方面，例如互联网经济，提供新的就业机会，吸纳物质生产部门的溢出人员。"多周期叠加"替代传统"商业周期"：传统经济学讨论的周期是工业社会的经济周期，是物质生产的起伏周期，其内容和规律涉及物质生产周期、设备使用周期和资本运动周期等；而当整个物质生产部门的价值已经不是社会经济价值主体的时候，这一套关于物质生产周期的研究自然不能符合以观念生产为主的社会经济现实。在工业社会向信息和智能社会转型的过程中，现实的经济周期是多种周期叠加的结果。在发达国家，信息和智能社会发展成熟，观念经济对经济周期甚至起到主导作用，既有创新引导的观念生产的周期作用，也有观念化货币运动推动的周期作用，还有虚拟观念产品市场，如股市、楼市等引发的周期作用。只有清楚地了解诸如此类信息和智能社会的经济运行周期规律，才能正确描述和解释现实的经济周期，避免周期中的灾难性后果，引导经济周期平稳顺利过渡。

国际贸易:"有无原则"替代"资源禀赋"理论。传统国际贸易是物质产品的贸易。传统的国际贸易理论依据的是物质产品的"比较优势"和"资源禀赋"理论。随着观念经济、观念资源和观念产品在国际贸易中的比重急剧增长,观念产品作为国际贸易的对象,不再是效率优势和资源优势的比较,而是有与无的优势比较,亦即"有无原则"。"有无原则"是基于观念产品的本质:唯一性、不同程度的不可替代性、专属权利、我有你无。只要一个国家的消费者对另外一个国家的观念产品产生了价值认同,构成消费需求,满足这种需求的唯一手段就是从外国进口该观念产品。例如,中国进口美国好莱坞大片的原因并不是美国电影制作具有生产效率上的比较优势,而是中国观众对美国大片有着特定的认同和需求。苹果手机是复合产品,美国开发和生产了其中的观念产品部分,中国生产物质产品部分。美国向中国出口苹果手机的观念部分,中国向美国出口苹果手机的物质部分。苹果手机的物质部分可以根据物质产品的比较优势原则从中国转移到印度,但是,却不可能将观念部分从美国转移到中国。因为,一个是受"比较优势原则"支配,一个是受"有无原则"支配。在观念生产领域,传统经济学中的比较优势理论扩展为广义优势理论。观念产品贸易的"有无原则"理论,与以物质产品为对象的比较优势理论并存。

"二元化利率"替代"一元化利率"的货币发行量理论:在物质生产处于绝对主导的经济状态下,通过利率上升压抑货币需求,从而压抑投资和生产;通过利率下降刺激货币需求,从而增加投资和生产。所以,利率的功能"一元化"。但是,当存在两个生产部门,一个物质生产部门,一个观念生产部门时,利率必须优先满足低回报率部门。目前,世界各国的物质生产部门,普遍产能过剩和利润率低下。为了满足人们的物质产品消费,维持物质生产部门运行,低利率是必要的。否则,物质生产部门用不起贷款，发不起债券，将全面萎缩，甚至破产。社会难以承受这样的后果。但是，一旦实施低利率，观念生产部门就成为受益者。因为，观念生产部门利润率普遍高于物质生产部门。例如，在中国，作为观念生产部门的IT产业，利润率走高，在市场上不断地吸收资金。巨额资金的持续流入，进一步刺激盈利水平的上升。如果中央银行要抑制观念部门发展，压缩其盈利空间，唯有大幅度提高利率。但是，利率大幅度提高是物质生产部门所无法承受的。所以，只要是低利率，更多的资金将不再进入物质生产部门，而是进入观念生产部门，加剧观念生产部门吸纳便宜资金的优势。

针对上述情况，在现代金融市场资金的流动性和流动手段多样化的背景下，各国政府尝试采用的对应两大生产部门差别利润率的差别利率政策，基本流于破产。所以，唯一可行的，也是正在实行的是放弃控制观念生产部门的高利率，采用大量发行货币以维持物质生产部门所需要的低利率。这就是美国所谓量化宽松和中国长期实行高货币发行量现象的深层原因。因此，同样的利率对物质生产部门和观念生产部门的影响差异日益增大，利率的"二元化"功能替代了传统的"一元化"功能。

"呼应吸纳"理论替代传统通货膨胀理论：依据传统经济学，抛开资源短缺、刚性工资增长等定价型通货膨胀，通货膨胀的根源是货币发行量过大。因为当新发货币形成购买力之后，更多的货币追求不变的商品量，推动价格上升。简言之，通货膨胀是货币现象。如今，因为观念经济和观念产品的作用，通货膨胀的发生结构起了变化。当更多的货币追求可无限供应、无边际成本的观念产品时，社会即刻提供足够量的价值产品，对应增发货币增加的商品购买力。

一般来说，生产周期越短、剩余生产能力越多、观念生产比重越大的经济，产品供给对货币供给量的吸纳能力越强，货币供给量对通货膨胀的作用越小。观念经济对通货膨胀的影响还反映在股市、楼市等虚拟观念产品的市场上，这些市场可以在短期内吸收大量货币。

一句话，观念生产部门对货币有巨大的吸纳能力。以美国现实经济为例，量化宽松的巨额货币发行，并没有像以往那样引发高通货膨胀，这是传统货币理论的一个不解之谜。其实，美国通货膨胀缓和的最重要原因是观念经济部门吸纳过量货币的能力。观念经济学对通货膨胀机理改变的上述解释，称为观念经济学中的"呼应吸纳"理论，揭示了现阶段发达国家和次发达国家的高货币发行量与低通货膨胀并存的机理。

4.观念经济学与人类新时代

在资本奴役劳动的工业社会，实现经济领域中的自由、平等、民主、公正只是一种理想。今天，在世界范围内，观念生产经济超过物质生产经济，进而占主导地位，人类全面进入信息和智能时代，经济领域中的自由、平等、民主、公正曙光已经出现在地平线。

因为观念经济的形成和发展，下述大趋势已经呈现：（1）催生金融民主。在观念生产领域，资本与劳动的关系完全颠倒过来。具有创新禀赋的劳动者成为主人，以风险投资为代表的资本拥有者不得不亦步亦趋地小心伺候创业者。（2）与工业化相联系的"福特主义"走向完结，劳动者的自由空间得以开拓。（3）强化消费者的民主权利。例如，消费者对煤炭生产的影响与对网络游戏影响的差别，就是"工业经济专制化"与"观念经济民主化"的差别。（4）改变价格形成机制。观念价值来源于公众关注，导致厂商从来没有像今天这样关心民众的要求、愿望、意见和感受，民主定价融入市场定价。（5）推动消费者的自组织能力。例如，"淘宝"提供的电商平台，使成千上万的个人和微小商户取得极大的经营自由权，还有观念所依赖的数字化、大数据、网络都指向这一功能。（6）促使经济监管的透明和公正。例如，银行智能评价系统拒绝的贷款一定比人工操作的信贷过程更加公正。（7）丰富公共物品和公有资源。公共物品与公有资源的扩展,有利于信息社会成熟,以及自由生产者自由组合程度的提高。(8)实现财富普惠。观念产品边际成本为零的性质、大量微乎产品的问世、"长尾理论"的实践,使大众可以平等享受传统经济社会不可能消费的高效用产品。

5.观念经济学对中国的意义

在过去三十余年间,中国已经成为农业和工业生产的第一大国,但是,观念生产部门尚处于初级阶段。如果承认中国国情和经济成长阶段,实现经济转型、产业升级,最终转变经济发展方式的战略目标,需要突破影响广泛的三个思想误区:(1)将经济结构的转变局限于三次产业的框架,进而将第三产业局限为服务业;(2)将产业升级局限于加工工业进步;(3)将提高"创新力"局限于增加科技因素,加快机器设备更新、技术和产品的升级换代,最终实现提高劳动生产率和增加GDP总量的目标。

为此,突破传统经济学对人们的影响和束缚成为当务之急。因为传统经济学不仅不再能够作为国家经济发展战略和决策的理论基础,而且可能误导中国经济,使其在传统物质生产、传统工业化道路、传统经济增长模式上徘徊甚至停滞不前。

本文所描述的观念经济学概念和原理,有益人们理解人类今天和未来更加丰富的经济活动,揭示了人类社会从工业社会走向智能社会的规律,解释了传统经济学至今仍然无法面对的经济学难题。

后　记

本书分为三编，一共67篇文章。三编的标题分别是：区块链、数字货币、数字经济。时间从2013年初至2020年6月上旬，横跨7年有余。我于2013—2017年还在大学任教，2018年创建数字资产研究院。之后，我的思想和创作进入一个爆发阶段，并在2019年的第四季度达到峰值。在2020年"疫情"期间继续了这样的趋势。

决定出版这本书时，已经是2020年4月下旬。那天，我将近年关于区块链、数字货币和数字经济的近100篇文章全部打印出来，摊在一个大桌子上，就是否可以成书做了客观评估。结论是基本具备成书的要素：思想原创，体系和结构完整，内容丰富，文字基础良好，规模适当。这本书可以分区块链、数字货币和数字经济三个主题。书的总名叫什么？东方出版社的许剑秋先生提议用我常说的"未来决定现在"。一拍即合，因为"未来决定现在"正是我的理念。

但是，100篇文章，字数达到60多万。为了控制书的规模，对全书文章做了必要的挑选，剔除了部分文章。此外，为了压缩文字，书中的一些文章是由原本两三篇文章合并而成。另外一些文章，则做了必要的删减或补充。前后做了两次大规模的删节：第一次删节到75篇文章，第二次删节到67篇文章。字数从60余万到现在50万，无论如何，这67篇文章，都力求保留原本的题目、主题、内容、结构和文字。

当我打开书稿，对全书加以修订时，会回忆起每篇文章所发表的时间和地点，还有特定的背景和缘由。其中，部分文章的基础是会议讲话的PPT，几乎每个PPT都要从晚上准备到黎明，直到开会前夕。每次会议都有与听众的互动情景。特别是，书中部分文章是在2020年初的疫情的大背景之下完成的，很多思路形成于孤独中的我从北京的家中走到鸟巢的路上，以及那座北顶娘娘庙周边。这个冬天是漫长的，那是一段路面到处是冰雪，少有行人和车辆，只有的哥和环卫工人的日子。想想他们，充满了一种特殊的心情，因为他们陪伴我走过了这段岁月。

收入本书的67篇文章，如同67棵树，有先有后，有高有低，有粗有细，却构成一片天然的小树林，每棵树上都有它的年轮。这片小树林有着自己的小环境，有蓝天、阳光和雨水，经历过春夏秋冬。远望这片小树林，会回忆起栽种每棵树时的场景。是的，我珍惜每一棵树，我能记住每棵树的树干和树枝，甚至叶子。很多人都听说过德国哲学家莱布尼茨的一句名言："世界上没有完全相同的两片树叶。"我修订这本书的全程，就是不断体验莱布尼茨的这一句名言的过程。

这本书是对我思想和认知的一种原生态的记录。我们每一个人在此时此刻的所思所想，和彼时彼刻的所思所想，已经不尽相同。因此，书中的每一篇文章，都有它独特的历史背景、独特的认知角度，都有独特的论述发生，留下独特的思考问题。这些文章链接在一起，既折射了这段时间内区块链、数字经济和数字货币在国内外的演变过程，也记录了我自己在这个过程中在这三个领域的思想脉络。

我能种下这片思想小树林，还是需要外部环境的。过去十年，中国是世界上最大的区块链、数字货币和数字经济的思想理论场、技术实验场和全方位实践场。这是一个跨时空、跨学科、每天都有着改变和新希望的领域。在这样的历史场景下，我有机会参加不同的会议，为不同的著作撰写序言。正是这样不同的场合、场景和主题，一次又一次地激发我的思想，强迫我思考，刺激我的创作欲望。任何有生命力的思想都需要和它所处的时代紧密结合。我将自己置身于这样的历史潮流之中，为这个领域的理念所激动，为这个领域的激情所冲击，为这个领域的年轻人群体焕发生命力。于是,我就有了上百次机会,种下了上百棵树,形成了一片小树林。所以,这本书是思想、学习、工作和生活一体化的历史见证。

如果问,这本书究竟有哪些价值?可能有三条:其一,学术意义,特别是对于经济学如何适应数字经济时代的学术意义;其二,为人们能够理解过去10余年的区块链、数字货币和数字经济的思想史,提供一个重要的历史文献和资料;其三,有助于读者对区块链和数字经济的跨学科思考,形成包括人文科学和技术科学的思维方式。

修订这本书的工作量是超过预期的。全书三分之一的文字,即大约12万字是源于我的发言记录稿,过于口语化,逻辑不够严密,文献不够完整,阐述不够学术化,与思想性专著有很大的差距。为此,我做了非常认真的修订。除此之外,还补充了全书必要的注解,重新绘制了相当数量的图表,再加上12000余字的序言。正式修订工作开始于4月28日,原来预计两周时间,之后调整到一个月,最后整整用了8个星期之多。其间,我除了必要的生活和其他工作之外,全部时间投入本书工作。没有周末、假期。其中,有些天,连续每天工作超过14个小时。平均下来,60天,每天8小时以上,总计至少500小时。这是一个再创造的过程,充满艰辛和挑战。很多修改的想法都形成于黎明前的梦中,于是早晨起来会匆匆地打开电脑,尽快把梦中的所想记录下来,好在十之六七都能记住。

这本书得以出版,首先要感激为我提供讲台和采访我的机构和个人,正因此产生了思想和文字;其次要感谢数字资产研究院的全体同事,他们参与了全书的初始性工作,从PPT制作、录音到初步文字整理;感谢袁洪哲对本书的文献资料、英文翻译的贡献;特别感谢张爽数月来对全书整理原始文稿,核实注解,替换图表,确定最后文本,以及沟通工作所付出的辛勤劳动。最后,还要感谢编辑团队。

当我此时此刻再次修订本书后记的时候,我不得不说,在过去两个月中，区块链技术、数字货币和数字经济又有了很多突破和发展。这期间，不少国家开始调整对于数字货币的保守和僵化的立场。数字欧元进程在加快，俄罗斯开始承认加密数字货币作为资产的合法地位。DeFi正在成为区块链技术的新"热点"。我于7月中旬在横琴组织和主持了题为"DeFi 涌现"的研讨会，探讨DeFi的技术原理和应用前景。我又于8月，在上海和成都做了两次演讲，题目分别是"区块链和再全球化，兼论从WTO到WTB"[①]和"算力革命和新型财富"。因为本书已经完成审核程序，我的新的讲话、采访和文章来不及收入书中，略有遗憾。

我以2018年8月14日所写的一篇"感言"作为这篇后记的结尾：

昨天/我们之所以赞赏比特币/身体力行区块链/那是因为/我们看到了一种Alternative/我们相信传统财富/商业模式必须/正在完结/我们从来主张贫富差距减少/我们希望看到民众有新的生存的工具/我们期待共享经济的到来/我们高兴知识/思想和技术获得从来未有的尊重

所以/今天/明天/我们反对用新的愚昧掩盖旧的贪婪/我们鄙视收割韭菜的所谓"精英"/我们不赞同将充满阳光/代表未来的思想/技术沦为旧资本模式的工具/我们期望，期望在数字时代/所有人都有释放创造力的机会/这就是我们的初衷/不可背叛的初衷。

2020年6月7日
初稿于北京
2020年8月12日
修订于上海

---

① WTB的"B"指Blockchain。

图书在版编目（CIP）数据

未来决定现在：区块链·数字货币·数字经济 / 朱嘉明著 . -- 太原：山西人民出版社，2020.8

ISBN 978-7-203-11530-4

Ⅰ . ①未… Ⅱ . ①朱… Ⅲ . ①电子商务—支付方式—研究 ②电子货币—研究 Ⅳ . ① F713.361.3 ② F830.46

中国版本图书馆 CIP 数据核字（2020）第 133036 号

未来决定现在：区块链·数字货币·数字经济

著　　者：	朱嘉明
责任编辑：	王新斐
复　　审：	贾　娟
终　　审：	李广洁
出 版 者：	山西出版传媒集团·山西人民出版社
地　　址：	太原市建设南路 21 号
邮　　编：	030012
发行营销：	010-62142290
	0351-4922220　4955996　4956039
	0351-4922127（传真）　4956038（邮购）
天猫官网：	https://sxrmcbs.tmall.com　电话：0351-4922159
E－mail：	sxskcb@163.com（发行部）
	sxskcb@163.com（总编室）
网　　址：	www.sxskcb.com
经 销 商：	山西出版传媒集团·山西人民出版社
承 印 厂：	北京玺诚印务有限公司
开　　本：	655mm×965mm　1/16
印　　张：	37
字　　数：	500 千字
版　　次：	2020 年 8 月　第 1 版
印　　次：	2021 年 2 月　第 3 次印刷
书　　号：	ISBN 978-7-203-11530-4
定　　价：	138.00 元

如有印装质量问题请与本社联系调换